合同纠纷裁判规则与法律适用

李张平 / 编著

中国法制出版社
CHINA LEGAL PUBLISHING HOUSE

序　言

我和李张平法官相识于邯郸市丛台区法院，当时我作为高校法学教师到丛台区法院交流学习，有幸与张平法官分到一个办公室。在短短一年的时间里，我从张平身上看到了基层一线法官工作任务之繁重和压力之巨大。在立案登记制改革后，基层法院案件量激增，张平作为入额法官年结案300多件，在这样的工作强度下，他仍然能够跳出纷繁复杂的具体事务，利用业余时间静下心来潜心研究自己审判的疑难复杂案例，并注意随时积累、分析、总结、归纳，笔耕不辍，文章不断见诸报端，这种敬业精神和严谨作风令我钦佩不已！《合同纠纷裁判规则与法律适用》一书就是张平多年来孜孜不倦、厚积薄发的辛勤结晶，能够为该书作序，是我莫大的荣幸！

合同之债关乎着人们的日常生产、生活，可谓无孔不入、包罗万象，犹如一把“法锁”，连接着社会生活中的你我他，因其涉及面之广、对社会生活影响之深，使其当之无愧地成为法院受理案件量最多的一类纠纷。该书选择了财产保险合同、金融借款合同、买卖合同、民间借贷合同、租赁合同五种常见类型案件，以及其他具有典型意义的合同纠纷，通过“以案说法”的形式对这些典型案例进行评析，既探讨特定案例的解决之道，又透析其中蕴含的法理基础，将现实与理论生动地结合在一起。而且，每类纠纷都统计了其所在法院受理案件情况、审理中遇到的主要问题及裁判建议；每个案例之后都梳理了案件焦点、审判思路、法律推理及法律依据，归纳分类清晰朴实、总结提炼深入浅出，法律解释精准到位，体现了作者深厚的法学理论功底和丰富的审判实践经验，不仅能成为法律人从事司法实务的参考书，也能成为老百姓学习法律知识的工具书，还能成为法学院校案例教学的教科书，从这一意义上讲，该书具有很强的基础性和实用性。

针对法院审理工作中常出现的适用法律不统一、裁判标准不延续的问题，为了规范法官的自由裁量权，实现司法统一，克服成文法存在的不足，最高人民法院先后出台了一系列的有关案例指导制度的规范性文件，其中2016年6月28日发布的《最高人民法院关于印发〈人民法院民事裁判文书制作规范〉〈民事诉讼文书样式〉的通知》中进一步明确指出“正在审理的案件在基本案情和法律适用方面与最高人民法院颁布的指导性案例相类似的，应当将指导性案例作为裁判理由引述，并写明指导性案例的编号和裁判要点”。无疑，最高人民法院发布的指导性案例对于指导审判实践、统一法律适用具有重要的作用。张平法官始终坚持将研究指导性案例作为法律学习的方法，对指导性案例进行系统的学习和整理，我认为，这种学习方法在法律方法论上意义重大，无论法官、检察官、律师，抑或法学研习者，都应在研习案例中提高自己运用法律解决具体问题的能力。该书精心提炼出15个合同类指导性案例，通过“知识延伸”的形式对这些案例的援引情况和所涉焦点问题进行分析和解读，这种重视个案分析、在个案分析中总结办案经验、提高办案质效、提升审判水平的学习方法值得我们每一个法律工作者学习和借鉴。从这一意义上讲，该书具有很强的指导性和借鉴性。

通读全书，你能看到一名奋战在基层法院的优秀法官，对法律的信仰和法律工作的热爱；从他审结的案例中，你能感受到作者对案件的分析能力和对立法的理解；从他的司法审判实践中，你能解读出作者的执法精神和法律素养。相信此书的出版，能够为法律工作者提供参考和阅读路径；能够为法学研习者提供指导和研究方法；能够为老百姓学习法律提供便利和帮助。

余学识浅显，聊成此序，以衷心祝贺本书出版，并衷心祝愿李张平法官在今后的工作和学习中继续刻苦钻研、不懈探索，取得更大的成果。

河北工程大学法学教授　冯瑞琳

二〇一八年二月八日

前　言

写作本书有两个目的，一是对自己九年审判工作的一次认真的总结。二是把自己积累的一点审理合同纠纷的经验分享给大家，希望有抛砖引玉的作用。

本书由三部分组成：第一部分：合同纠纷典型案例评析；第二部分：最高人民法院指导性案例（合同类）解读；第三部分：合同纠纷相关法律、司法解释。关于第一部分“合同纠纷典型案例评析”，这里需要重点提一下。该部分共列出26个案例，主要涉及保险合同、金融借款、民间借贷、买卖合同、租赁合同等审判实践中常遇的合同纠纷类型，是笔者在审理的上千个合同纠纷案件中精选出来的。笔者工作中养成了一个习惯，遇到争议性较大、法律关系复杂和具有典型性的案件，会在审理过程中投入较大的精力钻研。审结完以后，及时编辑成案例分析，在“评析”部分加以详细论理。为了验证自己的“成果”，会在法律类媒体投稿。最终结果是写的多，刊载的少！说明自己在专业的道路上还有很远的路要走。正因如此反复编写案例，使得自己逻辑思维、文书写作及法律素养方面有了极大的提升，这得益于一个“勤”字。“典型案例”中的大部分案例，是笔者以法律文章的形式发表在《人民法院报》《河北日报》《河北法制报》以及中国法院网、光明网等媒体上的。关于第二部分“最高人民法院指导性案例（合同类）解读”，最高人民法院指导性案例的重要性不言而喻，它的权威性仅次于司法解释。但是很多法律界同仁们没有认识到这一点，缺乏意识去参研、去引用。而笔者认为这是一条研习法律实务的捷径，无论是裁判说理的充分性，还是逻辑推理的缜密性，抑或是法律思维清晰度，都是独一无二的教材！自发布以来至2016年12月28日，最高人民法院总共发布了十五批指导性案例，共计77个。民事类29篇，行政类14篇，刑事类16篇，执行类4篇，其他类如海事、知识产权等16篇。笔者将最高人民法院指导性案例的概念、功能、援引情况、援引中的问题及建议加以论述，并将指导性案例涉合同类加以汇总、分类。因本书主要分析合同类纠纷，故仅就民事类中的15个合同类指导性案例予以收录。因最高人民法院对指导性案例的篇幅、格式要求较为严格，故指导性案例对于相关焦点问题涉及的知识点未有延伸。为了便于读者高效阅读，笔者在每一案例后以【知识延伸】的形式对案例的援引情况和所涉焦点问题的相关知识点加以概述。关于第三部分“合同纠纷相关法律、司法解释”，该部分内容主要是汇总了合同纠纷的法律依据，大家完全可以通过工具书或网络进行查询，但考虑到合同纠纷法律依据较为分散，为便于读者快速查阅，提高效率，笔者将合同纠纷所涉法律依据进行了汇总，起到工具书的部分功能。

本书编写过程中，河北银行邯郸分行王炜钢、民生银行邯郸分行张素斌、河北工程大学冯瑞琳等几位友人，对本书观点提出了宝贵意见。中国法制出版社编辑三部李小草、王熹编辑，为本书付出了辛勤的劳动。在此，一并致以诚挚的谢意！

本书表达的观点毕竟是个人审判实践中的经验总结，不代表任何单位。由于时间仓促，加之能力有限，有些观点难免不成熟，书中错误和疏漏在所难免，恳请读者不吝指正。

李张平

二〇一八年二月十三日于涉县清踏湖

目　录

Contents

第一部分　合同纠纷典型案例评析

第二部分　最高人民法院指导性案例（合同类）解读

第三部分 合同纠纷相关法律、司法解释

第一部分

合同纠纷典型案例评析

第一章　财产保险合同纠纷

第一节　财产保险合同纠纷概述

一、财产保险合同的概念、特征

财产保险合同是指以特定的财产利益为保险标的所订立的合同。财产保险合同具体包括财产损失保险、责任保险、信用保险、保证保险。

财产保险合同除具备一般保险合同的特征外，还有以下特点：(1) 财产保险合同的标的是特定的财产或者与财产有关的利益，其保险标的既包括有形的物质财富，又包括无形的经济利益。(2) 财产保险合同是一种填补损失的合同，被保险人不得获取超过实际损失的赔偿。(3) 财产保险合同中约定的保险金额不得超过保险价值。

二、法院受理案件情况

相关案件数量呈连续增长态势，占合同纠纷案件比重不断增加。以邯郸市丛台区人民法院（以下简称丛台区法院）近三年审理保险合同情况为例：2015 年受理 221 件；2016 年受理 289 件；2017 年截至 8 月底受理 235 件。丛台法院近三年合同纠纷受理数分别为 2467 件、3165 件、1718 件，保险合同纠纷所占合同纠纷的比重分别为 8.95%、9.13%、13.67%。从受理数量和所占比重可以看出，逐年呈递增趋势。

三、审理中遇到的主要问题及裁判建议

1. 案件的调撤率低，但上诉率高。因保险公司机构内部对诉讼调解权限的收缩，调解方案审批程序复杂，客观上增加了调解工作的难度。财产保险合同纠纷调解率低的原因，主要原因在于保险公司内部程序问题，保险公司很少主动介

入纠纷，对于原告主张的客观损失不能及时核实，未能与原告沟通或向法院提出调解方案，而是被动等待法院判决。在法院判决后，约90%的案件当事人选择上诉。而二审结果是95%以上的一审判决得到维持。保险公司以穷尽法律救济，避免内部追责为由，一味选择被动判决和积极上诉等做法，实为浪费司法资源。

对此，政府保险监管部门和人民法院应积极展开调研，出台有利于提高诉讼效率、及时化解矛盾的良策。如此，才能提高保险公司良好的形象，促进保险业良性发展。

2. 案件焦点相对集中。财产保险合同纠纷案件的案件焦点主要集中在事故是否属于保险公司保险责任范围；保险人是否对免责条款履行了明确说明义务（免责条款是否生效）；投保人损失是否属于保险公司赔偿范围（包括车辆损失、鉴定费、评估费、诉讼费的承担等）；原告自行鉴定是否有效等。

笔者梳理几个典型的案件焦点问题，其中较为简单的说理案件，在本文中直接提出裁判意见。对于争议性较大的案件，如被保险人单方委托评估机构所得结论能否获得支持？计算报废车辆实际价值时如何确定新车购置价？车上人员责任险中谁有权向保险人主张保险金等问题，笔者将单独以【法官评析】的方式在后面的板块加以详细论述，给读者提供详细的参考意见。现就简单的争议问题做一概括性论述：

（1）车辆损失险是否应按照责任比例赔偿

例如双方事故中，各负一定责任比例。事故一方车主未向另一方车主主张其该赔偿的比例部分，而是直接向自己投保的保险公司主张全部车辆损失。保险公司抗辩称，保险人只承担被保险车辆承担的事故比例部分的赔偿责任。笔者认为，依照《最高人民法院关于适用〈中华人民共和国保险法〉若干问题的解释（二）》第十九条第一款的规定："保险事故发生后，被保险人或者受益人起诉保险人，保险人以被保险人或者受益人未要求第三者承担责任为由抗辩不承担保险责任的，人民法院不予支持。"保险公司的抗辩理由不能成立，保险公司应对被保险人的全部车损予以赔偿。赔偿之后，有权向第三者承担的比例部分追偿。

（2）施救费、评估费（鉴定费）应由谁负担

保险公司普遍将此作为抗辩理由之一。笔者认为，依照《中华人民共和国保险法》第五十七条第二款："保险事故发生后，被保险人为防止或者减少保险标的的损失所支付的必要的、合理的费用，由保险人承担；保险人所承担的费用数额在保险标的损失赔偿金额以外另行计算，最高不超过保险金额的数额。"第六

十四条："保险人、被保险人为查明和确定保险事故的性质、原因和保险标的的损失程度所支付的必要的、合理的费用，由保险人承担。"施救费是被保险人为防止或者减少标的损失所支付的必要、合理费用。评估费是被保险人为了查明和确定保险标的的损失程度所支付的必要、合理费用。所以，保险人均应赔偿。

（3）与准驾车型不符、没有运营资格证书、事故对方逃逸等涉嫌免责或部分免责的情形认定

保险人对于免责条款有提示、解释说明的义务，如何认定保险人履行了该义务，是审判中的难点。结合保险法及相关司法解释的规定，笔者认为，实践中保险人能证明自己履行以下行为的，可以认定履行了提示和说明义务：一是保险人能证明向投保人出具了保险条款，且免责条款以加大加粗字样做出了提示；二是保险人需提供保险提示单，内容需要包括：需载明被保险人及保险标的投保信息；投保人对于免责条款表示已接受了保险人的解释说明，且全部理解明白，投保人在投保提示单签字。在保险人证明履行了提示、解释说明义务后，法院应当按照保险条款的约定做出判决。

（4）公安交警部门组织的调解已履行完毕的，赔偿一方据此请求自己所投保的保险公司赔偿的，能否支持

笔者认为，公安交警部门出具的事故认定书，是履行自己的法定职责，属于行政执法范畴，人民法院不应轻易推翻。对于公安交警部门在事故处理阶段盖章的调解协议，事故双方均有签字，主要反映的是事故双方的真实意思表示，仅对事故双方具有约束力，不具有普遍约束力。保险人对该调解协议不认可的，法院应当重新审查被保险人已赔偿的部分是否合理，对于合理部分做出支持的判决。

四、常用法律条文索引

1.《中华人民共和国保险法》第10条、第11条、第18～20条、第48～51条、第59～66条；

2.《最高人民法院关于适用〈中华人民共和国保险法〉若干问题的解释（一）》；

3.《最高人民法院关于适用〈中华人民共和国保险法〉若干问题的解释（二）》；

4.《最高人民法院关于适用〈中华人民共和国保险法〉若干问题的解释（三）》。

第二节 财产保险合同纠纷典型案例

◆案例一：被保险人单方委托评估机构应受条件限制[1]

【裁判观点】

事故发生后，保险人有权行使单方定损权，但被保险人同时应享有异议请求权，即在不同意保险公司单方定损的数额时，可以委托第三方评估机构评估车损。但该单方委托行为应受一定条件的限制：1. 要求被保险人对单方委托定损行为作出合理解释。2. 被保险人应已履行了定损前的通知义务。3. 评估报告应当具备起码的形式要件，以佐证评估报告的客观性。否则，保险人提出重新鉴定的，人民法院应予准许。

【基本案情】

2014 年 12 月 2 日，贾某某为其所有的冀 D076 × ×号轿车在某保险公司投保了交强险、第三者责任保险等保险。2014 年 12 月 3 日，王某某驾驶贾某某的冀 D076 × ×号轿车与胡某某驾驶的冀 D009 × ×号轿车发生碰撞，造成双方车辆不同程度损坏的交通事故。经公安交警部门认定，王某某负事故全部责任。事故发生后，为查明第三者车辆冀 D009 × ×号车辆损失，贾某某在未通知保险公司的情况下，单方委托 A 保险公估有限公司进行了公估，估损金额总计 321770 元，并赔偿了胡某某。贾某某申请赔偿保险金时，保险公司认为鉴定报告是贾某某自行鉴定，没有经过保险公司同意，而保险公司核定第三者车辆车损的数额是 122110. 04 元，与评估的车损数额相差较大。所以保险公司不同意赔偿。贾某某遂诉至人民法院。诉讼中，保险公司申请人民法院对冀 D009 × ×号车辆损失进行重新鉴定。经双方协商，均同意由法院指定鉴定机构。法院指定 B 评估公司对

---

① 原文《被保险人单方委托评估机构所得结论能否获得支持》笔者发表于中国法院网《案件点评》2017 年 1 月 9 日，本书中对该文予以重新编辑整理。

冀D009××号事故车辆车损进行了重新评估，认定扣除残值后的损失为208805元。原告坚持以单方委托的评估报告作为认定第三者车辆车损的依据，被告则认为应以新的该评估报告为准。

【案件焦点】

保险事故发生后，被保险人未通知保险人的情况下，单方委托第三方评估机构对事故车辆进行车损评估，所得鉴定结论能否作为认定事故车辆车损的有效依据。

【法官评析】

随着私家车越来越普及，交通事故的发生也越来越频繁。发生交通事故之后，被保险人单方委托鉴定机构对事故车辆进行评估，然后依据评估结果请求保险人赔偿保险金，但有可能一厢情愿——大多数情况下，保险人是拒绝赔偿的。被保险人到底应该怎样维护合法权益呢?

一、被保险人对保险公司的单方定损行为有权提出异议

保险公司主张单方定损的依据是保险法第二十三条的规定（保险人收到被保险人的赔偿请求后，应当及时作出核定）以及保险合同的约定。但法律对金融消费者与金融机构之间的规定存在严重信息不对称的情形，保险法规定了保险公司在缔约时负有提示与说明的义务，在保险定损权的行使中亦如此。同时，合同约定必须由保险公司单方定损，亦可能因符合合同法第三十九条、第四十条规定之情形，出现格式条款无效的法律后果。保险公司作为保险合同的一方当事人，定损的结果关乎其实际赔偿的保险金数额，保险公司既做运动员又做裁判员，有失公允。因此，笔者认为，保险公司依照合同约定或法律规定有权行使单方定损权，但被保险人同时应享有异议请求权，即在不同意保险公司单方定损的数额时，可以提出委托第三方评估机构评估。

二、被保险人单方委托评估机构应受一定条件限制。

保险公司是将来可能要承担赔付责任的一方，从其定位角色为赔付义务主体来看，应保证保险公司的责权相互一致。即保险公司对其赔付金额的产生原因、赔付金额的计算方法应享有充分的知情权和参与权。实践中，被保险人单方委托行为存在以下问题：（1）无法明确单方委托定损的理由；（2）实施委托行为前不履行通知保险公司的义务；（3）评估报告亦未列明鉴定的方法和过程，无详细

的检材资料和照片。被保险人存在上述情形的一种或多种时，保险公司有理由认为被保险人主观上具有扩大损失、与评估人恶意串通谋求超高利润的恶意，故法院对评估报告可以不予采信。笔者认为，被保险人单方委托的评估报告，在同时符合以下限制条件时[①]，法院应当采信：

1. 要求被保险人对单方委托定损行为作出合理解释。如保险公司怠于定损，可能扩大被保险人损失的；又如保险公司单方定损后，被保险人对定损数额存在异议。

2. 被保险人已履行了定损前的通知义务。从适当履行合同义务的要求来看，既然被保险人准备依据评估报告要求保险公司确认损失，必须事前向保险公司履行通知义务，让其有知情、提出异议和共同参与的权利。

3. 被保险必须留存定损的主要依据。评估报告既然要作为诉讼证据使用，应当具备起码的形式要件，即评估机构和评估人员具备相应的鉴定资质；评估报告需列明评估的方法和过程；维修和更换配件清单及价格。因为保险公司在接到报案后，仅能拍摄到车辆的外观损失情况，不能反映内部车损情况，而需拆检定损的内部损失往往占到损失数额的大部分。所以，对于拆检的照片、应维修配件的照片、应更换配件的照片，应要求由被保险人提供，以佐证评估报告的客观性。

三、共同核定损失或共同委托检验是程序公正的体现

无论保险公司单方行使定损权还是被保险人单方委托评估机构，其目的都是尽量客观的反映投保车辆的车损情况。基于第三方的资质及中立性，采信评估机构的评估结论，从结果上具有一定的合理性。但鉴定对象、鉴定内容的不同，可能会导致鉴定结果的大相径庭，因此有必要确认共同核定损失或共同委托检验这一程序的重要性，且从制度上尽可能保障其实现[②]。

本案被保险人在未通知保险公司的情况下，单方委托评估机构，侵害了保险公司的知情权、参与权，其评估结论在程序上缺乏公开、公正。保险公司重新申请评估，双方经协商，均同意人民法院指定鉴定机构。新的评估报告，在程序上系双方共同协商并参与的结果，程序上具有正当性，内容上具有客观性，故依照新的评估结论作出判决，符合法律规定。

---

① 关倩：《保险车辆定损权之争的裁判思路》，载《人民司法·应用》2016年第13期。

② 关倩：《保险车辆定损权之争的裁判思路》，载《人民司法·应用》2016年第13期。

【裁判结果】

河北省邯郸市丛台区人民法院（以下简称丛台区法院）经审理认为，贾某某在未通知保险公司的情况下，单方委托A保险公估有限公司进行了公估，侵害了保险公司的知情权、参与权，其评估结论在程序上缺乏公开、公正。对保险公司重新鉴定的申请，法院予以准许。对于重新鉴定的评估报告，程序合法，法院予以采纳。

依照《中华人民共和国保险法》第十条、第十四条、《最高人民法院关于适用〈中华人民共和国民事诉讼法〉的解释》第九十条之规定，判决如下：

某保险公司于本判决生效之日起十日内赔偿贾某某保险金208805元。

（宣判后，双方均未上诉）。

案例二：计算报废车辆实际价值时，新车购置价＝裸车价＋车辆购置税

【裁判观点】

新车购置价计算标准不同，直接影响保险事故中车损险的赔偿结果。根据合同法第四十一条规定，对格式条款的理解发生争议的，应当按照通常理解予以解释。对格式条款有两种以上解释的，应当作出不利于提供格式条款一方的解释。保险人是出具格式条款的一方，应当做出对其不利的解释，即新车购置价＝裸车价＋车辆购置税。

【基本案情】

2013年12月24日，原告康某某将其所有的冀D7M×××小型越野车在被告甲财产保险股份有限公司邯郸分公司投保机动车损失保险、车上人员责任险、第三者责任险等商业保险，其中车辆损失险保险责任限额为157万元，车上人员责任险责任限额（司机）1万元，第三者责任保险责任限额为30万元。保险期间自2013年12月25日至2014年12月24日。

2014年12月20日04时许，王某某驾驶原告的冀D7M×××号小型越野车，在邯郸市南环路由西向东行至滏西立交桥东300米处，因操作不当，与道路南侧

灯杆发生碰撞，造成灯杆和车辆损害及王某某受伤的交通事故。经邯郸市公安交通警察支队第二交警大队认定，王某某对此次事故负全部责任。事故造成第三者邯郸市市政工程管理处路灯损失，原告赔偿该处路灯损失和鉴定费共计 11250 元。事故造成司机王某某受伤，原告赔偿其医疗费 3234.7 元。原告向被告申请理赔上述损失，被告赔付原告车辆损失 946500 元，赔付原告第三者财产损失 10500 元，共计 957000 元。原告认为，应当按照新车购置价折价定损。被告辩称，保险单显示投保人是按照裸车价投保的车辆损失险，计算车辆损失时理应按照裸车价格计算。

【案件焦点】

本案系保险合同纠纷，双方争议的焦点很清楚：计算报废车辆实际价值时，新车购置价是否包括车辆购置税？双方争执此问题的原因在于事故发生时的车辆实际价值 = 新车购置价 - 折旧金额（新车购置价 × 已使用月数 × 月折旧率）。新车购置价如果包含车辆购置税，即为裸车价 + 车辆购置税，两者计算出来的报废残值相差十几万元。为此，存在两种观点：

一种倾向于保险公司的观点：从新车购置价的文义解释，即为购买车辆时的裸车价格。从保险单上也能显示出，原告是按照购买时的裸车价 1570000 元投保的车辆损失保险，保险责任限额也正是 1570000 元。所以，新车购置价应理解为车辆购买时的裸车价。

另一种观点是倾向于被保险人的观点：新车购置价 = 裸车价 + 车辆购置税。

【法官评析】

笔者赞同第二种观点。理由如下：

首先，审理保险合同纠纷，应把握一个大的审判原则，最大限度地保护被保险人合法利益。因为双方在缔约合同时所处的地位是不平等的，合同强调的是平等民事主体之间所发生的民事法律行为。保险人是保险合同的提供方，保险合同是典型的格式条款，所以保险法对于限制或减少被保险人利益的条款，必须履行明确提示和解释说明的义务。

其次，审查保险合同对争议概念是如何定义的。审理合同纠纷，应当尊重当事人意思自治，凡是不违背法律、行政法规强制性规定的意思自由，双方应当履行。在合同没有约定或者约定不明时，再适用相关法律规定。保险合同所附《机动车损失保险条款》第十条约定："本保险合同中的新车购置价是指在保险合同签订地购置与被保险机动车同类型新车（含车辆购置税）的价格"。该条款明确解释了新车购置价的定义，双方应当依此约定计算事故车辆的价值。

最后，存在两种解释的，应当作出不利于提供格式条款一方的解释。保险单是保险合同的重要组成部分，保险单显示投保人是按照裸车价投保的车辆损失险，计算车辆损失时理应按照裸车价格计算。双方对于"投保时的新车购置价"的含义理解不同，根据合同法第四十一条规定，对格式条款的理解发生争议的，应当按照通常理解予以解释。对格式条款有两种以上解释的，应当作出不利于提供格式条款一方的解释。保险人是出具格式条款的一方，应当做出对其不利的解释，即新车购置价 = 裸车价 + 车辆购置税。

【裁判结果】

从台区法院经审理认为，对于被告辩称的事故车的实际价值应以投保时保单中约定的新车购置价 1570000 元进行折算。法院认为，对于"投保时的新车购置价"的含义双方理解不同，保险公司也未向原告予以说明，根据《合同法》第四十一条规定，对格式条款的理解发生争议的，应当按照通常理解予以解释。对格式条款有两种以上解释的，应当作出不利于提供格式条款一方的解释。故对被告的该项答辩意见不予支持。保险合同所附《机动车损失保险条款》第十条约定："本保险合同中的新车购置价是指在保险合同签订地购置与被保险机动车同类型新车（含车辆购置税）的价格"。依照该约定，新车购置价应为含税价，即裸车价 + 车辆购置税。因此，计算事故发生时车辆实际价值应以含税的新车购置价为基数进行计算，即车损赔款为：新车购置价（裸车价 + 车辆购置税）- 折旧金额（新车购置价 × 已使用月数 × 月折旧率） - 被保险车辆残值 =（1570000 + 171000）-（1570000 + 171000）× 25 × 0.6% - 388000 = 1479850 - 388000 = 1091850 元。该数额并未超过合同约定的保险责任限额，被告应当予以赔偿原告。

依照《中华人民共和国合同法》第四十一条、《中华人民共和国保险法》第十四条之规定，判决如下：

甲财产保险股份有限公司邯郸分公司于本判决生效之日起十日内向康某某支付保险金 149334.7 元。

（宣判后，保险公司提起上诉，邯郸市中级人民法院予以维持）

◆案例三：车上人员责任险中车上人员有权向保险人主张保险金[①]

【裁判观点】

车上人员责任保险的被保险人给车上人员造成损害的，被保险人对车上人员应负的赔偿责任确定的，根据被保险人的请求，保险人应当直接向该车上人员赔偿保险金。被保险人怠于请求的，车上人员有权就其应获赔偿部分直接向保险人请求赔偿保险金。保险人在被保险人没有实际赔付而向被保险人赔付，造成车上人员没有得到赔偿或赔偿小于保险人赔偿金的，保险人应承担赔偿责任。

【基本案情】

2012年3月3日，肖某为自己所有的冀D72×××号轿车在甲财产保险股份有限公司永年支公司投保了交强险和车上人员责任险（乘客），后者责任限额为5万元，约定的被保险人为肖某。2013年2月28日，肖某驾驶冀D72×××号轿车沿连霍高速公路由东向西行驶时，因疲劳驾驶，与高速公路护栏相撞，致使肖某死亡、车上人员郭某受伤的交通事故。肖某负事故的全部责任。郭某住院治疗花费医疗费2万元，其出院后向肖某继承人主张赔偿时遭到拒绝。郭某遂将保险公司诉至法院，请求保险公司赔偿2万元保险金。

【案件焦点】

在车上人员责任险合同纠纷中，谁有权向保险人主张保险金。为此，存在两种意见：

第一种意见：肖某的继承人有权向保险人主张保险金。依照保险法的规定，财产保险中的被保险人享有保险金请求权。肖某是合同约定的被保险人，在其死亡后，其继承人有权行使保险金请求权。

第二种意见：郭某有权向保险人主张保险金。依照合同法第七十三条规定的

① 原文《车上人员责任险中谁有权向保险人主张保险金》笔者发表于中国法院网《案件点评》2013年11月27日，本书中对该文予以重新编辑整理。

代位权制度，车上人员能以自己的名义直接向保险人主张保险金。

【法官评析】

笔者赞同第二种意见。理由如下：

一、车上人员责任险与商业第三者责任险同属责任险

中国保监会车险条款将第三者限定为“保险人”“被保险人或其允许的驾驶人员”“被保险人的家庭成员”“被保险人允许的驾驶人员的家庭成员”“本车上的一切人员以外的受害人”。如此，车上人员便不属于“第三者”的范围，车上人员责任险亦不应适用保险法第六十五条的规定，不应直接认定车上人员享有保险金请求权。但车上人员责任险与第三者责任险有相同之处，即两者均属责任保险，所含的社会意义是相同的。责任保险设立目的在于分散被保险人的责任，保护不特定对象的合法权益。被保险人因过失等行为造成他人的财产损失或人身伤亡，根据法律或合同的约定，应当由被保险人承担的赔偿责任，由保险人赔偿。基于责任保险的共性，车上人员责任险是否同样适用合同法第七十三条的规定，即车上人员是否能以自己的名义直接向保险人主张保险赔偿金呢？

二、代位权制度是车上人员向保险公司请求赔偿保险金的理论依据

合同法第七十三条规定的代位权，应当满足四个条件：（1）债权人对债务人的债权合法。（2）债务人怠于行使到期债权，对债权人造成损害。（3）债务人的债权已到期。（4）债务人的债权不是专属于债务人自身的债权。其中第二个条件是指债务人不履行其对债权人的到期债务，又不以诉讼方式或者仲裁方式向其债务人主张其享有的具有金钱给付内容的到期债权，致使债权人的到期债权未能实现。车上人员在被保险人的允许下乘坐投保车辆时，被保险人有义务保障车上人员的安全，一旦因被保险人的过失行为造成车上人员财产损失或人身伤亡的，车上人员就自己的损失有权向被保险人主张赔偿。此时，车上人员与被保险人之间形成了债权债务关系。而被保险人与保险人之间系保险合同关系，当事故造成损失属于保险合同约定的保险责任时，被保险人有权向保险人主张保险金。当被保险人不履行其对车上人员的赔偿责任，又不以诉讼或者仲裁方式向保险人请求保险金时，车上人员则有权就其应获赔偿部分以自己的名义直接向保险人请求赔偿保险金。本案中，被保险人因事故死亡，其继承人既未对车上人员进行赔偿，也未向保险人请求保险金，造成车上人员的权利无法得到保障。因此，本案情形符合代位权制度的规定，车上人员有权以自己的名义直接向保险人请求赔偿保险金。

三、关于车上人员责任险的立法建议

车上人员的类别越来越趋于多样化，已不拘于被保险人的家人和朋友，还包括免费搭乘，及时下流行的“拼车”“滴滴专车”等情形，可以说车上人员不再是以往单一的人群，应归类于不特定的人群。如果被保险人是适格的诉讼主体，可能引发对车上人员不利的后果。如：被保险人无能力赔偿车上人员的损失，又不主动向保险人请求赔偿保险金。或者被保险人从保险人处获得了保险金后，却不及时赔偿车上人员的损失。这些情形会导致车上人员的权利无法得到保障。如何更好地保护车上人员的合法权益？这个问题应当引起立法者的关注。笔者认为，立法者应当参照保险法第六十五条规定，针对车上人员责任险在特别法中作出明确的规定。如：车上人员责任保险的被保险人给车上人员造成损害的，被保险人对车上人员应负的赔偿责任确定的，根据被保险人的请求，保险人应当直接向该车上人员赔偿保险金。被保险人怠于请求的，车上人员有权就其应获赔偿部分直接向保险人请求赔偿保险金。保险人在被保险人没有实际赔付而向被保险人赔付，造成车上人员没有得到赔偿或赔偿小于保险人赔偿金的，保险人应承担赔偿责任。

【裁判结果】

永年区[①]法院经审理认为，车上人员在被保险人的允许下乘坐投保车辆时，被保险人有义务保障车上人员的安全，一旦因被保险人的过失行为造成车上人员财产损失或人身伤亡的，车上人员就自己的损失有权向被保险人主张赔偿。此时，车上人员与被保险人之间形成了债权债务关系。而被保险人与保险人之间系保险合同关系，当事故造成损失属于保险合同约定的保险责任时，被保险人有权向保险人主张保险金。当被保险人不履行其对车上人员的赔偿责任，又不以诉讼或者仲裁方式向保险人请求保险金时，车上人员则有权就其应获赔偿部分以自己的名义直接向保险人请求赔偿保险金。

依照《中华人民共和国合同法》第七十三条、《中华人民共和国保险法》第十四条、第六十五条之规定，判决如下：

甲财产保险股份有限公司永年支公司于本判决生效之日起十日内赔偿郭某保险金 2 万元。

（宣判后，双方均未上诉）

---

① 原为河北省邯郸市永年县，后于 2016 年撤县改区。

◆案例四：挂靠关系下实际车主是主张保险金的适格主体①

【裁判观点】

车辆挂靠行为是一种违背法律、行政法规，规避国家有关行业准入制度的行为，在法律上应给予否定性平价。挂靠单位作为被保险人时，对投保车辆不应具有法律上承认的利益。在挂靠单位无权向保险人请求赔偿保险金时，实际车主具有保险金请求权。

【基本案情】

崔某将自己所有的冀 D89 ××× 号货车挂靠在永年县某汽车队（具有货运资质），并将货车登记在该车队名下运营。双方约定：挂靠车辆需交纳的保险费和其他行政性收费均由崔某支付车队，由车队代为交纳。崔某需每月向车队支付管理费 550 元。挂靠期间产生的任何责任由崔某承担。该车队于 2011 年 10 月 3 日在甲财产保险股份有限公司邯郸中心支公司为冀 D89 ××× 号货车投保了交强险、商业第三者责任险和车辆损失险，约定的被保险人为该汽车队。2012 年 4 月 24 日，崔某驾驶冀 D89 ××× 号货车由东向西行驶至京哈高速公路 395km + 500m 处时，因其未按安全操作规范驾驶，致车与郝某驾驶的辽 CE3 ××× 号货车相撞，造成郝某受伤及双方车辆受损的交通事故。崔某负事故的主要责任。崔某向郝某赔偿损失 9 万元，修理本车花费 4 万元。崔某将保险公司诉至法院，请求在交强险和商业第三者责任险责任限额内赔偿 9 万元，在车辆损失险责任限额内赔偿 4 万元。

【案件焦点】

本案焦点是：在保险合同中，实际车主与具有运输资质的挂靠单位之间存在挂靠关系时，谁是向保险公司主张保险金的适格主体。为此，主要有两种意见：

第一种意见：挂靠单位是向保险公司主张保险金的适格主体。依照保险法的

---

① 原文《挂靠关系下谁是主张保险金的适格主体》笔者发表于光明网 2013 月 10 月 28 日，本书中对该文予以重新编辑整理。

规定，财产保险中的被保险人享有保险金请求权。挂靠单位是保险合同约定的被保险人，理应享有保险金请求权。

第二种意见：崔某是向保险公司主张保险金的适格主体。实际车主作为投保车辆的所有人，对保险标的具有保险利益，其有权向保险公司请求赔偿保险金。

【法官评析】

笔者赞同第二种意见。理由如下：

一、车辆挂靠经营的现状及问题。

运输行业具有高度危险性，因此市场准入要求严格，只有获得行政许可后方能从事货运经营。面对如此高的门槛，许多私营车主选择了进入企业挂靠，欲以最小的成本换取最大的利益。货运企业仅收取一定的管理费，一般不参与挂靠车辆的运营，对货车监管形同虚设，导致货车超载以及车辆日常维护不够等问题，引发了大量的交通事故。从河北省永年县人民法院 2012 年审理的交通事故来看，全年共受理交通事故 511 件，其中货车事故占 420 件，占全部交通事故的 82.2%。在货车事故中存在挂靠经营的有 409 件，占货车事故的 97.4%。面对日益增多的挂靠经营下的车辆事故纠纷，既有挂靠单位起诉保险公司的，也有实际车主将保险公司诉至法院的。那么车辆挂靠关系下，谁才是向保险公司主张保险金的适格主体？各地法院对此类案件的裁判意见也大相径庭，造成同案不同判，使司法公信力下降。

二、挂靠单位对保险标的不具有保险利益，无权向保险公司请求赔偿保险金。

保险法第四十八条规定："保险事故发生时，被保险人对保险标的不具有保险利益的，不得向保险人请求赔偿保险金。"该条明确了被保险人向保险人请求赔偿保险金的必要条件是对保险标的享有保险利益。那么挂靠单位作为被保险人，在事故发生时对保险标的是否具有保险利益呢？保险法第十二条第六款规定："保险利益是指投保人或者被保险人对保险标的具有法律上承认的利益。"依据该条款所下的定义，保险利益包含三个含义：（1）保险利益由投保人或者被保险人享有；（2）保险利益是指法律上承认的利益；（3）保险利益必须是经济上可以估量的。分析该含义，可以得知挂靠单位能否向保险人请求保险金的关键问题在于是否对保险标的具有法律上承认的利益。所谓车辆挂靠，实质是具有道路运输经营许可证的被挂靠人向不具备道路运输经营的挂靠人非法转让、出租道路运输经营许可证的行为。从民法角度看，挂靠人以被挂靠人的名义对外经营，是违反诚实信用原则、具有欺诈性质的民事行为。从行政法角度看，挂靠是违反行政法规、规章的行为，对挂靠人和被挂靠人都应予以行政处罚。从司法解释角度看，《最高人民法院关于审理道路交通事故损害赔偿案件适用法律若干问题的解释》中规定，挂靠车辆一旦发生交通事故，挂靠单位需承担连带赔偿责任。该解释的法理依据是民法通则和侵权责任法中的共同侵权理论，即挂靠单位明知或应知其挂靠行为违法而仍然为之，对其行为存有明显的过错，应将挂靠单位和实际车主作为共同侵权人。综上三点，应认定车辆挂靠行为是违背法律、行政法规，规避国家有关行业准入制度的行为，在法律上应给予否定性评价。据此，挂靠单位作为被保险人时，对投保车辆不应具有法律上承认的利益。依照保险法第四十八条的规定，保险事故发生时，挂靠单位作为约定的被保险人，对保险标的不具有保险利益，无权向保险人请求赔偿保险金。

三、实际车主对投保车辆具有法律上承认的利益，应享有保险金请求权。

在财产保险合同中，保险利益存在时间为保险事故发生时，它影响的只是保险金请求权的问题，也就是说，订立保险合同的时候，有无保险利益不影响合同的效力。因此，财产保险合同不因挂靠单位对保险标的不具有法律上承认的利益而无效。在挂靠单位无权向保险人请求赔偿保险金时，实际车主是否有权主张保险金呢？笔者试从三方面予以分析：

1. 从事实基础上看：所有权上，车辆所有权的确认不以登记为要件，实际车主是挂靠车辆的购买人，拥有车辆的所有权；占有上，挂靠车辆的实际运营主要控制在实际车主手中，一般不受挂靠单位的干涉和管理；收益上，挂靠车辆的运营收益主要归实际车主所有，挂靠单位一般不参与分配；责任承担上，双方约定挂靠车辆发生的事故责任由实际车主承担，挂靠单位不承担任何责任。所以从事实基础上看，实际车主对挂靠车辆具有法律上承认的所有利益。

2. 从法律依据上看：合同法第四百零二条、第四百零三条规定了隐名代理，即代理人以自己的名义，在委托人的授权范围内与第三人订立合同。如果第三人在订立合同时知道代理人与被代理人之间存在代理关系的，则该隐名代理产生与显名代理相同的法律效力，即第三人与代理人所订立的合同直接约束被代理人和第三人。如果第三人不知道代理人与被代理人之间存在代理关系的隐名代理并非必然产生显名代理的效果，而是要通过被代理人行使介入权或者第三人行使选择权而形成相应的法律后果。被代理人的介入权是指，代理人因第三人的原因对被代理人不履行义务时，则应当向被代理人披露第三人，被代理人因此可以行使代理人对第三人的权利。关于本文讨论的车辆挂靠关系，实际车主向挂靠单位支付了车辆保险费，由挂靠单位代其向保险公司投保。挂靠单位则收取实际车主一定的费用（管理费）。两者之间的关系符合代理关系的构成要件，即实际车主是委托人，挂靠单位是代理人，保险公司是第三人。挂靠单位以自己的名义与保险公司订立保险合同，被保险人约定为挂靠单位，则实际车主与挂靠单位之间形成隐名代理关系。如果订立保险合同时，保险公司知道实际车主与挂靠单位之间存在代理关系的，保险合同直接约束实际车主与保险公司。如果保险公司不知晓实际车主与挂靠单位的真实关系的，在保险公司以挂靠单位不具有保险利益而拒绝赔偿保险金时，挂靠单位需向实际车主披露保险公司，则实际车主有权向保险公司行使保险金请求权。

3. 从社会效果上看：当下，虽然法律、法规禁止车辆挂靠经营，但因利益驱动，实践中挂靠行为仍然大量存在。如果认定挂靠单位是向保险公司请求支付保险金的适格主体，会引发一系列的问题，如：（1）因挂靠单位与实际车主的利益并不捆绑，挂靠单位并不关心挂靠车辆是否能及时获得保险金，以及受害人（第三者或车上人员）能否第一时间得到赔偿。这就造成挂靠单位可能怠于行驶保险金请求权。（2）挂靠单位在获赔保险金后，以各种理由占有、扣除保险金，实际车主的损害将得不到及时填补，受害人的权益也将受到第二次侵害。挂靠单位的上述行为，将严重侵害实际车主和受害人的合法权益。如果由实际车主直接向保险公司行使保险金请求权，则有效地避免了上述问题。

【裁判结果】

永年区法院经审理认为，车辆挂靠行为是一种违背法律、行政法规，规避国家有关行业准入制度的行为，在法律上应给予否定性评价。挂靠单位作为被保险人时，对投保车辆不应具有法律上承认的利益。在挂靠单位无权向保险人请求赔偿保险金时，实际车主具有保险金请求权。

依照《中华人民共和国保险法》第十二条第六款、第四十八条以及《中华人民共和国合同法》第四百零二条、第四百零三条之规定，判决如下：

甲财产保险股份有限公司邯郸中心支公司于本判决生效之日起十日内赔偿崔某保险金 13 万元。

（宣判后，保险公司提起上诉，邯郸市中级人民法院予以维持）

◆案例五：牵引车和挂车挂靠在不同单位责任分配应遵循公平原则[①]

【裁判观点】

> 牵引车和挂车挂靠在同一个单位时，挂靠单位应对实际车主承担的赔偿责任承担连带责任。而分别挂靠在不同单位时，两挂靠单位各自在实际车主应承担的责任50%范围内承担连带责任。

【基本案情】

殷某从某汽贸公司购买了重型货运牵引车，随即将牵引车挂靠在邯郸市某车队名下。随后，殷某又购买了与牵引车同型号的二手挂车，购买时挂车已挂靠在肥乡县某车队。之后，殷某将挂车安装在牵引车上以两车队名义从事货运经营，并按时向两车队交纳管理费用。2013年4月16日，殷某为某面粉厂从河北省永年县托运40吨面粉至山东省东平县。货车在行驶途中突然着火，造成车辆、货物一定程度损坏的事故（货车未投保货物险）。面粉厂以侵权为由将殷某、邯郸市某车队诉至法院，要求殷某赔偿面粉损失，邯郸市某车队承担连带责任。在法院释明后，面粉厂明确表示不追加肥乡县某车队为共同被告。

【案件焦点】

法律规定，以挂靠形式从事道路运输经营活动的机动车发生交通事故造成损害，属于该机动车一方责任，由挂靠人和被挂靠人承担连带责任。但如果牵引车和挂车分别挂靠在不同的单位，责任如何承担？

围绕该焦点，存在以下两种意见：

第一种意见：牵引车的挂靠单位对全部的货物损失承担连带责任。

第二种意见：牵引车挂靠单位在实际车主应承担赔偿责任的50%范围内，承担连带责任。

---

① 原文《牵引车和挂车挂靠在不同单位时责任如何承担》笔者发表于光明网2013年8月19日，本书中对该文予以重新编辑整理。

【法官评析】

笔者赞同第二种意见。所谓挂靠，实质是具有道路运输经营许可证的被挂靠人向不具备道路运输经营的挂靠人非法转让、出租道路运输经营许可证的行为。挂靠人以被挂靠人的名义对外经营，是违反诚实信用原则、具有欺诈性质的民事行为。因此《最高人民法院关于审理道路交通事故损害赔偿案件适用法律若干问题的解释》第三条规定，以挂靠形式从事道路运输经营活动的机动车发生交通事故造成损害，属于该机动车一方责任，由挂靠人和被挂靠人承担连带责任。但如果牵引车和挂车分别挂靠在不同的单位，责任如何承担？该条司法解释并未明确规定。参考《最高人民法院关于审理道路交通事故损害赔偿案件适用法律若干问题的解释》第二十一条第二款“依法分别投保交强险的牵引车和挂车连接使用时发生交通事故造成第三人损害，当事人请求由各保险公司在各自的责任限额范围内平均赔偿的，人民法院应予支持”的规定，笔者认为第二种意见更加合理。

一、根据我国机动车分类标准，牵引车和挂车应该按照规定区别管理，所有人或管理人需分别申请机动车登记证书、号牌和行驶证，同时分别购买保险。但是两辆车不能就此被简单的割裂看待，两者连接使用时，应该是一体的。没有牵引车的挂车不能上路行驶，没有挂车的牵引车没有行驶的价值，正是两辆车的结合才使交通事故的可能性或严重性发生了重大的变化。在牵引车和挂车连接使用时发生的交通事故，很难认定是牵引车还是挂车直接造成的，也就很难区分是牵引车的挂靠单位还是挂车的挂靠单位在挂靠管理中未尽到责任。因此牵引车和挂车连接使用时，两车的挂靠单位应当共同承担责任，且责任大小应一致。

二、牵引车和挂车分别挂靠在不同的单位与挂靠在同一个单位，在承担责任时既有相似之处，也有不同。不同之处在于承担责任的主体可能会增加。相似之处在于，不论赔偿责任的主体是否增加，对保证第三人的权利可得到有效救济的要求是一致的。所以，在牵引车和挂车分别挂靠在不同单位时，要求两车挂靠单位能达到对第三人的权利得到有效救济的目的即可。牵引车和挂车挂靠在同一个单位时，挂靠单位应对实际车主承担的赔偿责任承担连带责任。那么在分别挂靠时，两挂靠单位各自在实际车主应承担责任的50%范围内承担连带责任，如此更符合法律和司法解释的精神。

三、面粉厂不追加挂车的挂靠单位为被告，视为原告在本案中放弃对挂车挂靠单位的权利主张，这是原告自由处分诉权的表现。但不能因此就加重本案被告牵引车挂靠单位的责任，即要求牵引车的挂靠单位对全部的货物损失承担连带责任。否则，这样的结果有悖于公平原则。故案中由牵引车挂靠单位在实际车主应承担赔偿责任的50%范围内承担连带责任更为公平、合理。

【裁判结果】

永年区法院经审理认为，在牵引车和挂车连接使用时发生的交通事故，很难认定是牵引车还是挂车直接造成的，也就很难区分是牵引车的挂靠单位还是挂车的挂靠单位在挂靠管理中未尽到责任。因此牵引车和挂车连接使用时，两车的挂靠单位应当共同承担责任，且责任大小应一致。两挂靠单位各自在实际车主应承担责任的50%范围内承担连带责任，符合公平原则。

依照《最高人民法院关于审理道路交通事故损害赔偿案件适用法律若干问题的解释》第三条、第二十一条第二款之规定，判决如下：

一、被告殷某于本判决生效后十日内赔偿原告某面粉厂损失70000元；

二、被告邯郸市某车队在被告殷某上述赔偿款中35000元范围内承担连带赔偿责任。

（宣判后，邯郸市某车队提起上诉，邯郸市中级人民法院维持原判）

◆案例六：保险人与被保险人所持保险单不一致时应以被保险人所持保单为准①

【裁判观点】

> 保险公司作为格式合同的制作方，在缔约合同时具有明显的优势。在被保险人与保险人持有的保险单内容不一致时，应以有利于被保险人的解释为准，即以被保险人持有的保险单为准。

【基本案情】

2012年8月30日，原告曹某为其所有的冀D××××号货车从被告某保险公司投保了2万元的《国内货物运输定期定额保险》，保险金额20000元，约定的

---

① 原文《保险人与被保险人所持保险单不一致时应以哪份为准》笔者发表于河北法院网2013年9月16日，本书中对该文予以重新编辑整理。

被保险人为曹某本人。保险单特别约定中注明：保险人对禽蛋类、玻璃类、陶瓷类货物的损失，实行每次事故绝对免赔率30%。被告出具的保险单为制式复写四联单，四份保险单打印内容一致。第一联是业务联，第二联是财务联，前两联系保险人留存。第三联为收据联，系投保人留存，第四联则由被保险人留存。原告曹某作为投保人和被保险人持有的第三联和第四联保险单上“保险人已将责任免除的内容向投保人做了明确说明，投保人对上述内容及保险人的说明已经充分了解”，之后的投保人签名一栏为空白。被告提交的第一联保险单上投保人签名一栏有“曹某”签名字样，但原告不承认是其所签。2012年11月23日，原告驾驶冀D××××号货车行使至山东某路段时，不慎驶入路边下水道，导致本车倾覆，车上装载的玻璃部分破碎，损失7000元。

【案件焦点】

投保人在保险单上免责提示栏签字与否，决定了免责条款的效力问题。如果被保险人持有联的保险单上没有投保人签字，而保险人持有联的保险单上有投保人签字，法院应采纳哪一份？本案案件焦点即是：原告的玻璃损失是否应按照保险单载明的特别约定免赔30%。对此有两种意见：

一、保险人持有的保险单上有曹某对免责条款已充分了解的确认签字，因此特别约定的免责条款是有效的。被告应对原告的货物损失免赔30%。

二、被保险人持有的保险单上没有投保人签字，不能认定保险人就免责条款已向投保人做出过明确的说明义务，该免责条款无效。故保险人应全额赔偿原告的玻璃损失。

【法官评析】

笔者赞同第二种意见，理由如下：

《最高人民法院关于适用〈中华人民共和国保险法〉若干问题的解释（二）》（以下简称保险法解释二）第十四条对保险合同中记载的内容不一致的四种情形，规定了如何认定。四种情形包括：投保单与保险单或者其他保险凭证不一致的、非格式条款与格式条不一致的、保险凭证记载的时间不一致的、保险凭证存在手写和打印两种方式的。本案原、被告提供的均是保险单，均系打印的格式文本，且内容、时间一致。区别在于一份有投保人签字，另一份没有签字。因此，本案的情形不适用于该条司法解释的规定，不能直接认定应以哪份保险单为准，需要法官综合考量后再认定。

被告提供的第一联为业务联，系保险人留存，原告提供的第三联和第四联，系投保人和被保险人留存。被告提供的保险单载明的免除保险人责任条款声明一栏有投保人签字，而原告提供的保险单中为空白。按照被告公司的规定，该保险单为制式复写四联单，在保险人向投保人作出明确的解释说明后，由投保人在四联单的第一联上载明的免除保险人责任条款声明一栏签字确认。若第一联签字后，剩余三联会被复写。而被保险人所持保险单声明一栏中没有签字，这说明保险人在向投保人出具保险单时没有按照规定的程序进行操作。本案存在两种可能：一是保险人没有要求投保人按照复写的要求签名，单独取下第一联让投保人签名；二是保险人并没有提醒投保人签名，第一联的签名是他人代签的。无论是哪种可能，都说明保险人就免责条款在向投保人履行解释说明的义务时，程序存在瑕疵。保险人对此瑕疵应承担未就免责条款向投保人做过明确说明的责任。另外，被告保险公司作为格式合同的制作方，在缔约合同时具有明显的优势。在被保险人与保险人持有的保险单内容不一致时，不应以保险人的解释为准，应以有利于被保险人的解释为准，即以被保险人持有的保险单为准。如此认定更符合合同法的立法精神。

保险法第十七条和保险法解释二第十一条第二款规定，对保险合同中免除保险人责任的条款，保险人在订立合同时应当在投保单、保险单或者其他保险凭证上作出足以引起投保人注意的提示。保险人对保险合同中有关免除保险人责任条款的概念、内容及其法律后果应以书面或者口头形式向投保人作出常人能够理解的解释说明。未作提示或者明确说明的，该条款不产生效力。本案的保险人对保险单载明的免责条款未作出足以引起投保人注意的提示。保险人对免责条款的解释说明除了提供第一联保险单之外，未提交其他证据证明向投保人做过明确的解释说明，应认定保险人未向投保人履行过解释说明的义务。因此，保险单载明的免责条款对被保险人不产生效力。综上，被告某保险公司应全额赔偿原告曹某的玻璃损失。

【裁判结果】

永年区法院经审理认为，被告就免责条款在向投保人履行解释说明的义务时，程序存在瑕疵。被告对此瑕疵应承担未就免责条款向投保人做过明确说明的责任。本案投保单应以被保险人所持保单为准，被保险人持有的保险单上没有投保人签字，不能认定保险人就免责条款已向投保人做出过明确的说明义务，该免责条款无效。对被告抗辩的货物损失免赔 30% 的意见不予支持。保险人应全额赔偿原告的玻璃损失。

依照《中华人民共和国保险法》第十七条、《最高人民法院关于适用〈中华人民共和国保险法〉若干问题的解释（二）》第十一条第二款、第十四条之规定，判决如下：

被告某保险公司于本判决生效之日起十日内赔偿原告曹某保险金 7000 元。

（宣判后，双方均未上诉）

◆案例七：交强险过期，商业险赔偿不应扣除交强险限额部分①

【裁判观点】

为了避免出现重复赔偿，根据保险法的损失补偿原则，保险公司有权扣除被保险人已经获得的交强险的保险金。保险公司扣除交强险限额的前提应当是被保险机动车已经投保了交强险并得到相应补偿，否则，保险公司扣除交强险应赔偿的部分也就缺乏事实依据，法院不应支持。

【基本案情】

2011 年 10 月 4 日，原告刘某从被告永年县某保险公司为自己的客车投保了商业第三者保险（简称商业三者险）。被告为原告出具了保单。其中商业三者险条款第八条约定：应当由机动车交通事故责任强制保险（简称交强险）赔偿的损失和费用，保险人不负责赔偿。保险事故发生时，被保险机动车未投保机动车交通事故责任强制保险（简称交强险）或交强险保险合同已经失效的，对交强险各分项赔偿限额以内的损失和费用，保险人不负责赔偿。2012 年 9 月 16 日，原告雇佣的司机驾驶投保车辆将魏某撞伤，司机负全责。该事故造成第三者魏某医疗费、伤残赔偿金等在内的各项经济损失共计 123174.46 元。原告向魏某

---

① 原文《保险合同纠纷中交强险过期商业险如何赔偿》笔者发表于河北法院网 2013 年 6 月 8 日，本书中对该文予以重新编辑整理。

支付了上述赔偿金。事故发生时，原告投保的商业三者险在保险期间内，但交强险已过期。

【案件焦点】

本案争议的焦点问题：保险合同纠纷中，未投保交强险或交强险过期的，商业三者险如何赔偿。为此，存在两种意见：

一、依照商业三者险条款第八条的约定，应当扣除交强险限额内赔偿的部分，剩余部分由商业三者险赔偿。

二、被告应当直接在商业三者险保险责任限额内赔偿，不应扣除交强险限额内赔偿的部分。

【法官评析】

笔者赞同第二种意见。理由如下：

一、商业三者险条款第八条系免责条款，被告应当履行明确告知义务。依照保险法的规定，对于保险合同中所约定的免责条款，除了在保险单上提示投保人注意外，还应当对有关免责条款的概念、内容及其法律后果等，以书面或者口头形式向投保人或其代理人作出解释，以使投保人明了该条款的真实含义和法律后果，否则该免责条款不产生效力。

二、若履行了告知义务，保险人对交强险投保情况还需履行审查义务。商业三者险条款第八条将投保交强险设置为商业三者险理赔的前置程序，那么保险人在与投保人订立商业保险时应审查其是否购买了交强险。如果交强险与商业险保险期间不一致，则应在交强险到期前合理期限内通知、提醒车辆所有人续买交强险。如果保险人未履行提醒义务，而扣除应当由交强险限额内赔偿的部分，则保险人享有的权利与承担的义务是不对等的，违反合同权利义务对等原则。

三、商业三者险条款第八条与保险法损失填补原则相违背。交强险是根据国家法律在投保人和保险人之间强制建立的保险关系。这是国家通过强制性的第三者责任保险的模式化解道路交通事故社会风险的社会问题解决机制，如果符合条件者未投交强险，其将受到行政处罚。商业三者险是投保人和保险人根据自愿原则建立的责任保险关系，由保险人根据保险法等规定为被保险人的道路交通事故责任承担赔偿义务。交强险和商业三者险都是第三者责任险种，目的是通过强制的或约定风险转移和化解机制解决受害人损失及时有效填补问题。鉴于商业第三者责任险和交强险均是为了减少被保险人因致人损害而产生的损失，为了避免出现重复赔偿，根据保险法的损失补偿原则，保险公司有权扣除被保险人已经获得的交强险的保险金，保险公司扣除交强险限额的前提应当是被保险机动车已经投保了交强险并得到相应补偿，如被保险机动车没有投保交强险并未获得相应保险金，保险公司扣除交强险应赔偿的部分也就缺乏事实依据。

综上，审理保险合同纠纷，若被保险人未投保交强险或投保的交强险过期的，首先审查保险人是否对免责条款履行了明确告知义务。其次，若保险人履行了告知义务，则要审查保险人对投保交强险情况是否履行了审查义务。最后，法院应就约定的免责条款是否违背保险法的规定要全面审查。本案中，保险人既未履行告知义务，也未承担审查之责，其约定的免责条款也违背了保险法损失补偿原则，故保险人应当直接在商业三者险保险责任限额内赔偿被保险人，不应扣除交强险限额内赔偿的部分。

【裁判结果】

永年区法院经审理认为，对于保险合同中所约定的免责条款，除了在保险单上提示投保人注意外，还应当对有关免责条款的概念、内容及其法律后果等，以书面或者口头形式向投保人或其代理人作出解释，以使投保人明了该条款的真实含义和法律后果，否则该免责条款不产生效力。被告未履行提示和解释说明义务，商业三者险条款第八条对被保险人不产生约束力。故被告应当直接在商业三者险保险责任限额内赔偿，不应扣除交强险限额内赔偿的部分。

依照《中华人民共和国保险法》第十七条、《最高人民法院关于适用〈中华人民共和国保险法〉若干问题的解释（二）》第十一条第二款之规定，判决如下：

被告某保险公司于本判决生效之日起十日内赔偿原告刘某保险金 123174.46 元。

（宣判后，保险公司提起上诉，邯郸市中级人民法院维持原判）

第二章　金融借款合同纠纷

第一节　金融借款合同纠纷概述

一、金融借款合同的概念、特征

金融借款合同纠纷是指当事人就达成的借款人向金融机构借款，到期返还借款并支付利息的合同产生的权利义务纠纷。

主要特征：

1. 原告主体固定，均为银行，被告主体不特定。除信用卡纠纷被告为一自然人主体外，其余借款合同被告大多是两个主体以上，方式表现为：主债务人是第一被告，系借款人，既有自然人，也有法人。其余被告均是担保人，既有保证担保，也有抵押担保。实践中以抵押担保方式居多。

2. 贷款的期限较短，贷款标的额大。借款人借款多是经营性贷款，贷款的期限不长，少则一年，多则二到三年。主要原因是银行为了减少还款风险、控制贷方市场。企业经营投资，一两年内投资利润难以收回，企业需要申请延长贷款期限，而银行控制审批权限。若银行不延长期限，企业贷款已转换成资产，无法还贷，双方形成诉讼。这是目前大量金融借款合同纠纷形成的一个重要原因。

3. 金融借款合同系格式条款，内容完备，手续齐全。在所审理的案件中，借款人、担保人与贷款人之间均有书面合同，合同的内容均写明了借款的种类、用途、数额、利率、期限（包括担保期限）和还款方式等条款。此外，借款人、担保人均提交了身份证明、担保承诺书等相关手续，没有担保人的，通常用房产设置了抵押。

4. 金融借款合同纠纷在法院以系列案方式诉讼越来越多。银行每个时间段的金融业务相同或类似，导致形成纠纷易成系列案，银行通常会批量诉至法院。

二、法院受理案件情况

以丛台区法院为例，2015 年受理 218 件、2016 年 257 件、2017 年 381 件。与 2016 年比，2017 年同比增幅 48.24%！金融借款合同纠纷数量的多少是一个地方经济走势的晴雨表，大量金融合同纠纷融入法院，政府主管部门应当重视这一现象，并及时做出调研，调整宏观金融政策、加强金融秩序监管。

三、审理中遇到的主要问题和裁判建议

1. 被告人数众多，送达工作任务艰巨，审理周期较长。

在向当事人送达时必须穷尽送达手段后（如邮寄送达、直接送达），才能公告送达。应诉手续送达和裁判文书的送达，前后公告的期间至少 5 个月之久，导致案件审理周期 7 ~9 个月才能审结。

2017 年 7 月 19 日，最高人民法院《关于进一步加强民事送达工作的若干意见》第八条第一项规定，当事人拒绝确认送达地址或以拒绝应诉、拒接电话、避而不见送达人员、搬离原住所等躲避、规避送达，人民法院不能或无法要求其确认送达地址的，当事人在诉讼所涉及的合同、往来函件中对送达地址有明确约定的，以约定的地址为送达地址。这一条将彻底解决金融类案件送达难的问题。因为银行借款合同中均约定了借款人、担保人送达地址，该地址如果无法邮寄送达，视为送达。

2. 申请保全手续的案件越来越普遍。即使大部分金融借款合同案件有抵押担保，但银行为了最大限度地减少自己的风险，仍然依靠签订借款合同时掌握的被告财产线索，申请法院保全，以便保障自己债权的实现。

该申请的普遍提出，使法院的工作量大大提高。目前，有些法院专门成立保全组、送达组等专门机构，能够使审判人员从程序性事务中解脱出来，提高审判效率。但相当数量的法院，因人力、财力问题，仍然按照传统方式，主审法官“包杆儿到底”，被琐碎工作缠身，影响审判效力和质量。

3. 银行对于格式条款的提示和解释说明义务履行不规范。诉讼中经常出现保证人或抵押担保人辩称：“不知道借款人是谁，以为是案件中的某个担保人”或“不知道承担的是连带保证责任，也不知道借款数额是多少”等。

面对白纸黑字，担保人的辩驳虽然显得苍白，但也显示出银行在签订借款合同、担保合同时，未向借款人、担保人充分履行告知义务，合同备份亦都由自己

保管。该行为如果不注意规范，有可能面临被法院认定无效的风险。

4. 借款期限未到期，银行以借款人逾期偿还借款为由，请求偿还剩余借款本息，是否侵害了借款人合法权益？在多个担保方式存在的借款合同中，担保人彼此之间承担担保责任时有无顺序之分？上述问题，在金融借款合同纠纷审理中普遍存在，笔者将在下文中详细论述。

四、常用法律条文索引

1. 《中华人民共和国合同法》第197～211条；
2. 《中华人民共和国商业银行法》第35～47条。

第二节　金融借款合同纠纷典型案例

◆案例一：多个担保物权并存，实现顺序有规定[①]

【裁判观点】

金融借款合同中，银行除了会要求借款人提供物的担保外，还往往会要求第三人再提供物的担保或人的担保。如果银行与第三人约定了实现担保物权的顺序条款，那么将视为第三人放弃了实现担保物权顺序的抗辩权，银行有权同时向债务人和第三人主张物的担保或人的担保。

【基本案情】

2014年4月16日，A银行与康某某、叶某某、B服饰公司签订了《个人贷款合同》，合同约定A银行向康某某发放助业贷款88万元，按月共分60期偿还。康某某和叶某某分别以各自名下的一处房产共同为上述贷款提供抵押担保，并在房管登记部门办理了抵押登记手续。B服饰公司自愿对上述贷款提供连带责任保

① 笔者原发表于《河北日报》、河北新闻网2017年3月14日，本书中对该文予以重新编辑整理。

证。贷款合同对于实现担保物权的顺序没有约定。合同签订后，A银行依约向借款人康某某发放贷款88万元整。被告康某某收到贷款后，在偿还了部分借款本息后，未再按时还款。A银行在催要无果下，遂将康某某、叶某某及B服饰公司诉至法院，请求判令：1. 康某某偿还拖欠的借款本息；2. B服饰公司对上述债务承担连带清偿责任；3. 请求拍卖、变卖康某某、叶某某名下各自的房屋，所得价款用于优先清偿A银行的上述债权。叶某某和B服饰公司辩称：借款人是康某某，银行应先对康某某的房屋实现担保物权，不足部分才可以就叶某某物的担保实现债权，或要求B服饰公司承担保证责任。

【案件焦点】

金融借款合同中，银行为了最大限度地收回贷款本息，往往除了要求借款人提供物的担保外，还要求第三人再提供物的担保或人的担保。在借款人不履行到期债务或者发生当事人约定的实现担保物权的情形时，银行实现担保物权有无顺序之分？

【法官评析】

笔者认为，《中华人民共和国物权法》第一百七十六条规定："被担保的债权既有物的担保又有人的担保的，债务人不履行到期债务或者发生当事人约定的实现担保物权的情形，债权人应当按照约定实现债权；没有约定或者约定不明确，债务人自己提供物的担保的，债权人应当先就该物的担保实现债权；第三人提供物的担保的，债权人可以就物的担保实现债权，也可以要求保证人承担保证责任。提供担保的第三人承担担保责任后，有权向债务人追偿。"一般民法原理认为，谁是实际借款人谁偿还借款，主债务人财产不足以清偿的，再由担保人承担责任。如此，主次有序，责任分明，彰显的法律价值是诚信原则和公平原则。另一个层面，随着市场经济的发展，需要鼓励交易，必须考虑交易双方的安全，合同的双方必然追求利益最大化和安全最大化。尤其是金融领域，银行作为贷款方，向市场投放大量资金，促进经济发展的同时，必然考虑最大限度地降低贷款的风险。银行通常会约定最有利于实现债权的方式，诸如以下条款："在债务人物的担保和第三人物的担保或人的担保并存时，当债务人不履行到期债务或发生合同约定的实现担保物权的情形时，银行有权向任何一方主张担保责任，第三人自愿放弃担保物权顺序的抗辩权利。"依照法律规定，此类条款为有效约定，双方应当遵守。本案中，A 银行与担保人之间未约定实现担保物权的顺序问题，依照法律规定，应先就借款人康某某的抵押物实现担保物权，不足部分既可以向担保人叶某某的抵押物实现担保物权，也可以向 B 服饰公司主张连带保证责任。如果银行与第三人约定了实现担保物权的顺序条款，那么将视为第三人放弃了实现担保物权顺序的抗辩权，银行有权同时向债务人和第三人主张物的担保或人的担保。需要说明的是，假设借款人没有物的担保，多个第三人之间存在物的担保和人的担保时，不再有顺序之分，债务人有权向任一第三人的担保主张债权。

因此，如在为他人担保，无论提供的是物的担保还是人的担保，在签订担保合同时应当认真阅读合同是否有类似实现担保物权顺序性的约定，然后再根据债务人的偿还能力和自己的经济状况，慎重考虑是否提供担保。

【裁判结果】

从台区法院经审理认为，叶某某和某服饰公司的答辩意见符合《中华人民共和国物权法》第一百七十六条的规定，法院予以采纳。某银行与叶某、某服饰公司之间未约定实现担保物权的顺序问题，依照法律规定，应先就借款人康某某的抵押物实现担保物权，不足部分既可以向担保人叶某某的抵押物实现担保物权，也可以向服饰公司主张连带保证责任。

依照《中华人民共和国物权法》第一百七十六条之规定，判决如下：

一、康某某于本判决生效之日起十日内偿还某银行借款本金 88 万元及利息；

二、准予对康某的房屋拍卖、变卖，所得价款用于优先清偿某银行的借款；

三、某银行就康某的房屋实现担保物权后，在不能完全受偿的范围内有权就叶某的房屋拍卖、变卖后优先受偿或向某服饰公司主张连带偿还责任。

（宣判后，双方均未上诉）

◆案例二：银行提前收回贷款条款性质认定

【裁判观点】

“宣布合同提前到期并提前收借款”与“解除合同”在法律术语上系不同概念。约定提前收回借款，并非合同解除条款。借款人承担的是合同违约责任，其在违约后丧失继续使用借款的权利，应当继续履行还款义务。

【基本案情】

2013 年 12 月 9 日，原告甲银行与被告乙物流公司签订了《最高额抵押合同》。合同主要约定：抵押人为乙物流公司，抵押权人为甲银行，自 2013 年 12 月 9 日至 2016 年 12 月 8 日期间双方签订的借款合同均为本合同的主合同；乙物流公司自愿将名下的两块土地作为抵押。2013 年 12 月 17 日，被告乙物流公司将两块土地在土地管理部门办理了抵押登记，登记的抵押权人为甲银行，抵押人为被告乙物流公司。2014 年 6 月 26 日，原告与被告乙物流公司签订了《流动资金借款合同》。借款合同主要条款约定：借款人乙物流公司（甲方），贷款人某银行（乙方）。第一条借款金额：人民币六百六十万元整；第二条借款期限：12 个月，自 2014 年 6 月 26 日至 2015 年 6 月 25 日；第四条 4.2.1 贷款执行利率：贷款年利率为 7.2%；第十六条违约情形：甲方发生下列情形之一的，即构成违约：其中第三项：未能履行与河北银行股份有限公司及其他金融机构订立的其他借款、融资或担保合同义务的；第十七条违约责任：甲方违约的，乙方有权采取下列一种或数种措施：其中第二项：有权宣布贷款提前到期，停止发放甲方尚未使用的贷款；第三项：提前收回已发放的贷款本息……。2014 年 6 月 27 日，原告向被告乙物流公司银行账户支付借款人民币 660 万元。以上合同末尾，均以加粗和下划线的方式注明乙方已就合同全部条款向甲方进行了详细地解释说明，双方对合同的全部条款均无异议，并对当事人有关权利义务和责任限制或免除条款的法律含义有准确无误的理解。被告乙物流公司已将 2015 年 4 月 21 日之前的上述两笔借款的利息按时结清，对于之后的利息仅偿还 112.47 元后未再偿还利息。截至原告起诉之时，该笔借款的利息均逾期两个月未偿还。原告以被告未按时偿还利息为由，请求解除借款合同，并请求被告偿还逾期利息并提前偿还剩余借款本息。乙物流公司辩称，原告以被告存在两个月欠息为由主张解除合同，没有合同依据；借款合同是原告提供的格式文本，有关免除原告责任、加重被告责任、排除被告主要权利的条款应当无效。

【案件焦点】

借款合同关于“宣布借款提前到期、提前收回贷款”的约定是否属于当事人约定解除权的条款，该条款是否加大了借款人责任，减少了银行的责任，属无效约定?

【法官评析】

合同条款定性决定着法律思维分析的起点和方向。合同法第九十三条第二款规定："当事人可以约定一方解除合同的条件。解除合同条件成就时，解除权人可以解除合同。"审判实践中，准确识别争议条款是否属于约定解除权条款，是正确适用合同解除权规定解决相关纷争的基础和前提，直接影响案件处理结果。当前越来越多的金融借款合同中包含了特定情形下宣布合同提前到期，贷款人有权提前收回贷款的约定，该案因此具有一定的典型性。

一、透过合同法相关法条的表述，可以看出"宣布合同提前到期提前收借款"与"解除合同"在逻辑关系上系不同概念。合同法第二百零三条规定，借款人未按照约定的借款用途使用借款的，贷款人可以停止发放借款、提前收回借款或解除合同。该条款虽系针对未按约定使用借款的情形，但已可以说明"提前收回借款"与"解除合同"是两个不同的法律概念。

二、根据相关金融法规，甲银行的诉讼请求应当得到支持。中国人民银行《贷款通则》第二十二条第五项规定，借款人未能履行借款合同规定义务的，贷款人有权依据合同约定要求借款人提前归还贷款或停止支付借款人尚未使用的贷款。

三、宣布合同提前到期与合同自然履行到期的法律后果一样。宣布提前到期，是实际履行期未满，对于未到期的借款期限不再继续履行，但其产生的后果与合同自然到期是一样的法律后果，即偿还借款本息，包括逾期违约支付的利息和合同到期后偿还的本金（如果未偿还将产生逾期利息和复利）。合同到期后，借款人及担保人偿还了上述借款本息，合同权利义务终止。借款人及担保人未履约，债权人有权按照合同约定的违约责任即承担支付逾期利息（又称罚息）、复利（逾期利息的利息）的责任，直到偿还完毕时合同终止。有法官观点认为[①]有关提前收回贷款的条款，其实也可看成双方当事人对合同终止条件所作的约定，即相关情形出现时，银行有权按照约定，通过提前收回贷款的方式终止借款合同，提前收回贷款。笔者对此持有异议，约定提前收回借款，并非合同权利义务终止。借款人在部分违约后丧失继续使用借款的权利，之后，其应当继续履行合同义务即还款义务。借款人承担的是合同违约责任。待还款义务履行完毕后，合同终止。

① 史留芳：《借款合同提前收贷条款不属于约定解除权条款》，载《人民法院报》2015年1月7日。

四、再谈合同条款效力的问题。中国人民银行《贷款通则》第二十二条第五项规定：借款人未能履行借款合同规定义务的，贷款人有权依合同约定要求借款人提前归还贷款或停止支付借款人尚未使用的贷款。该法律虽属部门规章，但在法律没有明确的强制性规定与之冲突的情况下，人民法院应从金融秩序和金融政策的大环境出发，不应认定银行遵守该规定的行为为无效行为。

【裁判结果】

丛台区法院经审理认为，“提前收回借款”与“解除合同”在逻辑关系上系不同概念，本案借款合同约定的“提前收回借款”属违约情形之一，并非借款合同约定的解除合同条款，故对原告主张的解除合同请求，不予支持。被告辩称，有关违约情形及违约责任的条款系格式条款，应认定无效。借款合同中以加粗和下划线的方式注明原告已就合同全部条款向被告进行了详细地解释说明，双方对责任限制或免除条款的法律含义有准确无误的理解。另合同中约定的违约责任条款符合中国人民银行《贷款通则》的相关规定，故对被告的抗辩意见不予支持。

依照《中华人民共和国合同法》第一百九十六条、《中华人民共和国担保法》第六条、第十八条、第三十三条、第四十六条、第五十三条，《贷款通则》第二十二条之规定，判决如下：

一、被告某物流公司于本判决生效之日起十日内偿还原告某银行借款本金660 万元及利息；

二、准予拍卖、变卖被告某物流公司位于 × × 的两块土地，所得价款优先用于偿还原告某银行的上述借款本息。

（宣判后，物流公司提起上述，邯郸市中级人民法院维持原判）

第三章　买卖合同纠纷

第一节　买卖合同纠纷概述

一、买卖合同纠纷的概念、特征

买卖合同是一方转移标的物的所有权于另一方，另一方支付价款的合同。转移所有权的一方为出卖人或卖方，支付价款而取得所有权的一方为买受人或者买方。买卖是商品交换最普遍的形式，也是典型的有偿合同。

买卖合同的特征：

1. 买卖合同是有偿合同。买卖合同的实质是以等价有偿方式转让标的物的所有权，即出卖人移转标的物的所有权于买方，买方向出卖人支付价款。这是买卖合同的基本特征，使其与赠与合同相区别，是有偿民事法律行为。

2. 买卖合同是双务合同。在买卖合同中，买方和卖方都享有一定的权利，承担一定的义务。而且，其权利和义务存在对应关系，即买方的权利就是卖方的义务，买方的义务就是卖方的权利。是双务民事法律行为。

3. 买卖合同是诺成合同。买卖合同自双方当事人意思表示一致就可以成立，不需要交付标的物。

4. 买卖合同一般是不要式合同。通常情况下，买卖合同的成立、有效并不需要具备一定的特定形式，但法律另有规定者除外。

二、法院受理案件情况

近三年丛台区法院受理买卖合同纠纷数据表：

	2015 年	2016 年	2017 年
买卖合同纠纷	183 件	221 件	209 件
合同纠纷	2467 件	3165 件	3501 件
所占合同纠纷比例	7.42%	6.98%	5.97%

从上述数据中可以看出：买卖合同纠纷受理案件数量有下降趋势，买卖合同纠纷所占合同纠纷比例逐年也呈下降趋势。这表明买卖合同作为传统的合同纠纷变化幅度总体平稳，略有下降。一定程度反映出市场经济中传统的买卖交易模式日趋成熟，市场主体在交易中防范风险的意识有所增加，故而转化为诉讼的纠纷有所减少。

审理中反映出来的难点问题主要表现在违约金的认定和调整问题以及合同解除问题。笔者从丛台区法院近几年审理买卖合同纠纷中选取了几个典型案例，结合审判实践做法和专家学者主流观点，在下文中予以阐述。

三、常用法律条文索引

1. 《中华人民共和国合同法》第 130 条～175 条；
2. 《最高人民法院关于审理买卖合同纠纷案件适用法律问题的解释》。

第二节　买卖合同纠纷典型案例

◆案例一：钢材“加价款”在不同情况下的性质认定

【裁判观点】

如果“加价款”条款的适用以存在迟延履行的违约行为为前提，而违约金恰恰是一种约定的违约责任，所以“加价款”的适用条件更符合违约金条款的特征。如果“加价款”条款约定的适用期间是在付款期限届满前，则应按照合同价款变更条款对待，人民法院应审慎调整。

【基本案情】

A 公司分别于 2011 年 9 月 17 日、2011 年 9 月 30 日、2011 年 10 月 15 日、2011 年 11 月 14 日共四次与 B 公司签订《购销合同》，合同主要约定 B 公司向 A 公司购买盘条、螺纹钢等钢材，其中第八条“付款方式”约定：乙方（B 公司）在收到货物并经抽检复验合格后货款应在当月 5 日内付清，余款超过五天欠款部分以每吨每天加价 5 元计算。合同签订后，A 公司自 2011 年 9 月 19 日至 2011 年 11 月 16 日，依照合同的约定，共计向 B 公司供应价值为 10235091.8 元的钢材，B 公司向原告出具了对应的收货单。之后，A 公司将收货单及对应价值发票交付 B 公司。B 公司自 2011 年 10 月 18 日至 2014 年 5 月 14 日共计支付 A 公司货款和加价款共计 11000000 元，之后未支付剩余货款。截至 2016 年 7 月 10 日，被告仍拖欠货款和加价款共计 3649442.2 元。A 公司遂将 B 公司诉至人民法院，原告 A 公司认为，“加价款”条款系合同价款的变更，被告 B 公司除支付拖欠的货款外，还需支付约定的加价款。被告辩称，对拖欠的货款无异议，但“加价款”条款系违约金条款，约定标准过高，法院应当降低标准。

【案件焦点】

买卖合同中价款的变更，法院应尊崇当事人的约定。对于违约金的约定，法院有权调整。钢材买卖合同中“加价款”条款系合同价款的变更，还是违约金条款？

【法官评析】

对于合同约定的逾期付款后需支付的“加价款”的性质存在两种观点，一种观点是合同价款的变更，法院不应调整；另一种观点是违约金条款，约定的标准过高，法院应调低标准。笔者的同意第二种观点，理由如下：

一、合同变更的特征

《中华人民共和国合同法》（以下简称合同法）第七十七条第一款规定：“当事人协商一致，可以变更合同。”从合同法第五章的有关规定看，合同的变更仅指合同内容的变更，合同主体的变更称为合同的转让。

合同变更的特征：

1. 合同的变更仅是合同的内容发生变化。合同内容的变化，可表现为合同标的物的数量或质量、规格、价金数额或计算方法、履行时间、履行地点、履行方式等合同内容的某一项或数项发生变化（如标的物数量变化，价款也随之变化）。

2. 合同的变更是合同内容的局部变更，是合同的非根本性变化。合同变更只是对原合同关系的内容作某些修改和补充，而不是对合同内容的全部变更。如果合同内容已全部发生变化，则实际上已导致原合同关系的消灭，一个新合同的产生。

3. 合同的变更通常依据双方当事人的约定，合同法第五章所规定的合同变更实际上就是约定的变更。

4. 合同的变更只能发生在合同成立后。尚未成立的合同，当事人之间根本不存在合同关系，也就谈不上合同的变更。合同履行完毕后，当事人之间的合同关系已经消灭，也不存在变更的问题。

二、违约金的特征

合同法第一百零七条规定："当事人一方不履行合同义务或者履行合同义务不符合约定的，应当承担继续履行、采取补救措施或者赔偿损失等违约责任。"第一百一十四条第一款规定："当事人可以约定一方违约时应当根据违约情况向对方支付一定数额的违约金，也可以约定因违约产生的损失赔偿额的计算方法。"

根据上述法律规定，违约金是一种当事人约定的违约责任。违约金除了具有补偿性，还具有惩罚性功能，是对违约方违约行为的一种惩罚，目的是维护合同交易，提高合同的履约率，预防违约，与合同法的立法精神一致。合同法第二条的规定充分体现的是意思自治的原则，意识自治原则是最根本的原则，即合同双方按照自己的意愿进行缔约。合同法第六十条的规定充分体现的是诚实信用原则，即双方按照自己的承诺及时、有效的履行。合同双方当事人根据自己的意志进行缔约并明确双方的权利义务与违约责任，一旦出现违约情形，应按照约定承担违约责任。

三、两者的联系与区别

合同变更与违约金条款均属当事人约定，只要是当事人真实意思表示，未违反合同法第五十三条合同无效条款的，当事人应当遵守。例外的是，合同法第一百一十四条第二款规定："约定的违约金低于造成的损失的，当事人可以请求人民法院或者仲裁机构予以增加；约定的违约金过分高于造成的损失的，当事人可以请求人民法院或者仲裁机构予以适当减少。"《最高人民法院关于适用〈中华人民共和国合同法〉若干问题的解释（二）》第二十九规定："当事人主张约定的违约金过高请求予以适当减少的，人民法院应当以实际损失为基础，兼顾合同的履行情况、当事人的过错程度以及预期利益等综合因素，根据公平原则和诚实信用原则予以衡量，并作出裁决。当事人约定的违约金超过造成损失的百分之三十的，一般可以认定为合同法第一百一十四条第二款规定的‘过分高于造成的损失’”。也就是说，违约金条款是受到法定约束的，过分高于实际损失的，需要强制调整。

四、逾期付款后支付的“加价款”更符合违约金的特征

1. 合同的变更只能发生在合同成立后，双方针对原合同价款重新达成新的约定，两者存在时间的先后，客观上存在价款变动的原因。而本案中钢材“加价款”的约定与合同最初价款均在主合同中列明，所以不符合合同价款变更的时间要求。通过调研大量的钢材买卖合同纠纷，笔者发现凡是涉及“加价款”的约定，均是与合同价款在主合同中同时列明，这也是钢材买卖的行业内普遍做法。

2. 合同变更的原因是多方面的，但只要是双方真实意思表示即发生合同变更的法律效力。而违约金条款是以一方违约为前提条件的。本案“加价款”约定：“余款超过五天欠款部分以每吨每天加价 5 元计算”。该条款的适用是以迟延履行的违约行为为条件，而违约金恰是一种约定的违约责任，所以“加价款”的适用条件更符合违约金条款的特征。

3. 约定“加价款”合同的卖方往往是钢材贸易公司，买方是资金短缺的加工企业，卖方利用手中的资金从生产商买进钢材再卖于需方，从而挣取差价。卖方约定“加价款”的目的，是防止买方逾期付款造成其垫资的损失，所以一般约定的标准很高。《最高人民法院关于审理买卖合同纠纷案件适用法律问题的解释》第二十四条第四款规定：“买卖合同没有约定逾期付款违约金或者该违约金的计算方法，出卖人以买受人违约为由主张赔偿逾期付款损失的，人民法院可以中国人民银行同期同类人民币贷款基准利率为基础，参照逾期罚息利率标准计算。”本案“加价款”约定的标准远高于逾期罚息标准，无论是从“加价款”的约定目的，还是约定的标准，均符合逾期付款违约金条款的性质。

4. 如果“加价款”条款约定的适用期间是在付款期限届满前，则应按照合同价款变更条款对待。买方不存在逾期付款的违约行为，双方在付款履行期届满前对合同价款的变更，主要考虑到客观上卖方存在垫资的损失，故买方应当按照约定支付“加价款”。

综上，从合同变更和违约金条款的特点来看，逾期付款“加价款”的约定更

符合逾期付款违约金条款的特征，不符合合同变更的特点，所以该条款应认定违约金条款。当约定的“加价款”过高时，应当根据法律规定，适当调整。

【裁判结果】

从台区法院经审理认为，被告B未提供证据履行了依约付款的义务，存在预期付款的违约行为，其应当承担合同约定的违约责任。从合同变更和违约金条款的特点来看，逾期付款“加价款”的约定更符合逾期付款违约金条款的特征。原告诉请被告共欠原告钢材款和加价款5216472.26元，庭后原告将钢材款和加价款调整为3649442.2元。被告对加价款未提出异议。原告降低加价款的行为符合合同的约定，本院予以支持。

依照《中华人民共和国合同法》第六十条、第一百零七条、第一百零九条、第一百三十条之规定，判决如下：

一、被告B公司于本判决生效之日起十日内支付原告A公司货款和加价款共计3649442.2元，以及自2016年7月11日之后至本判决确定的履行期届满之日止的加价款（依照合同约定计算）；

二、驳回原告A公司其他诉讼请求。

（宣判后，被告B公司提起上诉，二审期间双方调解结案）

◆案例二：逾期支付违约金可参照年利率24%计算

【裁判观点】

以金钱为给付标的，守约方无法证明实际损失时，合同约定的违约金标准又超过年利率24%的，违约方逾期付款时可参照《最高人民法院关于审理民间借贷案件适用法律若干问题的规定》第二十六条第一款的规定，将违约金计算标准调整为年利率24%。

【基本案情】

自2012年2月起，厚德公司与中煤公司建立了钢材买卖合同关系，由厚德公司向中煤公司供应钢材。2015年6月30日，双方签订了一份《还款协议》，主要约定：1. 乙方（中煤公司）欠甲方（厚德公司）货款4804325.15元。2.

还款协议签订之日，乙方给付甲方货款 100 万元；2015 年 7 月 31 日前给付 150 万元；剩余 230 万元，2015 年 8 月底至 2015 年 11 月底，每月支付 50～60 万元，直至付清全部货款。3. 乙方未能按本还款协议第二条约定期限履行付款义务的，乙方自愿支付甲方 30 万元货款利息……。协议签订后，截至 2015 年 9 月底，中煤公司共支付厚德公司 300 万元。2015 年 10 月 19 日，厚德公司以中煤公司未按约定履行付款义务为由，将其诉至法院，请求中煤公司支付剩余货款 1804325. 15 元及违约金 30 万元。诉讼中，中煤公司于 2015 年 10 月 25 日支付厚德公司货款 10 万元，又于 2015 年 11 月 27 日支付原告货款 1704325. 15 元。但原告仍坚持被告支付违约金 30 万元。

【案件焦点】

本案案件焦点为约定违约金是否需要调整，以及如何调整。

【法官评析】

合同法第二条的规定充分体现了意思自治的原则，即合同双方按照自己的意愿进行缔约。合同法第六十条的规定充分体现了诚实信用原则，即双方按照自己的承诺及时、有效的履行。合同双方当事人根据自己的意志进行缔约并明确双方的权利义务与违约责任（仅指违约金），一旦出现违约情形，应按照约定承担违约责任。合同约定了违约金后，如果约定的违约金过分高于守约方的实际损失，那么有可能对另一方造成明显的不公平。合同法第一百一十四条和《最高人民法院关于适用〈中华人民共和国合同法〉若干问题的解释（二）》第二十九条均规定违约金数额应以实际损失为参考，目的是为了防止违约金主张金额过分脱离实际损失，造成双方的权利义务不对等，凸显的是公平主义原则，用以平衡意思自治原则、诚实守信原则带来的权益冲突。

本案原、被告签订分期还款协议后，被告在依约偿还了一多半后，有两期未按期偿还，分别为 60 万元。原告认为，只要被告有一期未按期偿还，即构成违约，便应当承担 30 万元的违约金。笔者认为，被告违约的事实存在，但应结合因此给原告造成的实际损失，以及被告的违约程度来衡量违约金的标准。首先，原告的实际损失客观表现为逾期偿还货款的利息损失；其次，还款协议约定 2015 年 11 月底全部结清，被告在诉讼中即 2015 年 11 月 27 日全部偿还了剩余货款，表明被告仍有履约的诚意。综上，笔者认为约定的 30 万元违约金过高，应当调整为逾期支付货款的利息损失。

《最高人民法院关于审理买卖合同纠纷案件适用法律问题的解释》第二十四条第四款规定："买卖合同没有约定逾期付款违约金或者该违约金的计算方法，出卖人以买受人违约为由主张赔偿逾期付款损失的，人民法院可以中国人民银行同期同类人民币贷款基准利率为基础，参照逾期罚息利率标准计算。"中煤公司认为违约金计算标准不应超过商业银行贷款利率的130%。笔者认为，违约金除了具有补偿性，还具有惩罚性功能，是对违约方违约行为的一种惩罚，目的是维护合同交易，提高合同的履约率，预防违约。如果以银行同期贷款利率或罚息利率计算利息，约定的违约金条款将失去意义，不能凸显约定违约金的处罚性功能。本案当中，合同已约定了违约金，故不应适用该司法解释。笔者认为，以金钱为给付标的的，守约方不能证明实际损失时，违约方逾期付款的，可参照《最高人民法院关于审理民间借贷案件适用法律若干问题的规定》第二十六条第一款的规定，将违约金计算标准调整为年利率24%。如此既能维护合同交易，提高合同的履约率，预防违约，又能避免守约方恶意诉讼，诉讼中谋取暴利。

【裁判结果】

丛台区法院经审理认为，依照合同法第一百一十四条及相关司法解释的规定，认定约定违约金数额是否合理，应结合违约行为造成的实际损失进行衡量。鉴于被告已于2015年11月27日将拖欠的货款全部付清，故被告的实际损失客观上表现为逾期偿还货款的利息损失。协议约定的违约金30万元过分高于实际损失，应予以调整。鉴于违约金同时具有一定的惩罚性，参照《最高人民法院关于审理民间借贷案件适用法律若干问题的规定》第二十六条第一款的规定，法院将违约金数额调整为逾期支付货款的利息损失，按年利率24%计算。关于2015年9月底应支付未支付的60万元利息损失为：期限自2015年10月1日至2015年11月27日，按年利率24%计算，计算公式：60万元×24%÷365天×58天≈22882.19元；2015年10月底应支付60万元实际支付10万元，对于剩余50万元利息损失为：期限自2015年11月1日至2015年11月27日，按年利率24%计算，计算公式：50万元×24%÷365天×27天≈8876.71元。两项损失合计为31758.9元。

依照《中华人民共和国合同法》第一百一十四条、《最高人民法院关于适用〈中华人民共和国合同法〉若干问题的解释（二）》第二十九条、《最高人民法院关于审理民间借贷案件适用法律若干问题的规定》第二十六条第一款之规定，判决如下：

一、被告中煤公司于本判决生效之日起十日内支付原告邯郸市厚德物资有限公司违约金31758.9元；

二、驳回原告厚德公司其他诉讼请求。

（本案宣判后，厚德公司提出上诉，邯郸市中级人民法院维持原判）

◆案例三：购买登记在夫妻一方名下的房屋应尽到审查义务①

【裁判观点】

房屋登记在夫妻一方名下的，购买人能够举证证明已尽到审查义务，而不知所购房屋为夫妻共同财产的，应认定买卖合同有效。

【基本案情】

张某与赵某于1993年登记结婚。二人于2000年以43000元购买一套房屋，并将该房屋产权登记在赵某名下。2005年10月18日，赵某向李某借款10万元，约定2006年3月18日还清。如到期不还，赵某名下的房屋归李某所有。2006年4月1日，赵某与李某签订了房屋转让协议，协议约定："因赵某借李某现金10万元的期限已到，因赵某无力偿还，现把赵某名下的房屋转让给李某"。赵某将该房屋产权证书交付李某。双方签订协议后，李某搬至该房居住至今。2008年2月16日，赵某向李某又借款8万元，并出具借条"今借李某8万元整，房子一过户，所有欠款就算全部还清，从此不再欠李某一分钱了。"2014年7月16日，张某将赵某、李某诉至法院，请求确认二人签订的房屋转让协议无效。

【案件焦点】

八年前，丈夫就夫妻共有房屋与他人签订转让协议。八年后，妻子称对此并不知情。这样的房屋转让协议有效吗？

---

① 原文《丈夫瞒着妻子将共有房屋转让他人——房屋转让协议是否有效？》笔者发表于《河北法制报》2014年12月25日，本书中对该文予以重新编辑整理。

【法官评析】

原告张某与被告赵某系夫妻关系，诉争房屋系夫妻关系存续期间购买，属夫妻共同的财产。二被告签订房屋转让协议时，诉争房屋登记在被告赵某名下，不动产登记具有物权公示公信作用，李某有理由相信赵某具有诉争房屋的处分权。二被告约定将借款18万元作为诉争房屋的房款，不违反法律规定，应视为李某支付了赵某购房款。另外，赵某将诉争房屋产权证书交付李某，李某居住诉争房屋内长达8年，原告张某作为赵某配偶表示不知情，不符合常理，也不符合《最高人民法院关于适用〈中华人民共和国婚姻法〉若干问题的解释（一）》第十七条“他人有理由相信其为夫妻双方共同意思表示的，另一方不得以不同意或不知道为由对抗善意第三人”的规定，故张某主张的对房屋转让不知情不能成立。因此，二被告订立的房屋转让协议，系双方真实意思表示，内容不违反法律的强制性规定，依法应认定有效。

夫妻双方处理共有财产，应相互尊重、平等协商，不应隐瞒另一方擅自处理。另一方知情后，应及时采取措施，例如向第三人提出异议，向相关产权登记、变更部门反映，或向人民法院提起诉讼。另一方能够证明自己明确表示反对的，无权处分人的处分行为无效。本案被告李某在诉争房屋居住长达8年，李某有理由相信房屋转让行为系夫妻共同的意思表示，所以房屋转让协议有效。

【裁判结果】

丛台区法院经审理认为，涉案房屋登记在赵某名下，且双方办理了过户手续，赵某将房屋交付李某，李某在涉案房屋居住长达8年之久，赵某妻子张某未提出过异议，以上足以证明李某购买房屋已注意到审查义务，且其有理由相信房屋出售行为系张某夫妻共同意思表示。张某诉请缺乏事实与法律依据，不应支持。

依照《最高人民法院关于适用〈中华人民共和国婚姻法〉若干问题的解释（一）》第十七条、《最高人民法院关于适用〈中华人民共和国民事诉讼法〉的解释》第九十条之规定，判决如下：

驳回原告张某的诉讼请求。

（宣判后，张某提起上诉，邯郸市中级人民法院驳回上诉，维持原判）

◆案例四：预约合同中买受人主张双倍返还购房款不能获支持[①]

【裁判观点】

预约合同具有合同的独立性，只要合同是双方真实的意思表示，不违反合同法五十二条规定，应认定合法有效。根据《最高人民法院关于审理买卖合同纠纷案件适用法律问题的解释》第二条的规定，一方不履行订立买卖合同的义务，对方有权请求其承担预约合同违约责任或者要求解除预约合同并主张损害赔偿。因此，预约合同不适用于《最高人民法院关于审理商品房买卖合同纠纷案件适用法律若干问题的解释》第九条中关于双倍返还购房款的规定。

【基本案情】

2009 年 12 月 24 日，郭某与 A 房产公司签订了购房协议书，双方约定：A 房产公司欲在该市某地段拟建 16 层住宅楼 2 栋。郭某预选约 120㎡房屋一套，执行平均价 3980 元/㎡，预付购房款 29 万元。户内为常规式毛坯房。楼房调节系数待楼房建到三层选房号时再定。A 房产公司承诺约在 2010 年 6 月拆迁动工，2010 年 10 月破土动工。如逾期，A 房产公司可按银行同期利息退还本息。当日，郭某向 A 房产公司支付现金 29 万元。2014 年 3 月 23 日，郭某将 A 房产公司诉至法院。诉称 A 房产公司开发的该项目在郭某起诉时未取得商品房预售许可证。郭某认为，A 房产公司未取得商品房预售许可证，购房协议无效，请求 A 房产公司返还双倍的购房款。A 房产公司辩称，购房协议有效，双方应继续履行合同。

【案件焦点】

本案的焦点问题：未取得预售许可证，本案购房协议的效力如何认定？应否双倍返还购房款？对此存在两种不同的观点：

第一种观点认为，购房协议无效。《最高人民法院关于审理商品房买卖合同

① 原文《没预售证买受人能否主张双倍返还购房款》笔者发表于河北法制网 2014 年 11 月 21 日，本书中对该文予以重新编辑整理。

纠纷案件适用法律若干问题的解释》（以下简称《商品房买卖解释》）第二条规定，出卖人未取得商品房预售许可证，与买受人订立的商品房预售合同无效。双方签订的购房协议是商品房预售合同，因A房产公司未取得商品房预售许可证，协议应认定无效。依照《商品房买卖解释》第九条的规定，A房产公司故意隐瞒没有取得商品房预售许可证明的事实，导致商品房买卖合同无效，应双倍返还购房款。

第二种观点认为，购房协议有效。本案购房协议系预约合同，而非商品房预售合同。预约合同具有合同的独立性，在具备合同的效力要件即双方系真实意思表示，内容合法，就应当认定有效。郭某主张双倍返还购房款无法律依据，不应支持。

【法官评析】

笔者赞同第二种观点。

预约，是谈判当事人一方或双方为将来订立确定性本合同达成的书面允诺或协议。预约合同主要包括意向书、允诺书、认购书、谈判纪要、定金收据等。《商品房销售管理办法》第三条第一款规定，商品房买卖合同既包括商品房现售合同，也包括商品房预售合同。《商品房买卖解释》第五条规定，商品房的认购、订购、预订等协议具备《商品房销售管理办法》第十六条规定的商品房买卖合同的主要内容，并且出卖人已经按照约定收受购房款的，该协议应当认定为商品房买卖合同。本案购房协议未约定《商品房销售管理办法》第十六条规定的“商品房基本状况、商品房的销售方式、付款方式、付款时间、交付使用条件及日期、办理产权登记有关事宜、面积差异的处理方式、公共配套建筑的产权归属、解决争议的方法、违约责任”等主要内容，因此不应认定为商品房买卖合同。协议书中表述的“拟建”“预选”“约在”等内容显示合同内容的不确定性，而协议书的订立目的是为了将来订立商品房买卖合同。因此，该协议应认定为预约合同。未取得商品房预售许可证，不影响预约合同的效力。

《商品房买卖解释》第二条规定：“出卖人未取得商品房预售许可证明，与买受人订立的商品房预售合同，应当认定无效，但是在起诉前取得商品房预售许可证明的，可以认定有效。”本案购房协议书并非商品房买卖合同，不能依此认定无效。预约合同具有合同的独立性，郭某与A房产公司签订的协议书，系双方真实的意思表示，不违反法律、行政法规的强制性规定，合法有效。

《最高人民法院关于审理买卖合同纠纷案件适用法律问题的解释》第二条规定："当事人签订认购书、订购书、预订书、意向书、备忘录等预约合同，约定在将来一定期限内订立买卖合同，一方不履行订立买卖合同的义务，对方请求其承担预约合同违约责任或者要求解除预约合同并主张损害赔偿的，人民法院应予支持。"郭某依此规定既可以主张A房产公司承担预约合同的违约责任，也可以主张解除预约合同并赔偿损失。郭某主张A房产公司双倍返还购房款是以商品房买卖合同无效为前提，本案购房协议为预约合同且有效，故郭某的请求不应支持。合同的违约责任承担方式包括继续履行、赔偿损失、支付违约金或适用定金罚则。依照合同法第一百一十条之规定，开发商未取得预售许可证，造成预约合同在法律上履行之障碍，即使双方缔约了商品房买卖合同，也是无效的。因此，A房产公司辩称双方应继续履行合同，不符合法律规定，不应支持。

【裁判结果】

从台区法院经审理认为，本案购房协议系预约合同，而非商品房预售合同。预约合同具有合同的独立性，在具备合同的效力要件即双方系真实意思表示，内容合法，就应当认定有效。根据《最高人民法院关于审理买卖合同纠纷案件适用法律问题的解释》第二条的规定，一方不履行订立买卖合同的义务，对方有权请求其承担预约合同违约责任或者要求解除预约合同并主张损害赔偿。因此，预约合同不适用于《最高人民法院关于审理商品房买卖合同纠纷案件适用法律若干问题的解释》第九条双倍返还购房款的规定。郭某主张双倍返还购房款无法律依据，不应支持。

依照《合同法》第一百一十条、《最高人民法院关于审理商品房买卖合同纠纷案件适用法律若干问题的解释》第二条、第十六条，《商品房销售管理办法》第三条第一款之规定，判决如下：

被告A房产公司于本判决生效之日起十日内偿还原告郭某购房款29万元及利息（自2010年10月1日至购房款还清为止，按照银行同期贷款利息计算）。

（宣判后，被告A房产公司提出上诉，邯郸市中级人民法院维持原判）

第四章　民间借贷纠纷

第一节　民间借贷纠纷概述

一、民间借贷纠纷特征

相对于金融机构作为一方当事人的借款合同纠纷案件，人民法院在统计方法上将自然人与自然人之间、自然人与非金融企业之间的借贷纠纷案件称为民间借贷纠纷案件。

民间借贷作为一种社会信用形式和正规金融的补充，其存在具有合理性和积极作用。随着我国市场经济的发展，一些企业特别是中小企业融资渠道不够畅通，而民间资本的正当投资渠道又过于狭窄，急需融资和追求高额回报的两方面需求催生了游离于国家金融监管体系以外的大量民间借贷行为，其中不乏高利贷，由此引发许多纠纷和问题，甚至导致涉非法集资类犯罪案件的发生。近年来，受宏观经济形势变化影响，民间借贷纠纷案件又呈现新一轮高发态势，同时还有涉及面更广、涉案金额更大等特点。

民间借贷纠纷案件特点：

1. 案件送达难、公告比例高、权利救济成本增加。

民间借贷纠纷案件中，出借人对借款人资信水平的审查能力、个人信息的辨识能力均较为有限，纠纷成讼后，因出借人所掌握的借款人电话、住址、身份证号等基本信息不准确，往往造成法院送达困难。许多案件因电话、住址有误，难以通过直接或邮寄的方式送达，因无法有效送达不得不进行公告送达。这在很大程度上大大提高了普通程序在民间借贷纠纷案件中的适用比例，客观上延长了案件的审理周期和出借人权利救济的过程，增加了权利救济的成本。

2. 案件调撤率低、缺席判决多。

尽管民间借贷纠纷案件法律关系简单、事实清楚、争议明确，但是从结案方式上看，调撤比例却远低于一般民事案件。

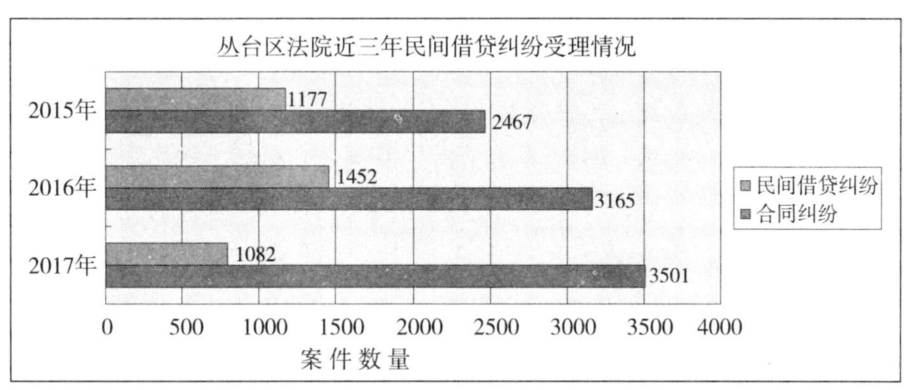

二、法院受理案件情况

以丛台区法院为例，近三年受理的民间借贷纠纷案件情况如下：民间借贷纠纷：2015 年 1177 件，所占合同纠纷比例为 47.7%；2016 年 1452 件，所占合同纠纷比例为 45.87%；2017 年 1082 件，所占合同纠纷比例为 30.9%。

从上述数据可以发现民间借贷纠纷占据了合同纠纷家族的半壁江山。2017 年度，受理案件数同比有所下降，反映出近几年民间借贷纠纷发展规律：从个案诉讼到全面爆发，又到 2017 年逐步冷静。大量的纠纷告诉大家：出借有风险，放贷需谨慎！

三、审理民间借贷纠纷常见的争议问题

1. 借款金额难以认定。

审判实践中经常出现的一种情况是，出借人往往仅持有借条而缺乏款项交付凭证。如果是数额较小的借款，一般可以推定出具借条时款项已经交付，从而认定借款事实的发生。但对于数额较大或巨大的借款，仅有借条或借款合同、收据，而没有款项交付的其他证据，认定借款事实是否实际发生较为困难。有的数百万元的借款出借人往往声称是以现金方式交付的，而借款人不予认可，因无其他证据进一步佐证，给法院认定借款事实有无实际发生以及借款的具体数额等带来困难。在民间借贷纠纷案件中，除借条外，双方当事人能够提供的印证借款事

实的其他证据往往较少，且多缺乏书面证据。在直接证据存在疑点的情形下，很难通过对间接证据的分析排除疑点，做出正确判断。

2. 是否包含高息认定难。

当事人出具的借条上往往没有利息的约定，从常理分析，如果借贷双方无熟人关系，无偿借贷的可能性较小，但因没有证据证明双方对利息是如何约定的，故虽然借条没有利息的约定不符合常理，但即使借款人抗辩借条载明的数额是包括高额利息的，实际收到的款项并不是借条上显示的数额，已经预先扣除了利息，如果没有转款凭证佐证，法院也较难采纳借款人的抗辩主张。

3. 借贷双方不出庭现象严重。

为了回避法院对于借贷事实相关细节的审查，出借人本人往往不出庭，而代理人对借贷合意的形成过程、款项交付等细节性问题往往陈述不清。此外，有的借款人为躲避出借人追讨债务不愿出庭应诉，拒签法庭传票或者外出躲债，为此改变联系方式、变更住所，拒不出面陈述事实，法院不得不进行留置送达或公告送达，影响了法院对借贷事实的判断，增加了案件的审理难度，延长了法院审结案件的时间。

4. 实际借贷主体认定难。

有的公司虽经营贷款业务，自身却藏在幕后，而是以公司工作人员或负责人的名义与借款人签订借款合同。

笔者就上述审理中遇到的典型问题，选取了一些典型性案例在下文予以详细论述。

四、常用法律条文索引

1. 《中华人民共和国合同法》第 197 ~ 211 条；
2. 《最高人民法院关于审理民间借贷案件适用法律若干问题的规定》。

第二节　民间借贷纠纷典型案例

◆案例一：实际借款人是认定借款主体的重要标准①

【裁判观点】

公司法定代表人或负责人收到他人借款后，若不能证明收到的款项用于公司使用，其“履行系职务行为”便不能成立。出借人如有理由相信公司法定代表人或负责人是借款直接使用人，其应当与公司作为共同借款人承担还款责任。

【基本案情】

被告××有限公司于2000年9月14日成立。2013年12月，该公司法定代表人为宁某，被告宁某某任该公司董事、经理。2013年12月1日，被告××有限公司向原告王某某出具借据一份，内容“今借到王某某人民币壹佰万元整(1000000.00元)，15日内保证偿还。”借据落款处加盖了“××有限公司”印章，被告宁某某在印章下面签字并加盖了印章。2013年12月2日，原告王某某向被告宁某某银行账户转账100万元。原告王某某诉称，被告宁某某要求原告将100万元的借款直接转到其个人银行账户，宁某某为该借款的实际接收人，故请求判决公司与宁某某共同偿还借款100万元并支付利息。

【案件焦点】

公司出具了借据后，法定代表人个人银行账号接收了借款，最终借款由公司偿还，还是由法定代表人来偿还？如何认定实际借款人？

为此，存在两种观点：一种观点为由公司承担责任，宁某某无责。公司以自己的名义出具了借据，原告当时对借款主体并未提出异议。宁某某系公司的总经

① 原文《如此借款该由谁来还》笔者发表于《河北法制报》2016年6月14日，本书中对该文予以重新编辑整理。

理、董事，借款支付至其账户，应视为履行的是职务行为，不应承担还款责任。另一种观点：公司与宁某某共同承担还款责任。

【法官评析】

笔者赞同第二种观点。理由如下：

本案借贷的双方是谁？原告是出借人，毋庸置疑。如何认定借款人？笔者认为，借款的直接使用人是借款人。《最高人民法院关于审理民间借贷案件适用法律若干问题的规定》第二十三条第一款规定："企业法定代表人或负责人以企业名义与出借人签订民间借贷合同，出借人、企业或者其股东能够证明所借款项用于企业法定代表人或负责人个人使用，出借人请求将企业法定代表人或负责人列为共同被告或者第三人的，人民法院应予准许。"原告王某某将借款支付被告宁某某，若被告不能证明收到的款项用于被告××有限公司使用，其履行的系职务行为便不能成立。原告有理由相信宁某某是借款直接使用人。本案被告未提供任何反驳证据，依照法律规定，其应当作为借款人承担还款责任。被告××有限公司出具了借据，能够认定其自愿对借款承担还款责任。故该公司对上述借款承担共同还款责任。

【裁判结果】

从台区法院经审理认为，原告为证明与被告××有限公司形成了民间借贷合同关系，向本院提交了一份借据。本院对被告××有限公司向原告借款100万元的事实予以认定。原告向被告宁某某银行账户转账100万元，被告宁某某虽系被告××有限公司的董事、经理，但未能举证说明该款非其本人使用，故对该借款承担共同偿还责任。二被告在约定的借款期限内未偿还借款，构成违约，故应当承担继续偿还借款本金100万元的责任。原、被告未约定借期内利息，依照法律规定，原告主张逾期利息的，利息标准可按照年利率6%计算，自借款逾期之日起至本金还清为止。

依照《最高人民法院关于审理民间借贷案件适用法律若干问题的规定》第二条第一款、第二十三条第一款、第二十九条以及《最高人民法院关于适用〈中华人民共和国民事诉讼法〉的解释》第九十条之规定，判决如下：

被告××有限公司、宁某某于本判决生效之日起十日内共同偿还原告王某某借款100万元及利息（自2013年12月17日至本判决确定的履行期届满之日止，按照年利率6%计算）。

（本案宣判后，双方当事人均未上诉）

◆案例二：幕后出资人不是民间借贷纠纷诉讼的适格主体[①]

【裁判观点】

> 合同约定的权利义务仅约束合同的相对方，对第三人不具有约束力。共同出资款作为借款出借他人的，与借款人签订借款合同的出资人有权向借款人主张还款责任。其他出资人依照出资协议向签订借款合同的出资人主张利益。

【基本案情】

2013年5月27日，苗某某与温某某达成协议，共同出资作为借款出借给××公司使用，按出资比例分享利息。同日，苗某某与被告××公司签订了《借款协议》，主要约定：××公司（合同乙方）向苗某某（合同甲方）借款872万元，利息为每月2.5分，借期期限为半年……。落款处苗某某在甲方处签字按手印。当日，苗某某通过银行转账支付被告××公司322万元，原告温某某通过银行转账支付被告××公司550万元。被告××公司收到借款872万元后，向苗某某出具收款收据，显示："交款单位苗某某，收款事由借款，收款方式转账建行，金额872万元。"被告××公司收到借款后，支付苗某某部分利息，之后未再偿还剩余借款本息。原告温某某将××公司起诉至人民法院，请求依法判令被告偿还原告借款本金550万元，并支付利息264万元。被告××公司辩称："我公司于2013年5月27日借用苗某某的款项，并和苗某某签有借款协议。原告所述其中有原告款项的说法我公司不知情，本案的民间借贷关系存在于被告及苗某某之间，根据合同相对性原则，与原告无关，原告的诉讼应予以驳回。"

【案件焦点】

二人共同出资款作为借款出借给一公司，该公司未按约定偿还本息，只有一方与公司签订借款合同的，另一方幕后出资人有权提起诉讼要求该公司还钱吗？

---

① 原文《幕后出资人能否起诉债务人讨债》笔者发表于《河北日报》2016年11月15日，本书中对该文重新编辑整理。

【法官评析】

涉及主体资格问题，属于程序法上的审查。依照民事诉讼法第一百一十九条的规定，起诉须符合四个条件：1. 原告是与本案有直接利害关系的公民、法人和其他组织；2. 有明确的被告；3. 有具体的诉讼请求和事实、理由；4. 属于人民法院受理民事诉讼的范围和受诉人民法院管辖。原告主体是否适格主要看其与本案有无直接的利害关系。被告使用的借款 872 万元中有 550 万元是原告出资的，如果能够认定该事实，能否依此认定原告与本案具有直接的利害关系，从而原告主体适格呢？笔者认为，法律上的“利害关系”不仅指事实上的关联关系，主要是指法律关系即权利义务上的直接利害关系。

温某某与苗某某共同出资将出资款作为借款出借给××公司，共同收取利息。苗某某与××公司签订了借款合同，××公司收到借款后向苗某某出具借据。以上存在两个法律关系，即温某某与苗某某之间系合作关系，共同出资，并分享利息，分担风险。苗某某与××公司之间系民间借贷关系，苗某某履行出借义务，××公司按期偿还借款本息。发生纠纷的根源是××公司在偿还了苗某某部分利息后，未再依约偿还利息，到期后亦未偿还本金。因××公司的违约行为导致苗某某未在约定的期限与温某某分享利息。在温某某看来，自己未分享到利息的根本原因是××公司的违约行为造成的，所以应当向××公司主张自己应当分得的利息。《中华人民共和国合同法》第八条第一款规定：“依法成立的合同，对当事人具有法律约束力。当事人应当按照约定履行自己的义务，不得擅自变更或者解除合同。”合同最主要的特性之一是相对性，即合同约定的权利义务仅约定合同的相对方（法律明确规定的情形除外），对第三人不具有约束力。因为，合同订立的双方是否系真实的意思表示，其权利义务的内容如何约定，合同之外的第三人无法知情，第三人因合同的一方违约而承担合同责任，显然违反公平原则。××公司逾期支付借款本息，苗某某有权向其主张违约责任，要求其继续偿还借款本息。温某某未从苗某某处分得利息，其应当依照双方约定的利息分享、风险分担方式，向苗某某主张权利。综上，温某某跳过苗某某直接起诉××公司，因温某某在与××公司的借贷关系上缺乏法律上的直接利害关系，故原告主体不适格，依照法律规定，不应受理，已受理的应驳回起诉。

【裁判结果】

从台区法院经审理认为，本案《借款协议》双方主体为苗某某与被告××公司，根据合同的相对性，《借款协议》约定的权利义务对苗某某和被告××公司具有约束力，对原告温某某不具有约束力。另外，根据合同履行情况，原告虽有直接支付被告550万元的事实，但被告向苗某某出具了872万元的借条。被告收到借款后支付的部分利息也是向苗某某支付。原告对被告的上述行为并未提出异议。根据合同履行情况，借贷的双方亦是苗某某和被告××公司。综上，原告温某某诉讼主体不适格，应予以驳回起诉。

依照《中华人民共和国合同法》第八条、《最高人民法院关于审理民间借贷案件适用法律若干问题的规定》第二条第一款之规定，裁定如下：

驳回原告温某某的起诉。

（本案宣判后，原告温某某不服上诉，邯郸市中级人民法院维持原判）

案例三：履行期届满后订立的保证合同保证期间计算依据

【裁判观点】

担保法规定，连带责任保证的保证人与债权人未约定保证期间的，债权人有权自主债务履行期届满之日起六个月内要求保证人承担保证责任。若保证合同在主债务履行期届满之后订立，且未约定保证期间，保证期间自债权人要求债务人履行义务的宽限期届满之日起计算六个月。债权人与债务人未约定宽限期的，保证期间自债权人起诉之日起计算六个月。

【基本案情】

2014年4月18日，被告邹某向原告耿某借款20万元，并出具借条，约定月利息2分，期限一年。当日，原告通过其妻子银行账户转账给被告邹某20万元。借款到期后，被告邹某偿还原告耿某本金2000元，其余借款本息未偿还原告耿某。2015年8月19日，被告利恒公司为被告邹某上述借款出具书面担保书，自愿提供连带责任保证。双方未约定保证期间。2016年4月6日，原告耿某诉至法院，请求被告邹某偿还借款本金19.8万元及利息，被告利恒公司承担连带保证责任。

【案件焦点】

本案借款事实清楚，案件焦点主要是原告的起诉是否超过了保证期间，被告利恒公司是否承担连带保证责任。为此，存在两种观点：

第一种观点：原告起诉已超过保证期间。《中华人民共和国担保法》第二十六条第一款规定："连带责任保证的保证人与债权人未约定保证期间的，债权人有权自主债务履行期届满之日起六个月内要求保证人承担保证责任。"原告与被告利恒公司未约定保证期间，保证期间应为自主债务履行期届满之日起六个月。依据原告与被告邹某的约定，借款期限于 2015 年 4 月 18 日届满。因此，保证期间截止日期为 2015 年 10 月 17 日。故原告起诉超过保证期间，法院对原告主张的保证责任不应支持。

第二种观点：原告起诉未超过保证期间。因保证合同是在借款期限届满后签订，保证期间不应以约定的借款期限届满之日起算，而应自债权人要求债务人履行义务的宽限期届满之日起计算六个月。原告起诉之日应视为债务人履行义务的宽限期届满之日。因此，原告起诉未超过保证期间，被告利恒公司应当承担连带保证责任。

【法官评析】

笔者赞同第二种观点，理由如下：

一、保证期间的认定应符合保证合同缔约的目的

《中华人民共和国担保法》第二十六条第一款规定："连带责任保证的保证人与债权人未约定保证期间的，债权人有权自主债务履行期届满之日起六个月内要求保证人承担保证责任。"若依照该规定，原告与被告利恒公司未约定保证期间，保证期间应为自主债务履行期届满之日起六个月。被告利恒公司出具担保书的时间为 2015 年 8 月 19 日，此时原告与被告邹某先前约定的借款期限已届满四个月。原告签订保证合同目的是为了最大限度地保障其债权的实现，保证人利恒公司约定保证责任亦是为了免除债权人无法实现债权的顾虑。履行期间届满后，签订的保证合同，如果以借款期限届满之日起计算保证期间，显然不符合保证合同签订的目的，不利于保障债权人的合法利益。

二、保证期间自债权人要求债务人履行义务的宽限期届满之日起计算

保证合同的签订在主债务履行期届满之后，对于原告而言，借款期限届满后，因被告邹某逾期还款，原告有权随时主张被告邹某偿还借款。对于保证人而

言，应视为主债务履行期限没有约定。《最高人民法院关于适用〈中华人民共和国担保法〉若干问题的解释》第三十三条规定："主合同对主债务履行期限没有约定或者约定不明的，保证期间自债权人要求债务人履行义务的宽限期届满之日起计算。"依照该规定，主债务履行期限没有约定的，保证期间自债权人要求债务人履行义务的宽限期届满之日起计算六个月。因此，本案保证期间应为自债权人要求债务人履行义务的宽限期届满之日起计算六个月。

三、债权人起诉之日应视为债务人履行义务的宽限期届满之日

如何理解"宽限期届满之日"呢？笔者认为，如果双方约定了宽限期的，应以约定的时间计算宽限期届满之日。未约定宽限期的，原告起诉之日应视为债务人履行义务的宽限期届满之日。因为根据合同法第六十二条第四项之规定，未约定履行期限的，法律赋予了债权人随时主张债权的救济权利（但应给予必要的准备时间）。本案中，主债务履行期限已届满，借款人未按约偿还借款本息，已构成违约，故债权人理应享有随时主张还款的权利。原告通过行使诉权明确表达了对债权的主张，因此，本案保证期间应自原告起诉之日起计算六个月。综上，原告起诉未超过保证期间，被告利恒公司应当对借款人邹某的上述借款本息承担连带保证责任。

【裁判结果】

从台区法院经审理认为，原告与被告利恒公司未约定保证期间，依照法律规定，保证期间应为自主债务履行期届满之日起六个月。依据原告与被告邹某的约定，借款期限于2015年4月18日届满。被告利恒公司出具担保书的时间为2015年8月19日，此时借款期限已届满四个月。不应以原告与被告邹某先前约定的借款期限届满之日起计算六个月，不利于保障原告自身的利益，也不符合原告设定保证责任的目的。因保证责任设定在借款期限届满之后，且原告有权随时主张被告邹某偿还借款，对于保证人而言，应视为主债务履行期限没有约定。依照上述法律规定，主债务履行期限没有约定的，保证期间自债权人要求债务人履行义务的宽限期届满之日起六个月。二被告未提交证据证明原告在起诉前向被告邹某主张过债权，故原告起诉之日应视为债务人履行义务的宽限期届满之日。因此，原告起诉未超过保证期间，被告利恒公司应当对被告邹某的上述借款承担连带保证责任。在承担连带保证责任之后，有权向被告邹某追偿。

依照《中华人民共和国担保法》第十八条、第二十六条，《最高人民法院关

于适用〈中华人民共和国担保法〉若干问题的解释》第三十三条之规定，判决如下：

一、被告邹某于本判决生效之日起十日内偿还原告耿某借款本金198000元及利息8000元；

二、被告利恒公司对上述借款本息承担连带偿还责任。

（宣判后，双方均未上诉）

◆案例四：认定民间借贷事实的证据标准

【裁判观点】

对于事实争议性较大的民间借贷案件，法院应当对借贷发生的原因、时间、地点、款项来源、交付方式、款项流向以及借贷双方的关系、经济状况等事实综合审查，一旦被告的反驳证据能够证明出借人起诉所依据的事实和理由不符合常理，应认定待证事实真伪不明，该事实不存在。

【基本案情】

2010年6月份，××房地产公司开始对丛台区某项目实施拆迁。任某和被告柏某某系夫妻关系，二人的房屋在××房地产公司的拆迁范围内。自2011年6月至2012年5月期间，因房屋拆迁引发××房地产公司与任某、柏某某多次发生冲突，二人多次报警，双方关系紧张。2012年3月17日，××房地产公司法定代表人王某某通过个人银行账户向被告任某银行账户转账76万元。同日，柏某某、任某向王某某出具了收条，内容为："今收到王某某现款柒拾陆万元整(760000元)。"2012年3月22日，××房地产公司（甲方）与任某（乙方）签订了房屋拆迁货币补偿协议书，主要内容为：乙方在丛台路×－×－×号有居民房一套，建筑面积64平方米。甲方给予乙方房屋货币补偿70万元。乙方承诺在27天内搬清交房，即2012年4月20日前搬清交房。同日，××房地产公司向任某账户银行转账70万元。2012年5月6日，柏某某、任某将自己房屋交付××房地产公司，由该公司实施了拆迁。现王××将柏某某、任某诉至法院，主张原、被告关于2012年3月17日的76万元系借款，要求被告偿还借款76万元及利息。被告辩称，该款系拆迁补偿款，原被告不存在借贷关系。

原告王某某当庭陈述："关于借款证明上手写的内容原告不清楚是谁写的，当时是委托的公司员工，记不清是谁了。关于借款证明、收条、银行凭证的时间顺序，当时是委托的××房地产公司的员工办的，我说不清借款证明，收条、银行凭证时间顺序了。"经原告申请，法院委托西南政法大学司法鉴定中心对原告提交的借款证明上"柏某某、任某"签名及摁手印进行了鉴定。该中心于2014年12月19日出具了西政司法鉴定中心〔2014〕司鉴字第3509号司法鉴定意见书。认定借款证明上"柏某、任某某"签名及摁手印系二人所签和所摁。2012年7月13日，被告任某购买位于丛台区丛台路××号房屋一套，并支付房款40万元。

原告提交的证据：2012年3月17日借款证明、转款凭证和收条。三份证据用以证明被告向原告借款76万元的事实。被告提交的反驳证据：六次报警记录，证明双方因拆迁关系剑拔弩张；购房协议，证明拆迁期间购买房屋价值40万元；2012年3月22日拆迁补偿协议，证明双方约定拆迁款70万元；谈话录音，证明××房地产公司员工与被告谈话，同意补偿其146万元。

【案件焦点】

一般情况下，借据、转款凭证是可以证明借贷关系的真是存在。但被告抗辩不存在借贷关系，并提交反驳证据，此时，双方证据的证明标准是什么？即什么样的证据能够证明借贷事实的存在，什么样的证据能反驳借贷的事实不存在？

【法官评析】

本案难点是对借贷事实的认定，即双方是否存在真实的借贷关系？事实的认定，实际是对证据证明标准的运用和把握。民间借贷的证据标准是什么？通过本案，笔者做一阐述。

一、明确双方的举证责任

《中华人民共和国民事诉讼法》第六十四条第一款规定："当事人对自己提出的主张，有责任提供证据。"《最高人民法院关于适用〈中华人民共和国民事诉讼法〉的解释》（以下简称民诉法解释）第九十一条规定："人民法院应当依照下列原则确定举证证明责任的承担，但法律另有规定的除外：（一）主张法律关系存在的当事人，应当对产生该法律关系的基本事实承担举证证明责任；（二）

主张法律关系变更、消灭或者权利受到妨害的当事人，应当对该法律关系变更、消灭或者权利受到妨害的基本事实承担举证证明责任。”依照上述规定，原告王某某应当对民间借贷的事实承担举证证明责任。被告任某、柏某某应当对反驳的事实即双方不存在借贷关系或存在其他法律关系予以证明。

二、正确把握双方证据的证明标准

证明标准，是指当事人提供的证据，其证明力能否达到确信待证事实存在的法律效果。民诉法解释第一百零八条第一款、第二款规定：“对负有举证证明责任的当事人提供的证据，人民法院经审查并结合相关事实，确信待证事实的存在具有高度可能性的，应当认定该事实存在。对一方当事人为反驳负有举证证明责任的当事人所主张事实而提供证据，人民法院经审查并结合相关事实，认为待证事实真伪不明的，应当认定该事实不存在。”本证证明的目的在于使法官对待证事实的存在与否形成内心确信，这种确信必须达到高度可能性即高度盖然性。而反证的证明目的在于动摇法官对于本证所形成的内容确信，只需要将法官形成的内心确信拉低到高度盖然性证明标准之下即实现目的。对于反证而言，其证明的程度要求要低于本证，只需要使待证事实陷于真伪不明即可。原告王某某欲证明借款事实的存在，其提供了借据、转款凭证，该证据是否达到了高度可能性取决于被告提供的反驳证据能否证明待证事实真伪不明。

三、出借人起诉所依据的事实和理由需符合常理

民间借贷纠纷，通过什么方法来判断待证事实存有疑点、真伪不明？《最高人民法院关于审理民间借贷案件适用法律若干问题的规定》第十九条规定：“人民法院审理民间借贷纠纷案件时发现有下列情形，应当严格审查借贷发生的原因、时间、地点、款项来源、交付方式、款项流向以及借贷双方的关系、经济状况等事实，综合判断是否属于虚假民事诉讼……”。为了正确把握证据的证明标准，法院应当对借贷发生的原因、时间、地点、款项来源、交付方式、款项流向以及借贷双方的关系、经济状况等事实综合审查，一旦被告的反驳证据能够证明出借人起诉所依据的事实和理由不符合常理，应认定待证事实存在真伪不明。二被告提供的反驳证据有六次报警记录、购房协议、拆迁补偿协议、谈话录音。分析被告的上述证据可得知：首先，原告向被告“出借 70 万元”时双方正处于拆迁矛盾升级之时，双方形成民间借贷合意的背景存在疑问。其次，“借款”在先，补偿在后，当被告“借款”足以支付房款时，原告可将补偿款抵消“借款”，但仍进行了全额支付，显然双方发生借贷关系不合常理。最后，

原告对于借据的形成过程，转款时间、借款证明和收条的先后顺序均不知情，亦不符合常理。故双方借贷的事实不应认定。

【裁判结果】

丛台区法院经审理认为，原、被告对原告转账给被告任某的76万元的性质存在争议，原告认为该款项系借款，被告认为该款系拆迁补偿款。根据举证责任分配原则，原告需对原、被告借贷事实承担举证责任。首先，原告提交了“借款证明”，欲证明双方存在借贷事实。虽然该证明经鉴定中心鉴定有二被告签字和按手印，但原告对“借款证明”的内容（打印文字和空格处填写文字）是谁打印和书写，表述不清楚，并且原告对自己提交的“借款证明、转款凭证、收条”三份证据的形成过程、先后顺序，表述“当时是委托的××房地产公司的员工办的，我说不清”。作为出借人，原告对借款证明的形成和借款履行的经过表述不清，不符合常理；其次，××房地产公司自2010年拆迁开始至2012年3月22日（双方达成补偿协议）期间，因被告对原告的拆迁行为不满，数次报警，导致双方关系紧张。在此期间，原被告发生借贷关系，不符合常理；第三，原告诉称“被告要求原告借给其76万元用于购房，才同意拆迁”。法院认为，原告在被告未偿还76万元的情况下，为何原告又于2012年3月22日支付被告拆迁补偿款70万元，而未将拆迁补偿款抵销“借款”？此举亦不符合常理；最后，“关于被告提供的谈话录音，原告认可录音系××房地产公司拆迁负责人与被告柏某某的谈话，但质证认为：“录音中提到的‘146万元’，既包括拆迁补偿款70万元，也包括被告借原告的76万元。”根据录音内容，谈话录音中的“146万”均是围绕拆迁补偿款的叙述，未有“被告向原告借款”的意思表示。依据《最高人民法院关于适用〈中华人民共和国民事诉讼法〉的解释》第一百零八条第一款、第二款规定：“对负有举证证明责任的当事人提供的证据，人民法院经审查并结合相关事实，确信待证事实的存在具有高度可能性的，应当认定该事实存在。对一方当事人为反驳负有举证证明责任的当事人所主张事实而提供证据，人民法院经审查并结合相关事实，认为待证事实真伪不明的，应当认定该事实不存在。”法院认为，结合本案事实，原告待证事实不具有高度的可能性，双方借贷事实存在真伪不明。故原、被告之间未形成真实、一致的借贷合意，原、被告之间的借贷关系依法不能成立，法院对原告的诉讼请求不予支持。

依照《中华人民共和国民法通则》第五十四条、第五十五、第九十条，《最高人民法院关于民事诉讼证据的若干规定》第二条、第五条，《最高人民法院关于适用〈中华人民共和国民事诉讼法〉的解释》第一百零八条第一款、第二款之规定，判决如下：

驳回原告王某某的诉讼请求。

（宣判后，原告王某某不服提起上诉，邯郸市中级人民维持原判）

◆案例五：口头利息的认定标准

【裁判观点】

人民法院应当按照法定程序，全面、客观地审核证据，依照法律规定，运用逻辑推理和日常生活经验法则，对证据有无证明力和证明力大小进行判断，并公开判断的理由和结果。口头利息的认定，应从借贷关系的交易习惯和实际履行是否符合生活常理进行判断。

【基本案情】

2014年9月1日，被告姚某向原告龚某借款50万元，原告通过银行转账给被告。2014年11月8日至2015年8月7日，被告于每月7、8日向原告偿还9000元，9个月共计偿还81000元。2015年8月31日，被告又向原告借款10万元，原告通过银行转账给被告。截至2015年11月13日，被告共偿还104700元。2015年11月13日，被告姚某向原告出具了借条一份，内容："姚某借龚某陆拾万元整。"之后，原告多次向被告催要上述借款，但被告未予偿还。原告遂诉至法院，原告诉称，双方口头约定月息1.8%，原告请求依法判令被告偿付借款本金60万元及利息31800元（按照月息1.8%计算），以及从起诉之日到判决之日的同期银行利息。被告辩称，对借款60万元的事实无异议，但双方并未约定利息。被告偿还的104700元是本金，而非利息，应在本金中予以扣除。

【案件焦点】

民间借贷中，出借人称双方约定了口头利息，借款人对此予以否认，在出借人缺乏书面证据的情况下，如何认定口头利息？

【法官评析】

《最高人民法院关于适用〈中华人民共和国民事诉讼法〉的解释》第一百零五条规定：人民法院应当按照法定程序，全面、客观地审核证据，依照法律规定，运用逻辑推理和日常生活经验法则，对证据有无证明力和证明力大小进行判断，并公开判断的理由和结果。笔者认为，根据该规定，结合本案案情，应结合以下几方面综合判断利息的有无：

一、是否实际履行，且履行情况是否符合交易习惯。被告于 2014 年 11 月 8 日至 2015 年 8 月 7 日期间在每月 8 日或 9 日偿还 9000 元，且连续支付 9 个月。一般情形下，借款期限届满后借款人才偿还本金。被告在借款后长达 9 个月内固定的时间偿还固定的金额，若偿还的金额是本金不符合常理。

二、双方的陈述是否符合客观实际。被告于 2015 年 11 月 13 日重新向原告出具的借据内容看，该借据明确写明借款金额“60 万元”（含 2015 年 8 月 31 日借款 10 万元），若之前被告偿还的款项系借款本金，其在重新出具的借据中应予以扣除，此与被告抗辩“偿还的款项是本金”相互矛盾。而按原告主张月息 1.8%，通过计算，正好是每月 9000 元，该利率符合正常的民间借贷范围。如此，原告陈述的事实更符合客观实际。

【裁判结果】

从台区法院经审理认为，依照法律规定，口头约定的合同具有法律效力。根据被告还款的情况，每月固定期限偿还固定金额，连续没有间隔，按照民间借贷交易习惯，先偿还利息后偿还本金，故偿还的 9 个月金额认定为利息更为合理。另根据被告于 2015 年 11 月 13 日重新向原告出具的借据内容看，该借据明确写明借款金额“60 万元”（含 2015 年 8 月 31 日借款 10 万元），若之前被告偿还的款项系借款本金，其在重新出具的借据中应予以扣除，此与被告抗辩“偿还的款项是本金”相互矛盾。综上分析，法院对借款本金 50 万元口头约定了月息 1.8% 的事实予以认定。2015 年 11 月 13 日借据系原、被告重新达成的一致意思表示，该借据中未约定借款利息，此后被告亦未有实际付息行为，故对原告此后的利息主张，法院不予支持。综上，关于 50 万元借款的利息，被告应当支付自借款之日（2014 年 9 月 1 日）至 2015 年 11 月 13 日期间的利息（按照月息 1.8% 计算），共计 129900 元。扣除被告已支付的利息 104700 元，仍需支付 25200 元。关于借款 10 万元的利息，原、被告双方自始未约定利息，故对该笔借款的利息不予支持。关于借款60万元（两笔合计）起诉之后的利息，根据法律规定，未约定利息的，可按照年息6%支持利息。

依照《最高人民法院关于审理民间借贷案件适用法律若干问题的规定》第二十五条第一款、第二十九条，《最高人民法院关于适用〈中华人民共和国民事诉讼法〉的解释》第九十条以及第一百零五条之规定，判决如下：

被告姚某于本判决生效之日起十日内偿还原告龚某借款本金60万元、利息25200元，以及自2016年1月15日至本金60万元还清之日止的利息（利率按照年息6%计算）。

（本案宣判后，被告姚某不服提起上诉，邯郸市中级人民法院维持原判）

◆案例六：已支付超过法律上限部分的利息出借人可不返还的特别情形

【裁判观点】

> 对于2015年9月1日前起诉的民间借贷纠纷案件，超出银行同类贷款利率四倍部分的利息，在法律性质上可归为自然债务，虽不具有强制执行力，但当事人自愿履行的，且没有损害国家、集体和第三人利益的，对于借款人请求返还超出法律上限部分利息的，人民法院可不支持。

【基本案情】

2012年8月3日，王某某向张某某借款1000万元。之后，王某某又分别于2013年1月16日向张某某借款1000万元，于2013年3月25日借款1450万元，于2013年9月27日借款1000万元。以上四笔共计4450万元。双方约定月息3.5%。2015年6月21日，经张某某与王某某结算，双方签订了《欠款协议》，主要约定：就甲方（王某某）欠乙方（张某某）借款一事，达成如下协议：1.双方认可截至2014年12月31日甲方共欠乙方借款本金计16080084元。2.鉴于甲方向乙方所借款项在2014年12月31日前均已到期，现双方均同意按照本协议第一条所结算欠款金额为基数即16080084元计算利息，其中2015年1月1日起至2015年6月21日利率按照月息2分计算，利息共计1514200元，自2015年

6月21日起每月按1分计算利息。欠款协议签订后，王某某未再偿还借款本息。张某某多次催要未果，遂于2015年7月7日诉至法院。王某某辩称，欠款协议确定的借款本金是按照月息3.5%支付后计算得出的。双方约定的利息超出银行同类贷款利率的四倍，对于其已支付的超过部分的利息应当返还。

【案件焦点】

本案案件焦点为借款人已支付的超出银行同类贷款利率四倍部分的利息，出借人是否需要返还？为此，主要存在两种观点：

第一种观点：应当返还。双方约定的月利率为3.5%，超出了银行同类贷款利率的四倍，超过部分的利息约定无效。对于借款人已支付的超过部分的利息，出借人应予以返还。

第二种观点：无需返还。双方约定的月利率为3.5%，超出了银行同类贷款利率的四倍，对于超过部分的利息约定并不因此无效。对于未支付的利息，出借人请求按照约定的利率支付利息的，人民法院对于超出部分的利息不予保护；对于已支付的超过部分的利息，人民法院不应强制要求出借人返还。

【法官评析】

笔者赞同第二种观点，理由如下：

《最高人民法院关于审理民间借贷案件适用法律若干问题的规定》（以下简称《新规定》）自2015年9月1日起施行，凡是该日期之后起诉的，一律适用该《新规定》。本案起诉时间为2015年7月7日，仍适用1991年发布的《最高人民法院关于人民法院审理借贷案件的若干意见》（以下简称《意见》）。

《新规定》对本案争议的问题做出了明确的解答。第二十六条规定："借贷双方约定的利率未超过年利率24%，出借人请求借款人按照约定的利率支付利息的，人民法院应予支持。借贷双方约定的利率超过年利率36%，超过部分的利息约定无效。借款人请求出借人返还已支付的超过年利率36%部分的利息的，人民法院应予支持。"第三十一条规定："没有约定利息但借款人自愿支付，或者超过约定的利率自愿支付利息或违约金，且没有损害国家、集体和第三人利益，借款人又以不当得利为由要求出借人返还的，人民法院不予支持，但借款人要求返还超过年利率36%部分的利息除外。"上述规定将有关利息的约定用两条线分成了三个区域：不超过年利率24%的约定是受法律保护的，借款人必须支付；

对于年利率在24%～36%期间的，属于自然之债，约定仍然有效，但不具有法律强制力。借款人已支付的，法律不强制其返还。借款人未支付并拒绝支付的，法律亦不强制其履行；对于年利率超过36%的，超出部分的利息约定无效，出借人应当返还超出部分的利息。如果按《新规定》执行，本案当事人约定的利率为月3.5%（年利率42%），超过了年利率36%，超过部分的利息约定无效，借款人已支付的超过部分的利息，出借人应当返还。

《新规定》有效地解决了本案争议的问题，但根据司法解释的适用规则，本案应适用的是旧的《意见》，争议问题又该如何处理?《意见》第六条规定："民间借贷的利率可以适当高于银行的利率，各地人民法院可根据本地区的实际情况具体掌握，但最高不得超出银行同类贷款利率的四倍。超出此限度的，超出部分的利息不予保护。"该规定对于未支付的利息，出借人请求按照约定的利率支付利息的，人民法院对于超出银行同类贷款利率四倍部分的利息不予保护。但该规定对于超出银行同类贷款利率四倍部分的利息约定未明确规定无效，也不存在《中华人民共和国合同法》第五十二条规定的合同无效情形，故该约定是有效的。借鉴《新规定》关于自然债务的理解，笔者认为，对于超出银行同类贷款利率四倍部分的利息，在法律性质上可归为自然债务，法律上虽不具有强制执行力，但当事人自愿履行的，且没有损害国家、集体和第三人利益的，人民法院不应支持出借人返还超出部分利息的请求。本案借款人自愿依照月息3.5%的利率支付张某某利息，其主张返还超出部分的利息已履行完毕，出借人依据其享有的实体权利有权受领借款人的给付。人民法院对借款人的返还请求不应支持。

【裁判结果】

从台区法院经审理认为，本案诉讼时间为2015年7月7日，应适用《最高人民法院关于人民法院审理借贷案件的若干意见》。该意见第六条规定："民间借贷的利率可以适当高于银行的利率，各地人民法院可根据本地区的实际情况具体掌握，但最高不得超过银行同类贷款利率的四倍（包含利率本数）。超出此限度的，超出部分的利息不予保护。"该规定对于超过银行同类贷款利率的四倍利息的部分未明确规定无效，也不存在《中华人民共和国合同法》第五十二条规定的合同无效情形，故对已履行的超过银行同类贷款利率的四倍的利息部分，法律性质属自然债务，在法律上虽不具有强制执行力，但当事人自愿履行的，法院不持异议。法院认为，被告王某某自愿依照月息3.5%的利率支付原告利息，其主张折抵的部分已履行完毕，其行为不损害国家、社会公共利益或他人合法权益，且不存在胁迫、欺诈的情形，原告张某某依据其享有的实体权利有权受领被告王某某的给付。现被告王某某要求已支付的超过银行同类贷款利率四倍利息的部分折抵本金，没有法律依据，不予支持。

依照《中华人民共和国合同法》第五十二条、《最高人民法院关于人民法院审理借贷案件的若干意见》第六条之规定，判决如下：

被告王某某于本判决生效之日起十日内偿还原告张某某借款本金16080084元及利息1514200元（自2015年1月1日起至2015年6月21日止），以及剩余利息（自2015年6月22日至本金还清为止，利率按月息1%计算）。

（本案宣判后，被告王某某不服提起上诉，二审期间双方达成调解协议：被告王某某按照欠款协议约定支付原告张某某借款本息）

◆案例七：保证期间过后保证人自愿继续承担连带保证责任保证期间的认定[①]

【裁判观点】

> 债权人对保证人的债权请求权从第一次主张之日起适用诉讼时效制度并开始计算普通诉讼时效。若债权人在保证期间过后主张保证责任，保证人自愿继续担保的，不应适用诉讼时效制度，而是双方形成了新的保证合同，重新计算保证期间。

【基本案情】

原告杨某与董某系夫妻关系。2010年9月12日，被告张某向原告杨某借款100万元，并出具了借据。借据内容：“今借杨某人民币现金壹佰万元整，借款期限为三个月，自2010年9月12日至2010年12月11日。借款用于本公司经营。借款月利率3.5%，按月还息，每月20日为结算日。到期还本及剩余时间利

① 原文《保证人在保证期间过后自愿继续承担连带保证责任的保证期间如何认定》笔者发表于《邯郸审判》2015年第1期，本书中对该文予以重新整理编辑。

息。逾期按日万分之十五加收利息”。当日，被告申某出具保证书，自愿为上述借款承担连带保证责任。原告杨某于借款当日通过银行转账向被告张某账户转款70万元，于2010年9月13日通过银行转账向被告张某账户转款30万元。2010年10月13日，被告张某又向原告杨某借款30万元，并出具了借据。借据内容：“今借杨某人民币现金三十万元整，借款期限为三个月，自2010年10月13日至2011年元月12日。借款用于本公司经营。借款月利率3.5%，按月还息，每月20日为结算日。到期还本及剩余时间利息。逾期按日万分之十五加收利息”。当日，被告赵某为该笔借款向原告出具了保证书，自愿为30万元借款承担连带责任保证。2010年10月13日，原告董某通过银行转账向被告张某账户转款30万元。2012年9月5日，被告张某向原告董某出具一份书面材料，内容为“借董某的借款一个月内还清”。2013年10月13日，被告赵某在2010年10月13日保证书上书写“担保至还清借款本息止。”2013年11月25日，被告申某向原告杨某出具了一份保证书，内容为：“张某借杨某款，由我继续担保。”2014年9月3日，二原告以未偿还清本息为由，将三被告诉至法院。

【案件焦点】

债权人在保证期间过后主张保证责任，保证人自愿继续担保的，保证期间如何计算？

【法官评析】

本案借贷关系事实清楚，对原告关于被告张某偿还借款本息的诉讼请求应予以支持。本案案件焦点为：被告赵某和申某的保证期间如何认定。保证期间的认定，需要把握两个问题：一是连带责任保证期间的长度和起算；二是连带责任保证期间与诉讼时效的转换。

一、连带责任保证期间的长度和起算

根据《中华人民共和国担保法》（以下简称担保法）第二十六条第一款及《最高人民法院关于适用〈中华人民共和国担保法〉若干问题的解释》（以下简称担保法解释）第三十二条、第三十三条的规定，保证期间的长度和起算分为三种情形：第一种：当事人约定保证期间的：1. 约定的期间早于或等于主债务履行期限的，视为没有约定，保证期间自主债务履行期届满之日起6个月；2. 约定承担保证责任直至主债务本息还清为止等内容的，视为约定不明，保证期限自主债务履行期届满之日起 2 年。3. 不存在上述两种情形的，以约定的保证期间为准。第二种：当事人未约定保证期间的。保证期间自主债务履行期届满之日起 6 个月。第三种：主合同对主债务履行期限没有约定或者约定不明确的，保证期间自债权人要求债务人履行义务宽限期届满之日起计算。

二、连带责任保证期间与诉讼时效的转换

根据担保法第二十六条第二款及担保法解释三十四条的规定，连带保证期间与诉讼时效转换的核心含义是：当债权人向连带保证人在保证期间内主张（含债务承认、还款计划或其他允诺等）保证债权时，有关约定和法定保证期间将被依法解除，从而不再保留并对当事人不再具有约束力。债权人对保证人的债权请求权从第一次主张之日起适用诉讼时效制度并开始计算普通诉讼时效。保证期间的法律功能自此转由普通诉讼时效来替代。

三、本案连带保证期间的认定

赵某和申某在保证期间过后，在保证书上书写“担保至本息还清为止”和“张某借杨某款，由我继续担保”，二人行为如何定性。一种意见：该内容能够证明原告向赵某主张了保证责任，自主张之日起适用诉讼时效制度并开始计算普通诉讼时效；第二种意见：该内容应视为赵某、申某与原告达成了新的保证合同，对保证期间有了新的约定。笔者赞同后一种意见，理由如下：

除斥期间是指权利人在此期间内不行使相应的民事权利，则在该法定期间届满时导致该民事权利消灭。除斥期间自实体权利成立时起算，不因任何事由而中止、中断或延长。保证期间属于除斥期间的一种。申某和赵某未约定保证期间，依照《中华人民共和国担保法》第二十六条第一款规定，二被告的保证期间为主债务履行期届满后的六个月。该六个月为除斥期间，不存在中止、中断的情形。原告在保证期间内未主张保证责任，二被告免除保证责任。原告在保证期间过后向被告赵某、申某主张保证责任，因原告主张担保责任的时间未在保证期间内，故不应适用诉讼时效制度，不应自主张之日起开始计算普通诉讼时效。因保证期间为除斥期间，保证期间过后，无论该期间为约定或法定，都将消灭，亦不存在保证期间的补充或变更。原被告双方对保证合同达成了新的合意，形成了两份新的保证合同，保证期间依照担保法的规定计算。申某和赵某的保证期间均自债权人起诉之日起计算。债权人对二人的保证责任均未过期。详细的法律依据可参照本节案例三的案例分析，本文中不再赘述。

【裁判结果】

丛台区人民法院经审理认为，被告赵某于2013年10月13日在保证书上书写“担保至还清借款本息”，该约定应视为其与原告达成了新的保证合同。《最高人民法院关于适用〈中华人民共和国担保法〉若干问题的解释》第三十二条第二款规定：“保证合同约定保证人承担保证责任直至主债务本息还清时为止等类似内容的，视为约定不明，保证期间为主债务履行期届满之日起二年”。故保证期限应自赵某自愿继续承担保证之日起二年，即2013年10月13日至2015年10月12日。二原告在该保证期间起诉被告赵某，未超过保证期间，本院予以支持。鉴于被告张某已偿还的借款本息是针对两笔借款之和130万元，故被告赵某应按照所担保的数额比例承担连带保证责任，即被告赵某对被告张某剩余借款本金57.99万元的23.1%即13.4万元及利息承担连带清偿责任，被告赵某承担连带清偿责任后，依法可向被告张某追偿。被告申某于2013年11月25日出具了保证书“张某借杨某款，由我担保”，应视为其与原告达成了新的保证合同。《中华人民共和国担保法》第二十六条第一款规定：“连带责任保证的保证人与债权人未约定保证期间的，债权人有权自主债务履行期届满之日起六个月内要求保证人承担保证责任。”故申某的保证期间为自其2013年11月25日至2014年5月24日。原告未在该期间主张担保责任，依照《中华人民共和国担保法》第二十六条第二款“在合同约定的保证期间和前款规定的保证期间，债权人未要求保证人承担保证责任的，保证人免除保证责任”的规定，被告申某免责。

依照《担保法》第十八条、第二十六条，《最高人民法院关于适用〈中华人民共和国担保法〉若干问题的解释》第三十条第二款、第三十二条第二款、第三十四条，《最高人民法院关于人民法院审理借贷案件的若干意见》第六条之规定，判决如下：

一、被告张某于本判决书生效后十日内偿还原告杨某、董某借款本金57.99万元及利息（利息的期限自2011年12月14日至本金还清为止，利率按月2%）；

二、被告赵某对被告张某的借款本金13.4万元及利息（利息的期限自2011年12月14日至本金还清为止，利率按月2%）承担连带清偿责任。

三、驳回原告杨某、董某其他诉讼请求。

（一审宣判后，原、被告均未上诉）

第五章　租赁合同纠纷

第一节　租赁合同纠纷概述

一、租赁合同纠纷概念及特征

《中华人民共和国合同法》第二百一十二条规定："租赁合同是出租人将租赁物交付承租人使用、收益，承租人支付租金的合同。"在租赁合同中，出租人作为租赁物的所有权人或者处分权人，将租赁物交付给承租人，承租人在一定期限内使用租赁物并支付租金，并且于租赁期限届满时返还租赁物给出租人。

租赁合同具有以下几个特征：

第一，租赁合同是转移财产用益权的合同。租赁合同以承租人取得租赁物的使用收益权为目的，因而是转移标的物用益权的合同，这是它与买卖合同相互区别的最主要标志。承租人可以对承租物使用收益，但却无权处分。出租人交付租赁物，在其自己不再占有、使用租赁物的同时，却并未失去对租赁物的所有权或者处分权。

第二，租赁合同的标的物为有形的、非消耗的特定物。承租人取得租赁物的目的，在于对租赁物进行使用以及利用它获得收益，并且在租赁期限届满时还要返还租赁物，因此，作为租赁合同标的物的租赁物只能表现为有形物、非消耗物、特定物。只有这样，才能与租赁合同的性质和目的相符。

第三，租赁合同是双务有偿合同。在租赁合同中，出租人提供租赁物，收取租金，承租人使用租赁物，交付租金。当事人双方的权利义务相互对应，取得租赁物的使用收益权与交付租金之间存在着对价关系。

第四，租赁合同是诺成合同。租赁合同自租赁人与承租人达成协议时成立，不以实际交付标的物作为合同成立的要件。

第五，租赁合同一般是要式合同。租赁合同的形式主要取决于租赁期限的长短。租赁期限在6个月以上的，应当采用书面形式。租赁合同的内容包括租赁物的名称、数量、用途、租赁期限、租金及其支付期限、租赁物维修等条款。

二、法院受理案件情况

以近三年丛台区法院审理租赁合同为例的情况如下：2015年112件、2016年143件、2017年8月底121件，所占合同纠纷比例分别为4.53%、4.51%、7.04%。从上述数据可以看出租赁合同纠纷数量呈递增趋势，但并不迅猛。所占合同比例并不算高，但呈上升趋势。

审理中主要以拖欠租金引起的诉讼为主，争议问题集中表现在承租人的抗辩权上，如出租人行使的停水停电自救方式造成承租人损失的问题；出租人未开具发票能否对抗支付租金的义务；合同解除后装饰装修的添附物如何处理等等。笔者将司法实践中争议性较大、具有典型性的案例在下文中予以论述。

三、常用法律条文索引

1.《中华人民共和国合同法》第212~236条；

2.《最高人民法院关于审理城镇房屋租赁合同纠纷案件具体应用法律若干问题的解释》。

第二节　租赁合同纠纷典型案例

◆案例一：未开具发票不应作为拒绝付款的合法理由

【裁判观点】

当合同中没有关于出租人须先交付发票，承租人才支付租金的明确约定时，合同附随义务不构成行使先履行抗辩权和同时履行抗辩权的先决条件，承租人不能以出租人单纯违反出具发票这一合同附随义务为由，拒绝支付租金。

【基本案情】

2013 年 10 月 3 日，原告 A 公司与被告 B 公司签订《房屋租赁合同》，主要约定：原告出租给被告位于邯郸市联纺东路×号楼 2 层（东半部分），2 层部分双方共同使用。第二条“租赁期限”：自 2013 年 12 月 1 日至 2018 年 11 月 30 日止。年租金 55 万元整。第五条“租金支付方式”：1. 租赁合同签订后，被告支付上半年租金及水电押金 2 万元；2. 从下一年期初，提前两个月，被告一次性付清全年租金。第九条：由于被告不能按时缴纳租金超过期限二个月，原告有权收回所租房屋……。合同签订后，原告将租赁物交付被告，被告向原告支付租金至 2015 年 5 月 31 日，之后未再支付租金。被告已付租金部分，原告未开具发票。原告诉至丛台区法院，请求：1. 判令解除原告与被告签订的“租赁合同”并判令被告立即腾清房屋；2. 判令被告支付拖欠的租金 773034 元及利息损失。

被告辩称：B 公司不存在违约行为，原告要求解除租赁合同缺乏事实依据。我公司向原告支付租金，原告在收到租金时应当向被告开具发票，原告开具发票是其法定义务，但其并未开具发票，我公司有权拒绝向其支付租金的要求。

【案件焦点】

租赁合同中，双方未约定开具租金发票作为支付租金的条款。出租人未履行开具发票义务时，承租人可否以此为抗辩理由，拒绝支付租金呢？

【法官评析】

合同法第六十条规定：“当事人应当按照约定全面履行自己的义务。当事人应当遵循诚实信用原则，根据合同的性质、目的和交易习惯履行通知、协助、保密等义务。”第一百三十六条规定：“出卖人应当按照约定或者交易习惯向买受人交付提取标的物单证以外的有关单证和资料。”这是附随义务在我国法律中的体现。《最高人民法院关于审理买卖合同纠纷案件适用法律问题的解释》第七条规定：“合同法第一百三十六条规定的‘提取标的物单证以外的有关单证和资料’，主要应当包括保险单、保修单、普通发票、增值税专用发票、产品合格证、质量保证书、质量鉴定书、品质检验证书、产品进出口检疫书、原产地证明书、使用说明书、装箱单等。”该规定明确指出出具普通发票以及增值税专用发票系出卖人的附随义务。但出卖人（出租人）未履行该开具发票义务时，买受人（承租人）可否以此为抗辩理由，拒绝履行合同主要义务呢？

笔者认为，租赁合同中，对价关系的债务应该是出租人履行提供租赁物的义务，承租人履行支付租金义务，而出租人向承租人开具发票是一种附随义务。当合同中没有关于出租人须先交付发票，承租人才支付租金的明确约定时，合同附随义务不构成行使先履行抗辩权和同时履行抗辩权的先决条件，故承租人不能以出租人单纯违反出具发票这一合同附随义务为由，拒绝支付租金。

【裁判结果】

丛台区法院经审理认为，租赁合同中，对价关系的债务应该是出租人履行提供租赁物的义务，承租人履行支付租金义务，出租人向承租人开具发票是一种附随义务。当合同中没有关于出租人须先交付发票，承租人才支付租金的明确约定时，合同附随义务不构成行使先履行抗辩权和同时履行抗辩权的先决条件，故承租人不能以出租人单纯违反出具发票这一合同附随义务为由，拒绝支付租金。本院对被告 B 公司的该项抗辩理由不予支持。原、被告签订租赁合同后，应当履行各自的义务。原告依约交付了租赁物，被告应当支付约定的租金。

依照《中华人民共和国合同法》第六十条、第九十三条第二款、第九十七条、第二百一十二条、第二百二十四条之规定，判决如下：

一、解除原告 A 公司与被告 B 公司之间的租赁合同，被告 B 公司于本判决生效之日起十日内腾清并交付原告 A 公司；

二、被告 B 公司于本判决生效之日起十日支付原告 A 公司租金 773034 元以及自 2016 年 10 月 27 日之后至交付房屋之日止的租金（按照合同约定的租金计算）；

三、被告 B 公司于本判决生效之日起十日支付原告 A 公司利息损失：租金按 55 万元计算，期间自 2015 年 4 月 1 日至 2016 年 3 月 31 日；租金按 773034 元计算，期间自 2016 年 4 月 1 日至拖欠租金付清之日止（上述利息损失计算标准为商业银行同期贷款利率）。

（本案宣判后，被告 B 公司不服提起上诉，邯郸市中级人民法院维持原判）

◆案例二：明确合同目的的重要性[①]

【裁判观点】

当事人在订立合同时一定要在合同中明确各自的合同目的，合同中没有明确合同的目的，只能通过双方举证证明各自的合同目的，由举证不能的一方承担不利后果。

【基本案情】

2005年5月，被告某寺院为了弘扬佛家思想和从事慈善活动，决定开办一家佛教门诊。当月被告某寺院从永年县购买门市房一套，支付房价410992元，并办理了房屋产权证书。原告赵某丈夫闫某是该寺院的信徒，并且具有从医资格。2005年9月，永年县佛教门诊开业，被告某寺院委托闫某负责管理和坐诊。2008年5月，被告某寺院与闫某签订了房屋转让合同，约定由该寺院将门市房转让给闫某，由闫某分期五年偿还购房款410992万元，房款还清后办理过户手续。合同签订后，闫某继续开办佛教门诊。2008年10月，闫某患病，在未经过被告某寺院的同意下将门市房出租给某电信公司，租期为5年，每年租金5万元。2011年11月，闫某因病治疗无效死亡。闫某生前已偿还购房款24万，之后原告赵某按约定时间向被告某寺院欲支付剩余房款时，遭到拒收。该寺院认为其将门市房平价、分期转让给闫某，目的是为了继续开办佛教门诊，而闫某却转租营利，导致合同目的无法实现，要求解除合同。原告赵某及闫某的法定继承人诉至法院，要求被告某寺院继续履行房屋转让合同，协助办理房屋过户手续。

【案件焦点】

本案争议的问题为：本案中被告订立合同的目的是什么？是否存在合同目的不能实现的情形？对此存在两种观点：

一、被告订立合同的目的是为了转让房屋，取得购房款。被告拒收剩余房款

---

① 原文发表于河北法院网2013年9月2日，本书中对该文予以重新编辑整理。

违反了约定，应继续履行合同。

二、被告订立合同的目的一是为了收回房款，二是继续开办佛教门诊，后者是其主要目的。原告将门诊出租给某电信公司的行为导致合同目的无法实现，被告可以要求解除合同。

【法官评析】

一、被告订立合同的主要目的是继续开办佛教门诊

合同目的，是指合同双方通过合同的订立和履行最终所期望得到的东西或者达到的状态，可以由合同具体规定，也可以根据其他情形推定。本案的原被告未在房屋转让合同中明确约定双方的合同目的。被告某寺院于 2005 年 5 月购买门市房的价格为 41 万元，2008 年 5 月出售给闫某时房屋的价格仍为 41 万元且分期五年还清。根据当地同地段门市房的市场行情，此期间房屋的价值处于大幅上涨的趋势，而被告某寺院却以同等价格分期出售给闫某，说明双方缔约时的地位明显不对等，与常理不符。这也说明被告订立合同的主要目的不是为了将房屋高价出售进而营利，而是抱有其他的利益期待。被告某寺院当初购买门市房的目的是为了开办佛教门诊，弘扬佛家思想、从事慈善活动，事实上某寺院与闫某签订合同之前以及签订合同之初，该门市房也正是用于佛教门诊的开办，因此可以推定被告某寺院将门市房平价、分期转让给闫某是怀有一定利益期待的，即继续开办佛教门诊，以该寺院的名义弘扬佛家思想，以较低的价格治病救人。这种利益期待起码在闫某未付清房款的五年内（产权人仍为寺院）是合乎情理、符合公平原则的。因此，被告某寺院订立房屋转让合同的主要目的是为了继续开办佛教门诊，而非其他。

二、合同目的不能实行时可以解除合同

合同签订仅五个月，闫某未经被告某寺院同意便停止经营佛教门诊，将其出租给某电信公司收取巨额租金。在闫某去世后，原告赵某（闫某配偶）继续出租并收取巨额租金。依照合同法第九十四条第四项的规定，当事人一方迟延履行债务或者有其他违约行为致使不能实现合同目的，另一方可以解除合同。闫某和原告赵某将房屋出租给某电信公司的行为违背了被告某寺院订立合同的主要目的，即开办佛教门诊，影响了被告订立合同时所期望获得的利益。尽管发生了闫某生病和死亡的事实，但该事实不能作为其违背合同目的正当理由，原告可以通过其他的补救措施继续开办佛教门诊。因此，被告某寺院可以该违约行为导致其不能

实现合同目的为由要求解除合同。另一方面，闫某将门市房出租收取巨额租金的行为，表明闫某订立合同的目的是为了实现所购房屋的最大经济利益。因被告某寺院的合同目的是继续开办佛教门诊，就要求闫某无期限的开办佛教门诊，也是不公平的。笔者认为，被告某寺院平价、分期转让房屋所失去的经济损失，可由原告在一定期限内开办佛教门诊给被告带来的其他利益期待所补偿。闫某及家人起码要在未付清房款的五年内即房屋所有权未发生变更前，需遵循被告的合同目的，之后可自由支配房屋。如此，既体现了合同的公平原则，又兼顾了双方的合同目的。

三、订立合同时双方应明确合同目的

通过分析本案，可以得知合同目的是本案讨论的焦点和审查的重点，因合同双方都没有明确合同的目的，只能通过各种因素综合推定。而有些情况，客观事实很难还原，只能通过双方举证证明各自的合同目的，由举证不能的一方承担不利后果。鉴于合同目的的重要性，当事人在订立合同时一定要在合同中明确各自的合同目的，以保障自己的合法权益。笔者根据法律的规定，以下将合同目的在合同的订立、履行、责任承担中的不同作用进行了汇总，以便更全面的认识合同目的的重要性。

1. 对合同约定不明的条款进行补充完善

合同法第六十二条规定了合同内容不明时的履行原则，其中第一项对质量约定不明的，按照国家标准、行业标准履行；没有国家标准、行业标准的，按照通常标准或者符合合同目的的特定标准履行。第五项对履行方式约定不明的，按照有利于实现合同目的的方式履行。该规定明确了合同目的对其他具体条款约定不明时，起到补充完善的作用。

2. 对争议的条款有解释的作用

合同法第一百二十五条规定：当事人对合同条款的理解有争议的，应当按照合同所使用的词句、合同的有关条款、合同的目的、交易习惯以及诚实信用原则，确定该条款的真实意思。合同文本采用两种以上文字订立并约定具有同等效力的，对各文本使用的词句推定具有相同含义。各文本使用的词句不一致的，应当根据合同的目的予以解释。该规定明确了合同目的对争议的条款有解释的作用。

3. 对合同附随义务的确定

合同法第六十条第二款规定了当事人应当遵循诚实信用原则，根据合同的性质、目的和交易习惯履行通知、协助、保密等义务。该规定明确了合同目的对合同附随义务有确定作用。

4. 确定合同解除权的成立与否

合同法第九十四条规定了因不可抗力致使合同目的不能实现的，以及当事人一方迟延履行债务或者有其他违约行为致使不能实现合同目的，另一方当事人可以解除合同。合同法第一百六十六条规定，出卖人分批交付标的物的，出卖人对其中一批标的物不交付或者交付不符合约定，致使该批标的物不能实现合同目的的，买受人可以就该批标的物解除。出卖人不交付其中一批标的物或者交付不符合约定，致使今后其他各批标的物交付不能实现合同目的的，买受人可以就该批以及今后其他各批标的物解除。该规定明确了合同目的对确定合同解除权（包含部分解除权）是否成立有着重要作用。本案中合同目的的作用正是上述确定合同解除权是否成立的一种情形。

【裁判结果】

永年区法院经审理认为，被告某寺院当初购买门市房的目的是为了开办佛教门诊，弘扬佛家思想、从事慈善活动，事实上某寺院与闫某签订合同之前以及签订合同之初，该门市房也正是用于佛教门诊的开办，因此可以推定被告某寺院将门市房平价、分期转让给闫某是怀有一定利益期待的，即继续开办佛教门诊，以该寺院的名义弘扬佛家思想，以较低的价格治病救人。这种利益期待起码在闫某未付清房款的五年内（产权人仍为寺院）是合乎情理、符合公平原则的。因此，被告某寺院订立房屋转让合同的主要目的是为了继续开办佛教门诊，而非其他。被告某寺院可以该违约行为导致其不能实现合同目的为由要求解除合同。

依照《中华人民共和国合同法》第六十二条、第九十四条第四项、第一百二十五条之规定，判决如下：

驳回原告赵某、闫某某的诉讼请求。

（本案宣判后，原告赵某、闫某某不服提起上诉，邯郸市中级人民法院维持原判）

第六章 其他合同纠纷

第一节 其他合同纠纷典型案例

◆案例一：债务人死亡债权人可行使代位权①

【裁判观点】

遗产在交付债权人前遭受侵害的，若继承人无能力保管遗产，可视为继承人怠于行使债权，依照合同法第七十三条的规定，债权人可以代替继承人直接向侵权人主张债权。

【基本案情】

贾某与被告杨某于2000年办理结婚登记，婚后育有三个子女，最大的9岁。2011年杨某与贾某离婚。2012年3月，贾某向鲁某借款20万元，同年4月，贾某因交通事故死亡，留有遗产7万元。被告杨某找到该7万元全部用于自己治病。2012年10月，鲁某将杨某作为被告，将杨某的三个子女作为第三人诉至法院，要求共同偿还借款20万元。贾某死亡时，其父母已故。诉讼中，杨某表示其三子女均放弃继承遗产。

【案件焦点】

本案争议焦点：继承人放弃继承权，债权人能否向遗产侵权者主张代位权。第一种意见：杨某作为三个子女的监护人表示放弃继承权，三子女便无义务偿

① 原文《债务人死亡债权人能否行使代位权》笔者发表于中国法院网2013年5月8日，本书中予以重新编辑整理。

还借款，而杨某与鲁某没有借款合同关系，应当驳回原告诉讼请求。第二种意见：杨某作为三子女的监护人，其治病花费贾某的7万元，可视为三子女已继承的遗产。作为财产的保管人和三子女的监护人，杨某应在7万元内偿还鲁某。第三种意见：杨某无权使用贾某的存款，鲁某可直接向杨某行使代位权，要求杨某偿还无权使用的7万元。

【法官评析】

笔者同意第三种意见，理由如下：

一、第三人放弃遗产继承，不应承担债务。

贾某与杨某的三子女均属无民事行为能力人或限制行为能力人。杨某作为三子女的监护人，有权表示接受或放弃遗产，但不得侵害被监护人的合法权益。杨某在表示放弃继承遗产之后，依照继承法第三十三条的规定，三子女无需承担被继承人贾某的债务。尽管杨某是三子女的监护人和财产保管人，若将杨某使用的7万元视为三子女部分继承了遗产而让三子女承担债务，便侵犯了未成年子女的合法权利，与法律相违背。因此，杨某非法使用贾某的7万元遗产，是一种侵权行为，与三子女的继承权没有关系，三子女不应承担债务。

二、依照代位权制度，鲁某可以直接向被告杨某主张偿还7万元。

继承人放弃继承权虽不得取得遗产，但不能随着其放弃继承的意思表示的作出而免除一切责任。放弃继承权的继承人占有遗产的，应将遗产交付其他继承人。在交付之前，对占有的遗产仍有保管的义务和责任。本案中，三继承人在放弃了继承遗产后，仍有保管遗产的义务。合同法第七十三条规定的代位权，应当满足四个条件：（1）债权人对债务人的债权合法。（2）债务人怠于行使到期债权，对债权人造成损害。（3）债务人的债权已到期。（4）债务人的债权不是专属于债务人自身的债权。其中第二个条件是指债务人不履行其对债权人的到期债务，又不以诉讼方式或者仲裁方式向其债务人主张其享有的具有金钱给付内容的到期债权，致使债权人的到期债权未能实现。在被告杨某对遗产实施侵权行为后，三继承人无能力履行保管遗产的义务，应视为三继承人怠于行使债权，对鲁某的债权造成了损害，依照合同法第七十三条的规定，鲁某可以代替三继承人直接向被告杨某主张偿还7万元。

三、被继承人死亡，继承人放弃继承遗产，并不能看做是对被继承人债务的免除，否则债权人的债权无法实现。为了保护债权人合法债权，鲁某可以直接向被告杨某主张偿还7万元。

【裁判结果】

永年区法院经审理认为，杨某作为三子女的监护人，有权表示接受或放弃遗产，但不得侵害被监护人的合法权益。杨某在表示放弃继承遗产之后，三子女无需承担被继承人贾某的债务。在被告杨某对遗产实施侵权行为后，三继承人无能力履行保管遗产的义务，应视为三继承人怠于行使债权，对鲁某的债权造成了损害，鲁某可以代替三继承人直接向被告杨某主张偿还7万元。

依照《中华人民共和国继承法》第三十三条、《中华人民共和国合同法》第七十三条之规定，判决书如下：

一、被告杨某于本判决生效之日起十日内偿还原告鲁某7万元；

二、驳回原告鲁某其他诉讼请求。

（本案宣判后，双方均未上诉）

◆案例二：个人合伙不适用合同解除

【裁判观点】

个人合伙带有一定人身性质，合伙协议纠纷在没有法律特别规定的情形下，不宜适用合同法的规定。合伙人要想分割合伙财产，需要请求退伙或者请求终止合伙，然后对合伙财产进行清算，才能分割合伙财产。

【基本案情】

2014年，被告刘某、李某、武某某合伙开始经营“邯郸市某某产后修复中心”。2015年6月15日，原告范某某通过银行转账方式给被告刘某转款5万元。2015年6月16日，原告范某某、张某某（乙方）与被告刘某（甲方）签订一份合作协议，协议主要约定：甲、乙方就某某产后恢复中心经营管理事宜等达成一下事宜：第一条合作事宜及职责划分：（1）甲方主管本店的财务管理及货品管理；（2）乙方负责财务以外店面的具体经营与管理、有关工作的开展与实施、以及冲突问题的解决等并在此期间承担运营所需成本；第三条：合作范围内的事务处理，如人员的选聘、新项目的开展、投资等需由甲乙双方共同协商，所需费用由经营方（乙方）承担，费用的用途应予以明示，各方均享有知情权……。同日二原告（乙方）又与被告李某、刘某、武某某（甲方）签订一份合作协议。协议主要约定：第二条出资：1. 甲方以现金方式出资三十万元，占80%，乙方以现金方式出资十万元，占20%；第三条1. 盈余分配：（1）以个人占有合伙股份为依据，按比例分配；第四条2. 退伙：（1）需有正当理由方可退伙；（2）不得在合伙不利时退伙；（3）退伙需要提前2个月告知其他合伙人并经全体合伙人同意；（4）退伙后以退伙时的财产状况进行结算，不论何种方式出资，均以金钱结算；（5）未经合伙人同意而退伙的给合伙人造成损失的，应进行赔偿……。2015年6月16日，原告张某某通过银行转账的方式给被告刘某的爱人邵某某转款5万元。之后，三被告将邯郸市某某产后修复中心交由二原告负责店面经营。原、被告对签订的两份合作协议以及三被告收到二原告的10万元出资款的事实上无异议。现二原告认为经营期间需要资金支出时（如广告宣传、日常支出等），三被告却提出让原告单方继续支付的无理要求，将二原告入伙的10万元资金据为己有。三被告构成根本违约，二原告要求解除两份合作协议，并退还出资款10万元。三被告辩称原、被告系合伙关系，一方合伙人要求另一方合伙人返还合伙经营出资的共同财产没有法律依据，不同意解除和退还出资款。双方争议成诉。

【案件焦点】

个人合伙是指两个以上公民按照协议，各自提供资金、实物、技术等，合伙经营、共同劳动。合伙人之间签订的合伙协议能否适用合同法关于合同解除的规定？合伙期间，一方能够以另一方根本违约而请求解除合同，返还出资款？本案案件焦点即为合伙协议能否适用合同法关于合同解除的规定。若适用，应重点审查是否存在约定或法定解除的情形；若不适用，原告则属适用法律错误，应驳回原告诉讼请求。对此，主要存在两种观点：

第一种观点：合伙协议纠纷系合同之债的一种。合同法对于合同之债的规范同样适用于合伙协议，故合伙协议在符合合同法关于合同解除的几种情形下，便应当解除；

第二种观点：本案不适用合同法关于合同解除的规定，应适用于《中华人民共和国民法通则》（以下简称民法通则）以及《最高人民法院关于贯彻执行〈中华人民共和国民法通则〉若干问题的意见（试行）》（以下简称民通意见）关于个人合伙的规定。

【法官评析】

笔者赞同第二种观点，理由如下：

一、个人合伙具有一定的人身依附性

民法通则第三十条规定：个人合伙是指两个以上公民按照协议，各自提供资金、实物、技术等，合伙经营、共同劳动。第三十一条规定：合伙人应当对出资数额、盈余分配、债务承担、入伙、退伙、合伙终止等事项，订立书面协议。根据上述法律规定，个人合伙具有以下特征：1. 个人合伙的合伙人为自然人；2. 合伙协议不仅是合伙成立的前提和基础，而且也是合伙人权利义务的依据；3. 合伙带有一定人身性质的信任关系。由于合伙均建立于合伙人互相了解、互相信任的基础上，所以非经合伙人全体同意，不得随意修改合伙协议，不得随意退伙，不得随意转让自己的出资。合同法第二条规定：本法所称合同是平等主体的自然人、法人、其他组织之间设立、变更、终止民事权利义务关系的协议。婚姻、收养、监护等有关身份关系的协议，适用其他法律的规定。笔者认为，根据个人合伙带有一定人身性质的特征，合伙协议纠纷在没有其他法律规定的情形下，不宜适用合同法的规定。

二、合同解除与退伙关于财产的处理显然不同

合同的解除，是合同有效成立后，因当事人一方或双方的意思表示，使合同关系归于消灭的行为。合同解除后，尚未履行的，终止履行；已经履行的，根据履行情况和合同性质，当事人可以请求恢复原状，或者采取其他补救措施，并有权要求赔偿损失。退伙是指合伙人退出合伙经营，丧失合伙人资格。退伙主要会导致合伙人资格的丧失、财产份额的分割以及债务的承担。两者关于财产的处理显然不同，合同解除的目的是尽可能的恢复到合同缔结前的状态，有可能发生财产的返还，不能返还的，根据过错赔偿损失。个人合伙一旦存在合伙经营的事实，个人入伙的财产转换为合伙财产，财产的状态根据经营的状况时刻处于变化中。合伙人要想分割合伙财产，或者请求退伙，或者请求终止合伙，然后对合伙财产进行清算，才能分割合伙财产。

三、应遵循特别法优于一般法的法律适用原则

《中华人民共和国立法法》第九十二条规定：同一机关制定的法律、行政法规、地方性法规、自治条例和单行条例、规章，特别规定与一般规定不一致的，适用特别规定。民法通则和合同法均由全国人民代表大会制定，民法通则对个人合伙的出资数额、盈余分配、债务承担、入伙、退伙、合伙终止等事项做了具体

规定。合同法则是在总则部分针对合同的一般性特征做了概括性规定。根据特别法优于一般法的法律适用原则，关于合伙人之间内部纠纷，应优先适用民法通则关于个人合伙的规定。最高人民法院为贯彻执行民法通则，制订了民通意见，该意见具有法律效力。故合伙协议纠纷适用的法律依据主要为民法通则和民通意见。

因此，本案二原告依据合同法总则中关于合同解除的规定，请求解除合伙协议，适用法律错误，故请求不能得到支持。原告应根据民法通则及民通意见关于个人合伙的规定，要求退伙或合伙终止，再对合伙财产进行分割。

【裁判结果】

丛台区法院经审理认为，个人合伙系两个以上自然人相互出资，经营共同事业的经营体。《中华人民共和国民法通则》和《最高人民法院关于贯彻执行〈中华人民共和国民法通则〉若干问题的意见（试行）》对个人合伙的出资数额、盈余分配、债务承担、入伙、退伙、合伙终止等事项做了具体规定。根据特别法优于一般法的法律适用原则，关于合伙人之间的出资数额、盈余分配、债务承担、入伙、退伙、合伙终止等内部纠纷，应优先适用《中华人民共和国民法通则》和《最高人民法院关于贯彻执行〈中华人民共和国民法通则〉若干问题的意见（试行）》的关于个人合伙的规定，而非《中华人民共和国合同法》。故二原告的诉讼请求缺乏法律依据，本院不予支持。

依照《中华人民共和国民法通则》第三十条、第三十一条，《中华人民共和国合同法》第二条、《最高人民法院关于贯彻执行〈中华人民共和国民法通则〉若干问题的意见（试行）》第五十二条、五十三条、五十四条之规定，判决如下：

驳回原告范某某、张某某的诉讼请求。

（本案宣判后，原被告双方均未上诉）

案例三：通过隐瞒财产信息达成的民事调解书受欺诈方可提起再审[①]

【裁判观点】

民事案件调解中，一方故意隐瞒财产信息达成的民事调解书，另一方在被欺诈的情况下，做出的意思表示违背自愿原则，其调解协议的内容显失公平。受欺诈方有权利提出再审，撤销该调解书。

【基本案情】

2016年4月，申请人董某（61岁）将被申请人李某（52岁）、裴某（与李某系夫妻关系）诉至丛台区法院，诉称：被申请人向其借款125万元，约定利息月息2分，但到期未偿还借款本息。请求被申请人李某及其配偶裴某共同偿还借款本金125万元及利息。诉讼中，双方多次进行过调解，被告在法院的调解笔录中称："我欠钱我认，但是我现在没有能力还这么多钱，我对外欠账还不了，现在和老娘在外租房子住，我实在没钱还。我经济困难，每月还2000元都困难。"2016年5月12日，申请人董某与被申请人李某、裴某在丛台区人民法院达成（2016）冀0403民初××××号民事调解书，内容：一、被告李某拖欠原告董某借款本金125万元，被告李某于2016年5月30日前支付原告董某2000元。从2016年6月开始，被告李某每月5日前支付原告董某2000元直至付清。二、原告董某放弃其他诉讼请求。调解书生效后，被申请人李某未按调解书的约定偿还借款，申请人董某于2016年6月6日向丛台区法院提出执行申请。该案在执行中经查，被申请人李某分别在北京、邯郸两地有六台车辆，其中2014年购置的京牌甲型号车价值167万元、2015年购置的京牌乙型号车价值98万元。同时其还在北京、邯郸、辽宁等地开设银行账户30余个，内有不同额度的存款。2016年8月11日，申请人李某向丛台区法院提出再审申请书，认为申请人收

① 原文《隐瞒财产信息达成的调解书能否提起再审》笔者发表于《河北法制报》2017年7月25日，本书中予以重新编辑整理。

到被申请人李某的欺诈，违反自愿原则达成的调解书，请求法院对（2016）冀0403 民初××××号民事调解书申请再审，判令二被申请人偿还借款 125 万元及利息。

【案件焦点】

依照民事诉讼法的规定，当事人达成调解协议，由人民法院制作了调解书，一经送达即具有法律效力，双方均不能上诉。那么，一方在故意隐瞒财产信息的情况下双方达成调解协议，并由法院制作了调解书，被隐瞒方能否申请再审？

【法官评析】

一、当事人对调解书提起再审需满足调解违反自愿原则或者调解协议的内容违反法律。

民事诉讼法第二百零一条规定：“当事人对已经发生法律效力的调解书，提出证据证明调解违反自愿原则或者调解协议的内容违反法律的，可以申请再审。经人民法院审查属实的，应当再审。”依照该规定，当事人对调解书提起再审符合以下任一情况皆可，一种是当事人违反自愿原则；另一种情况是调解协议内容违反法律规定。

二、如何理解违反自愿原则？

自愿原则是民事法律的基本原则之一，它是指公民、法人等任何民事主体在市场交易和民事活动中都必须遵守自愿协商的原则，都有权按照自己的真实意愿独立自主地选择、决定交易对象和交易条件，建立和变更民事法律关系，并同时尊重对方的意愿和社会公共利益，不能将自己的意志强加给对方或任何第三方。

调解的自愿原则从其本意上来看，应重点考查调解是否出于当事人自愿、有没有受到胁迫或非正常的干扰①。以上几种情形有一个共同特征，那就是该调解并非行为人的真实意思表示，或者说调解所确认的内容并非当事人内心真正追寻的结果。法律规定违反自愿原则的调解可以再审，也正是基于这种考量，避免当事人因非真实意思表示而为的调解损害了一方利益，确保调解结果在双方当事人之间尽量达到公平公正。

---

① 赵克：《调解书可因当事人对损害后果的误判而撤销》，载《人民法院报》2012 年 7 月 25 日。

三、如何理解调解协议的内容违反法律

民事诉讼法第二百零一条中的“法律”外延仅限于合同法第五十二条关于合同无效情形的规定，不应做扩大解释。理由如下：

1. 调解协议（涉及人身关系的除外）为当事人之间的合同，《中华人民共和国合同法》对合同无效的规定当然适用于调解协议；

2. 调解协议合同效力认定如果与民事诉讼法对调解协议的限制规定如不一致，将造成法律适用的极大矛盾。

四、本案被告的欺诈行为致使原告违反自愿原则

分析调解协议内容：首先原告放弃了利息；第二，原告在被告要求下，放弃了第二被告即被告妻子承担连带责任的诉求；第三，其每个月偿还 2000 元，若偿清 125 万元的本金，需要 52 年，被告需要到 110 岁才能还清，原告需要活到 120 岁才能收回来本金。这是一个理论上能完成，而实际上几乎无法完成的约定。分析该调解协议之所以能达成，主要有两点原因：一是原告已至古稀之年，身体多病急需筹钱看病。认为给的少总比一分没有强。二是被告故意隐瞒拥有豪华轿车及存款的事实，并编造生活困难的虚假困境，致使原告错误的评估了被告的偿还能力，其做出的调解意见并非内心真正追寻的结果。原告在被欺诈的情况下，做出的意思表示显然违背自愿原则，其调解协议的内容，对原告显失公平。因此，原告有权利重新提出诉求，维护其合法权益。原告有几种途径：1. 提起撤销之诉。经人民法院确认的调解协议即调解书与当事人私底下达成的调解协议主要区别是，调解书具有法律强制力，而调解协议仅是债权人享有债权请求权的书面证据，不具有法律强制力。合同法及相关司法解释只规定当事人可以起诉撤销调解协议，而对于调解书没有规定。民事诉讼法及司法解释规定，第三人可以提起撤销之诉，撤销已经生效的调解书，但在诉讼主体上限制仅适用于第三人。2. 提起再审程序。一是法院依职权，二是当事人申请。本案当中原告自己申请提起再审，被告的欺诈行为致使原告作出了错误的意思表示，违反了自愿原则，符合法律规定，法院应当裁定再审。

【裁判结果】

丛台区法院经审理认为，被申请人故意隐瞒拥有豪华轿车及存款的事实，并编造生活困难的虚假困境，致使申请人错误的评估了被申请人的偿还能力，使其做出的调解意见非其内心想要追寻的结果。申请人在被欺诈的情况下，做出的意思表示显然违背自愿原则，其调解协议的内容，对申请人显失公平。被申请人故

意隐瞒财产信息，其行为存在欺诈，致使申请人违反真实意思表示达成调解协议。因此该调解书违反了自愿原则，应当再审。

依照《中华人民共和国民事诉讼法》第二百零一条、第二百零四条，第二百零六条，《最高人民法院关于适用〈中华人民共和国民事诉讼法〉的解释》第三百九十五条第一款规定，裁定如下：

一、本案由本院另行组成合议庭再审；

二、再审期间，中止原调解书的执行。

（本案再审后，丛台区法院于2017年3月7日宣判：李某、裴某于判决生效之日起十日内偿还董某借款本金125万元及利息，宣判后，双方均未上诉）

◆案例四：控股股东对外经营管理行为对公司具有法律约束力

【裁判观点】

控股股东享有直接或间接控制公司经营管理的权利，相对人有理由相信控股股东有权代表公司做出与公司经营管理有关的民事行为，该行为对公司具有法律约束力。如控股股东侵害其他股东利益的，应承担赔偿责任，但不免除公司对外债务。

【基本案情】

2013年7月15日，A装饰公司与邯郸B地产公司签订了《某会所室内设计合同》（以下简称设计合同），主要约定：由A装饰公司负责为邯郸B地产公司承建的某会所提供室内设计服务。合同价款优惠后为580000元。刘某在合同落款处“邯郸B地产公司授权代表”处签字。合同签订后，A装饰公司组织人员进行了图纸设计，并向邯郸B地产公司提交了C会所三楼酒店室内设计项目设计文件。邯郸B地产公司对此予以书面确认。工程竣工后，河北B地产公司于2015年9月25日出具《结算单》，确认该项目尚有493000元设计服务费未支付给A装饰公司。结算单落款处除河北B地产公司加盖印章外，刘某也签字。另查明，河北B地产公司系邯郸B地产公司的法人股东，持股53.33%。刘某系河北B地产公司招标采购部副总裁。

【案件焦点】

控股法人股东向债权人出具结算单的行为，能否作为诉讼时效中断的合法事由？该结算单能否作为债权人向公司主张债权的依据？

【法官评析】

河北B地产公司作为控股法人股东代表邯郸B地产公司向A装饰公司出具结算单的行为，对邯郸B地产公司是否具有约束力？该案的案件焦点引申出一个具有代表性的争议问题，即控股股东对外经营管理行为对公司是否具有法律约束力？

笔者认为，控股股东对外做出的经营管理行为对公司具有约束力。理由如下：

一、控股股东享有直接或间接控制公司经营管理的权利。

《中华人民共和国公司法》（以下简称公司法）第四条规定："公司股东依法享有资产收益、参与重大决策和选择管理者等权利。"公司法第二百一十六条第二项规定："控股股东，是指其出资额占有限责任公司资本总额百分之五十以上或者其持有的股份占股份有限公司股本总额百分之五十以上的股东；出资额或者持有股份的比例虽然不足百分之五十，但依其出资额或者持有的股份所享有的表决权已足以对股东会、股东大会的决议产生重大影响的股东。"个人控股股东可以担任公司法定代表人，直接参与公司经营管理，对外代表公司为一定的法律行为，该法律行为对公司具有约束力。对于未担任公司法定代表人的个人控股股东或法人控股股东，可以依据其享有的股东表决权对股东会或股东大会产生重大影响，间接控制公司的管理人员和经营决策权。

二、相对人有理由相信控股股东有权代表公司做出与公司经营管理有关的民事行为。

《中华人民共和国合同法》（以下简称合同法）第四十九条规定："行为人没有代理权、超越代理权或者代理权终止后以被代理人名义订立合同，相对人有理由相信行为人有代理权的，该代理行为有效。"合同法第五十条规定："法人或者其他组织的法定代表人、负责人超越权限订立的合同，除相对人知道或者应当知道其超越权限的以外，该代表行为有效。"根据控股股东享有的股东权利，其无论是直接还是间接经营管理公司，其意思表示最终能够转换为公司的意志和行为，故相对人完全有理由相信控股股东能代表公司做出与经营有关的民事行为，依照合同法的上述规定，该代表行为对公司具有法律约束效力。

三、控股股东侵害其他股东利益的，应承担赔偿责任，但不免除公司相应义务。

如果控股股东未通过股东会决议等合法形式，将自己的意志转化为公司行为，而是将自己的意志强加于公司意志之上，直接对外做出的民事行为，损害公司其他股东利益的，其他股东能否依此理由主张控股股东的对外行为无效呢？笔者认为，公司法第二十条规定："公司股东应当遵守法律、行政法规和公司章程，依法行使股东权利，不得滥用股东权利损害公司或者其他股东的利益……公司股东滥用股东权利给公司或者其他股东造成损失的，应当依法承担赔偿责任。"股东之间及股东与公司之间的利益纠纷属于公司内部矛盾，除非其他股东有证据证明债权人与控股股东恶意串通损害其他股东利益，否则，债权人对公司的权利主张不因股东之间的侵权事由受到阻却，公司仍应承担法律责任。受侵害的股东应基于公司法第二十条的规定向控股股东主张赔偿责任。

本案中，河北 B 地产公司作为控股法人股东代表邯郸 B 地产公司向 A 装饰公司出具结算单，A 装饰公司完全有理由相信河北 B 地产公司具有代表权，因此，河北 B 地产公司的代理行为有效，对邯郸 B 地产公司具有法律约束力。河北 B 地产公司出具结算单的行为，应视为 A 装饰公司在诉讼时效期间向邯郸 B 地产公司主张了债权，诉讼时效因此被中断，本案未超过诉讼时效。同时，邯郸 B 地产公司应当依据结算单向 A 装饰公司支付设计费。

【裁判结果】

从台区法院经审理认为，设计合同显示邯郸 B 公司授权刘春生为代理人，其在结算单上签字并加盖河北 B 公司印章。因此，A 装饰公司有理由相信刘春生有权代表邯郸 B 公司出具《结算单》。另外，河北 B 公司作为邯郸 B 公司的法人控股股东，而代理人刘春生同时任河北 B 公司招标采购部副总裁，鉴于河北 B 公司控股股东的角色和刘春生的双重职务身份原因，加盖有河北 B 公司印章的《结算单》对邯郸 B 公司具有约束力。综上，A 装饰公司基于跟邯郸 B 公司的合同关系，向河北 B 公司主张债权，河北 B 公司向 A 装饰公司出具的《结算单》，一是起到了诉讼时效中断的作用，二是明确了 A 装饰公司与邯郸 B 公司设计费用结算问题。因此，A 装饰公司起诉未超过诉讼时效。邯郸 B 公司应根据《结算单》支付 A 装饰公司设计费 493000 元。

依照《中华人民共和国合同法》第四十九条、第六十条、第一百零七条之规定，判决如下：

被告邯郸B公司于本判决生效之日起十日内支付A装饰公司设计费493000元及利息（按照中国人民银行同期贷款利率计算，自2015年9月25日至设计费付清为止）。

（本案宣判后，双方均未上诉）

第二节　其他合同纠纷裁判实务要点

一、不能证明实际损失时约定违约金的认定①

《最高人民法院关于适用〈中华人民共和国合同法〉若干问题的解释（二）》第二十九条规定，当事人主张约定的违约金过高请求予以适当减少的，人民法院应当以实际损失为基础，兼顾合同的履行情况、当事人的过错程度以及预期利益等综合因素，根据公平原则和诚实信用原则予以衡量，并作出裁决。该条司法解释明确了实际损失是认定约定违约金是否合理的基础。合同纠纷中，存在大量的当事人约定了违约金却不能证明实际损失的情形，这种情况下约定的违约金是否需要调整以及如何调整？笔者将围绕此命题简要地阐述一下法院在审理该类案件时应重点审查的内容和注意的问题，以及如何认定约定违约金的合理标准。

（一）以当事人主张调整违约金为前提，同时做好法律释明

《中华人民共和国合同法》（以下简称合同法）第一百一十四条第二款规定：约定的违约金低于造成的损失的，当事人可以请求人民法院或者仲裁机构予以增加；约定的违约金过分高于造成的损失的，当事人可以请求人民法院或者仲裁机构予以适当减少。该条规定明确指出，法院调整违约金需以当事人的请求为前提条件。合同法第二条规定了意思自治原则，并将该原则确定为合同中最根本的原则，即合同双方按照自己的意愿进行缔约，如果一方未明确提出约定的违约金过高，法律首先应当尊重当事人自愿约定的内容。因此，对于合同约定的违约金，未经当事人明确请求，法院不应主动依职权进行审查和作出是否调整的决定。但对于当事人主张调整违约金的方式，法院审查时不应过于严格，应当放宽范围。

① 笔者原发表于《人民法院报》2013年9月10日，本书中予以重新编辑整理。

在诉讼中应当注意审查当事人是否通过答辩状、代理词等书面形式提出，或者在庭审、调解过程中以口头方式提出，一旦提出，应当向其释明是否明确提出调整的请求。另外，违约方以合同不成立、合同未生效、合同无效或者不构成违约进行免责抗辩而未提出违约金调整请求的，人民法院可以就当事人是否需要主张违约金过高的问题进行释明。

（二）守约方和违约方举证责任的分配

违约方对于违约金约定过高的主张需承担举证责任，但对于守约方因违约造成的实际损失，往往很难掌握，所以不能刻意要求违约方对守约方的实际损失负有举证责任。违约方一般应当承担非违约方没有采取合理减损措施而导致损失扩大、守约方因违约而获得利益以及守约方亦有过失的举证责任。守约方首要的举证责任是证明违约方存在违约行为及过错程度。如果不能证明对方的行为违约，其主张违约金的请求将得不到支持，会面临败诉的风险。其次，守约方还需要证明约定违约金的合理性，即因违约方的违约行为导致的实际损失和其遭受的可得利益损失总额及必要的交易成本。实际损失是认定约定违约金是否合理的基础，如果守约方未能证明实际损失，约定的违约金将失去衡量的标准，那么守约方是否应当承担举证不能的法律后果，其主张的违约金是否会得不到支持呢？

（三）不能证明实际损失时违约金也要支持，但需适当调整

违约金除了具有补偿性，还具有惩罚性功能，是对违约方违约行为的一种惩罚，目的是维护合同交易，提高合同的履约率，预防违约，与合同法的立法精神一致。合同法第二条的规定充分体现的是意思自治的原则，意识自治原则是最根本的原则，即合同双方按照自己的意愿进行缔约。合同法第六十条的规定充分体现的是诚实信用原则，即双方按照自己的承诺及时、有效的履行。合同双方当事人根据自己的意志进行缔约并明确双方的权利义务与违约责任（仅指违约金），一旦出现违约情形，应按照约定承担违约责任。合同约定了违约金后，如果守约方不能证明自己的实际损失，那么违约金便失去了参照的基础，有可能对另一方造成明显的不公平。合同法第一百一十四条和《最高人民法院关于适用〈中华人民共和国合同法〉若干问题的解释（二）》第二十九条均规定违约金数额应以实际损失为参考，目的是为了防止违约金主张金额过分脱离实际损失，造成双方的权利义务不对等，凸显的是公平主义原则，用以平衡意思自治原则、诚实守信原则带来的权益冲突。但是，在缺少实际损失作参考的情况下，一味地追

求公平原则而忽略意思自治和诚实守信原则，显然也违背合同法原则和立法目的。那么如何平衡三种权益之间的利益冲突？笔者认为，守约方能够证明对方存在违约行为时，虽未能证明实际损失，违约金仍应支持，但需适当调整。

参照相关司法解释和地方高院的指导意见，笔者将几类常见的不能证明实际损失的案件进行了总结，以此作为认定约定违约金合理性的参考标准。

1. 关于商品房买卖合同纠纷

参照《最高人民法院关于审理商品房买卖合同纠纷案件适用法律若干问题的解释》第十七条和第十八条的规定，在商品房买卖合同中，买方逾期付款的，约定的违约金可以参照中国人民银行规定的金融机构计收逾期贷款利息的标准来认定合理性。卖方逾期交付使用房屋的，约定的违约金可以参照逾期交付使用房屋期间有关主管部门公布或者有资格的房地产评估机构评定的同地段同类房屋租金标准来认定合理性。由于出卖人的原因，买受人在合理的期限届满未能取得房屋权属证书的，约定的违约金可以按照已付购房款总额，参照中国人民银行规定的金融机构计收逾期贷款利息的标准来认定合理性。

2. 关于逾期付款的合同纠纷

参照《最高人民法院关于逾期付款违约金应当按照何种标准计算问题的批复》，对于合同当事人约定的逾期付款违约金，人民法院可以参照中国人民银行规定的金融机构计收逾期贷款利息的标准来认定其合理性。

3. 关于民间借贷合同纠纷

《最高人民法院关于审理民间借贷案件适用法律若干问题的规定》第三十条规定：“出借人与借款人既约定了逾期利率，又约定了违约金或者其他费用，出借人可以选择主张逾期利息、违约金或者其他费用，也可以一并主张，但总计超过年利率 24% 的部分，人民法院不予支持。”如果非民间借贷纠纷的当事人既约定了逾期利息又约定了违约金，可以参照两者之和不得超过年利率 24% 标准来认定约定违约金的合理性。

4. 其他类型的合同纠纷

上海市高级人民法院《关于商事审判中规范违约金调整问题的意见》第九条规定，守约方的实际损失无法确定的，法院认定违约金过高进行调整时，根据公平原则和诚实信用原则，在综合考量违约方的恶意程度、当事人缔约地位强弱等因素的基础上，可以参照不超过银行同类贷款利率四倍的标准进行相应调整。上海高级人民法院较早的对实际损失无法确定时如何认定违约金合理性的问题做出了指导意见，对规范此类案件的审理起到了积极的意义。但是，合同纠纷的种类愈加繁多，违约情形也千变万化，司法解释不可能规定所有的情形都适用于某一标准，也不可能对每一种情形都作出具体规定，更多的是需要法官依照公平原则和诚实信用原则，根据案件的具体情形，来综合认定约定违约金的合理性。认定的过程除了考量因违约造成的实际损失外，还需要考量合同履行程度、违约方的过错程度、合同的预期利益、当事人缔约地位的强弱、是否适用格式合同或条款、当事人是否已在诉请中对违约金进行减让、违约金计算的基数以及法官根据具体案件认为应当考量的其他因素。

二、审理物业服务合同纠纷常见的问题及建议

所谓物业服务合同纠纷，是指在某一特定区域内，物业服务企业在依据物业服务合同实施物业管理和服务的过程中，与业主或者业主委员会、房地产开发企业因物业管理与服务、服务收费、安全管理等利益冲突而产生的纠纷。近年来，随着我国城镇住房制度改革的不断深化和住房商品化的快速发展，政府逐渐退出了房屋管理这一领域，对物业的管理渐渐由房管局移至物业服务企业。在物业管理快速发展的同时，物业纠纷不断，业主满意程度较低，物业服务合同纠纷案件在全国法院审理范围内都呈逐年上升的趋势。

（一）物业服务合同纠纷特点

1. 涉案数额较小，但数量成倍增加。

从邯郸市丛台区法院受理的物业服务合同纠纷情况看：2015 年受理 19 件，2016 年受理 79 件，2017 年截至 8 月受理 108 件。可以看出，2018 年 1 ~ 7 月份受理的案件数量超出了前两年的数量之和，故对此类案件应予以重视。但受理的绝大多数案件诉讼标的并不高，数额多在 1000 ~ 3000 元之间。个别诉讼标的较高的有两、三万元的，主要为临街商铺拖欠物业费。

2. 纠纷具有群体性，群众影响大。

由于一个物业服务区域只有一个物业服务企业，往往涉及一栋楼的业主，甚至整个小区的业主，因而规模往往很大，且矛盾激烈，群体一方自恃人多势众，给法院施加压力。法官需做大量的调查和调解工作，调解难度大，调解率低。

3. 物业服务收费案件所占比例最大，物业企业胜诉率高。

丛台区法院审理的此类纠纷主要是由物业服务企业作为原告提起诉讼的案件，诉讼请求几乎全部为拖欠物业管理费。物业服务企业作为一个企业还是属于

强势主体，其一般都有相对较为固定的专业律师来负责企业的法律业务，因此，无论是在法律知识和证据收集上，还是在诉讼经验方面，甚至是在合同中对责任的规避等方面都比业主更有优势。

4. 业主与物业服务企业之间的服务合同约定不明。

由于物业管理缺乏相应的行业管理服务标准，且物业服务合同对物业服务企业管理和服务的义务约定又较为概括，业主与物业服务企业在对物业管理本身的认识上存在较大差距，服务合同对服务内容、服务质量标准、收费项目及收费标准等有关事项均没有约定。

（二）审理中遇到的问题

此类纠纷主要是由物业服务企业作为原告提起诉讼的案件，诉讼请求几乎全部为支付拖欠物业管理费。审判实践中，业主拒绝履行付款义务的理由多种多样，概括起来，主要包括：（1）物业服务企业提供的服务项目和质量标准与物业服务合同约定存在差距（如保洁不到位、绿化不满意）；（2）物业服务企业拒绝对第三人侵权造成的业主财产或人身损失承担赔偿责任；（3）物业服务企业擅自扩大收费范围、提高收费标准、重复收费；（4）区分所有建筑物共用部分水电费的分摊和公共设施维修费用的分摊不合理；（5）房屋质量不合格或配套设施不完备，建设单位和物业服务企业均拒绝承担维修责任；（6）物业服务企业擅自改变物业共用部位、共用设施用途，甚至利用物业共用部位进行经营。以上六种理由作为业主的抗辩，能否得到人民法院的支持？既是案件审理的重点，也是难点。

（三）意见与对策

为依法审理物业服务合同纠纷案件，根据物权法、合同法、国务院《物业管理条例》、最高人民法院《关于审理物业服务纠纷案件具体应用法律若干问题的解释》的规定，针对业主提出的六种抗辩意见，处理意见如下：

1. 关于物业服务企业不完全履行合同义务（主要表现为部分履行和质量不符合约定）的情况。如上所述，物业管理服务是个系统性工程，涉及众多服务项目。相应地，物业服务费用由公共设施、设备日常运行、维修及保养费、绿化管理费、保洁费、保安费、化粪池清掏费、垃圾清运费、管理费等收费项目构成。业主接受了物业服务企业提供的部分服务，则应作出相应部分的对待给付。物业服务企业提供的物业服务质量不符合约定，属于不完全履行给付义务，业主有权拒绝给付瑕疵履行部分对应的服务费用。物业服务企业不完全履行若危及合同目的，即不提供基本服务致物业日常生活秩序无法维持，业主得拒绝给付全部物业服务费。需注意的是，人民法院需认真审查物业服务协议关于各类收费项目的具体约定，若没有约定或约定不明确，需由物业公司合理说明，不能合理说明的，承担举证不能的法律后果。

2. 关于物业服务企业的安全保障义务和保管义务。安全保障义务在物业管理中，是指物业服务企业根据物业服务合同规定，为维护物业管理区域内的公共秩序而实施的防范性安全保卫活动。保管义务主要是指物业服务企业对停放在其管理区域内的、形成保管关系的车辆所承担的责任。物业服务企业未尽到安全保障义务和保管义务，应该依照合同法第一百零七条的规定承担包括赔偿损失在内的违约责任（不排除构成加害给付、发生违约责任与侵权责任竞合的情况）。一般而言，业主要求物业服务企业承担赔付责任的，应当依法提出反诉或另案起诉，不应以此为据对抗物业服务企业给付服务费用的请求。

3. 关于收费标准问题。提供物业服务的企业必须取得政府房管部门颁发的资质证书，人民法院审查发现物业服务企业未取得资质证书的，应驳回起诉，交由房管部门进行行政处理。国家对普通住宅的物业服务费用是给予干预和指导的，例如邯郸市政府 2014 年制定的《邯郸市城市精细化管理办法》，该办法明确规定了物业服务分为三个等级，每个等级规定了具体的服务项目和标准，以及对应的收费标准。物业服务企业欲提供哪一等级的服务，除了根据考虑自身的条件外，还需与业主委员会或业主大会协商一致，否则属于单方意思表示，不产生法律效力。在合同约定之外提供特殊服务项目或提高收费标准、增加收费项目，需征得业主委员会的同意，没有业主委员会的，需经过业主大会（2/3 业主参加）过半数通过，否则业主以该事由进行抗辩，拒交物业服务费用中不合理的部分，理由成立，应受法律保护。

4. 关于建筑物共用部分费用的分摊问题。负责收取水、电、气公共事业单位与物业公司存在委托与被委托关系，物业公司收取物业服务费与受托代收代缴水电费是不同的法律关系。物业服务费中并无与之对应的收费项目，业主行使抗辩权有失妥当。如何分摊共用部分水电费和公共设施维修费用，与业主的共有所有权紧密联系，应通过召集业主大会或由业主委员会作出决定。

5. 关于房屋质量缺陷、配套设施不完善、基础资料不齐、产权纠纷、建设单位不切实际的承诺、履行保修责任等开发建设阶段遗留的问题。《物业管理条例》第三十一条规定：建设单位应当按照国家规定的保修期限和保修范围，承担物业的保修责任。故区分所有建筑物的专有部分或共有部分存在质量不合格、配套设施不全问题，应由建设单位承担保修责任，业主也可以要求物业服务企业提供特约服务。人民法院应重点审查物业服务合同是否有特约服务，若没有特别约定，业主依此作为抗辩理由拒交物业费的，不应支持。对于保修期满后建筑物的专有部分，应由业主自己承担维修责任。对于保修期满后物业共用部位、共用设施设备的维修和更新、改造，应依照《住宅专项维修资金管理办法》规定的程序，启用专项维修资金。

6. 物业服务企业擅自改变物业共用部位、共用设施用途，甚至利用物业共用部位进行经营的，因涉及的是业主的共同利益，应由业主委员会主张权利，没有业主委员会的应由业主大会行使权利。物业服务企业即使存在此类违约行为，也没有给服务质量造成实际损害。业主个人不能以此作为拒交物业服务费的正当事由。

总之，有效地杜绝物业服务合同类纠纷的大量产生，需要人民法院能够依法、及时地审理此类案件，更需要物业服务企业提供优质的服务。

三、非上市股份有限公司股权冻结问题——以一则民间借贷纠纷案例为切入点

（一）案件的基本情况

邯郸市丛台区法院于 2015 年 7 月冻结了 A 公司在河南 B 商业银行的 2900 万元股权（诉讼保全）。冻结的程序是向 B 商业银行送达了民事裁定书和协助执行通知书。2015 年 9 月，邯郸市中级人民法院（简称邯郸中院）就 A 公司在河南 B 商业银行的 2900 万元股权向 A 公司注册的河南省工商局送达了民事裁定书、协助执行通知书及公示冻结申请书（诉讼保全）。邯郸中院于 2017 年 2 月进入执行阶段，欲将冻结的上述股权拍卖。两级法院对此产生争议，双方均认为自己冻结在先，为首封法院。另查明，B 商业银行为股份制非上市公司，其除发起人信息在河南省工商局登记外，其他股东股权信息均未登记。B 商业银行的股权信息登记、股权交易均委托河南省产权交易中心进行托管。最后，该案当事人达成调解，丛台区法院案件中，A 公司支付了原告借款本息 2900 万元。虽然该案得到了调解结案，但涉及非上市股份公司股权冻结程序争议仍值得探讨。本文依此案例为切入点，阐述非上市股份公司股权冻结的程序规则。

（二）问题的提出

人民法院在对公司股权冻结的程序上因公司的形式不同而有所区分。对于有

限责任公司，人民法院将保全裁定书、协助执行通知书以及公示申请书送达至公司注册地的工商行政部门，由该工商行政部门予以协助冻结并进行公示。对于股份有限公司，因上市与否分为上市股份有限公司（以下简称上市公司）和非上市股份有限公司（以下简称非上市公司）。对于上市公司，人民法院将上述法律文书送达至中国证券登记结算有限公司（以下简称证券结算公司），由证券登记公司予以协助冻结并进行公示。对于非上市公司，实践中人民法院对于法律文书送达的对象存在较大争议，主要有四种做法：一是由该非上市公司注册地工商行政部门协助冻结并公示（与有限责任公司一致）；二是由该非上市公司注册的省份成立的产权交易机构协助冻结并公示；三是由该非上市公司的董事会协助冻结并公示；四是由该非上市公司业务监管部门或行业协会协助冻结并公示（例如保险公司，由其所在地业务监管部门保险监督委员会协助冻结并公示）。为何司法实践中，对非上市公司股权冻结存在不同的做法？相关法律法规及司法解释规定不明确，导致不同法院之间做法不一，经常出现两家法院先后冻结同一被申请人的股权，各持己见，导致无法正常执行，办案效率低下，激化当事人与法院之间的矛盾，影响人民法院的司法权威。对非上市股份公司股权冻结规则进一步明确，将有效提高人民法院保全程序的规范化，避免法院之间相互扯皮，提高保全效率，保障当事人合法权利。

（三）非上市公司的股权登记特征

上市公司是在证券结算公司下属的证券交易所公开发行股票并进行交易。上市公司发行的股票和非上市公司发行的股权证是股东出资并行使股权的凭证。股票作为一种公开发行的证券，其发行和交易由《中华人民共和国证券法》（以下简称证券法）进行规范调整，而对于非上市公司发行的股权证，证券法对此未予规定。《中华人民共和国公司法》（以下简称公司法）第一百三十八条规定，股东转让其股份必须在依法设立的证券交易场所进行。中国证券监督管理委员会在证监市场字〔2001〕5号《关于未上市股份公司股票托管问题的意见》中指出“未上市股份公司股权托管问题，成因复杂，涉及面广，清理规范工作应主要由地方政府负责”。因此，法律及行政法规对未上市的股份公司没有统一规定，目前各地均委托商业或国有资产主管部门、产权交易所、行业协会等办理登记、备案事项[①]。为了促

---

① 刘贵祥黄文艺：《〈关于加强信息合作规范执行与协助执行的通知〉的理解与适用》，载《人民司法（应用）》2015年第3期。

进非上市公司健康发展和规范股权交易，确保国有资产在交易过程中保值增值，填补法律空白，许多地方政府都以行政规章的形式要求对非上市公司的股权进行集中登记托管。非上市公司股权登记托管，是指具有普遍公信力的专门机构接受股份有限公司的委托，对其股权实施集中管理，按照有关法规进行股权的登记、过户、挂失、查询、分红等管理业务。

因此，有限责任公司的股权登记、过户在工商行政部门办理；上市公司股票的发行和交易在证券结算公司进行；非上市公司在股权登记、变更、转让在依法设立的证券交易场所进行。大多数省份的省级部门设立产权交易机构，专门接受非上市公司的委托，按照有关法规进行股权的登记、过户等管理业务。例如：上海联合产权交易所、北京产权交易所、重庆联合产权交易所等。对于金融企业，国家对其股权的变动监管更为严格，非上市银行类股份公司和保险类股份公司的股权变动超过一定比例需要该公司所在地银行业监督委员和保险业监督委员会审批①，经审批后才能在产权交易机构办理过户。

（四）股权冻结规范的法律现状

根据《最高人民法院关于人民法院办理财产保全案件若干问题的规定》（自2016年12月1日起施行）第十六条的规定，人民法院在保全过程中，只有在需要有关单位协助办理登记手续的，在有关单位办理了登记手续后，会按照在登记机关送达时间的先后认定轮候效力的情形。规定中“有关单位”是指被保全标的的法定登记机关，譬如房产保全应到房产管理部门登记查封房产信息，土地保全应当国土部门登记查封土地信息。如果房产的保全去了工商局公示，即使公示了，也会因为工商局非房产的法定登记机关而无效，不产生优先查封的效力。最高人民法院《关于印发〈关于建立和完善执行联动机制若干问题的意见〉的通知》（法发〔2010〕15号）第十七条规定：“工商行政管理部门应当协助人民法院查询有关企业的设立、变更、注销登记等情况；依照有关规定，协助人民法院办理被执行人持有的有限责任公司股权的冻结、转让登记手续。”该规定明确工商行政管理部门协助人民法院办理被执行人持有的有限责任公司股权的冻结、转

---

① 《中国银监会中资商业银行行政许可事项实施办法》第三十九条第二、三款规定，国有商业银行、邮政储蓄银行、股份制商业银行变更持有资本总额或股份总额5%以上股东的变更申请、境外金融机构投资入股申请由银监会受理、审查并决定。城市商业银行变更持有资本总额或股份总额5%以上股东的变更申请、境外金融机构投资入股申请由所在地银监局受理、审查并决定。

让登记手续，未规定受理非上市公司股权的冻结的。

《最高人民法院、国家工商总局关于加强信息合作规范执行与协助执行的通知》（法〔2014〕251 号，以下简称《2014 通知》）第七条第二项规定，工商行政管理机关协助人民法院办理以下事项：“对冻结、解除冻结被执行人股权、其他投资权益进行公示。”同时，第十三条规定，“工商行政管理机关在多家法院要求冻结同一股权、其他投资权益的情况下，应当将所有冻结要求全部公示。首先送达协助公示通知书的执行法院的冻结为生效冻结。送达在后的冻结为轮候冻结。有效的冻结解除的，轮候的冻结中，送达在先的自动生效。”以上规定是否是突破了法发〔2010〕15 号《关于印发〈关于建立和完善执行联动机制若干问题的意见〉的通知》的规定，非上市公司的股权也应该在工商行政管理机关登记公示了呢？

《2014 通知》第六条规定：“人民法院办理案件需要工商行政管理机关协助执行的，工商行政管理机关应当按照人民法院的生效法律文书和协助执行通知书办理协助执行事项。人民法院要求协助执行的事项，应当属于工商行政管理机关的法定职权范围。”该条提纲挈领，清楚的说明人民法院要求协助执行的事项，应当属于工商行政管理机关的法定职权范围。此为前提条件，之后才会有第七条、第十三条等的规定。然则，非上市公司股东股权的登记，是否属于工商行政管理机关的法定职权范围内呢？

首先，《最高人民法院院、国家工商总局关于加强信息合作规范执行与协助执行的通知》（法〔2014〕251 号）前言部分提到本次通知的依据主要为国务院印发的《注册资本登记制度改革方案》《企业信息公示暂行条例》故应依上述法规来认定工商机关的法定职权范围。

1. 《注册资本登记制度改革方案》第二节——放松市场主体准入管制，切实优化营商环境规定：“（一）实行注册资本认缴登记制。公司股东认缴的出资总额或者发起人认购的股本总额（即公司注册资本）应当在工商行政管理机关登记。公司股东（发起人）应当对其认缴出资额、出资方式、出资期限等自主约定，并记载于公司章程。有限责任公司的股东以其认缴的出资额为限对公司承担责任，股份有限公司的股东以其认购的股份为限对公司承担责任。公司应当将股东认缴出资额或者发起人认购股份、出资方式、出资期限、缴纳情况通过市场主体信用信息公示系统向社会公示。公司股东（发起人）对缴纳出资情况的真实性、合法性负责……”。

2.《企业信息公示暂行条例》第九条关于企业年度报告内容的规定及第十条企业即时信息内容的规定都包括以下两条内容：

（1）企业为有限责任公司或者股份有限公司的，其股东或者发起人认缴和实缴的出资额、出资时间、出资方式等信息；

（2）有限责任公司股东股权转让等股权变更信息；

其次，《中华人民共和国公司登记管理条例》中第九条公司的登记事项包括："（一）名称；（二）住所；（三）法定代表人姓名；（四）注册资本；（五）公司类型；（六）经营范围；（七）营业期限；（八）有限责任公司股东或者股份有限公司发起人的姓名或者名称。"

在第三十四条中规定，有限责任公司变更股东的，应当自变更之日起 30 日内申请变更登记。有限责任公司的股东或者股份有限公司的发起人改变姓名或者名称的，应当自改变姓名或者名称之日起 30 日内申请变更登记。

以上的有关公司登记的规章制度均表明，有限责任公司的股东信息设立登记及设立后发生股东变更的信息的登记，属于工商行政管理机关的法定职权范围；股份有限公司的法人信息以及法人主体不变仅改变名称的登记，属于工商行政管理机关的法定职权范围。股份有限公司发起人主要是存在于公司设立阶段。公司发起人，是指参加订立发起人协议，提出设立公司申请，认购公司出资或者股份并对公司设立承担责任的人。在设立阶段只有发起人，没有股东，但股份有限公司成立后，就没有发起人的称呼了。上述行政规章制度里，均仅提及股份有限公司的发起人而未提及股东，说明股份有限公司的股东信息登记不属于工商行政管理机关的法定职权范围。非上市公司的股东信息登记，当然也不属于工商行政管理机关的法定职权范围。

综上所述，非上市公司的股东信息登记，不属于工商行政管理机关的法定职权范围。对非上市公司股东的股权的冻结，不适用于《2014 通知》。那么非上市公司的股权冻结及公示的协助机构在哪里？法律、法规及司法解释未明确做出规定。

（五）非上市公司股权冻结程序的要件分析

1. 从财产保全制度设定的价值目标分析股权冻结的要件

财产保全，也叫诉讼保全。它是指法院审理案件时，在作出判决前为防止当事人（被告）转移、隐匿、变卖财产，依职权对财产作出的保护措施，以保证将来判决生效后能得到顺利执行。具体措施一般有查封、扣押、冻结。财产保全一般由当事人（原告）申请，由人民法院审查决定是否采取财产保全措施。对当事人（原告）没有提出申请的，但争议的财产可能有毁损、灭失或其他危险的，法院可依职权采取保全措施。财产保全的目的或者效果是对财产“封得住”或“冻得住”，表现为在查封或冻结期间，财产不得转让、过户、抵押，维持保全时的状态，防止财产或财产权益发生变动。关于股权冻结，要求冻结时股权信息登记在被申请人名下，且权利无其他明显瑕疵，才能“冻得住”。要想“冻得住”，这就需要满足以下要求：首先，协助冻结的机构必须能够清晰明确的查询预冻结的股权登记信息，包括登记在谁名下、多少股、单股的价值以及担保状况等。如果协助冻结机构连股权基本信息都不明确，那么冻结股权将无法操作；其次，股权冻结期间必须保证股权不发生变动，这就要求协助冻结机构能够阻却一切股权变动的可能。如果在股权冻结期间，被冻结股权通过其他机构发生股权变动，使权利状态发生变化，会导致将来无法顺利执行，股权就是“没冻住”，财产保全将失去意义。最后，法律规定上市公司的股权由证券结算公司协助办理，有限责任公司的股权冻结由工商行政机关办理。从证券法和工商行政管理条例看，证券结算公司系上市公司股权登记和交易机构，工商行政机关系有限责任公司股权的登记、变更机构。如此，股权信息能够高效、明确地查询，冻结期间才能维持冻结前的状态，防止股权发生变更。非上市公司的股权冻结协助机构同样需要由其股权登记和变更机构协助完成。工商登记条例规定，非上市公司的设立和发起人信息在工商行政机关办理并登记。对于股东信息（包括股东名称、持股情况）、股权的变更却不属于工商行政机关的法定职权范围。那么在工商行政机关冻结非上市公司的股权，显然是“冻不住”的。

通过对财产保全制度设定的目的来看，对公司股权冻结，无论是有限责任公司，还是上市公示，抑或是本文专门讨论的非上市公司，办理冻结手续都必须满足两个要件：一是在股权登记部门；二是在股权变更部门。

2. 非上市公司股权由第三方托管机构登记、变更是普遍做法

据修改后的工商登记制度，工商机关对有限责任公司只保留了股东变更登记、增加注册资本登记等少量的登记事项。股东变更登记还不包括同一公司股东之间转让部分股权的情况，此时只需进行备案登记。对股份有限公司而言，设立登记在工商机关办理，但上市公司的股权登记由中国证券登记结算公司办理；未上市的股份公司没有统一规定，目前各地均委托商业或国有资产主管部门、产权交易所、行业协会等办理登记、备案事项。公司法第三十二条、第九十六条、第

一百三十条、第一百三十九条的规定确立了公司置备股东名册的法律义务，这是股权登记制度的基本规定和最低标准。工商登记事项不包括未上市公司非发起人股，导致非上市公司不能效仿有限责任公司而沿用工商系统的登记托管体系。《公司登记管理条例》、证券法确立了股东名册的独立第三方托管制度。法律规定非上市公司股票必须在特定产权交易市场交易，就应该相应的规定将非上市公司的股权信息集中托管到产权交易市场。由于目前该问题基本由当地体改部门管理，可以依据属地管辖权，由省级政府或者省级体改部门颁布地方性规章，指定由何种机构办理非上市股份公司股东名册的独立第三方托管。近年来，随着资产证券化的不断加强，非上市公司股权登记托管逐渐成为我国非上市股权交易的重要平台。应当采用何种途径及模式建构我国的非上市公司股权登记托管制度，以及在基本的制度建立后如何完善相关的具体制度，成为规范和保障股权登记托管有效进行的关键。非上市公司股权登记托管的具体业务始终是个开放的体系，在不断的丰富和发展之中。对于非上市公司股权登记托管的具体业务，不同的托管中心可以根据自己的需要作出不同选择。由于各地方开展了广泛的股权登记托管实践，积累了相当丰富的经验。结合已有的地方规章的规定和非上市公司股权登记托管的功能。我国开展非上市公司股权登记托管，应该至少包括以下具体业务①：第一，全部托管。登记托管包括非发起人股也包括发起人股，否则会人为割裂托管体系。非发起人股的股权登记和变更在股权登记托管中心统一进行并公告。发起人股的变动，首先在托管中心办理登记，然后再凭托管中心的变更证明在工商局办理最终变更登记。第二，全面服务。托管中心保管非上市公司的股东名册并提供全部的相关服务，如出具股权证明、办理股权登记和变更、代理配股分红、开展信息披露等。管理股权的转让和变更登记，包括股权转让、股权质押、增资扩股、非交易过户等情况。第三，自然过渡。非上市公司变更为上市公司的，托管中心在公司上市之前承担监管责任，公司上市之后，移交到中国证券登记机构。有限责任公司变更为股份公司的，要将股东资料从工商登记部门移交到非上市公司股权登记托管机构，发起人股东资料留存副本。

3. 从公信公示制度分析股权冻结的另一要件

公示公信原则是公示原则和公信原则的合称，目的是保护交易安全，特别是保护当事人对公示的信赖利益。所谓公示，是指物权在变动时，必须将物权变动

① 张翼飞：《非上市公司股权登记托管制度研究》，吉林大学2007年法学硕士论文。

的事实通过一定的共识方法向社会公开，从而使第三人知道物权变动的情况，以避免第三人遭受损害并保护交易安全。所谓公信，是指一旦当事人变更物权时，依据法律的规定进行了公示，则即使依公示的方法表现出来的物权不存在或者存在瑕疵，对于信赖该物权的存在并从事物权交易的人，法律也依然承认其行为具有与真实的物权存在相同的法律效果。《中华人民共和国物权法》第六十五条第一款规定："私人合法的储蓄、投资及其收益受法律保护。"该法第六十七条规定："国家、集体和私人依法可以出资设立有限责任公司、股份有限公司或者其他企业。国家、集体和私人所有的不动产或者动产，投到企业的，由出资人按照约定或者出资比例享有资产收益、重大决策以及选择经营管理者等权利并履行义务。"依照上述规定，法律将股权作为物权客体，那么股权的登记要遵循公示、公信原则。股权初始登记、股权的变更、质押等涉及股权权利状态的表现信息都应涵括在股权登记的概念中。本文探讨的股权的冻结信息，当然也属于股权登记信息的一种表现。股权冻结信息能够通过一个公共平台予以发布，便于公众知悉，从而规避交易风险，保护第三人合法权益。第三人基于对公示信息的信赖，所做出的行为，应受法律保护。《2014 通知》第七条第二项规定工商行政管理机关协助人民法院办理以下事项："对冻结、解除冻结被执行人股权、其他投资权益进行公示。"第十三条规定："工商行政管理机关在多家法院要求冻结同一股权、其他投资权益的情况下，应当将所有冻结要求全部公示。首先送达协助公示通知书的执行法院的冻结为生效冻结。送达在后的冻结为轮候冻结。有效的冻结解除的，轮候的冻结中，送达在先的自动生效。"从上述规定看出，股权冻结应当公示。多家法院同时冻结的，首先公示冻结信息的法院为有效冻结，其他为轮候冻结。可以看到，公示公信原则对股权冻结的重要性。上市公司的股权（证券）冻结公示在证券结算机构，那么非上市公司和有限责任公司的股权冻结公示是否都在工商行政机构？

本轮改革弱化了工商登记的管理和许可功能，将商事登记定位于服务功能，通过工商登记为社会公众提供经营者基本资料的公示服务和信息查询服务，强调工商登记的公示作用。这是市场经济发达国家的通行做法。在日本，根据商业登记法的规定，工商登记仅仅具有公示的作用[①]。人民法院借助工商登记公示制度，建立了工商机关协助人民法院公示所有执行措施的制度。从法律效果上讲，能满

① 邹小琴：《商事登记制度的属性反思及制度重构》，载《法学杂志》2014 年第 1 期。

足执行措施应尽可能向全社会公示的需要，实现法律效果的最大化。公示执行措施，不仅针对有限公司股权，对被执行人所有类型投资权益的执行都能适用[①]，明显扩大了协助执行的范围。工商机关协助冻结的行为在《2014 通知》中只称为对冻结的协助公示，而不是协助冻结。工商总局同志认为[②]，此轮工商登记制度的修改，工商机关的法定职权发生了变化，其协助执行的方式也应发生变化，如果还是称为协助冻结，有违改革的内容和初衷。对公司以外的法人和其他组织，工商机关仅是实行公示监管，将执行法院冻结信息公示，已经尽到了协助义务。通过官方对《2014 通知》的解读，上市公司的股权（证券）冻结公示在证券结算机构，非上市公司和有限责任公司的股权冻结公示均在工商行政机构。

（六）完善非上市公司股权冻结规则的建议

非上市公司股权登记已逐渐由省级政府部门设立的产权交易部门等第三方机构托管。协助冻结股权机构必须是股权登记和变更部门，才能“冻得住”股权。从《2014 规定》看出，除了上市公司外的一切市场主体的股权冻结，需要在工商行政部门公示。对于非上市公司，既然股权登记和变更在产权交易机构办理，那么为何又规定在工商行政机关办理冻结公示？前后是否矛盾？规定非上市公司股权在工商行政机关的功能“仅是协助公示，而非协助冻结”，便能很好地理解两者的作用不同了。非上市公司的股权冻结，首先需要到股权登记和变更部门办理协助冻结股权手续，达到使冻结的股权不再变动，维持冻结时的权利状态。然后再利用工商行政机关的成熟的全国工商公示系统进行股权冻结信息公示，达到对外产生公示、公信的效力。冻住股权是前提，做出公示是对抗。

综上所述，对于非上市公司股权的冻结规则，笔者建议做如下完善：人民法院对非上市股份有限公司股权进行冻结时，需向该公司股权登记和变更部门送达保全裁定书和协助执行通知书，由该部门协助冻结股权。同时，人民法院需向该公司注册地工商行政部门送达民事裁定书、协助公示需求书及协助公示通知书，由工商行政管理部门协助公示冻结信息。对于只送达了协助冻结手续，而未送达协助公示手续的人民法院，不得对抗两项手续均送达完毕的人民法院。对于一方

---

① 刘贵祥、黄文艺：《〈关于加强信息合作规范执行与协助执行的通知〉的理解与适用》，载《人民司法》2015 年第 3 期。

② 刘贵祥、黄文艺：《〈关于加强信息合作规范执行与协助执行的通知〉的理解与适用》，载《人民司法》2015 年第 3 期。

只送达协助冻结手续，另一方只送达公示手续的，以送达协助冻结手续法院的冻结为生效冻结。

四、实现担保物权实质性异议的证据标准①

民事诉讼法及《最高人民法院关于适用〈中华人民共和国民事诉讼法〉的解释》（以下简称新民诉法司法解释）明确了实现担保物权的程序规则，为物权法中的“申请法院拍卖、变卖”提供了程序支持，确立了诉讼程序与非诉讼程序相衔接的担保物权实现模式，改变了以往债权人通过诉讼程序确认并实现担保物权的传统做法，为债权人快速实现担保物权提供了一条低成本、高效率的非讼途径。如何在实践中运用好这一特殊程序，有待在审判实践中不断总结经验。笔者就审查的几起实现担保物权案件，针对实践中存的几个问题，谈一下自己的观点。

（一）实现担保物权的审查范围及举证责任分配

新民诉法司法解释第三百七十一条第一款规定：“人民法院应当就主合同的效力、期限、履行情况，担保物权是否有效设立、担保财产的范围、被担保的债权范围、被担保的债权是否已届清偿期等担保物权实现的条件，以及是否损害他人合法权益等内容进行审查。”该条规定明确了实现担保物权的审查范围，即担保物权的实现条件是否具备是审查实现担保物权案件的核心问题。就上述应审查的内容，申请人与被申请人的举证责任如何分配？依照新民诉法司法解释第三百六十七条的规定，申请人应当就以下待证事实承担举证责任：主债务合同的效力及履行情况；担保合同的效力及担保物权是否依法设立；实现担保物权的条件是否成就。就以上事实，申请人如遇客观情况不能提供证据的，可申请法院依职权调取。如申请人未提供证据或提供的证据不能证明上述待证事实，法院可裁定不予受理。已受理的，裁定驳回申请。新民诉法司法解释第三百六十八条第二款规定：“被申请人有异议的，应当在收到人民法院通知后的五日内向人民法院提出，同时说明理由并提供相应的证据材料。”该条规定明确了被申请人有权提出异议，但必须为实质性异议。如何把握“实质性”？笔者认为，被申请人围绕担保物权的实现条件不具备或不完全具备而提出的反驳意见为实质性异议，如主合同无效或应解除、主债务已履行或部分履行、担保物权未依法设立等。被申请人就其所

---

① 笔者原发表于《人民法院报》2015年9月2日，本书中予以重新编辑整理。

提出的实质性异议，需要说明理由并提供反驳的证据。避免异议一经提起，便驳回申请人申请，造成该特殊程序失去设置的意义。

（二）实质性异议的证据标准如何把握

被申请人提供的反驳证据，达到什么样的证明程度，才能认定双方存在实质性异议？新民诉法司法解释第一百零五条规定："人民法院应按照法律程序，全面、客观地审核证据，依照法律规定，运用逻辑推理和日常生活经验法则，对证据有无证明力和证明力大小进行判断，并公开判断的理由和结果。"第一百零八条第一、第二款规定："对负有举证证明责任的当事人提供的证据，人民法院经审查并结合相关事实，确信待证事实的存在具有高度可能性的，应当认定该事实存在。对一方当事人为反驳负有举证证明责任的当事人所主张事实而提供的证据，人民法院经审查并结合相关事实，认为待证事实真伪不明的，应当认定该事实不存在。"上述两条规定明确规定了在民事案件中认定证据的方法和标准。本证证明的目的在于使法官对待证事实的存在与否形成内心确信，这种确信必须达到高度可能性即高度盖然性。而反证的证明目的在于动摇法官对于本证所形成的内容确信，只需要将法官形成的内心确信拉低到高度盖然性证明标准之下即实现目的。对于反证而言，其证明的程度要求要低于本证，只需要使待证事实陷于真伪不明即可。实现担保物权系非诉程序，法院仅是通过审查的方式对双方证据作出判断，缺少诉讼程序中的质证、辩论阶段，故被申请人提交的反驳证据无需达到待证事实不存在的证明高度，只需证明待证事实存有疑点、真伪不明，法院便应认定双方存在实质性异议。被申请人能够证明双方存在实质性异议的，裁定驳回申请，并告知申请人向法院提起诉讼；被申请人能够证明有部分实质性异议的，可以就无异议部分裁定准许拍卖、变卖担保财产；被申请人不能证明双方存在实质性异议的，裁定准许拍卖、变卖担保财产。

（三）民事裁定书中基本事实的认定

新民诉法司法解释规定，未经当事人质证的证据，不得作为认定案件事实的根据。实现担保物权系非诉程序，没有庭审质证、辩论的环节。民事裁定书中是否需要认定并列明基本事实？如何认定？笔者认为，法院应当就双方无争议部分的基本事实在裁定书中予以认定并列明。因为无论本院认为中对主合同、担保合同的效力及担保物权的设立的认定，还是裁定书主文的处理结果，均需以事实为依据。不能跳过事实，援引法律依据。实现担保物权的审查为形式审查，在申请人按新民诉法司法解释第三百六十七条的要求提供了证据后，对被申请人没有异议的部分，法院就该部分事实予以认定；对于提出的异议部分，被申请人能够证明双方存在实质性异议的，对该部分事实不予认定。另外，法院在向被申请人送达申请书、异议权利告知书的同时，可将申请人提供的证据一并出示被申请人，询问其对申请书载明的事实及申请人的证据是否存有异议，并制作笔录。如此可以弥补特殊程序缺少质证环节的缺陷。

五、审理保兑仓合同纠纷注意的问题

（一）保兑仓业务概述

所谓保兑仓，是指在卖方做出如果在承兑期限内买方不能实现承兑金额的销售，卖方承诺向银行退回承兑金额与发货金额的差价的前提下，买方向银行申请以卖方为收款人的贷款额度，并由银行控制其提货权为条件的融资业务。它是一种“银行—生产商—经销商”的三方融资模式。保兑仓业务主要适用于较为固定的购销双方的钢材、家电、汽车、建筑、机械等大件耐用商品的购销活动。

办理保兑仓业务时，经销商根据与供货商签订的购销合同，向银行交存规定比例的保证金，申请开立银行承兑汇票，专项用于向供货商支付货款。供货商凭银行出具的《提货通知书》向经销商发货，每次发货价款不超过经销商向银行交存保证金的数额，银行通知供货商发货的价款累计不超过保证金账户余额，如此循环往复，直至保证金账户余额达到或超过银行承兑汇票金额。如银行承兑汇票到期时保证金账户余额未能达到银行承兑汇票金额，供货商负责将经销商到期承兑汇票票面金额与银行出具的提货通知书总金额的差额部分以现款支付给银行。

（二）保兑仓合同中的法律关系

保兑仓业务关系图

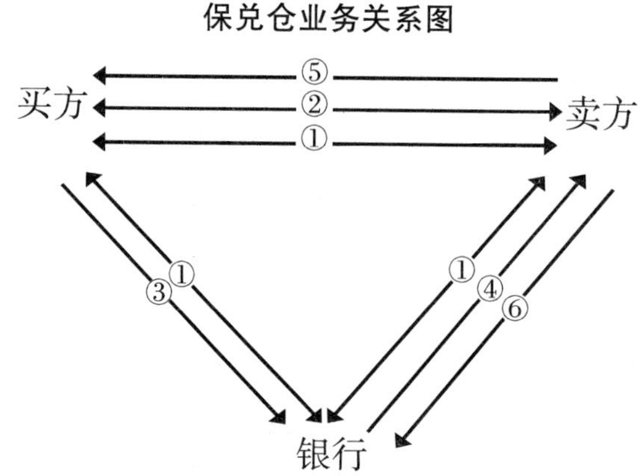

图表中标注的序号表示银行、买方和卖方发生保兑仓业务的先后程序步骤，买方一般为经销商，卖方一般为制造商，银行主要为开展保兑仓业务的商业银行。笔者依图表中标注的序号顺序，详细阐述在每一程序中三方之间形成的法律关系：

①银行、买方及卖方订立《保兑仓协议》，主要约定：买方向银行支付一定比例的保证金，由银行以汇票的形式替买方向卖方支付货款。卖方需根据银行的供货通知向买方履行供货义务，而银行的供货通知又根据买方向银行支付的保证金数额为依据。汇票到期日届满时，买方支付的保证金达不到汇票金额的，卖方须将多余的货款退还银行，同时买方也需承担敞口[①]部分的还款责任。

②买卖双方达成框架性《供销协议》（一般为年度协议），主要约定供货品种、型号、数量、单价、总价等内容。需要注意的是，双方一般会约定买方一次性支付货款的，有权利享受一定幅度的优惠条款。

③买方与银行签订《银行承兑协议》并交纳一定比例的保证金。协议主要约定：银行在一年期内向买方承诺一定金额的承兑汇票授信额度。买方需先支付一定比例的保证金（一般占汇票金额的50%），银行再出具汇票。汇票到期日前，买方需补足与汇票金额一致的保证金。买方支付的保证金不占用授信额度。例如，银行授信额度为1000万元，买方需支付保证金1000万元，那么银行出具的汇票金额则是2000万元。汇票到期日前，买方需要补足1000万元保证金的敞口。否则，该敞口部分金额将转化为贷款，买方需要承担偿还贷款本息的违约责任。

④银行向卖方出具银行承兑汇票。卖方收到的承兑汇票，实际就是货款。此时，卖方需要做好生产、供货准备。

⑤卖方向买方履行供货义务。卖方收到银行的承兑汇票时，并不能任性的随意向买方发货。根据《保兑仓协议》约定，只有银行向卖方出具发货通知书时，卖方才能根据发货通知书列明的货物价值发货。一般银行是根据买方支付的保证金数额确定预备发货的价值。如果卖方多发货，多发部分视为没有发货，汇票到期日后，卖方仍要向银行承担未发货部分的退款责任。如果少发货，卖方则要向买方承担不履行供货义务的违约责任。

⑥汇票到期日届满时，卖方需将未发货部分的货款退还银行。如果根据银行提供通知的要求，卖方已全部发货，那么将不存在退款（或回购）责任。

---

① 买方向银行支付的保证金与银行承兑汇票票面金额之间的差额资金。

（三）保兑仓合同中的权利与义务

保兑仓合同包含的法律关系有多个，主要包括：银行与买方系银行承兑协议关系，买方与卖方系买卖合同关系，而银行与卖方系担保合同关系。三方在保兑仓合同中互享权利：

1. 对生产商（卖方）而言，解决了产品积压问题，扩大产品的市场份额，从而获得更大的商业利润。可以更好地降低财务成本，减少应收账款占用。

2. 对经销商（买方）而言，银行为其提供了便利，解决了全额购货的资金困难，买方可以通过大批量订货获得价格优惠，降低销售成本。

3. 对于银行而言，可以获取相应的汇票贴现费用，同时取得对保证金的使用利益及垫付款后的利息收益。

同时三方彼此之间又互负义务：

1. 买方需要先支付一定比例的保证金，并在汇票到期日前补足与汇票金额一致的敞口金额，否则对未补足部分的保证金承担还款责任。

2. 银行需按照授信额度向卖方出具银行承兑汇票，并根据买方支付的保证金数额及时向买方出具提货通知单。

3. 卖方依照银行出具的提货通知单及时向买方发货。在汇票到期日后，买方对未补足部分的保证金没有履行还款责任的，卖方需要向银行承担担保责任，即对未发货部分承担退款（或回购）责任。

（四）保兑仓合同纠纷较为集中的问题及审理建议

近几年，随着保兑仓业务越来越普及，随之涌入法院的保兑仓合同纠纷也不再是凤毛麟角，但法院审理此类纠纷的成熟经验还未形成，相关法律和司法解释仍未出台，需要进一步总结审理中的集中问题。笔者将本地区审理的保兑仓合同纠纷中较为普遍、集中的问题予以汇总，并提出审理建议。

1. 关于保兑仓合同效力的认定。

买卖双方针对银行一方会以合同法第三十九条和第四十条提出抗辩意见，认为：保兑仓合同系银行采用格式条款订立的合同，银行没有遵循公平原则确定当事人之间的权利和义务，银行免除其责任、加重对方责任、排除对方主要权利。因此，买卖双方认为银行要求买方或者买方承担责任的条款应认定无效。笔者认为，应该从保兑仓协议约定的内容和合同实际履行情况去分析合同条款的效力问题。保兑仓协议中存在多个法律关系：银行通过承兑汇票业务，取得对保证金的使用利益及垫付款后的利息收益；买方以该融资方式满足其订货环节的资金需求，取得相对稳定的供货保障及巨额优惠政策；卖方以银行承兑汇票作为双方贸易合同的付款方式，提前收到货款，保证了其交易安全。银行、买方以及卖方彼此之间既享有权利，又互负义务。因此，三方作为平等的商事主体在从事保兑仓业务时，均有能力对各自利益进行充分考量，不存在合同地位优劣之分以及权利义务明显不对等的情形。所以，法院要严格依据合同法第五十二条的规定，从鼓励金融创新、促进商事交易、保障交易安全的角度，确认合同效力，不轻易认定合同无效。

2. 承兑汇票到期日届满时，卖方承担的是退款责任，还是连带保证责任？

保兑仓业务实质是一种新类型融资担保交易，银行之所以为买方大量融资支付货款，一方面会对买方的信誉充分考察，另一方面会要求卖方提供担保。主要担保方式是在保兑仓协议中约定“承兑汇票到期后，买方未偿还保证金敞口部分借款的，卖方应当承担退款责任或回购责任。”约定退款责任和回购责任，是为了保证在买方违约的情形下，卖方承担银行的相应损失，其实质属于保证。关于银行的损失，除了汇票到期后敞口部分的借款外，是否还包括汇票到期后的利息损失呢？本着尊重当事人意思自治原则，法院不应扩大解释，所以建议双方应在合同中约定明确。

3. 银行能否既向卖方主张其承担退款（或回购）责任，又向买方主张其需承担敞口部分的还款责任？

银行与买方系银行承兑协议关系，买方与卖方系买卖合同关系，而银行与卖方系担保合同关系。银行基于银行承兑协议，向买方主张还款责任。又基于保证合同，向卖方主张退款（或回购）责任。当事人通过交易安排设计的各方权利义务可能不尽一致，此时应当遵循合同相对性，按照不同的法律关系和约定分别确定各方当事人的权利义务①。因此，银行同时向买卖双方主张权利应得到支持。

保兑仓交易下，不同法律关系中当事人发生的纠纷一般可以分别审理，但是，如果债权人同时向债务人、担保人、仓储方主张承担相应责任的，应一并进行审理，以便正确区分各自的权利和义务，依法认定各自的责任顺位，避免出现重复受偿；如果当事人分别向同一法院起诉的，按照新民事诉讼法司法解释第二百二十一条的规定可以合并审理。

---

① 杨临萍：《关于当前商事审判工作中的若干具体问题》，载《人民司法（应用）》2016年第4期。

4. “买方收到的货物价值与其支付给银行的保证金一致，买方仍要承担还款责任”，该约定是否显失公平，买方能否因此撤销保兑仓协议或相关条款?

从合同约定来看，买方与银行之间系银行承兑协议关系，依照承兑协议的约定，买方需在汇票到期日前（一般约定到期日前15日内）补足与票面金额一致的保证金。未补足的，敞口部分的保证金自动转化为贷款，买方应承担偿还贷款本息的还款责任。因此，买方依此理由作为抗辩，不符合合同约定，得不到支持。从公平原则来看，买方以该融资方式满足其订货环节的资金需求，取得相对稳定的供货保障及巨额优惠政策，买方并非只承担风险未享受权利。从诚实信用原则角度看，买方针对自己购买能力和市场需求做出综合判断，来确定向银行申请开具承兑汇票票面金额。在汇票到期前，补足与票面金额一致的保证金符合诚实信用原则。

5. 卖方在未接到银行提货通知情况下，按照汇票金额全部发货给买方。卖方能否以履行完发货义务为由抗辩不承担退款责任?

保兑仓协议中会明确约定卖方必须依照银行向卖方出具的发货通知单向买方发货。银行通过控制发货权，来要求买方及时向其补足敞口部分的保证金。买方交多少保证金，银行通知卖方发多少价值的货物。故卖方以此作为抗辩理由，而不承担退款责任不能成立。卖方在承担退款责任后，有权向买方主张退货责任。

第二部分

最高人民法院指导性案例（合同类）解读

2

第一章 指导性案例概述

随着立案登记制推行、行政诉讼受案范围扩大及民商事案件管辖标准调整，“案多人少”状况成为基层法院司法的新常态。这就造成一种困境：办案法官疲于应付结案，没有时间和精力提高自身业务，致使案件质量粗糙，办案思路狭窄，各说各的理，各断各的案，缺乏知识归纳和更新，不知如何借鉴权威裁判观点，由此又造成同案不同判。提高裁判的引导性和法律适用的统一性，是维护司法权威的最关键因素。2010 年 11 月 26 日最高人民法院发布了《关于案例指导工作的规定》，案例指导制度在我国得以初步确立。最高人民法院又于 2015 年 5 月 13 日颁布并实施了《〈最高人民法院关于案例指导工作的规定〉实施细则》（以下简称《细则》），核心目的为了充分发挥指导性案例对审判工作的指导作用，统一法律适用标准，维护司法公正。

一、指导性案例概念

《细则》第二条对指导性案例的概念进行了明确说明，指导性案例应当是裁判已经发生法律效力，认定事实清楚，适用法律正确，裁判说理充分，法律效果和社会效果良好，对审理类似案件具有普遍指导意义的案例。建立案例指导制度的根本目的是要把那些具有独特价值的案例总结并公布起来，充分发挥这些案例独特的指引、示范作用，使得司法实践能够学习借鉴这些案例所体现的裁判规则和法律思维，并参照指导性案例指导精神，公平地处理案件，为构建司法权威提供支持。

二、指导性案例的价值

指导性案例的权威性体现在其发布体系上，最高人民法院专门设立了案例指导工作办公室，负责指导性案例的遴选、审查和报审工作。而且，能够成为指导性案例的，均应由最高人民法院审判委员会讨论决定。这些指导性案例，统一在

《最高人民法院公报》、最高人民法院网站、《人民法院报》上以“公告”的形式发布。《细则》第九条规定：“各级人民法院正在审理的案件，在基本案情和法律适用方面，与最高人民法院发布的指导性案例相类似的，应当参照相关指导性案例的裁判要点作出裁判。”第十一条第二款还规定：“公诉机关、案件当事人及其辩护人、诉讼代理人引述指导性案例作为控（诉）辩理由的，案件承办人员应当在裁判理由中回应是否参照了该指导性案例并说明理由。”这就体现了对指导性案例的“参照”适用具有一定的“强制性”，而且其具有普适性，不仅地方各级法院，包括最高人民法院在内的裁判也应当注意参照适用既有的指导性案例。当法官在审理类似案件时，可以参照指导性案例而未参照的，必须有能够令人信服的理由。否则，既不参照指导性案例又不说明其裁判思维与指导性案例冲突的合理性，必将导致当事人与社会公众对司法公正的合理质疑，从而必将会对司法权威产生消极影响。

根据最高人民法院的要求，最高人民法院各业务庭、事业单位虽可以继续编辑出版具有指导作用的案例，但不得与最高人民法院发布的指导性案例相冲突，不具有应当“参照”的效力。高级人民法院可以发布具有典型或者指导意义的“参考性案例”，但不得称之为“指导性案例”，且不得在裁判文书中引用。

三、援引指导性案例的方法

依照《细则》第十条的规定，各级人民法院审理类似案件参照指导性案例的，应当将指导性案例作为裁判理由引述，但不作为裁判依据引用。如果指导性案例与新的法律、行政法规或者司法解释相冲突的，或者被新的指导性案例取代的，该指导性案例不再具有指导意义。指导性案例引用时还必须包括对指导性案例所运用的裁判方法、规则、法律思维、司法理念和法治精神的参考，使得处理相类似案件时，有必要遵循指导性案例的裁判标准。

四、指导性案例援引情况

从北大法律信息网于 2017 年 3 月 30 日公布的《指导性案例应用大数据分析——最高人民法院指导性案例司法应用年度报告（2016）》[①] 中数据可以看出：

① 郭叶、孙妹：《指导性案例应用大数据分析——最高人民法院指导性案例司法应用年度报告（2016）》，载《中国应运法学》2017 年第 4 期。

1. 从整体来看，已被应用的指导性案例近一半

截至2016年12月31日，最高人民法院共发布十五批77例指导性案例。已被应用的指导性案例37例（1～13号，15号，17～19号，22～26号，29号，31号，33号，34号，38号，40号，41号，45～47号，53号，54号，57号，60号，61号），未被应用的指导性案例40例（14号，16号，20号，21号，27号，28号，30号，32号，35号，36号，37号，39号，42～44号，48～52号，55号，56号，58号，59号，62～79号），各自所占的比例分别为48%和52%。

2. 个案应用上，仅有4例指导性案例应用相对较多

截至2016年12月31日，最高人民法院已发布77例指导性案例中有37例指导性案例被应用于司法实践，共计549例应用案例。其中机动车交通事故责任纠纷的指导案例24号应用频率最高，共193次。其次买卖合同纠纷的指导案例15号、23号、9号应用较多，分布为55次、43次、35次。另外累计应用10次以上30次以下的有11例指导性案例，分别是1号、8号、34号、54号、22号、5号、25号、19号、17号、41号、13号。还有22例指导性案例应用次数均在6次以下，应用次数较少。

3. 援引方式上，法官更倾向隐性援引指导性案例

从援引的方式上来看，主要有三种：明示援引、隐性援引及法官评析援引。其中明示援引共涉及190例，约占35%，包括法官主动援引的141例和法官被动援引的49例；隐性援引共涉及351例，约占64%，另外，法官评析援引是一种特殊的援引方式，共涉及8例，仅占1%。包括1例超前援引和3例发布前的案例评析援引和4例发布后的评析援引。

4. 指导性案例及其应用案例的改判案例涉及合同纠纷的较多

在指导性案例中改判的案例包括：1号、4号、8号、12号、46号、49号、52号、72号等指导性案例。这些指导性案例涉及的领域主要包括合同纠纷、故意杀人、公司纠纷、专利权纠纷、商标权纠纷、著作权纠纷、保险合同纠纷等。从这些指导性案例来源的地域来看，主要分布在最高人民法院、江苏省及山东省等地法院。应用案例的改判案件主要援引的指导性案例包括1号、8号、9号、15号、23号、61号等。这些被应用的指导性案例以合同纠纷为主，尤其是买卖合同纠纷居多。从地域分布上来看，这些改判的案件主要分布在浙江省、广东省、江苏省、北京及河南省等地。与指导性案例的改判案例分布地域相比，应用案例中改判案例分布上更广泛一些。

五、存在的问题及完善建议

（一）存在的问题

通过上述数据分析，我国的案例指导制度建立六年多，目前仍处于初步发展阶段，在案例的发布及司法实践的应用等很多地方尚存在一些问题，还需要不断发展与完善。

1. 从应用数量来看，指导性案例的司法应用较少

《最高人民法院关于案例指导工作的规定》第七条规定，“最高人民法院发布的指导性案例，各级人民法院审理类似案件时应当参照”。但是对于参照究竟应该具有何种程度的拘束力，司法实践中存在着不同的理解。我国目前公布的案例数量多达3000万，但是指导性案例的应用案例仅有几百例，可见指导性案例的应用情况不太理想，司法实践中很少有法官应用，即便有应用也主要集中在个别案例上。同时法官更倾向于通过隐性援引的方式应用指导性案例进行裁判，不利用司法裁判的监督。

2. 对类似案件的判断标准不同，应用内容上存在多样化

根据《细则》第九条规定，“各级人民法院正在审理的案例，在基本案情和法律适用方面，与最高人民法院发布的指导性案例相类似的，应用参照相关指导性案例的裁判要点作出裁判”。可见类似案件是指导性案例应用的必要条件。在司法实践中，对于类似案件的判断存在着不同的理解，因此在应用内容上也存在着一些不同，不仅包括裁判要点，还涉及基本案情和裁判理由。对于如何判断类似案件目前尚无定论，基本案情相似性的比较仅在简单案件中容易适用。对于复杂案件而言，案情复杂多样不宜作出相似判断。相比较而言，虽然案情不同但是争议焦点相似更具有法律适用上的可行性。

3. 从应用案例的援引表述来看，普遍存在援引不规范情况

《细则》第十一条第一款规定，“在办理案件过程中，案件承办人员应当查询相关指导性案例。在裁判文书中引述相关指导性案例的，应在裁判理由部分引述指导性案例的编号和裁判要点。”根据调研结果，司法实践中对于指导性案例的援引情况存在着不规范、不统一的问题。不同的应用主体在援引指导性案例是往往会采用不同的表述方式，援引情况比较混乱。

（二）完善建议

1. 完善法官应用指导性案例的培训制度

一是在法院内部加强案例指导工作的宣传，树立法官对案例指导工作的正确认识，定期组织案例应用培训班；二是集中地对指导性案例的应用情况进行总结、学习、研究和探讨；三是邀请专家学者到法院授课，增强法官对指导性案例的理解与运用能力。通过以上几种方式培训，可以逐步培养法官适用指导性案例的思维，进而养成适用指导性案例判案的习惯。

2. 完善指导性案例应用的法官激励机制

在强调指导性案例的应用监督机制的同时，还要注重建立和完善一种适当的激励机制。所谓激励机制，是指通过一套理性化的制度来反映激励主体与激励客体相互作用的方式，主要包括精神激励、薪酬激励、荣誉激励和工作激励等。在此，可以采用工作激励的方式，将指导性案例的司法应用与案例指导制度的贯彻落实情况纳入到各级法院与法官个体的年度考核当中，并划分出不同的档次，根据不同的档次给予不同的奖励，进而以此来提高法院和法官个人对指导性案例应用的积极性。

3. 鼓励法官以明示方式规范应用指导性案例

针对司法实践中不同地域法官对指导性案例的应用程度存在地区性差异的问题，还需着重加强对中西部地区法官的培训及相应的激励措施，同时可以将指导性案例援引的规范性作为法官年度考核量化指标之一，以督促法官通过明示援引的方式、规范化地应用指导性案例，从而使法官的司法裁判受到广泛的监督，保障司法的公正性。

因本书主要以分析合同纠纷为主，故仅就民事类中的 15 个合同类指导性案例进行了汇总和分析，方便大家参考学习。因最高人民法院对指导性案例的篇幅、格式要求较为严格，故指导性案例对于相关焦点问题的涉及的知识点不再赘述。为了便于读者高效阅读，笔者在每一案例后以【知识延伸】形式对案例的援引情况和所涉焦点问题的相关知识点加以概述。

第二章　指导性案例分述与解读

◆指导案例1号：上海中原物业顾问有限公司诉陶德华居间合同纠纷案

（最高人民法院审判委员会讨论通过　2011年12月20日发布）

关键词：民事　居间合同　二手房买卖　违约

【裁判要点】

房屋买卖居间合同中关于禁止买方利用中介公司提供的房源信息却绕开该中介公司与卖方签订房屋买卖合同的约定合法有效。但是，当卖方将同一房屋通过多个中介公司挂牌出售时，买方通过其他公众可以获知的正当途径获得相同房源信息的，买方有权选择报价低、服务好的中介公司促成房屋买卖合同成立，其行为并没有利用先前与之签约中介公司的房源信息，故不构成违约。

【相关法条】

《中华人民共和国合同法》第四百二十四条

【基本案情】

原告上海中原物业顾问有限公司（简称中原公司）诉称：被告陶德华利用中原公司提供的上海市虹口区株洲路某号房屋销售信息，故意跳过中介，私自与卖方直接签订购房合同，违反了《房地产求购确认书》的约定，属于恶意“跳单”行为，请求法院判令陶德华按约支付中原公司违约金1.65万元。

被告陶德华辩称：涉案房屋原产权人李某某委托多家中介公司出售房屋，中原公司并非独家掌握该房源信息，也非独家代理销售。陶德华并没有利用中原公司提供的信息，不存在“跳单”违约行为。

法院经审理查明：2008年下半年，原产权人李某某到多家房屋中介公司挂牌销售涉案房屋。2008年10月22日，上海某房地产经纪有限公司带陶德华看了该房屋；11月23日，上海某房地产顾问有限公司（简称某房地产顾问公司）带陶德华之妻曹某某看了该房屋；11月27日，中原公司带陶德华看了该房屋，并于同日与陶德华签订了《房地产求购确认书》。该《确认书》第2.4条约定，陶德华在验看过该房地产后六个月内，陶德华或其委托人、代理人、代表人、承办人等与陶德华有关联的人，利用中原公司提供的信息、机会等条件但未通过中原公司而与第三方达成买卖交易的，陶德华应按照与出卖方就该房地产买卖达成的实际成交价的1%，向中原公司支付违约金。当时中原公司对该房屋报价165万元，而某房地产顾问公司报价145万元，并积极与卖方协商价格。11月30日，在某房地产顾问公司居间下，陶德华与卖方签订了房屋买卖合同，成交价138万元。后买卖双方办理了过户手续，陶德华向某房地产顾问公司支付佣金1.38万元。

【裁判结果】

上海市虹口区人民法院于2009年6月23日作出（2009）虹民三（民）初字第912号民事判决：被告陶德华应于判决生效之日起十日内向原告中原公司支付违约金1.38万元。宣判后，陶德华提出上诉。上海市第二中级人民法院于2009年9月4日作出（2009）沪二中民二（民）终字第1508号民事判决：一、撤销上海市虹口区人民法院（2009）虹民三（民）初字第912号民事判决；二、中原公司要求陶德华支付违约金1.65万元的诉讼请求，不予支持。

【裁判理由】

法院生效裁判认为：中原公司与陶德华签订的《房地产求购确认书》属于居间合同性质，其中第2.4条的约定，属于房屋买卖居间合同中常有的禁止“跳单”格式条款，其本意是为防止买方利用中介公司提供的房源信息却“跳”过中介公司购买房屋，从而使中介公司无法得到应得的佣金，该约定并不存在免除一方责任、加重对方责任、排除对方主要权利的情形，应认定有效。根据该条约定，衡量买方是否“跳单”违约的关键，是看买方是否利用了该中介公司提供的房源信息、机会等条件。如果买方并未利用该中介公司提供的信息、机会等条件，而是通过其他公众可以获知的正当途径获得同一房源信息，则买方有权选择报价低、服务好的中介公司促成房屋买卖合同成立，而不构成“跳单”违约。本案中，原产权人通过多家中介公司挂牌出售同一房屋，陶德华及其家人分别通过不同的中介公司了解到同一房源信息，并通过其他中介公司促成了房屋买卖合同成立。因此，陶德华并没有利用中原公司的信息、机会，故不构成违约，对中原公司的诉讼请求不予支持。

【知识延伸】

该指导案例在司法运用中被引用28次[①]，在被引用的37例案例中次数居第四位，引用率较高。

居间合同是指居间人向委托人报告订立合同的机会或提供订立合同的媒介服务，委托人支付报酬的合同。居间合同的特征主要是：

1. 合同的标的是居间人提供的劳务。居间合同是劳务类合同的一种，其主要内容是居间人向委托人报告订约的机会或提供订阅媒介服务。

2. 居间合同人从事居间活动时遵循委托人的指示和要求。居间人属于中间人角色，不是委托人的代理人，也不是委托人利益与第三人订立合同的当事人，所以应该根据委托人的要求和指示从事具体活动。

3. 居间人有资质方面的要求，从事居间业务应该是经批准从事居间业务的人。

4. 居间合同是双务、有偿合同。居间合同中的双方都享有权利又承担义务，即委托人支付报酬的义务与居间人报告订约机会的义务互为对价。

5. 居间合同是诺成、不要式合同。居间合同自当事人意思表示一致时成立，不需要采用特别的形式。

6. 委托人的给付义务具有不确定性。在居间合同中，居间人能否得到报酬取决于委托人与第三人的合同最终是否达成，这是居间人不能用自己的意志决定的。

居间合同经常会遇到“跳单”现象，该案例明确了法院如何认定居间行为中的“跳单”行为。如果买方并未利用该中介公司提供的信息、机会等条件，而是通过其他公众可以获知的正当途径获得同一房源信息，则买方有权选择报价低、服务好的中介公司促成房屋买卖合同成立，而不构成“跳单”违约。

---

① 本书涉指导性案例引用数据来源于北大法宝法律专业数据库，数据范围截至2016年12月31日，下同。

◆指导案例2号：吴梅诉四川省眉山西城纸业有限公司买卖合同纠纷案

（最高人民法院审判委员会讨论通过 2011年12月20日发布）

关键词：民事诉讼 执行和解 撤回上诉 不履行和解协议 申请执行 一审判决

【裁判要点】

民事案件二审期间，双方当事人达成和解协议，人民法院准许撤回上诉的，该和解协议未经人民法院依法制作调解书，属于诉讼外达成的协议。一方当事人不履行和解协议，另一方当事人申请执行一审判决的，人民法院应予支持。

【相关法条】

《中华人民共和国民事诉讼法》第二百零七条第二款①

【基本案情】

原告吴梅系四川省眉山市东坡区吴梅收旧站业主，从事废品收购业务。约自2004年开始，吴梅出售废书给被告四川省眉山西城纸业有限公司（简称西城纸业公司）。2009年4月14日双方通过结算，西城纸业公司向吴梅出具欠条载明：今欠到吴梅废书款壹佰玖拾柒万元整（¥1970000.00）。同年6月11日，双方又对后期货款进行了结算，西城纸业公司向吴梅出具欠条载明：今欠到吴梅废书款伍拾肆万捌仟元整（¥548000.00）。因经多次催收上述货款无果，吴梅向眉山市东坡区人民法院起诉，请求法院判令西城纸业公司支付货款251.8万元及利息。被告西城纸业公司对欠吴梅货款251.8万元没有异议。

一审法院经审理后判决：被告西城纸业公司在判决生效之日起十日内给付原告

---

① 对应2017年《中华人民共和国民事诉讼法》第二百三十条。

吴梅货款251.8万元及违约利息。宣判后，西城纸业公司向眉山市中级人民法院提起上诉。二审审理期间，西城纸业公司于2009年10月15日与吴梅签订了一份还款协议，商定西城纸业公司的还款计划，吴梅则放弃了支付利息的请求。同年10月20日，西城纸业公司以自愿与对方达成和解协议为由申请撤回上诉。眉山市中级人民法院裁定准予撤诉后，因西城纸业公司未完全履行和解协议，吴梅向一审法院申请执行一审判决。眉山市东坡区人民法院对吴梅申请执行一审判决予以支持。西城纸业公司向眉山市中级人民法院申请执行监督，主张不予执行原一审判决。

【裁判结果】

眉山市中级人民法院于2010年7月7日作出（2010）眉执督字第4号复函认为：根据吴梅的申请，一审法院受理执行已生效法律文书并无不当，应当继续执行。

【裁判理由】

法院认为：西城纸业公司对于撤诉的法律后果应当明知，即一旦法院裁定准予其撤回上诉，眉山市东坡区人民法院的一审判决即为生效判决，具有强制执行的效力。虽然二审期间双方在自愿基础上达成的和解协议对相关权利义务做出约定，西城纸业公司因该协议的签订而放弃行使上诉权，吴梅则放弃了利息，但是该和解协议属于双方当事人诉讼外达成的协议，未经人民法院依法确认制作调解书，不具有强制执行力。西城纸业公司未按和解协议履行还款义务，违背了双方约定和诚实信用原则，故对其以双方达成和解协议为由，主张不予执行原生效判决的请求不予支持。

【知识延伸】

该指导案例被引用过6次，主要是明确了非经人民法院确认的调解协议，不具有强制执行效力。诉讼中具有很强的指引性。

该案例陈述的事实是在二审期间，因双方私底下达成了和解协议，上诉人选择撤回了上诉。双方签订的和解协议虽不具有法律强制效力，但对彼此具有约束力，双方应当履行。如果义务人未按照约定履行，合同约定的权利人因该和解协议不具有强制执行力，而不能申请人民法院强制执行，但有权依照一审判决书确定的权利义务申请强制执行。因为，一旦上诉人撤回上诉，一审判决书便发生了法律效力。和解协议确认的义务方基于诚实信用原则，义务方首先应按照和解协议约定履行义务，同时，权利方基于诚实信用原则，也应遵守约定，不能在义务方未违约时选择依照判决书申请强制执行。义务方可以以未违反和解协议的约定为由，对抗权利方依一审判决书申请的强制执行。该案例同时能够作为一审期间遇到类似情形的处理意见。一审中，如双方私底下达成和解协议，原告申请撤回起诉，后被告未按照和解协议履行义务，原告不能依照和解协议申请强制执行，其只能重新起诉，但该和解协议可以作为主张权利的证据。人民法院依照协议确定的权利义务做出判决后，原告依据生效的判决申请强制执行。

该案例提醒诉讼双方，在诉讼中达成的和解协议，最好申请人民法院作出民事调解书。一旦义务方不履行约定，权利方有权申请人民法院强制执行。

◆指导案例7号：牡丹江市宏阁建筑安装有限责任公司诉牡丹江市华隆房地产开发有限责任公司、张继增建设工程施工合同纠纷案

（最高人民法院审判委员会讨论通过 2012年4月9日发布）

关键词：民事诉讼 抗诉 申请撤诉 终结审查

【裁判要点】

人民法院接到民事抗诉书后，经审查发现案件纠纷已经解决，当事人申请撤诉，且不损害国家利益、社会公共利益或第三人利益的，应当依法作出对抗诉案终结审查的裁定；如果已裁定再审，应当依法作出终结再审诉讼的裁定。

【相关法条】

《中华人民共和国民事诉讼法》第一百四十条第一款第（十一）项①

【基本案情】

2009年6月15日，黑龙江省牡丹江市华隆房地产开发有限责任公司（简称华隆公司）因与牡丹江市宏阁建筑安装有限责任公司（简称宏阁公司）、张继增

① 对应2017年《中华人民共和国民事诉讼法》第一百五十四条第一款第十一项。

建设工程施工合同纠纷一案，不服黑龙江省高级人民法院同年2月11日作出的（2008）黑民一终字第173号民事判决，向最高人民法院申请再审。最高人民法院于同年12月8日作出（2009）民申字第1164号民事裁定，按照审判监督程序提审本案。在最高人民法院民事审判第一庭提审期间，华隆公司鉴于当事人之间已达成和解且已履行完毕，提交了撤回再审申请书。最高人民法院经审查，于2010年12月15日以（2010）民提字第63号民事裁定准许其撤回再审申请。

申诉人华隆公司在向法院申请再审的同时，也向检察院申请抗诉。2010年11月12日，最高人民检察院受理后决定对本案按照审判监督程序提出抗诉。2011年3月9日，最高人民法院立案一庭收到最高人民检察院高检民抗〔2010〕58号民事抗诉书后进行立案登记，同月11日移送审判监督庭审理。最高人民法院审判监督庭经审查发现，华隆公司曾向本院申请再审，其纠纷已解决，且申请检察院抗诉的理由与申请再审的理由基本相同，遂与最高人民检察院沟通并建议其撤回抗诉，最高人民检察院不同意撤回抗诉。再与华隆公司联系，华隆公司称当事人之间已就抗诉案达成和解且已履行完毕，纠纷已经解决，并于同年4月13日再次向最高人民法院提交了撤诉申请书。

【裁判结果】

最高人民法院于2011年7月6日以（2011）民抗字第29号民事裁定书，裁定本案终结审查。

【裁判理由】

最高人民法院认为：对于人民检察院抗诉再审的案件，或者人民法院依据当事人申请或依据职权裁定再审的案件，如果再审期间当事人达成和解并履行完毕，或者撤回申诉，且不损害国家利益、社会公共利益的，为了尊重和保障当事人在法定范围内对本人合法权利的自由处分权，实现诉讼法律效果与社会效果的统一，促进社会和谐，人民法院应当根据《最高人民法院关于适用〈中华人民共和国民事诉讼法〉审判监督程序若干问题的解释》第三十四条的规定，裁定终结再审诉讼。

本案中，申诉人华隆公司不服原审法院民事判决，在向最高人民法院申请再审的同时，也向检察机关申请抗诉。在本院提审期间，当事人达成和解，华隆公司向本院申请撤诉。由于当事人有权在法律规定的范围内自由处分自己的民事权益和诉讼权利，其撤诉申请意思表示真实，已裁定准许其撤回再审申请，本案当事人之间的纠纷已得到解决，且本案并不涉及国家利益、社会公共利益或第三人利益，故检察机关抗诉的基础已不存在，本案已无按抗诉程序裁定进入再审的必要，应当依法裁定本案终结审查。

【知识延伸】

该指导案例被引用过2次，引用的频率不算高，主要适用于再审案件审查期间或已提起再审的案件——如果申请人撤回再审申请，人民法院应当裁定终结审查程序或终结再审程序。

《最高人民法院关于适用〈中华人民共和国民事诉讼法〉审判监督程序若干问题的解释》第三十四条："申请再审人在再审期间撤回再审申请的，是否准许由人民法院裁定。裁定准许的，应终结再审程序……人民检察院抗诉再审的案件，申请抗诉的当事人有前款规定的情形，且不损害国家利益、社会公共利益或第三人利益的，人民法院应当裁定终结再审程序；人民检察院撤回抗诉的，应当准予。终结再审程序的，恢复原判决的执行。"笔者理解，该条款主要是对当事人双方权利自由处分的尊重，双方在再审审查或再审期间达成和解的，申请人申请撤回再审的，只要不侵害国家、社会公共利益和第三人利益的，人民法院应准许撤回，裁定终结再审程序。再审案件与一审、二审案件对于撤回起诉的法律规定，内容是一致的，原告撤回起诉，是对诉讼权利的自由处分，只要不损害国家、社会公共利益和第三人利益的，应准许撤回起诉。

◆指导案例9号：上海存亮贸易有限公司诉蒋志东、王卫明等买卖合同纠纷案

（最高人民法院审判委员会讨论通过 2012年9月18日发布）

关键词：民事 公司清算义务 连带清偿责任

【裁判要点】

有限责任公司的股东、股份有限公司的董事和控股股东，应当依法在公司被吊销营业执照后履行清算义务，不能以其不是实际控制人或者未实际参加公司经营管理为由，免除清算义务。

【相关法条】

《中华人民共和国公司法》第二十条、第一百八十四条[①]

【基本案情】

原告上海存亮贸易有限公司（简称存亮公司）诉称：其向被告常州拓恒机械设备有限公司（简称拓恒公司）供应钢材，拓恒公司尚欠货款1395228.6元。被告房恒福、蒋志东和王卫明为拓恒公司的股东，拓恒公司未年检，被工商部门吊销营业执照，至今未组织清算。因其怠于履行清算义务，导致公司财产流失、灭失，存亮公司的债权得不到清偿。根据公司法及相关司法解释规定，房恒福、蒋志东和王卫明应对拓恒公司的债务承担连带责任。故请求判令拓恒公司偿还存亮公司货款1395228.6元及违约金，房恒福、蒋志东和王卫明对拓恒公司的债务承担连带清偿责任。

被告蒋志东、王卫明辩称：1. 两人从未参与过拓恒公司的经营管理；2. 拓恒公司实际由大股东房恒福控制，两人无法对其进行清算；3. 拓恒公司由于经营不善，在被吊销营业执照前已背负了大量债务，资不抵债，并非由于蒋志东、王卫明怠于履行清算义务而导致拓恒公司财产灭失；4. 蒋志东、王卫明也曾委托律师对拓恒公司进行清算，但由于拓恒公司财物多次被债权人哄抢，导致无法清算，因此蒋志东、王卫明不存在怠于履行清算义务的情况。故请求驳回存亮公司对蒋志东、王卫明的诉讼请求。

被告拓恒公司、房恒福未到庭参加诉讼，亦未作答辩。

法院经审理查明：2007年6月28日，存亮公司与拓恒公司建立钢材买卖合同关系。存亮公司履行了7095006.6元的供货义务，拓恒公司已付货款5699778元，尚欠货款1395228.6元。另，房恒福、蒋志东和王卫明为拓恒公司的股东，所占股份分别为40%、30%、30%。拓恒公司因未进行年检，2008年12月25日被工商部门吊销营业执照，至今股东未组织清算。现拓恒公司无办公经营地，账册及财产均下落不明。拓恒公司在其他案件中因无财产可供执行被中止执行。

【裁判结果】

上海市松江区人民法院于2009年12月8日作出（2009）松民二（商）初字第1052号民事判决：一、拓恒公司偿付存亮公司货款1395228.6元及相应的违约金；二、房恒福、蒋志东和王卫明对拓恒公司的上述债务承担连带清偿责任。宣

---

① 对应2013年《中华人民共和国公司法》第二十条、第一百八十三条。

判后，蒋志东、王卫明提出上诉。上海市第一中级人民法院于2010年9月1日作出（2010）沪一中民四（商）终字第1302号民事判决：驳回上诉，维持原判。

【裁判理由】

法院生效裁判认为：存亮公司按约供货后，拓恒公司未能按约付清货款，应当承担相应的付款责任及违约责任。房恒福、蒋志东和王卫明作为拓恒公司的股东，应在拓恒公司被吊销营业执照后及时组织清算。因房恒福、蒋志东和王卫明怠于履行清算义务，导致拓恒公司的主要财产、账册等均已灭失，无法进行清算，房恒福、蒋志东和王卫明怠于履行清算义务的行为，违反了公司法及其司法解释的相关规定，应当对拓恒公司的债务承担连带清偿责任。拓恒公司作为有限责任公司，其全体股东在法律上应一体成为公司的清算义务人。公司法及其相关司法解释并未规定蒋志东、王卫明所辩称的例外条款，因此无论蒋志东、王卫明在拓恒公司中所占的股份为多少，是否实际参与了公司的经营管理，两人在拓恒公司被吊销营业执照后，都有义务在法定期限内依法对拓恒公司进行清算。

关于蒋志东、王卫明辩称拓恒公司在被吊销营业执照前已背负大量债务，即使其怠于履行清算义务，也与拓恒公司财产灭失之间没有关联性。根据查明的事实，拓恒公司在其他案件中因无财产可供执行被中止执行的情况，只能证明人民法院在执行中未查找到拓恒公司的财产，不能证明拓恒公司的财产在被吊销营业执照前已全部灭失。拓恒公司的三名股东怠于履行清算义务与拓恒公司的财产、账册灭失之间具有因果联系，蒋志东、王卫明的该项抗辩理由不成立。蒋志东、王卫明委托律师进行清算的委托代理合同及律师的证明，仅能证明蒋志东、王卫明欲对拓恒公司进行清算，但事实上对拓恒公司的清算并未进行。据此，不能认定蒋志东、王卫明依法履行了清算义务，故对蒋志东、王卫明的该项抗辩理由不予采纳。

【知识延伸】

指导案例9号被引用过35次，在被引用的案例中排名第4，该案例在审判实践中的指导作用显而易见。

该案例主要法律依据是《中华人民共和国公司法》第二十条第三款和第一百八十三条。第二十条第三款规定：公司股东滥用公司法人独立地位和股东有限责任，逃避债务，严重损害公司债权人利益的，应当对公司债务承担连带责任。该条款制定的缘由是经济生活中，有的公司的股东通过各种途径控制着公司，为赚取高额利润或逃避债务，常常擅自挪用公司的财产，或者与自己的财产、账目、业务混同。有的股东为达到非法目的，设立一个空壳公司从事违法活动，实际控制该公司，但又以有限责任为掩护逃避责任。在这些情况下，公司在实际上已失去了独立地位，该独立法人地位被股东滥用了。同时，股东利用上述方式逃避其应承担的责任，也滥用了其有限责任的待遇；而公司的债权人将面临极大的交易风险。本着权利和义务相一致的原则，为切实保护债权人的利益、维护正常的交易秩序，创制了公司法人人格否认（在普通法系国家称为“揭开公司面纱”）的制度。即当符合法定条件，认定股东滥用公司法人独立地位和有限责任时，可以“揭开公司的面纱”，将公司股东和公司视为一体，追究股东和公司共同的法律责任。公司法第一百八十三条是对公司解散应当成立清算组进行清算的规定。公司清算是指公司解散后，依照法定程序清理公司债权债务，处理公司剩余财产，待了结公司各种法律关系后，向公司登记机关申请注销登记，使公司法人资格消灭的行为。有限责任公司的清算组由股东组成，股份有限公司的清算组由董事或者股东大会确定的人员组成。本案例中，被告公司营业执照已被吊销，公司已停止经营，面临解散。公司股东应当依法在公司被吊销营业执照后履行清算义务，否则可能面临对公司债务承担连带责任。

审判实践中，常遇到民间借贷纠纷中，有限责任公司已被注销，但股东未进行清算，股东应否承担连带偿还责任的问题。笔者认为，与该指导案例法律适用和裁判说理相似，故应援引该指导案例裁判意见。

◆指导案例15号：徐工集团工程机械股份有限公司诉成都川交工贸有限责任公司等买卖合同纠纷案

（最高人民法院审判委员会讨论通过　2013年1月31日发布）

关键词：民事　关联公司　人格混同　连带责任

【裁判要点】

1. 关联公司的人员、业务、财务等方面交叉或混同，导致各自财产无法区分，丧失独立人格的，构成人格混同。

2. 关联公司人格混同，严重损害债权人利益的，关联公司相互之间对外部债务承担连带责任。

【相关法条】

《中华人民共和国民法通则》第四条

《中华人民共和国公司法》第三条第一款、第二十条第三款

【基本案情】

原告徐工集团工程机械股份有限公司（以下简称徐工机械公司）诉称：成都川交工贸有限责任公司（以下简称川交工贸公司）拖欠其货款未付，而成都川交工程机械有限责任公司（以下简称川交机械公司）、四川瑞路建设工程有限公司（以下简称瑞路公司）与川交工贸公司人格混同，三个公司实际控制人王永礼以及川交工贸公司股东等人的个人资产与公司资产混同，均应承担连带清偿责任。请求判令：川交工贸公司支付所欠货款10916405.71元及利息；川交机械公司、瑞路公司及王永礼等个人对上述债务承担连带清偿责任。

被告川交工贸公司、川交机械公司、瑞路公司辩称：三个公司虽有关联，但并不混同，川交机械公司、瑞路公司不应对川交工贸公司的债务承担清偿责任。

王永礼等人辩称：王永礼等人的个人财产与川交工贸公司的财产并不混同，不应为川交工贸公司的债务承担清偿责任。

法院经审理查明：川交机械公司成立于1999年，股东为四川省公路桥梁工程总公司二公司、王永礼、倪刚、杨洪刚等。2001年，股东变更为王永礼、李智、倪刚。2008年，股东再次变更为王永礼、倪刚。瑞路公司成立于2004年，股东为王永礼、李智、倪刚。2007年，股东变更为王永礼、倪刚。川交工贸公司成立于2005年，股东为吴帆、张家蓉、凌欣、过胜利、汤维明、武竞、郭印，何万庆2007年入股。2008年，股东变更为张家蓉（占90%股份）、吴帆（占10%股份），其中张家蓉系王永礼之妻。在公司人员方面，三个公司经理均为王永礼，财务负责人均为凌欣，出纳会计均为卢鑫，工商手续经办人均为张梦；三个公司的管理人员存在交叉任职的情形，如过胜利兼任川交工贸公司副总经理和川交机械公司销售部经理的职务，且免去过胜利川交工贸公司副总经理职务的决定系由川交机械公司作出；吴帆既是川交工贸公司的法定代表人，又是川交机械公司的综合部行政经理。在公司业务方面，三个公司在工商行政管理部门登记的经营范围均涉及工程机械且部分重合，其中川交工贸公司的经营范围被川交机械公司的经营范围完全覆盖；川交机械公司系徐工机械公司在四川地区（攀枝花除外）的唯一经销商，但三个公司均从事相关业务，且相互之间存在共用统一格式

的《销售部业务手册》《二级经销协议》、结算账户的情形；三个公司在对外宣传中区分不明，2008年12月4日重庆市公证处出具的《公证书》记载：通过因特网查询，川交工贸公司、瑞路公司在相关网站上共同招聘员工，所留电话号码、传真号码等联系方式相同；川交工贸公司、瑞路公司的招聘信息，包括大量关于川交机械公司的发展历程、主营业务、企业精神的宣传内容；部分川交工贸公司的招聘信息中，公司简介全部为对瑞路公司的介绍。在公司财务方面，三个公司共用结算账户，凌欣、卢鑫、汤维明、过胜利的银行卡中曾发生高达亿元的往来，资金的来源包括三个公司的款项，对外支付的依据仅为王永礼的签字；在川交工贸公司向其客户开具的收据中，有的加盖其财务专用章，有的则加盖瑞路公司财务专用章；在与徐工机械公司均签订合同、均有业务往来的情况下，三个公司于2005年8月共同向徐工机械公司出具《说明》，称因川交机械公司业务扩张而注册了另两个公司，要求所有债权债务、销售量均计算在川交工贸公司名下，并表示今后尽量以川交工贸公司名义进行业务往来；2006年12月，川交工贸公司、瑞路公司共同向徐工机械公司出具《申请》，以统一核算为由要求将2006年度的业绩、账务均计算至川交工贸公司名下。

另查明，2009年5月26日，卢鑫在徐州市公安局经侦支队对其进行询问时陈述：川交工贸公司目前已经垮了，但未注销。又查明徐工机械公司未得到清偿的货款实为10511710.71元。

【裁判结果】

江苏省徐州市中级人民法院于2011年4月10日作出（2009）徐民二初字第0065号民事判决：一、川交工贸公司于判决生效后10日内向徐工机械公司支付货款10511710.71元及逾期付款利息；二、川交机械公司、瑞路公司对川交工贸公司的上述债务承担连带清偿责任；三、驳回徐工机械公司对王永礼、吴帆、张家蓉、凌欣、过胜利、汤维明、郭印、何万庆、卢鑫的诉讼请求。宣判后，川交机械公司、瑞路公司提起上诉，认为一审判决认定三个公司人格混同，属认定事实不清；认定川交机械公司、瑞路公司对川交工贸公司的债务承担连带责任，缺乏法律依据。徐工机械公司答辩请求维持一审判决。江苏省高级人民法院于2011年10月19日作出（2011）苏商终字第0107号民事判决：驳回上诉，维持原判。

【裁判理由】

法院生效裁判认为：针对上诉范围，二审争议焦点为川交机械公司、瑞路公司与川交工贸公司是否人格混同，应否对川交工贸公司的债务承担连带清偿责任。

川交工贸公司与川交机械公司、瑞路公司人格混同。一是三个公司人员混同。三个公司的经理、财务负责人、出纳会计、工商手续经办人均相同，其他管理人员亦存在交叉任职的情形，川交工贸公司的人事任免存在由川交机械公司决定的情形。二是三个公司业务混同。三个公司实际经营中均涉及工程机械相关业务，经销过程中存在共用销售手册、经销协议的情形；对外进行宣传时信息混同。三是三个公司财务混同。三个公司使用共同账户，以王永礼的签字作为具体用款依据，对其中的资金及支配无法证明已作区分；三个公司与徐工机械公司之间的债权债务、业绩、账务及返利均计算在川交工贸公司名下。因此，三个公司之间表征人格的因素（人员、业务、财务等）高度混同，导致各自财产无法区分，已丧失独立人格，构成人格混同。

川交机械公司、瑞路公司应当对川交工贸公司的债务承担连带清偿责任。公司人格独立是其作为法人独立承担责任的前提。《中华人民共和国公司法》（以下简称《公司法》）第三条第一款规定："公司是企业法人，有独立的法人财产，享有法人财产权。公司以其全部财产对公司的债务承担责任。"公司的独立财产是公司独立承担责任的物质保证，公司的独立人格也突出地表现在财产的独立上。当关联公司的财产无法区分，丧失独立人格时，就丧失了独立承担责任的基础。《公司法》第二十条第三款规定："公司股东滥用公司法人独立地位和股东有限责任，逃避债务，严重损害公司债权人利益的，应当对公司债务承担连带责任。"本案中，三个公司虽在工商登记部门登记为彼此独立的企业法人，但实际上相互之间界线模糊、人格混同，其中川交工贸公司承担所有关联公司的债务却无力清偿，又使其他关联公司逃避巨额债务，严重损害了债权人的利益。上述行为违背了法人制度设立的宗旨，违背了诚实信用原则，其行为本质和危害结果与《公司法》第二十条第三款规定的情形相当，故参照《公司法》第二十条第三款的规定，川交机械公司、瑞路公司对川交工贸公司的债务应当承担连带清偿责任。

【知识延伸】

指导案例15号已被引用55次，在被引用的指导性案例中稳坐第二把交椅。它的意义在于以案例的方式简明扼要的展示了关联公司之间"人格混同"的构成要件，以及关联公司承担连带责任的法理依据是什么。该案例之所以被引用的次数很高，也说明利用公司法人独立地位和公司有限责任，逃避债务的现象越来越普遍。

审判实践中如何认定关联公司间“人格混同”？笔者认为主要需从三方面审查：一是人员，审查关联公司之间的股东、管理人员、财务负责人是否存在交叉任职，彼此之间是否存在相互任命。二是财务，审查关联公司的财务账户是否存在相同，财务审批手续流程是否一致，彼此账目分不清楚。三是业务，审查关联公司之间注册、经营业务是否相互覆盖，相关合同、营销手册等内容是否雷同。对外宣传、招聘信息，是否存在彼此不分。

关联公司被认定“人格混同”，如何承担责任，法律依据是什么？主债务人（公司）对外产生债务，与其相关联的公司利用主债务人公司法人独立地位，损害债权人利益，法律没有明文规定承担何种责任。《公司法》第二十条第三款仅是规定了公司股东滥用公司法人独立地位，而未规定关联公司承担什么责任。该指导性案例的最大价值是填补了法律空白，使用法理进行论述：关联公司的行为违背了法人制度设立的宗旨，违背了诚实信用原则，其行为本质和危害结果与《公司法》第二十条第三款规定的情形相当，故参照《公司法》第二十条第三款的规定，关联公司应承担连带责任。

◆指导案例 17 号：张莉诉北京合力华通汽车服务有限公司买卖合同纠纷案

（最高人民法院审判委员会讨论通过 2013 年 11 月 8 日发布）

关键词：民事 买卖合同 欺诈 家用汽车

【裁判要点】

1. 为家庭生活消费需要购买汽车，发生欺诈纠纷的，可以按照《中华人民共和国消费者权益保护法》处理。

2. 汽车销售者承诺向消费者出售没有使用或维修过的新车，消费者购买后发现系使用或维修过的汽车，销售者不能证明已履行告知义务且得到消费者认可的，构成销售欺诈，消费者要求销售者按照消费者权益保护法赔偿损失的，人民法院应予支持。

【相关法条】

《中华人民共和国消费者权益保护法》第二条、第五十五条第一款（该款系2013年10月25日修改，修改前为第四十九条）

【基本案情】

2007年2月28日，原告张莉从被告北京合力华通汽车服务有限公司（简称合力华通公司）购买上海通用雪佛兰景程轿车一辆，价格138000元，双方签有《汽车销售合同》。该合同第七条约定："……卖方保证买方所购车辆为新车，在交付之前已作了必要的检验和清洁，车辆路程表的公里数为18公里且符合卖方提供给买方的随车交付文件中所列的各项规格和指标……"。合同签订当日，张莉向合力华通公司交付了购车款138000元，同时支付了车辆购置税12400元、一条龙服务费500元、保险费6060元。同日，合力华通公司将雪佛兰景程轿车一辆交付张莉，张莉为该车办理了机动车登记手续。2007年5月13日，张莉在将车辆送合力华通公司保养时，发现该车曾于2007年1月17日进行过维修。

审理中，合力华通公司表示张莉所购车辆确曾在运输途中造成划伤，于2007年1月17日进行过维修，维修项目包括右前叶子板喷漆、右前门喷漆、右后叶子板喷漆、右前门钣金、右后叶子板钣金、右前叶子板钣金，维修中更换底大边卡扣、油箱门及前叶子板灯总成。送修人系该公司业务员。合力华通公司称，对于车辆曾进行维修之事已在销售时明确告知张莉，并据此予以较大幅度优惠，该车销售定价应为151900元，经协商后该车实际销售价格为138000元，还赠送了部分装饰。为证明上述事实，合力华通公司提供了车辆维修记录及有张莉签字的日期为2007年2月28日的车辆交接验收单一份，在车辆交接验收单备注一栏中注有"加1/4油，此车右侧有钣喷修复，按约定价格销售"。合力华通公司表示该验收单系该公司保存，张莉手中并无此单。对于合力华通公司提供的上述两份证据，张莉表示对于车辆维修记录没有异议，车辆交接验收单中的签字确系其所签，但合力华通公司在销售时并未告知车辆曾有维修，其在签字时备注一栏中没有"此车右侧有钣喷修复，按约定价格销售"字样。

【裁判结果】

北京市朝阳区人民法院于2007年10月作出（2007）朝民初字第18230号民事判决：一、撤销张莉与合力华通公司于2007年2月28日签订的《汽车销售合同》；二、张莉于判决生效后七日内将其所购的雪佛兰景程轿车退还合力华通公司；三、合力华通公司于判决生效后七日内退还张莉购车款十二万四千二百元；四、合力华通公司于判决生效后七日内赔偿张莉购置税一万二千四百元、服务费五百元、保险费六千零六十元；五、合力华通公司于判决生效后七日内加倍赔偿张莉购车款十三万八千元；六、驳回张莉其他诉讼请求。宣判后，合力华通公司提出上诉。北京市第二中级人民法院于2008年3月13日作出（2008）二中民终字第00453号民事判决：驳回上诉，维持原判。

【裁判理由】

法院生效裁判认为：原告张莉购买汽车系因生活需要自用，被告合力华通公司没有证据证明张莉购买该车用于经营或其他非生活消费，故张莉购买汽车的行为属于生活消费需要，应当适用《中华人民共和国消费者权益保护法》。

根据双方签订的《汽车销售合同》约定，合力华通公司交付张莉的车辆应为无维修记录的新车，现所售车辆在交付前实际上经过维修，这是双方共同认可的事实，故本案争议的焦点为合力华通公司是否事先履行了告知义务。

车辆销售价格的降低或优惠以及赠送车饰是销售商常用的销售策略，也是双方当事人协商的结果，不能由此推断出合力华通公司在告知张莉汽车存在瑕疵的基础上对其进行了降价和优惠。合力华通公司提交的有张莉签名的车辆交接验收单，因系合力华通公司单方保存，且备注一栏内容由该公司不同人员书写，加之张莉对此不予认可，该验收单不足以证明张莉对车辆以前维修过有所了解。故对合力华通公司抗辩称其向张莉履行了瑕疵告知义务，不予采信，应认定合力华通公司在售车时隐瞒了车辆存在的瑕疵，有欺诈行为，应退车还款并增加赔偿张莉的损失。

【知识延伸】

指导案例17号被引用过12次，在被引用的案例中次数属于中等程度。随着物质生活的提高，为生活消费购买的行为越来越多，随之产生的因欺诈行为引起的买卖合同纠纷也就越来越多。该案例的指引作用将发挥更大的作用。

消费者为生活消费需要购买、使用商品或者接受服务，随之订立的买卖合同，消费者对于损失的主张，可能适用消费者权益保护法，区别于合同法对于一般性违约损失的规定。商家可能面临双倍的赔偿，而消费者所获得的赔偿可能远大于实际损失。该案例适用范围：并非所有买卖合同中的欺诈行为均适用《中华人民共和国消费者权益保护法》，依照消费者权益保护法第二条的规定，消费者为生活消费需要购买、使用商品或者接受服务，其权益受本法保护。赔偿依据：

消费者权益保护法第五十五条第一款规定，经营者提供商品或者服务有欺诈行为的，应当按照消费者的要求增加赔偿其受到的损失，增加赔偿的金额为消费者购买商品的价款或者接受服务的费用的三倍；增加赔偿的金额不足五百元的，为五百元。法律另有规定的，依照其规定。关于赔偿范围，法律规定可以要求经营者增加赔偿的范围是1～3倍，法院如何酌情认定？笔者认为，酌情认定赔偿范围，主要审查经营者欺诈行为的过错程度，产品存在的质量严重程度以及所购产品或服务本身的价值大小来综合认定。

◆指导案例23号：孙银山诉南京欧尚超市有限公司江宁店买卖合同纠纷案

（最高人民法院审判委员会讨论通过　2014年1月26日发布）

关键词：民事　买卖合同　食品安全　十倍赔偿

【裁判要点】

消费者购买到不符合食品安全标准的食品，要求销售者或者生产者依照食品安全法规定支付价款十倍赔偿金或者依照法律规定的其他赔偿标准赔偿的，不论其购买时是否明知食品不符合安全标准，人民法院都应予支持。

【相关法条】

《中华人民共和国食品安全法》第九十六条第二款[①]

【基本案情】

2012年5月1日，原告孙银山在被告南京欧尚超市有限公司江宁店（简称

---

① 对应2015年《中华人民共和国食品安全法》第一百四十八条第二款，该款规定："生产不符合食品安全标准的食品或者经营明知是不符合食品安全标准的食品，消费者除要求赔偿损失外，还可以向生产者或者经营者要求支付价款十倍或者损失三倍的赔偿金；增加赔偿的金额不足一千元的，为一千元。但是，食品的标签、说明书存在不影响食品安全且不会对消费者造成误导的瑕疵的除外。"

欧尚超市江宁店）购买“玉兔牌”香肠15包，其中价值558.6元的14包香肠已过保质期。孙银山到收银台结账后，即径直到服务台索赔，后因协商未果诉至法院，要求欧尚超市江宁店支付14包香肠售价十倍的赔偿金5586元。

【裁判结果】

江苏省南京市江宁区人民法院于2012年9月10日作出（2012）江宁开民初字第646号民事判决：被告欧尚超市江宁店于判决发生法律效力之日起10日内赔偿原告孙银山5586元。宣判后，双方当事人均未上诉，判决已发生法律效力。

【裁判理由】

法院生效裁判认为：关于原告孙银山是否属于消费者的问题。《中华人民共和国消费者权益保护法》第二条规定：“消费者为生活消费需要购买、使用商品或者接受服务，其权益受本法保护；本法未作规定的，受其他有关法律、法规保护。”消费者是相对于销售者和生产者的概念。只要在市场交易中购买、使用商品或者接受服务是为了个人、家庭生活需要，而不是为了生产经营活动或者职业活动需要的，就应当认定为“为生活消费需要”的消费者，属于消费者权益保护法调整的范围。本案中，原、被告双方对孙银山从欧尚超市江宁店购买香肠这一事实不持异议，据此可以认定孙银山实施了购买商品的行为，且孙银山并未将所购香肠用于再次销售经营，欧尚超市江宁店也未提供证据证明其购买商品是为了生产经营。孙银山因购买到超过保质期的食品而索赔，属于行使法定权利。因此欧尚超市江宁店认为孙银山“买假索赔”不是消费者的抗辩理由不能成立。

关于被告欧尚超市江宁店是否属于销售明知是不符合食品安全标准食品的问题。《中华人民共和国食品安全法》（以下简称《食品安全法》）第三条规定：“食品生产经营者应当依照法律、法规和食品安全标准从事生产经营活动，对社会和公众负责，保证食品安全，接受社会监督，承担社会责任①。”该法第二十八条第（八）项规定，超过保质期的食品属于禁止生产经营的食品②。食品销售者负有保证食品安全的法定义务，应当对不符合安全标准的食品自行及时清理。欧尚超市江宁店作为食品销售者，应当按照保障食品安全的要求储存食品，及时检查待售食品，清理超过保质期的食品，但欧尚超市江宁店仍然摆放并销售货架

---

① 对应2015年《中华人民共和国食品安全法》第四条第二款。

② 对应2015年《中华人民共和国食品安全法》第三十四条第三项。

上超过保质期的“玉兔牌”香肠，未履行法定义务，可以认定为销售明知是不符合食品安全标准的食品。

关于被告欧尚超市江宁店的责任承担问题。《食品安全法》第九十六①条第一款规定：“违反本法规定，造成人身、财产或者其他损害的，依法承担赔偿责任。”第二款规定：“生产不符合食品安全标准的食品或者销售明知是不符合食品安全标准的食品，消费者除要求赔偿损失外，还可以向生产者或者销售者要求支付价款十倍的赔偿金。”当销售者销售明知是不符合安全标准的食品时，消费者可以同时主张赔偿损失和支付价款十倍的赔偿金，也可以只主张支付价款十倍的赔偿金。本案中，原告孙银山仅要求欧尚超市江宁店支付售价十倍的赔偿金，属于当事人自行处分权利的行为，应予支持。关于被告欧尚超市江宁店提出原告明知食品过期而购买，希望利用其错误谋求利益，不应予以十倍赔偿的主张，因前述法律规定消费者有权获得支付价款十倍的赔偿金，因该赔偿获得的利益属于法律应当保护的利益，且法律并未对消费者的主观购物动机作出限制性规定，故对其该项主张不予支持。

【知识延伸】

指导案例 23 号被引用 43 次，在被引用的指导性案例中居三位。引用率之高在于该案例与大家越来越关注的食品安全问题息息相关。为了获得十倍的赔偿而专门购买过期食品，能否得到支持呢？该指导案例明确答案：获得支持！启发：法律未对消费者的主观购物动机作出限制性规定，应推定默认该行为。该案例的指引意义不在于对“打假英雄”的怂恿，更大的意义是加大对食品安全的保护，对于产假、售假的故意行为，绝不姑息。

传统的买卖合同关于违约方的责任，主要基于双方的约定，但是，过高的违约金约定也需以实际损失为赔偿标准，不得过分高于实际损失，否则面临人民法院的强制调整。而食品买卖关系，突破了传统的合同双方关系，消费者权益保护法、食品安全法等法律明确规定了卖方故意售假行为的法律后果，不仅赔偿买方的损失，还要承担十倍的赔偿责任。

《中华人民共和国食品安全法》于 2009 年 2 月 28 日由第十一届全国人民代表大会常务委员会第七次会议通过。2015 年 4 月 24 日，第十二届全国人民代表

---

① 对应 2015 年《中华人民共和国食品安全法》第一百四十八条。

大会常务委员会第十四次会议进行了修订。此次修订在法律责任的设定上突出了民事赔偿责任，要求接到消费者赔偿要求的生产经营者应当实行首负责任制，先行赔付，不得推诿；同时完善了消费者在法定情形下可以要求十倍价款或者三倍损失的惩罚性赔偿金制度（第一百四十八条）。二是加大行政处罚力度。对在食品中添加有毒有害物质等性质恶劣的违法行为，规定直接吊销许可证，并处最高为货值金额三十倍的罚款；对明知从事上述严重违法行为仍为其提供生产场所或者向其销售违禁物质的主体，规定了最高二十万元的罚款；对因食品安全违法行为受到刑事处罚或者出具虚假检验报告受到开除处分的食品检验机构人员，规定终身禁止从事食品检验工作（第一百二十三条、第一百三十八条）。三是细化并加重对失职的地方政府负责人和食品安全监管人员的处分。依照规定的职责逐项设定相应的法律责任，细化处分规定；增设地方政府主要负责人应当引咎辞职的情形；设置监管“高压线”，对有瞒报、谎报重大食品安全事故等三种行为的，直接给予开除处分（第九章）。四是做好与刑事责任的衔接。分别规定生产经营者、监管人员、检验人员等主体有违法行为构成犯罪的，依法追究刑事责任。此次修订可谓建立了有史以来最为严格的食品安全法律责任制度。

◆指导案例33号：瑞士嘉吉国际公司诉福建金石制油有限公司等确认合同无效纠纷案

（最高人民法院审判委员会讨论通过 2014年12月18日发布）

关键词：民事　确认合同无效　恶意串通　财产返还

【裁判要点】

1. 债务人将主要财产以明显不合理低价转让给其关联公司，关联公司在明知债务人欠债的情况下，未实际支付对价的，可以认定债务人与其关联公司恶意串通、损害债权人利益，与此相关的财产转让合同应当认定为无效。

2.《中华人民共和国合同法》第五十九条规定适用于第三人为财产所有权人的情形，在债权人对债务人享有普通债权的情况下，应当根据《中华人民共和国合同法》第五十八条的规定，判令因无效合同取得的财产返还给原财产所有人，而不能根据第五十九条规定直接判令债务人的关联公司因“恶意串通，损害第三人利益”的合同而取得的债务人的财产返还给债权人。

【相关法条】

1. 《中华人民共和国合同法》第五十二条第二项

2. 《中华人民共和国合同法》第五十八条、第五十九条

【基本案情】

瑞士嘉吉国际公司（Cargill International SA，简称嘉吉公司）与福建金石制油有限公司（以下简称福建金石公司）以及大连金石制油有限公司、沈阳金石豆业有限公司、四川金石油粕有限公司、北京珂玛美嘉粮油有限公司、宜丰香港有限公司（该六公司以下统称金石集团）存在商业合作关系。嘉吉公司因与金石集团买卖大豆发生争议，双方在国际油类、种子和脂类联合会仲裁过程中于2005年6月26日达成《和解协议》，约定金石集团将在五年内分期偿还债务，并将金石集团旗下福建金石公司的全部资产，包括土地使用权、建筑物和固着物、所有的设备及其他财产抵押给嘉吉公司，作为偿还债务的担保。2005年10月10日，国际油类、种子和脂类联合会根据该《和解协议》作出第3929号仲裁裁决，确认金石集团应向嘉吉公司支付1337万美元。2006年5月，因金石集团未履行该仲裁裁决，福建金石公司也未配合进行资产抵押，嘉吉公司向福建省厦门市中级人民法院申请承认和执行第3929号仲裁裁决。2007年6月26日，厦门市中级人民法院经审查后裁定对该仲裁裁决的法律效力予以承认和执行。该裁定生效后，嘉吉公司申请强制执行。

2006年5月8日，福建金石公司与福建田源生物蛋白科技有限公司（以下简称田源公司）签订一份《国有土地使用权及资产买卖合同》，约定福建金石公司将其国有土地使用权、厂房、办公楼和油脂生产设备等全部固定资产以2569万元人民币（以下未特别注明的均为人民币）的价格转让给田源公司，其中国有土地使用权作价464万元、房屋及设备作价2105万元，应在合同生效后30日内支付全部价款。王晓琪和柳锋分别作为福建金石公司与田源公司的法定代表人在合同上签名。福建金石公司曾于2001年12月31日以482.1万元取得本案所涉

32138 平方米国有土地使用权。2006 年 5 月 10 日，福建金石公司与田源公司对买卖合同项下的标的物进行了交接。同年 6 月 15 日，田源公司通过在中国农业银行漳州支行的账户向福建金石公司在同一银行的账户转入 2500 万元。福建金石公司当日从该账户汇出 1300 万元、1200 万元两笔款项至金石集团旗下大连金石制油有限公司账户，用途为往来款。同年 6 月 19 日，田源公司取得上述国有土地使用权证。

2008 年 2 月 21 日，田源公司与漳州开发区汇丰源贸易有限公司（以下简称汇丰源公司）签订《买卖合同》，约定汇丰源公司购买上述土地使用权及地上建筑物、设备等，总价款为 2669 万元，其中土地价款 603 万元、房屋价款 334 万元、设备价款 1732 万元。汇丰源公司于 2008 年 3 月取得上述国有土地使用权证。汇丰源公司仅于 2008 年 4 月 7 日向田源公司付款 569 万元，此后未付其余价款。

田源公司、福建金石公司、大连金石制油有限公司及金石集团旗下其他公司的直接或间接控制人均为王政良、王晓莉、王晓琪、柳锋。王政良与王晓琪、王晓莉是父女关系，柳锋与王晓琪是夫妻关系。2009 年 10 月 15 日，中纺粮油进出口有限责任公司（以下简称中纺粮油公司）取得田源公司 80% 的股权。2010 年 1 月 15 日，田源公司更名为中纺粮油（福建）有限公司（以下简称中纺福建公司）。

汇丰源公司成立于 2008 年 2 月 19 日，原股东为宋明权、杨淑莉。2009 年 9 月 16 日，中纺粮油公司和宋明权、杨淑莉签订《股权转让协议》，约定中纺粮油公司购买汇丰源公司 80% 的股权。同日，中纺粮油公司（甲方）、汇丰源公司（乙方）、宋明权和杨淑莉（丙方）及沈阳金豆食品有限公司（丁方）签订《股权质押协议》，约定：丙方将所拥有汇丰源公司 20% 的股权质押给甲方，作为乙方、丙方、丁方履行“合同义务”之担保；“合同义务”系指乙方、丙方在《股权转让协议》及《股权质押协议》项下因“红豆事件”而产生的所有责任和义务；“红豆事件”是指嘉吉公司与金石集团就进口大豆中掺杂红豆原因而引发的金石集团涉及的一系列诉讼及仲裁纠纷以及与此有关的涉及汇丰源公司的一系列诉讼及仲裁纠纷。还约定，下述情形同时出现之日，视为乙方和丙方的“合同义务”已完全履行：1. 因“红豆事件”而引发的任何诉讼、仲裁案件的全部审理及执行程序均已终结，且乙方未遭受财产损失；2. 嘉吉公司针对乙方所涉合同可能存在的撤销权因超过法律规定的最长期间（五年）而消灭。2009 年 11 月 18

日，中纺粮油公司取得汇丰源公司80%的股权。汇丰源公司成立后并未进行实际经营。

由于福建金石公司已无可供执行的财产，导致无法执行，嘉吉公司遂向福建省高级人民法院提起诉讼，请求：一是确认福建金石公司与中纺福建公司签订的《国有土地使用权及资产买卖合同》无效；二是确认中纺福建公司与汇丰源公司签订的国有土地使用权及资产《买卖合同》无效；三是判令汇丰源公司、中纺福建公司将其取得的合同项下财产返还给财产所有人。

【裁判结果】

福建省高级人民法院于2011年10月23日作出（2007）闽民初字第37号民事判决，确认福建金石公司与田源公司（后更名为中纺福建公司）之间的《国有土地使用权及资产买卖合同》、田源公司与汇丰源公司之间的《买卖合同》无效；判令汇丰源公司于判决生效之日起三十日内向福建金石公司返还因上述合同而取得的国有土地使用权，中纺福建公司于判决生效之日起三十日内向福建金石公司返还因上述合同而取得的房屋、设备。宣判后，福建金石公司、中纺福建公司、汇丰源公司提出上诉。最高人民法院于2012年8月22日作出（2012）民四终字第1号民事判决，驳回上诉，维持原判。

【裁判理由】

最高人民法院认为：因嘉吉公司注册登记地在瑞士，本案系涉外案件，各方当事人对适用中华人民共和国法律审理本案没有异议。本案源于债权人嘉吉公司认为债务人福建金石公司与关联企业田源公司、田源公司与汇丰源公司之间关于土地使用权以及地上建筑物、设备等资产的买卖合同，因属于《中华人民共和国合同法》第五十二条第二项“恶意串通，损害国家、集体或者第三人利益”的情形而应当被认定无效，并要求返还原物。本案争议的焦点问题是：福建金石公司、田源公司（后更名为中纺福建公司）、汇丰源公司相互之间订立的合同是否构成恶意串通、损害嘉吉公司利益的合同？本案所涉合同被认定无效后的法律后果如何？

一、关于福建金石公司、田源公司、汇丰源公司相互之间订立的合同是否构成“恶意串通，损害第三人利益”的合同

首先，福建金石公司、田源公司在签订和履行《国有土地使用权及资产买卖合同》的过程中，其实际控制人之间系亲属关系，且柳锋、王晓琪夫妇分别作为

两公司的法定代表人在合同上签署。因此，可以认定在签署以及履行转让福建金石公司国有土地使用权、房屋、设备的合同过程中，田源公司对福建金石公司的状况是非常清楚的，对包括福建金石公司在内的金石集团因“红豆事件”被仲裁裁决确认对嘉吉公司形成1337万美元债务的事实是清楚的。

其次，《国有土地使用权及资产买卖合同》订立于2006年5月8日，其中约定田源公司购买福建金石公司资产的价款为2569万元，国有土地使用权作价464万元、房屋及设备作价2105万元，并未根据相关会计师事务所的评估报告作价。一审法院根据福建金石公司2006年5月31日资产负债表，以其中载明固定资产原价44042705.75元、扣除折旧后固定资产净值为32354833.70元，而《国有土地使用权及资产买卖合同》中对房屋及设备作价仅2105万元，认定《国有土地使用权及资产买卖合同》中约定的购买福建金石公司资产价格为不合理低价是正确的。在明知债务人福建金石公司欠债权人嘉吉公司巨额债务的情况下，田源公司以明显不合理低价购买福建金石公司的主要资产，足以证明其与福建金石公司在签订《国有土地使用权及资产买卖合同》时具有主观恶意，属恶意串通，且该合同的履行足以损害债权人嘉吉公司的利益。

第三，《国有土地使用权及资产买卖合同》签订后，田源公司虽然向福建金石公司在同一银行的账户转账2500万元，但该转账并未注明款项用途，且福建金石公司于当日将2500万元分两笔汇入其关联企业大连金石制油有限公司账户；又根据福建金石公司和田源公司当年的财务报表，并未体现该笔2500万元的入账或支出，而是体现出田源公司尚欠福建金石公司“其他应付款”121224155.87元。一审法院据此认定田源公司并未根据《国有土地使用权及资产买卖合同》向福建金石公司实际支付价款是合理的。

第四，从公司注册登记资料看，汇丰源公司成立时股东构成似与福建金石公司无关，但在汇丰源公司股权变化的过程中可以看出，汇丰源公司在与田源公司签订《买卖合同》时对转让的资产来源以及福建金石公司对嘉吉公司的债务是明知的。《买卖合同》约定的价款为2669万元，与田源公司从福建金石公司购入该资产的约定价格相差不大。汇丰源公司除已向田源公司支付569万元外，其余款项未付。一审法院据此认定汇丰源公司与田源公司签订《买卖合同》时恶意串通并足以损害债权人嘉吉公司的利益，并无不当。

综上，福建金石公司与田源公司签订的《国有土地使用权及资产买卖合同》、田源公司与汇丰源公司签订的《买卖合同》，属于恶意串通、损害嘉吉公司利益的合同。根据合同法第五十二条第二项的规定，均应当认定无效。

二、关于本案所涉合同被认定无效后的法律后果

对于无效合同的处理，人民法院一般应当根据合同法第五十八条“合同无效或者被撤销后，因该合同取得的财产，应当予以返还；不能返还或者没有必要返还的，应当折价补偿。有过错的一方应当赔偿对方因此所受到的损失，双方都有过错的，应当各自承担相应的责任”的规定，判令取得财产的一方返还财产。本案涉及的两份合同均被认定无效，两份合同涉及的财产相同，其中国有土地使用权已经从福建金石公司经田源公司变更至汇丰源公司名下，在没有证据证明本案所涉房屋已经由田源公司过户至汇丰源公司名下、所涉设备已经由田源公司交付汇丰源公司的情况下，一审法院直接判令取得国有土地使用权的汇丰源公司、取得房屋和设备的田源公司分别就各自取得的财产返还给福建金石公司并无不妥。

合同法第五十九条规定：“当事人恶意串通，损害国家、集体或者第三人利益的，因此取得的财产收归国家所有或者返还集体、第三人。”该条规定应当适用于能够确定第三人为财产所有权人的情况。本案中，嘉吉公司对福建金石公司享有普通债权，本案所涉财产系福建金石公司的财产，并非嘉吉公司的财产，因此只能判令将系争财产返还给福建金石公司，而不能直接判令返还给嘉吉公司。

【知识延伸】

指导案例33号被引用过5次，虽然被引用的次数不多，但在现实生活中，债务人故意躲避债务而转移财产的行为却并不少见，甚至呈增长趋势。如何认定债务人与他人恶意串通损害债权人利益是难点。债权人往往缺乏债务人恶意转移财产的信息和证据，导致权利被侵害。该案例具有很强的指引性：认定债务人与受让人之间的恶意串通，主要从债务人与财产受让人之间的利害关系、转移财产的价值是否明显低于实际价值、受让人是否实际支付对价以及受让人是否明知债务人转移财产的动机等因素综合判断。

该案例在转移财产躲避债务类案例中属战略级别！我们以字母代替当事人来还原该案法律关系，简明扼要概述规避执行的惯用伎俩：债务人A公司转移财产至B公司，B公司再转移财产至C公司。A—B之间、B—C之间是如何恶意串通的呢？

1. A、B 公司的法定代表人系夫妻关系，双方明知 A 公司对外巨额债务仍签订买卖合同；

2. 合同约定的价款明显低于 A 公司当年资产负债表中载明固定资产原价扣除折旧后固定资产净值净资产额；

3. A、B 公司当年的财务报表中并未体现该笔转让款的入账或支出；

4. C 公司对 B 公司转让的资产来源以及 A 公司对债权人的债务是明知的，也未足额支付转让款。

以上足以表明三公司间恶意串通，损害债权人利益，两份合同无效。B、C 公司应将受让的财产返还 A 公司。

◆指导案例 51 号：阿卜杜勒·瓦希德诉中国东方航空股份有限公司航空旅客运输合同纠纷案

（最高人民法院审判委员会讨论通过　2015 年 4 月 15 日发布）

关键词：民事　航空旅客运输合同　航班延误　告知义务　赔偿责任

【裁判要点】

1. 对航空旅客运输实际承运人提起的诉讼，可以选择对实际承运人或缔约承运人提起诉讼，也可以同时对实际承运人和缔约承运人提起诉讼。被诉承运人申请追加另一方承运人参加诉讼的，法院可以根据案件的实际情况决定是否准许。

2. 当不可抗力造成航班延误，致使航空公司不能将换乘其他航班的旅客按时运抵目的地时，航空公司有义务及时向换乘的旅客明确告知到达目的地后是否提供转签服务，以及在不能提供转签服务时旅客如何办理旅行手续。航空公司未履行该项义务，给换乘旅客造成损失的，应当承担赔偿责任。

3. 航空公司在打折机票上注明“不得退票，不得转签”，只是限制购买打折机票的旅客由于自身原因而不得退票和转签，不能据此剥夺旅客在支付票款后享有的乘坐航班按时抵达目的地的权利。

【相关法条】

《中华人民共和国民法通则》第一百四十二条

《经 1955 年海牙议定书修订的 1929 年华沙统一国际航空运输一些规则的公约》第十九条、第二十条、第二十四条第一款

《统一非立约承运人所作国际航空运输的某些规则以补充华沙公约的公约》第七条

【基本案情】

2004 年 12 月 29 日，ABDUL WAHEED（阿卜杜勒·瓦希德，以下简称阿卜杜勒）购买了一张由香港国泰航空公司（以下简称国泰航空公司）作为出票人的机票。机票列明的航程安排为：2004 年 12 月 31 日上午 11 点，上海起飞至香港，同日 16 点香港起飞至卡拉奇；2005 年 1 月 31 日卡拉奇起飞至香港，同年 2 月 1 日香港起飞至上海。其中，上海与香港间的航程由中国东方航空股份有限公司（以下简称东方航空公司）实际承运，香港与卡拉奇间的航程由国泰航空公司实际承运。机票背面条款注明，该合同应遵守华沙公约所指定的有关责任的规则和限制。该机票为打折票，机票上注明“不得退票、不得转签”。

2004 年 12 月 30 日下午 15 时起上海浦东机场下中雪，导致机场于该日 22 点至 23 点被迫关闭 1 小时，该日 104 个航班延误。31 日，因飞机除冰、补班调配等原因，导致该日航班取消 43 架次、延误 142 架次，飞机出港正常率只有 24.1%。东方航空公司的 MU703 航班也因为天气原因延误了 3 小时 22 分钟，导致阿卜杜勒及其家属到达香港机场后未能赶上国泰航空公司飞卡拉奇的衔接航班。东方航空公司工作人员告知阿卜杜勒只有两种处理方案：其一是阿卜杜勒等人在机场里等候 3 天，然后搭乘国泰航空公司的下一航班，3 天费用自理；其二是阿卜杜勒等人出资，另行购买其他航空公司的机票至卡拉奇，费用为 25000 港元。阿卜杜勒当即表示无法接受该两种方案，其妻子杜琳打电话给东方航空公司，但该公司称有关工作人员已下班。杜琳对东方航空公司的处理无法接受，且因携带婴儿而焦虑、激动。最终由香港机场工作人员交涉，阿卜杜勒及家属共支付 17000 港元，购买了阿联酋航空公司的机票及行李票，搭乘该公司航班绕道迪拜，到达卡拉奇。为此，阿卜杜勒支出机票款 4721 港元、行李票款 759 港元，共计 5480 港元。

阿卜杜勒认为，东方航空公司的航班延误，又拒绝重新安排航程，给自己造

成了经济损失，遂提出诉讼，要求判令东方航空公司赔偿机票款和行李票款，并定期对外公布航班的正常率、旅客投诉率。

东方航空公司辩称，航班延误的原因系天气条件恶劣，属不可抗力；其已将此事通知了阿卜杜勒，阿卜杜勒亦明知将错过香港的衔接航班，其无权要求东方航空公司改变航程。阿卜杜勒称，其明知会错过衔接航班仍选择登上飞往香港的航班，系因为东方航空公司对其承诺会予以妥善解决。

【裁判结果】

上海市浦东新区人民法院于2005年12月21日作出（2005）浦民一（民）初字第12164号民事判决：一、中国东方航空股份有限公司应在判决生效之日起十日内赔偿阿卜杜勒损失共计人民币5863.60元；二、驳回阿卜杜勒的其他诉讼请求。宣判后，中国东方航空股份有限公司提出上诉。上海市第一中级人民法院于2006年2月24日作出（2006）沪一中民一（民）终字第609号民事判决：驳回上诉，维持原判。

【裁判理由】

法院生效裁判认为：原告阿卜杜勒是巴基斯坦国公民，其购买的机票，出发地为我国上海，目的地为巴基斯坦卡拉奇。《中华人民共和国民法通则》第一百四十二条第一款规定："涉外民事关系的法律适用，依照本章的规定确定。"第二款规定："中华人民共和国缔结或者参加的国际条约同中华人民共和国的民事法律有不同规定的，适用国际条约的规定，但中华人民共和国声明保留的条款除外。"我国和巴基斯坦都是《经1955年海牙议定书修订的1929年华沙统一国际航空运输一些规则的公约》（以下简称《1955年在海牙修改的华沙公约》）和1961年《统一非立约承运人所办国际航空运输的某些规则以补充华沙公约的公约》（以下简称《瓜达拉哈拉公约》）的缔约国，故这两个国际公约对本案适用。《1955年在海牙修改的华沙公约》第二十八条（1）款规定："有关赔偿的诉讼，应该按原告的意愿，在一个缔约国的领土内，向承运人住所地或其总管理处所在地或签订契约的机构所在地法院提出，或向目的地法院提出。"第三十二条规定："运输合同的任何条款和在损失发生以前的任何特别协议，如果运输合同各方借以违背本公约的规则，无论是选择所适用的法律或变更管辖权的规定，都不生效力。"据此，在阿卜杜勒持机票起诉的情形下，中华人民共和国上海市浦东新区人民法院有权对这起国际航空旅客运输合同纠纷进行管辖。

《瓜达拉哈拉公约》第一条第二款规定："'缔约承运人'指与旅客或托运人，或与旅客或托运人的代理人订立一项适用华沙公约的运输合同的当事人。"第三款规定："'实际承运人'指缔约承运人以外，根据缔约承运人的授权办理第二款所指的全部或部分运输的人，但对该部分运输此人并非华沙公约所指的连续承运人。在没有相反的证据时，上述授权被推定成立。"第七条规定："对实际承运人所办运输的责任诉讼，可以由原告选择，对实际承运人或缔约承运人提起，或者同时或分别向他们提起。如果只对其中的一个承运人提起诉讼，则该承运人应有权要求另一承运人参加诉讼。这种参加诉讼的效力以及所适用的程序，根据受理案件的法院的法律决定。"阿卜杜勒所持机票，是由国泰航空公司出票，故国际航空旅客运输合同关系是在阿卜杜勒与国泰航空公司之间设立，国泰航空公司是缔约承运人。东方航空公司与阿卜杜勒之间不存在直接的国际航空旅客运输合同关系，也不是连续承运人，只是推定其根据国泰航空公司的授权，完成该机票确定的上海至香港间运输任务的实际承运人。阿卜杜勒有权选择国泰航空公司或东方航空公司或两者同时为被告提起诉讼；在阿卜杜勒只选择东方航空公司为被告提起的诉讼中，东方航空公司虽然有权要求国泰航空公司参加诉讼，但由于阿卜杜勒追究的航班延误责任发生在东方航空公司承运的上海至香港段航程中，与国泰航空公司无关，根据本案案情，衡量诉讼成本，无需追加国泰航空公司为本案的当事人共同参加诉讼。故东方航空公司虽然有权申请国泰航空公司参加诉讼，但这种申请能否被允许，应由受理案件的法院决定。一审法院认为国泰航空公司与阿卜杜勒要追究的航班延误责任无关，根据本案旅客维权的便捷性、担责可能性、诉讼的成本等情况，决定不追加香港国泰航空公司为本案的当事人，并无不当。

《1955年在海牙修改的华沙公约》第十九条规定："承运人对旅客、行李或货物在航空运输过程中因延误而造成的损失应负责任。"第二十条（1）款规定："承运人如果证明自己和他的代理人为了避免损失的发生，已经采取一切必要的措施，或不可能采取这种措施时，就不负责任。"2004年12月31日的MU703航班由于天气原因发生延误，对这种不可抗力造成的延误，东方航空公司不可能采取措施来避免发生，故其对延误本身无需承担责任。但还需证明其已经采取了一切必要的措施来避免延误给旅客造成的损失发生，否则即应对旅客因延误而遭受的损失承担责任。阿卜杜勒在浦东机场时由于预见到MU703航班的延误会使其错过国泰航空公司的衔接航班，曾多次向东方航空公司工作人员询问怎么办。东方航空公司应当知道国泰航空公司从香港飞往卡拉奇的衔接航班三天才有一次，更明知阿卜杜勒一行携带着婴儿，不便在中转机场长时间等候，有义务向阿卜杜勒一行提醒中转时可能发生的不利情形，劝告阿卜杜勒一行改日乘机。但东方航空公司没有这样做，却让阿卜杜勒填写《续航情况登记表》，并告知会帮助解决，使阿卜杜勒对该公司产生合理信赖，从而放心登机飞赴香港。鉴于阿卜杜勒一行是得到东方航空公司的帮助承诺后来到香港，但是东方航空公司不考虑阿卜杜勒一行携带婴儿要尽快飞往卡拉奇的合理需要，向阿卜杜勒告知了要么等待三天乘坐下一航班且三天中相关费用自理，要么自费购买其他航空公司机票的"帮助解决"方案。根据查明的事实，东方航空公司始终未能提供阿卜杜勒的妻子杜琳在登机前填写的《续航情况登记表》，无法证明阿卜杜勒系在明知飞往香港后会发生对己不利的情况仍选择登机，故法院认定"东方航空公司没有为避免损失采取了必要的措施"是正确的。东方航空公司没有采取一切必要的措施来避免因航班延误给旅客造成的损失发生，不应免责。阿卜杜勒迫于无奈自费购买其他航空公司的机票，对阿卜杜勒购票支出的 5480 港元损失，东方航空公司应承担赔偿责任。

在延误的航班到达香港机场后，东方航空公司拒绝为阿卜杜勒签转机票，其主张阿卜杜勒的机票系打折票，已经注明了"不得退票，不得转签"，其无须另行提醒和告知。法院认为，即使是航空公司在打折机票上注明"不得退票，不得转签"，只是限制购买打折机票的旅客由于自身原因而不得退票和转签；旅客购买了打折机票，航空公司可以相应地取消一些服务，但是旅客支付了足额票款，航空公司就要为旅客提供完整的运输服务，并不能剥夺旅客在支付了票款后享有的乘坐航班按时抵达目的地的权利。本案中的航班延误并非由阿卜杜勒自身的原因造成。阿卜杜勒乘坐延误的航班到达香港机场后肯定需要重新签转机票，东方航空公司既未能在始发机场告知阿卜杜勒在航班延误时机票仍不能签转的理由，在中转机场亦拒绝为其办理签转手续。因此，东方航空公司未能提供证据证明损失的产生系阿卜杜勒自身原因所致，也未能证明其为了避免损失扩大采取了必要的方式和妥善的补救措施，故判令东方航空公司承担赔偿责任。

【知识延伸】

指导案例 51 号没有在其他裁判中被引用过，原因是多方面的。一是航空运输合同适用的管辖范围具有明显的地域性，一般是在我国一、二线大城市国际机场所在的基层法院；二是相对于其他案件类型，该类型案件数量所占比例虽有所上升，但仍属小众。

民用航空运输是在航空承运人与消费者之间进行的一种服务交换活动。服务交换是这种运输的经济内容，而航空运输合同则是这类服务交换所必须采取的法律形式。航空运输合同就是航空运输承运人使用民用航空器将旅客或者货物从起运地点运输到约定地点，旅客、托运人或者收货人支付票款或者运输费用的合同。随着我国社会经济的不断发展，国内远程客运已经在很大程度上依赖于航空运输，而国际远程客运则几乎完全是航空运输的天下。近年来，我国航空旅客运输引发争议最多的方面无疑是承运人的延误及其法律责任的承担了。该指导性案例对上述争议的问题，做了很好的诠释。

◆指导案例53号：福建海峡银行股份有限公司福州五一支行诉长乐亚新污水处理有限公司、福州市政工程有限公司金融借款合同纠纷案

（最高人民法院审判委员会讨论通过　2015年11月19日发布）

关键词：民事　金融借款合同　收益权质押　出质登记　质权实现

【裁判要点】

1. 特许经营权的收益权可以质押，并可作为应收账款进行出质登记。

2. 特许经营权的收益权依其性质不宜折价、拍卖或变卖，质权人主张优先受偿权的，人民法院可以判令出质债权的债务人将收益权的应收账款优先支付质权人。

【相关法条】

《中华人民共和国物权法》第二百零八条、第二百二十三条、第二百二十八条第一款

【基本案情】

原告福建海峡银行股份有限公司福州五一支行（以下简称海峡银行五一支行）诉称：原告与被告长乐亚新污水处理有限公司（以下简称长乐亚新公司）签订单位借款合同后向被告贷款3000万元。被告福州市政工程有限公司（以下简称福州市政公司）为上述借款提供连带责任保证。原告海峡银行五一支行、被告长乐亚新公司、福州市政公司、案外人长乐市建设局四方签订了《特许经营权质押担保协议》，福州市政公司以长乐市污水处理项目的特许经营权提供质押担保。因长乐亚新公司未能按期偿还贷款本金和利息，故诉请法院判令：长乐亚新公司偿还原告借款本金和利息；确认《特许经营权质押担保协议》合法有效，拍卖、变卖该协议项下的质物，原告有优先受偿权；将长乐市建设局支付给两被告的污水处理服务费优先用于清偿应偿还原告的所有款项；福州市政公司承担连带清偿责任。

被告长乐亚新公司和福州市政公司辩称：长乐市城区污水处理厂特许经营权，并非法定的可以质押的权利，且该特许经营权并未办理质押登记，故原告诉请拍卖、变卖长乐市城区污水处理厂特许经营权，于法无据。

法院经审理查明：2003年，长乐市建设局为让与方、福州市政公司为受让方、长乐市财政局为见证方，三方签订《长乐市城区污水处理厂特许建设经营合同》，约定：长乐市建设局授予福州市政公司负责投资、建设、运营和维护长乐市城区污水处理厂项目及其附属设施的特许权，并就合同双方权利义务进行了详细约定。2004年10月22日，长乐亚新公司成立。该公司系福州市政公司为履行《长乐市城区污水处理厂特许建设经营合同》而设立的项目公司。

2005年3月24日，福州市商业银行五一支行与长乐亚新公司签订《单位借款合同》，约定：长乐亚新公司向福州市商业银行五一支行借款3000万元；借款用途为长乐市城区污水处理厂BOT项目；借款期限为13年，自2005年3月25日至2018年3月25日；还就利息及逾期罚息的计算方式作了明确约定。福州市政公司为长乐亚新公司的上述借款承担连带责任保证。

同日，福州市商业银行五一支行与长乐亚新公司、福州市政公司、长乐市建设局共同签订《特许经营权质押担保协议》，约定：福州市政公司以《长乐市城区污水处理厂特许建设经营协议》授予的特许经营权为长乐亚新公司向福州市商业银行五一支行的借款提供质押担保，长乐市建设局同意该担保；福州市政公司同意将特许经营权收益优先用于清偿借款合同项下的长乐亚新公司的债务，长乐市建设局和福州市政公司同意将污水处理费优先用于清偿借款合同项下的长乐亚新公司的债务；福州市商业银行五一支行未受清偿的，有权依法通过拍卖等方式实现质押权利等。

上述合同签订后，福州市商业银行五一支行依约向长乐亚新公司发放贷款3000万元。长乐亚新公司于2007年10月21日起未依约按期足额还本付息。

另查明，福州市商业银行五一支行于2007年4月28日名称变更为福州市商业银行股份有限公司五一支行；2009年12月1日其名称再次变更为福建海峡银行股份有限公司五一支行。

【裁判结果】

福建省福州市中级人民法院于2013年5月16日作出（2012）榕民初字第661号民事判决：一、长乐亚新污水处理有限公司应于本判决生效之日起十日内向福建海峡银行股份有限公司福州五一支行偿还借款本金28714764.43元及利息（暂计至2012年8月21日为2142597.6元，此后利息按《单位借款合同》的约定计至借款本息还清之日止）；二、长乐亚新污水处理有限公司应于本判决生效之日起十日内向福建海峡银行股份有限公司福州五一支行支付律师代理费人民币123640元；三、福建海峡银行股份有限公司福州五一支行于本判决生效之日起有权直接向长乐市建设局收取应由长乐市建设局支付给长乐亚新污水处理有限公司、福州市政工程有限公司的污水处理服务费，并对该污水处理服务费就本判决第一、二项所确定的债务行使优先受偿权；四、福州市政工程有限公司对本判决第一、二项确定的债务承担连带清偿责任；五、驳回福建海峡银行股份有限公司福州五一支行的其他诉讼请求。宣判后，两被告均提起上诉。福建省高级人民法院于2013年9月17日作出福建省高级人民法院（2013）闽民终字第870号民事判决，驳回上诉，维持原判。

【裁判理由】

法院生效裁判认为：被告长乐亚新公司未依约偿还原告借款本金及利息，已构成违约，应向原告偿还借款本金，并支付利息及实现债权的费用。福州市政公司作为连带责任保证人，应对讼争债务承担连带清偿责任。本案争议焦点主要涉及污水处理项目特许经营权质押是否有效以及该质权如何实现问题。

一、关于污水处理项目特许经营权能否出质问题

污水处理项目特许经营权是对污水处理厂进行运营和维护，并获得相应收

益的权利。污水处理厂的运营和维护，属于经营者的义务，而其收益权，则属于经营者的权利。由于对污水处理厂的运营和维护，并不属于可转让的财产权利，故讼争的污水处理项目特许经营权质押，实质上系污水处理项目收益权的质押。

关于污水处理项目等特许经营的收益权能否出质问题，应当考虑以下方面：其一，本案讼争污水处理项目《特许经营权质押担保协议》签订于2005年，尽管当时法律、行政法规及相关司法解释并未规定污水处理项目收益权可质押，但污水处理项目收益权与公路收益权性质上相类似。《最高人民法院关于适用〈中华人民共和国担保法〉若干问题的解释》第九十七条规定，“以公路桥梁、公路隧道或者公路渡口等不动产收益权出质的，按照担保法第七十五条第（四）项的规定处理”，明确公路收益权属于依法可质押的其他权利，与其类似的污水处理收益权亦应允许出质。其二，国务院办公厅2001年9月29日转发的《国务院西部开发办〈关于西部大开发若干政策措施的实施意见〉》（国办发〔2001〕73号）中提出，“对具有一定还贷能力的水利开发项目和城市环保项目（如城市污水处理和垃圾处理等），探索逐步开办以项目收益权或收费权为质押发放贷款的业务”，首次明确可试行将污水处理项目的收益权进行质押。其三，污水处理项目收益权虽系将来金钱债权，但其行使期间及收益金额均可确定，其属于确定的财产权利。其四，在《中华人民共和国物权法》（以下简称《物权法》）颁布实施后，因污水处理项目收益权系基于提供污水处理服务而产生的将来金钱债权，依其性质亦可纳入依法可出质的“应收账款”的范畴。因此，讼争污水处理项目收益权作为特定化的财产权利，可以允许其出质。

二、关于污水处理项目收益权质权的公示问题

对于污水处理项目收益权的质权公示问题，在《物权法》自2007年10月1日起施行后，因收益权已纳入该法第二百二十三条第六项的“应收账款”范畴，故应当在中国人民银行征信中心的应收账款质押登记公示系统进行出质登记，质权才能依法成立。由于本案的质押担保协议签订于2005年，在《物权法》施行之前，故不适用《物权法》关于应收账款的统一登记制度。因当时并未有统一的登记公示的规定，故参照当时公路收费权质押登记的规定，由其主管部门进行备案登记，有关利害关系人可通过其主管部门了解该收益权是否存在质押之情况，该权利即具备物权公示的效果。

本案中，长乐市建设局在《特许经营权质押担保协议》上盖章，且协议第七

条明确约定“长乐市建设局同意为原告和福州市政公司办理质押登记出质登记手续”，故可认定讼争污水处理项目的主管部门已知晓并认可该权利质押情况，有关利害关系人亦可通过长乐市建设局查询了解讼争污水处理厂的有关权利质押的情况。因此，本案讼争的权利质押已具备公示之要件，质权已设立。

三、关于污水处理项目收益权的质权实现方式问题

我国担保法和物权法均未具体规定权利质权的具体实现方式，仅就质权的实现作出一般性的规定，即质权人在行使质权时，可与出质人协议以质押财产折价，或就拍卖、变卖质押财产所得的价款优先受偿。但污水处理项目收益权属于将来金钱债权，质权人可请求法院判令其直接向出质人的债务人收取金钱并对该金钱行使优先受偿权，故无需采取折价或拍卖、变卖之方式。况且收益权均附有一定之负担，且其经营主体具有特定性，故依其性质亦不宜拍卖、变卖。因此，原告请求将《特许经营权质押担保协议》项下的质物予以拍卖、变卖并行使优先受偿权，不予支持。

根据协议约定，原告海峡银行五一支行有权直接向长乐市建设局收取污水处理服务费，并对所收取的污水处理服务费行使优先受偿权。由于被告仍应依约对污水处理厂进行正常运营和维护，若无法正常运营，则将影响到长乐市城区污水的处理，亦将影响原告对污水处理费的收取，故原告在向长乐市建设局收取污水处理服务费时，应当合理行使权利，为被告预留经营污水处理厂的必要合理费用。

【知识延伸】

指导案例53号被引用了2次。审判实践中，金融借款合同纠纷中的商业银行以特许经营权作为质押担保的方式并不多见，这也说明在法律未明确规定特许经营权在质押范围内的情况下，法律是否保护该质权具有一定争议性。该案例根据物权法及担保法解释等规定，认定特许经营权作为一种收益权，是应收账款的一种，可以作为质押权的对象，受法律保护。该案例对于规范金融秩序、鼓励金融创新，具有积极的指导意义。当下中央正在着力推进的供给侧改革，着力提高供给体系质量和效率，增强经济持续增长动力。该指导性案例对于人民法院在金融审判工作中，如何顺应供给侧改革、防范金融风险具有一定启发作用。

特许经营权的收益权是指在履行了特许经营项目后而产生的金钱债权。因涉及到特许经营项目的经营和维护，故该收益权不适宜转让。《中华人民共和

国物权法》第二百二十三条规定，债务人或者第三人有权处分的下列权利可以出质：……（六）应收账款；（七）法律、行政法规规定可以出质的其他财产权利。我国法律虽没有明确特许经营权可以质押，但从法律及司法解释的相关规定，其性质与物权法中的应收账款类似，所以可以质押。《中华人民共和国物权法》第二百二十八条第一款规定：以应收账款出质的，当事人应当订立书面合同。质权自信贷征信机构办理出质登记时设立。依照该规定，应收账款的质押登记部门是信贷征信机构。2017 年中国人民银行新修订的《应收账款质押登记办法》明确了我国的信贷征信机构为中国人民银行。本案例因在物权法实施以前审理，依照担保法解释，在特许经营权的主管机关登记即视为质权设立。因特许经营权性质不适宜转让，故人民法院不应准许拍卖、变卖特许经营权，仅应支持质权人在债权法范围内对特许经营权的收益权享有优先受偿权。

◆指导案例 57 号：温州银行股份有限公司宁波分行诉浙江创菱电器有限公司等金融借款合同纠纷案

（最高人民法院审判委员会讨论通过　2016 年 5 月 30 日发布）

关键词：民事　金融借款合同　最高额担保

【裁判要点】

在有数份最高额担保合同情形下，具体贷款合同中选择性列明部分最高额担保合同，如债务发生在最高额担保合同约定的决算期内，且债权人未明示放弃担保权利，未列明的最高额担保合同的担保人也应当在最高债权限额内承担担保责任。

【相关法条】

《中华人民共和国担保法》第十四条

【基本案情】

原告浙江省温州银行股份有限公司宁波分行（以下简称温州银行）诉称：其

与被告宁波婷微电子科技有限公司（以下简称婷微电子公司）、岑建锋、宁波三好塑模制造有限公司（以下简称三好塑模公司）分别签订了“最高额保证合同”，约定三被告为浙江创菱电器有限公司（以下简称创菱电器公司）一定时期和最高额度内借款，提供连带责任担保。创菱电器公司从温州银行借款后，不能按期归还部分贷款，故诉请判令被告创菱电器公司归还原告借款本金250万元，支付利息、罚息和律师费用；岑建锋、三好塑模公司、婷微电子公司对上述债务承担连带保证责任。

被告创菱电器公司、岑建锋未作答辩。

被告三好塑模公司辩称：原告诉请的律师费不应支持。

被告婷微电子公司辩称：其与温州银行签订的最高额保证合同，并未被列入借款合同所约定的担保合同范围，故其不应承担保证责任。

法院经审理查明：2010年9月10日，温州银行与婷微电子公司、岑建锋分别签订了编号为温银9022010年高保字01003号、01004号的最高额保证合同，约定婷微电子公司、岑建锋自愿为创菱电器公司在2010年9月10日至2011年10月18日期间发生的余额不超过1100万元的债务本金及利息、罚息等提供连带责任保证担保。

2011年10月12日，温州银行与岑建锋、三好塑模公司分别签署了编号为温银9022011年高保字00808号、00809号最高额保证合同，岑建锋、三好塑模公司自愿为创菱电器公司在2010年9月10日至2011年10月18日期间发生的余额不超过550万元的债务本金及利息、罚息等提供连带责任保证担保。

2011年10月14日，温州银行与创菱电器公司签署了编号为温银9022011企贷字00542号借款合同，约定温州银行向创菱电器公司发放贷款500万元，到期日为2012年10月13日，并列明担保合同编号分别为温银9022011年高保字00808号、00809号。贷款发放后，创菱电器公司于2012年8月6日归还了借款本金250万元，婷微电子公司于2012年6月29日、10月31日、11月30日先后支付了贷款利息31115.3元、53693.71元、21312.59元。截至2013年4月24日，创菱电器公司尚欠借款本金250万元、利息141509.01元。另查明，温州银行为实现本案债权而发生律师费用95200元。

【裁判结果】

浙江省宁波市江东区人民法院于2013年12月12日作出（2013）甬东商初

字第1261号民事判决：一、创菱电器公司于本判决生效之日起十日内归还温州银行借款本金250万元，支付利息141509.01元，并支付自2013年4月25日起至本判决确定的履行之日止按借款合同约定计算的利息、罚息；二、创菱电器公司于本判决生效之日起十日内赔偿温州银行为实现债权而发生的律师费用95200元；三、岑建锋、三好塑模公司、婷微电子公司对上述第一、二项款项承担连带清偿责任，其承担保证责任后，有权向创菱电器公司追偿。宣判后，婷微电子公司以其未被列入借款合同，不应承担保证责任为由，提起上诉。浙江省宁波市中级人民法院于2014年5月14日作出（2014）浙甬商终字第369号民事判决，驳回上诉，维持原判。

【裁判理由】

法院生效裁判认为：温州银行与创菱电器公司之间签订的编号为温银9022011企贷字00542号借款合同合法有效，温州银行发放贷款后，创菱电器公司未按约还本付息，已经构成违约。原告要求创菱电器公司归还贷款本金250万元，支付按合同约定方式计算的利息、罚息，并支付原告为实现债权而发生的律师费95200元，应予支持。岑建锋、三好塑模公司自愿为上述债务提供最高额保证担保，应承担连带清偿责任，其承担保证责任后，有权向创菱电器公司追偿。

本案的争议焦点为，婷微电子公司签订的温银9022010年高保字01003号最高额保证合同未被选择列入温银9022011企贷字00542号借款合同所约定的担保合同范围，婷微电子公司是否应当对温银9022011企贷字00542号借款合同项下债务承担保证责任。对此，法院经审理认为，婷微电子公司应当承担保证责任。理由如下：第一，民事权利的放弃必须采取明示的意思表示才能发生法律效力，默示的意思表示只有在法律有明确规定及当事人有特别约定的情况下才能发生法律效力，不宜在无明确约定或者法律无特别规定的情况下，推定当事人对权利进行放弃。具体到本案，温州银行与创菱电器公司签订的温银9022011企贷字00542号借款合同虽未将婷微电子公司签订的最高额保证合同列入，但原告未以明示方式放弃婷微电子公司提供的最高额保证，故婷微电子公司仍是该诉争借款合同的最高额保证人。第二，本案诉争借款合同签订时间及贷款发放时间均在婷微电子公司签订的编号温银9022010年高保字01003号最高额保证合同约定的决算期内（2010年9月10日至2011年10月18日），温州银行向婷微电子公司主张权利并未超过合同约定的保证期间，故婷微电子公司应依约在其承诺的最高债权限额内为创菱电器公司对温州银行的欠债承担连带保证责任。第三，最高额担保合同是债权人和担保人之间约定担保法律关系和相关权利义务关系的直接合同依据，不能以主合同内容取代从合同的内容。具体到本案，温州银行与婷微电子公司签订了最高额保证合同，双方的担保权利义务应以该合同为准，不受温州银行与创菱电器公司之间签订的温州银行非自然人借款合同约束或变更。第四，婷微电子公司曾于2012年6月、10月、11月三次归还过本案借款利息，上述行为也是婷微电子公司对本案借款履行保证责任的行为表征。综上，婷微电子公司应对创菱电器公司的上述债务承担连带清偿责任，其承担保证责任后，有权向创菱电器公司追偿。

【知识延伸】

指导案例57号被引用1次，该案例争议的焦点与其说是对最高额保证合同特征的理解，不如说是民事权利能否以默示方式推定。

最高额保证，就是指保证人和债权人签订一个总的保证合同，为一定期限内连续发生的借款合同和某项商品交易行为提供保证，只要债权人和债务人在保证合同约定的债权额限度内进行交易，保证人则依法承担保证责任。基本特征：（1）最高额保证所担保的债务在保证设立时可能已经发生，也可能没有发生，最高额保证的生效与被保证的债务是否实际发生无关。（2）最高额保证所担保的债务为一定期间内连续发生的债务。（3）最高额保证约定有保证人承担保证责任的最高限额。（4）最高额保证所担保的不是多笔债务的简单累加，而是债务整体，各笔债务的清偿期仅对债务人有意义，并不影响保证人承担保证责任。

本案例的借款合同发生在最高额保证合同约定的决算期内；借款合同约定的借款金额未超过保证合同约定的最高额；债权人主张保证责任未超过保证期间。以上行为均符合最高额保证合同的特征。本案例唯一特殊的地方在于借款合同注明了担保合同的编号，但不包括争议的最高额保证合同。审理法院以权利放弃应当明确约定，不应默示推定为由，认定争议的最高额保证合同对债权人与保证人具有约束力，保证人应承担连带保证责任。

◆指导案例64号：刘超捷诉中国移动通信集团江苏有限公司徐州分公司电信服务合同纠纷案

（最高人民法院审判委员会讨论通过 2016年6月30日发布）

关键词：民事 电信服务合同 告知义务 有效期限 违约

【裁判要点】

1. 经营者在格式合同中未明确规定对某项商品或服务的限制条件，且未能证明在订立合同时已将该限制条件明确告知消费者并获得消费者同意的，该限制条件对消费者不产生效力。

2. 电信服务企业在订立合同时未向消费者告知某项服务设定了有效期限限制，在合同履行中又以该项服务超过有效期限为由限制或停止对消费者服务的，构成违约，应当承担违约责任。

【相关法条】

《中华人民共和国合同法》第三十九条

【基本案情】

2009年11月24日，原告刘超捷在被告中国移动通信集团江苏有限公司徐州分公司（以下简称移动徐州分公司）营业厅申请办理"神州行标准卡"，手机号码为1590520××××，付费方式为预付费。原告当场预付话费50元，并参与移动徐州分公司充50元送50元的活动。在业务受理单所附《中国移动通信客户入网服务协议》中，双方对各自的权利和义务进行了约定，其中第四项特殊情况的承担中的第1条为：在下列情况下，乙方有权暂停或限制甲方的移动通信服务，由此给甲方造成的损失，乙方不承担责任：（1）甲方银行账户被查封、冻结或余额不足等非乙方原因造成的结算时扣划不成功的；（2）甲方预付费使用完毕而未及时补交款项（包括预付费账户余额不足以扣划下一笔预付费用）的。

2010年7月5日，原告在中国移动官方网站网上营业厅通过银联卡网上充值

50元。2010年11月7日，原告在使用该手机号码时发现该手机号码已被停机，原告到被告的营业厅查询，得知被告于2010年10月23日因话费有效期到期而暂停移动通信服务，此时账户余额为11.70元。原告认为被告单方终止服务构成合同违约，遂诉至法院。

【裁判结果】

徐州市泉山区人民法院于2011年6月16日作出（2011）泉商初字第240号民事判决：被告中国移动通信集团江苏有限公司徐州分公司于本判决生效之日起十日内取消对原告刘超捷的手机号码为1590520××××的话费有效期的限制，恢复该号码的移动通信服务。一审宣判后，被告提出上诉，二审期间申请撤回上诉，一审判决已发生法律效力。

【裁判理由】

法院生效裁判认为：电信用户的知情权是电信用户在接受电信服务时的一项基本权利，用户在办理电信业务时，电信业务的经营者必须向其明确说明该电信业务的内容，包括业务功能、费用收取办法及交费时间、障碍申告等。如果用户在不知悉该电信业务的真实情况下进行消费，就会剥夺用户对电信业务的选择权，达不到真正追求的电信消费目的。

依据《中华人民共和国合同法》第三十九条的规定，采用格式条款订立合同的，提供格式条款的一方应当遵循公平原则确定当事人之间的权利和义务，并采取合理的方式提请对方注意免除或者限制其责任的条款，按照对方的要求，对该条款予以说明。电信业务的经营者作为提供电信服务合同格式条款的一方，应当遵循公平原则确定与电信用户的权利义务内容，权利义务的内容必须符合维护电信用户和电信业务经营者的合法权益、促进电信业的健康发展的立法目的，并有效告知对方注意免除或者限制其责任的条款并向其释明。业务受理单、入网服务协议是电信服务合同的主要内容，确定了原被告双方的权利义务内容，入网服务协议第四项约定有权暂停或限制移动通信服务的情形，第五项约定有权解除协议、收回号码、终止提供服务的情形，均没有因有效期到期而中止、解除、终止合同的约定。而话费有效期限制直接影响到原告手机号码的正常使用，一旦有效期到期，将导致停机、号码被收回的后果，因此被告对此负有明确如实告知的义务，且在订立电信服务合同之前就应如实告知原告。如果在订立合同之前未告知，即使在缴费阶段告知，亦剥夺了当事人的选择权，有违公平和诚实信用原则。被告主张“通过单联发票、宣传册和短信的方式向原告告知了有效期”，但未能提供有效的证据予以证明。综上，本案被告既未在电信服务合同中约定有效期内容，亦未提供有效证据证实已将有效期限制明确告知原告，被告暂停服务、收回号码的行为构成违约，应当承担继续履行等违约责任，故对原告主张“取消被告对原告的话费有效期的限制，继续履行合同”的诉讼请求依法予以支持。

【知识延伸】

指导案例64号在裁判中未被引用过，但不代表该案例的指引价值不高。电信服务合同在生活中与大家利益息息相关，只要有使用手机的人必然购买电信服务。该指导性案例的裁判观点对于电信企业履行格式条款的提示和说明义务予以明确，有利于指引电信企业今后对于免责条款要明确约定，同时必须履行提示和说明义务。

《中华人民共和国合同法》第三十九条规定了提供格式条款一方在拟定格式条款以及在订立合同时应当遵循的原则和义务。首先，应当遵循公平的原则确定双方的权利和义务，不能利用自己的优势地位制定不公平的条款欺负对方当事人。其次，提供格式条款的一方当事人应当采取合理的方式提请对方注意免除或者限制其责任的条款，并按照对方提出的要求，对该类条款予以说明。“格式条款”，又称为标准条款、标准合同、格式合同、定式合同、定型化合同，也有人称作附合合同等。格式条款具有以下特点：（1）作为要约，其对象具有广泛性。要约向公众发出，任何人只要同意要约的规定就可以签订合同。（2）条款具有持久性。格式条款一般是经过认真研究拟定的，在一个相当长的时期内不会改变。（3）条款具体细致。格式条款往往内容繁复，条款甚多，具体细致。（4）由优势方拟定。使用格式条款的好处是，简捷、省时、方便、降低交易成本，但其弊端在于，提供商品或者服务的一方往往利用其优势地位，制定有利于自己而不利于交易对方的条款，这一点在消费者作为合同相对方时特别突出。因此，必须在立法上予以限制。出具格式合同的一方必须对免责条款予以提示和明确说明，否则对相对方不具有约束力。

◆指导案例68号：上海欧宝生物科技有限公司诉辽宁特莱维置业发展有限公司企业借贷纠纷案

（最高人民法院审判委员会讨论通过　2016年9月19日发布）

关键词：民事诉讼　企业借贷　虚假诉讼

【裁判要点】

人民法院审理民事案件中发现存在虚假诉讼可能时，应当依职权调取相关证据，详细询问当事人，全面严格审查诉讼请求与相关证据之间是否存在矛盾，以及当事人诉讼中言行是否违背常理。经综合审查判断，当事人存在虚构事实、恶意串通、规避法律或国家政策以谋取非法利益，进行虚假民事诉讼情形的，应当依法予以制裁。

【相关法条】

《中华人民共和国民事诉讼法》第一百一十二条

【基本案情】

上海欧宝生物科技有限公司（以下简称欧宝公司）诉称：欧宝公司借款给辽宁特莱维置业发展有限公司（以下简称特莱维公司）8650万元，用于开发辽宁省东港市特莱维国际花园房地产项目。借期届满时，特莱维公司拒不偿还。故请求法院判令特莱维公司返还借款本金8650万元及利息。

特莱维公司辩称：对欧宝公司起诉的事实予以认可，借款全部投入到特莱维国际花园房地产项目，房屋滞销，暂时无力偿还借款本息。

一审申诉人谢涛述称：特莱维公司与欧宝公司，通过虚构债务的方式，恶意侵害其合法权益，请求法院查明事实，依法制裁。

法院经审理查明：2007年7月至2009年3月，欧宝公司与特莱维公司先后签订9份《借款合同》，约定特莱维公司向欧宝公司共借款8650万元，约定利息为同年贷款利率的4倍。约定借款用途为：只限用于特莱维国际花园房地产项目。借款合同签订后，欧宝公司先后共汇款10笔，计8650万元，而特莱维公司却在收到汇款的当日或数日后立即将其中的6笔转出，共计转出7050万余元。其中5笔转往上海翰皇实业发展有限公司（以下简称翰皇公司），共计6400万余元。此外，欧宝公司在提起一审诉讼要求特莱维公司还款期间，仍向特莱维公司转款3笔，计360万元。

欧宝公司法定代表人为宗惠光，该公司股东曲叶丽持有73.75%的股权，姜雯琪持有2%的股权，宗惠光持有2%的股权。特莱维公司原法定代表人为王作新，翰皇公司持有该公司90%股权，王阳持有10%的股权，2010年8月16日法定代表人变更为姜雯琪。工商档案记载，该公司在变更登记时，领取执照人签字处由刘静君签字，而刘静君又是本案原一审诉讼期间欧宝公司的委托代理人，身份系欧宝公司的员工。翰皇公司2002年3月26日成立，法定代表人为王作新，前身为上海特莱维化妆品有限公司，王作新持有该公司67%的股权，曲叶丽持有33%的股权，同年10月28日，曲叶丽将其持有的股权转让给王阳。2004年10月10日该公司更名为翰皇公司，公司登记等手续委托宗惠光办理，2011年7月5日该公司注销。王作新与曲叶丽系夫妻关系。

本案原一审诉讼期间，欧宝公司于2010年6月22日向辽宁省高级人民法院（以下简称辽宁高院）提出财产保全申请，要求查封、扣押、冻结特莱维公司5850万元的财产，王阳以其所有的位于辽宁省沈阳市和平区澳门路、建筑面积均为236.4平方米的两处房产为欧宝公司担保。王作鹏以其所有的位于沈阳市皇姑区宁山中路的建筑面积为671.76平方米的房产为欧宝公司担保，沈阳沙琪化妆品有限公司（以下简称沙琪公司，股东为王振义和修桂芳）以其所有的位于沈阳市东陵区白塔镇小羊安村建筑面积分别为212平方米、946平方米的两处厂房及使用面积为4000平方米的一块土地为欧宝公司担保。

欧宝公司与特莱维公司的《开立单位银行结算账户申请书》记载地址均为东港市新兴路1号，委托经办人均为崔秀芳。再审期间谢涛向辽宁高院提供上海市第一中级人民法院（2008）沪一中民三（商）终字第426号民事判决书一份，该案系张娥珍、贾世克诉翰皇公司、欧宝公司特许经营合同纠纷案，判决所列翰皇公司的法定代表人为王作新，欧宝公司和翰皇公司的委托代理人均系翰皇公司员工宗惠光。

二审审理中另查明：

（一）关于欧宝公司和特莱维公司之间关系的事实

工商档案表明，沈阳特莱维化妆品连锁有限责任公司（以下简称沈阳特莱维）成立于2000年3月15日，该公司由欧宝公司控股（持股96.67%），设立时的经办人为宗惠光。公司登记的处所系向沈阳丹菲专业护肤中心承租而来，该中心负责人为王振义。2005年12月23日，特莱维公司原法定代表人王作新代表欧宝公司与案外人张娥珍签订连锁加盟（特许）合同。2007年2月28日，霍静代表特莱维公司与世安建设集团有限公司（以下简称世安公司）签订关于特莱维国际花园项目施工的《补充协议》。2010年5月，魏亚丽经特莱维公司授权办理银行账户的开户，2011年9月又代表欧宝公司办理银行账户开户。两账户所留联系人均为魏亚丽，联系电话均为同一号码，与欧宝公司2010年6月10日提交辽宁高院的民事起诉状中所留特莱维公司联系电话相同。

2010年9月3日，欧宝公司向辽宁高院出具《回复函》称：同意提供位于上海市青浦区苏虹公路332号的面积12026.91平方米、价值2亿元的房产作为保全担保。欧宝公司庭审中承认，前述房产属于上海特莱维护肤品股份有限公司（以下简称上海特莱维）所有。上海特莱维成立于2002年12月9日，法定代表人为王作新，股东有王作新、翰皇公司的股东王阳、邹艳，欧宝公司的股东宗惠光、姜雯琪、王奇等人。王阳同时任上海特莱维董事，宗惠光任副董事长兼副总经理，王奇任副总经理，霍静任董事。

2011年4月20日，欧宝公司向辽宁高院申请执行（2010）辽民二初字第15号民事判决，该院当日立案执行。同年7月12日，欧宝公司向辽宁高院提交书面申请称："为尽快回笼资金，减少我公司损失，经与被执行人商定，我公司允许被执行人销售该项目的剩余房产，但必须由我公司指派财务人员收款，所销售的房款须存入我公司指定账户。"2011年9月6日，辽宁高院向东港市房地产管理处发出《协助执行通知书》，以相关查封房产已经给付申请执行人抵债为由，要求该处将前述房产直接过户登记到案外买受人名下。

欧宝公司申请执行后，除谢涛外，特莱维公司的其他债权人世安公司、江西临川建筑安装工程总公司、东港市前阳建筑安装工程总公司也先后以提交执行异议等形式，向辽宁高院反映欧宝公司与特莱维公司虚构债权进行虚假诉讼。

翰皇公司的清算组成员由王作新、王阳、姜雯琪担任，王作新为负责人；清算组在成立之日起10日内通知了所有债权人，并于2011年5月14日在《上海商报》上刊登了注销公告。2012年6月25日，王作新将翰皇公司所持特莱维公司股权中的1600万元转让于王阳，200万元转让于邹艳，并于2012年7月9日办理了工商变更登记。

沙琪公司的股东王振义和修桂芳分别是王作新的父亲和母亲；欧宝公司的股东王阁系王作新的哥哥王作鹏之女；王作新与王阳系兄妹关系。

（二）关于欧宝公司与案涉公司之间资金往来的事实

欧宝公司尾号为8115的账户（以下简称欧宝公司8115账户），2006年1月4日至2011年9月29日的交易明细显示，自2006年3月8日起，欧宝公司开始与特莱维公司互有资金往来。其中，2006年3月8日欧宝公司该账户汇给特莱维公司尾号为4891账户（以下简称特莱维公司4891账户）300万元，备注用途为借款，2006年6月12日转给特莱维公司801万元。2007年8月16日至23日从特莱维公司账户转入欧宝公司8115账户近70笔款项，备注用途多为货款。该账户自2006年1月4日至2011年9月29日与沙琪公司、沈阳特莱维、翰皇公司、上海特莱维均有大笔资金往来，用途多为货款或借款。

欧宝公司在中国建设银行东港支行开立的账户（尾号0357）2010年8月31日至2011年11月9日的交易明细显示：该账户2010年9月15日、9月17日由欧宝公司以现金形式分别存入168万元、100万元；2010年9月30日支付东港市安邦房地产开发有限公司工程款100万元；2010年9月30日自特莱维公司账户（尾号0549）转入100万元，2011年8月22日、8月30日、9月9日自特莱维公司账户分别转入欧宝公司该账户71.6985万元、51.4841万元、62.3495万元，2011年11月4日特莱维公司尾号为5555账户（以下简称特莱维公司5555账户）以法院扣款的名义转入该账户84.556787万元；2011年9月27日以“往来款”名义转入欧宝公司8115账户193.5万元，2011年11月9日转入欧宝公司尾号4548账户（以下简称欧宝公司4548账户）157.995万元。

欧宝公司设立在中国工商银行上海青浦支行的账户（尾号5617）显示，2012年7月12日该账户以“借款”名义转入特莱维公司50万元。

欧宝公司在中国建设银行沈阳马路湾支行的4548账户2013年10月7日至2015年2月7日期间的交易明细显示，自2014年1月20日起，特莱维公司以“还款”名义转入该账户的资金，大部分又以“还款”名义转入王作鹏个人账户和上海特莱维的账户。

翰皇公司建设银行上海分行尾号为4917账户（以下简称翰皇公司4917账户）2006年1月5日至2009年1月14日的交易明细显示，特莱维公司4891账户2008年7月7日转入翰皇公司该账户605万元，同日翰皇公司又从该账户将同等数额的款项转入特莱维公司5555账户，但自翰皇公司打入特莱维公司账户的该笔款项计入了特莱维公司的借款数额，自特莱维公司打入翰皇公司的款项未计入该公司的还款数额。该账户同时间段还分别和欧宝公司、沙琪公司以“借款”“往来款”的名义进行资金转入和转出。

特莱维公司5555账户2006年6月7日至2015年9月21日的交易明细显示，2009年7月2日自该账户以“转账支取”的名义汇入欧宝公司的账户（尾号0801）600万元；自2011年11月4日起至2014年12月31日止，该账户转入欧宝公司资金达30多笔，最多的为2012年12月20日汇入欧宝公司4548账户的一笔达1800万元。此外，该账户还有多笔大额资金在2009年11月13日至2010年7月19日期间以“借款”的名义转入沙琪公司账户。

沙琪公司在中国光大银行沈阳和平支行的账户（尾号6312）2009年11月13日至2011年6月27日的交易明细显示，特莱维公司转入沙琪公司的资金，有的以“往来款”或者“借款”的名义转回特莱维公司的其他账户。例如，2009年11月13日自特莱维公司5555账户以“借款”的名义转入沙琪公司3800万元，2009年12月4日又以“往来款”的名义转回特莱维公司另外设立的尾号为8361账户（以下简称特莱维公司8361账户）3800万元；2010年2月3日自特莱维公司8361账户以“往来款”的名义转入沙琪公司账户的4827万元，同月10日又以“借款”的名义转入特莱维公司5555账户500万元，以“汇兑”名义转入特莱维公司4891账户1930万元，2010年3月31日沙琪公司又以“往来款”的名义转入特莱维公司8361账户1000万元，同年4月12日以系统内划款的名义转回特莱维公司8361账户1806万元。特莱维公司转入沙琪公司账户的资金有部分流入了沈阳特莱维的账户。例如，2010年5月6日以“借款”的名义转入沈阳特莱维1000万元，同年7月29日以“转款”的名义转入沈阳特莱维2272万元。此外，欧宝公司也以“往来款”的名义转入该账户部分资金。

欧宝公司和特莱维公司均承认，欧宝公司4548账户和在中国建设银行东港支行的账户（尾号0357）由王作新控制。

【裁判结果】

辽宁高院2011年3月21日作出（2010）辽民二初字第15号民事判决：特莱维公司于判决生效后10日内偿还欧宝公司借款本金8650万元及借款实际发生之日起至判决确定给付之日止的中国人民银行同期贷款利息。该判决发生法律效力后，因案外人谢涛提出申诉，辽宁高院于2012年1月4日作出（2012）辽立二民监字第8号民事裁定再审本案。辽宁高院经再审于2015年5月20日作出（2012）辽审二民再字第13号民事判决，驳回欧宝公司的诉讼请求。欧宝公司提起上诉，最高人民法院第二巡回法庭经审理于2015年10月27日作出（2015）民二终字第324号民事判决，认定本案属于虚假民事诉讼，驳回上诉，维持原判。同时作出罚款决定，对参与虚假诉讼的欧宝公司和特莱维公司各罚款50万元。

【裁判理由】

法院生效裁判认为：人民法院保护合法的借贷关系，同时对于恶意串通进行虚假诉讼意图损害他人合法权益的行为，应当依法制裁。本案争议的焦点问题有两个，一是欧宝公司与特莱维公司之间是否存在关联关系；二是欧宝公司和特莱维公司就争议的8650万元是否存在真实的借款关系。

一、欧宝公司与特莱维公司是否存在关联关系的问题

《中华人民共和国公司法》第二百一十七条规定，关联关系，是指公司控股股东、实际控制人、董事、监事、高级管理人员与其直接或间接控制的企业之间的关系，以及可能导致公司利益转移的其他关系[①]。可见，公司法所称的关联公司，既包括公司股东的相互交叉，也包括公司共同由第三人直接或者间接控制，或者股东之间、公司的实际控制人之间存在直系血亲、姻亲、共同投资等可能导致利益转移的其他关系。

本案中，曲叶丽为欧宝公司的控股股东，王作新是特莱维公司的原法定代表人，也是案涉合同签订时特莱维公司的控股股东翰皇公司的控股股东和法定代表人，王作新与曲叶丽系夫妻关系，说明欧宝公司与特莱维公司由夫妻二人控制。欧宝公司称两人已经离婚，却未提供民政部门的离婚登记或者人民法院的生效法律文书。虽然辽宁高院受理本案诉讼后，特莱维公司的法定代表人由王作新变更为姜雯琪，但王作新仍是特莱维公司的实际控制人。同时，欧宝公司股东兼法定代表人宗惠光、王奇等人，与特莱维公司的实际控制人王作新、法定代表人姜雯琪、目前的控股股东王阳共同投资设立了上海特莱维，说明欧宝公司的股东与特莱维公司的控股股东、实际控制人存在其他的共同利益关系。另外，沈阳特莱维是欧宝公司控股的公司，沙琪公司的股东是王作新的父亲和母亲。可见，欧宝公司与特莱维公司之间、前述两公司与沙琪公司、上海特莱维、沈阳特莱维之间均

① 对应2013年《中华人民共和国公司法》第二百一十六条。

存在关联关系。

欧宝公司与特莱维公司及其他关联公司之间还存在人员混同的问题。首先，高管人员之间存在混同。姜雯琪既是欧宝公司的股东和董事，又是特莱维公司的法定代表人，同时还参与翰皇公司的清算。宗惠光既是欧宝公司的法定代表人，又是翰皇公司的工作人员，虽然欧宝公司称宗惠光自 2008 年 5 月即从翰皇公司辞职，但从上海市第一中级人民法院（2008）沪一中民三（商）终字第 426 号民事判决载明的事实看，该案 2008 年 8 月至 12 月审理期间，宗惠光仍以翰皇公司工作人员的身份参与诉讼。王奇既是欧宝公司的监事，又是上海特莱维的董事，还以该公司工作人员的身份代理相关行政诉讼。王阳既是特莱维公司的监事，又是上海特莱维的董事。王作新是特莱维公司原法定代表人、实际控制人，还曾先后代表欧宝公司、翰皇公司与案外第三人签订连锁加盟（特许）合同。其次，普通员工也存在混同。霍静是欧宝公司的工作人员，在本案中作为欧宝公司原一审诉讼的代理人，2007 年 2 月 23 日代表特莱维公司与世安公司签订建设施工合同，又同时兼任上海特莱维的董事。崔秀芳是特莱维公司的会计，2010 年 1 月 7 日代特莱维公司开立银行账户，2010 年 8 月 20 日本案诉讼之后又代欧宝公司开立银行账户。欧宝公司当庭自述魏亚丽系特莱维公司的工作人员，2010 年 5 月魏亚丽经特莱维公司授权办理银行账户开户，2011 年 9 月诉讼之后又经欧宝公司授权办理该公司在中国建设银行沈阳马路湾支行的开户，且该银行账户的联系人为魏亚丽。刘静君是欧宝公司的工作人员，在本案原一审和执行程序中作为欧宝公司的代理人，2009 年 3 月 17 日又代特莱维公司办理企业登记等相关事项。刘洋以特莱维公司员工名义代理本案诉讼，又受王作新的指派代理上海特莱维的相关诉讼。

上述事实充分说明，欧宝公司、特莱维公司以及其他关联公司的人员之间并未严格区分，上述人员实际上服从王作新一人的指挥，根据不同的工作任务，随时转换为不同关联公司的工作人员。欧宝公司在上诉状中称，在 2007 年借款之初就派相关人员进驻特莱维公司，监督该公司对投资款的使用并协助工作，但早在欧宝公司所称的向特莱维公司转入首笔借款之前 5 个月，霍静即参与该公司的合同签订业务。而且从这些所谓的“派驻人员”在特莱维公司所起的作用看，上述人员参与了该公司的合同签订、财务管理到诉讼代理的全面工作，而不仅是监督工作，欧宝公司的辩解，不足为信。辽宁高院关于欧宝公司和特莱维公司系由王作新、曲叶丽夫妇控制之关联公司的认定，依据充分。

二、欧宝公司和特莱维公司就争议的8650万元是否存在真实借款关系的问题

根据《最高人民法院关于适用〈中华人民共和国民事诉讼法〉的解释》第九十条规定，当事人对自己提出的诉讼请求所依据的事实或者反驳对方诉讼请求所依据的事实，应当提供证据加以证明；当事人未能提供证据或者证据不足以证明其事实主张的，由负有举证证明责任的当事人承担不利的后果。第一百零八条规定："对负有举证证明责任的当事人提供的证据，人民法院经审查并结合相关事实，确信待证事实的存在具有高度可能性的，应当认定该事实存在。对一方当事人为反驳负有举证责任的当事人所主张的事实而提供的证据，人民法院经审查并结合相关事实，认为待证事实真伪不明的，应当认定该事实不存在。"在当事人之间存在关联关系的情况下，为防止恶意串通提起虚假诉讼，损害他人合法权益，人民法院对其是否存在真实的借款法律关系，必须严格审查。

欧宝公司提起诉讼，要求特莱维公司偿还借款8650万元及利息，虽然提供了借款合同及转款凭证，但其自述及提交的证据和其他在案证据之间存在无法消除的矛盾，当事人在诉讼前后的诸多言行违背常理，主要表现为以下7个方面：

第一，从借款合意形成过程来看，借款合同存在虚假的可能。欧宝公司和特莱维公司对借款法律关系的要约与承诺的细节事实陈述不清，尤其是作为债权人欧宝公司的法定代表人、自称是合同经办人的宗惠光，对所有借款合同的签订时间、地点、每一合同的己方及对方经办人等细节，语焉不详。案涉借款每一笔均为大额借款，当事人对所有合同的签订细节、甚至大致情形均陈述不清，于理不合。

第二，从借款的时间上看，当事人提交的证据前后矛盾。欧宝公司的自述及其提交的借款合同表明，欧宝公司自2007年7月开始与特莱维公司发生借款关系。向本院提起上诉后，其提交的自行委托形成的审计报告又载明，自2006年12月份开始向特莱维公司借款，但从特莱维公司和欧宝公司的银行账户交易明细看，在2006年12月之前，仅欧宝公司8115账户就发生过两笔高达1100万元的转款，其中，2006年3月8日以"借款"名义转入特莱维公司账户300万元，同年6月12日转入801万元。

第三，从借款的数额上看，当事人的主张前后矛盾。欧宝公司起诉后，先主张自2007年7月起累计借款金额为5850万元，后在诉讼中又变更为8650万元，上诉时又称借款总额1.085亿元，主张的借款数额多次变化，但只能提供8650万元的借款合同。而谢涛当庭提交的银行转账凭证证明，在欧宝公司所称的1.085亿元借款之外，另有4400多万元的款项以"借款"名义打入特莱维公司

账户。对此，欧宝公司自认，这些多出的款项是受王作新的请求帮忙转款，并非真实借款。该自认说明，欧宝公司在相关银行凭证上填写的款项用途极其随意。从本院调取的银行账户交易明细所载金额看，欧宝公司以借款名义转入特莱维公司账户的金额远远超出欧宝公司先后主张的上述金额。此外，还有其他多笔以“借款”名义转入特莱维公司账户的巨额资金，没有列入欧宝公司所主张的借款数额范围。

第四，从资金往来情况看，欧宝公司存在单向统计账户流出资金而不统计流入资金的问题。无论是案涉借款合同载明的借款期间，还是在此之前，甚至诉讼开始以后，欧宝公司和特莱维公司账户之间的资金往来，既有欧宝公司转入特莱维公司账户款项的情况，又有特莱维公司转入欧宝公司账户款项的情况，但欧宝公司只计算己方账户转出的借方金额，而对特莱维公司转入的贷方金额只字不提。

第五，从所有关联公司之间的转款情况看，存在双方或多方账户循环转款问题。如上所述，将欧宝公司、特莱维公司、翰皇公司、沙琪公司等公司之间的账户对照检查，存在特莱维公司将己方款项转入翰皇公司账户过桥欧宝公司账户后，又转回特莱维公司账户，造成虚增借款的现象。特莱维公司与其他关联公司之间的资金往来也存在此种情况。

第六，从借款的用途看，与合同约定相悖。借款合同第二条约定，借款限用于特莱维国际花园房地产项目，但是案涉款项转入特莱维公司账户后，该公司随即将大部分款项以“借款”“还款”等名义分别转给翰皇公司和沙琪公司，最终又流向欧宝公司和欧宝公司控股的沈阳特莱维。至于欧宝公司辩称，特莱维公司将款项打入翰皇公司是偿还对翰皇公司借款的辩解，由于其提供的翰皇公司和特莱维公司之间的借款数额与两公司银行账户交易的实际数额互相矛盾，且从流向上看大部分又流回了欧宝公司或者其控股的公司，其辩解不足为凭。

第七，从欧宝公司和特莱维公司及其关联公司在诉讼和执行中的行为来看，与日常经验相悖。欧宝公司提起诉讼后，仍与特莱维公司互相转款；特莱维公司不断向欧宝公司账户转入巨额款项，但在诉讼和执行程序中却未就还款金额对欧宝公司的请求提出任何抗辩；欧宝公司向辽宁高院申请财产保全，特莱维公司的股东王阳却以其所有的房产为本应是利益对立方的欧宝公司提供担保；欧宝公司在原一审诉讼中另外提供担保的上海市青浦区房产的所有权，竟然属于王作新任法定代表人的上海特莱维；欧宝公司和特莱维公司当庭自认，欧宝公司开立在中国建设银行东港支行、中国建设银行沈阳马路湾支行的银行账户都由王作新控制。

对上述矛盾和违反常理之处，欧宝公司与特莱维公司均未作出合理解释。由此可见，欧宝公司没有提供足够的证据证明其就案涉争议款项与特莱维公司之间存在真实的借贷关系。且从调取的欧宝公司、特莱维公司及其关联公司账户的交易明细发现，欧宝公司、特莱维公司以及其他关联公司之间、同一公司的不同账户之间随意转款，款项用途随意填写。结合在案其他证据，法院确信，欧宝公司诉请之债权系截取其与特莱维公司之间的往来款项虚构而成，其以虚构债权为基础请求特莱维公司返还8650万元借款及利息的请求不应支持。据此，辽宁高院再审判决驳回其诉讼请求并无不当。

至于欧宝公司与特莱维公司提起本案诉讼是否存在恶意串通损害他人合法权益的问题。首先，无论欧宝公司，还是特莱维公司，对特莱维公司与一审申诉人谢涛及其他债权人的债权债务关系是明知的。从案涉判决执行的过程看，欧宝公司申请执行之后，对查封的房产不同意法院拍卖，而是继续允许该公司销售，特莱维公司每销售一套，欧宝公司即申请法院解封一套。在接受法院当庭询问时，欧宝公司对特莱维公司销售了多少查封房产，偿还了多少债务陈述不清，表明其提起本案诉讼并非为实现债权，而是通过司法程序进行保护性查封以阻止其他债权人对特莱维公司财产的受偿。虚构债权，恶意串通，损害他人合法权益的目的明显。其次，从欧宝公司与特莱维公司人员混同、银行账户同为王作新控制的事实可知，两公司同属一人，均已失去公司法人所具有的独立人格。《中华人民共和国民事诉讼法》第一百一十二条规定："当事人之间恶意串通，企图通过诉讼、调解等方式侵害他人合法权益的，人民法院应当驳回其请求，并根据情节轻重予以罚款、拘留；构成犯罪的，依法追究刑事责任。"一审申诉人谢涛认为欧宝公司与特莱维公司之间恶意串通提起虚假诉讼损害其合法权益的意见，以及对有关当事人和相关责任人进行制裁的请求，于法有据，应予支持。

【知识延伸】

指导案例68号于2016年9月19日通过，本书对该案例引用数据来源于北大法宝法律专业数据库，数据范围截至2016年12月31日。由于通过时间与数据统计时间间隔较短，数据显示该案例未被引用过。但该案例对于当下虚假的民间借贷纠纷的认定具有重要的指导意义。

该案例告诉我们，认定民间借贷纠纷为虚假诉讼，应当重点审查当事人的言行是否符合常理，具体切入点如下：

1. 从借款合意形成过程来看借款合同是否存在虚假的可能；

2. 当事人对借款事实的陈述是否前后矛盾；

3. 查明资金往来情况，不仅统计账户流出资金也要统计流入资金的问题；

4. 从借款的用途看，与合同约定是否相悖；

5. 双方的关系：如果均为企业，是否存在关联性；

6. 虚假诉讼的典型目的：是否利用法院的保全措施阻碍真正的债权人对被保全的财产进行受偿。

《最高人民法院关于审理民间借贷案件适用法律若干问题的规定》自2015年9月1日起施行。凡是起诉时间在该司法解释实施日之后的，适用该司法解释。本案诉讼早于该司法解释，故法律依据主要适用民事诉讼法及相关司法解释。《最高人民法院关于审理民间借贷案件适用法律若干问题的规定》颁布后，对虚假诉讼的认定做出了明确规定，法院应根据该规定严格审查。该解释第十九条规定："人民法院审理民间借贷纠纷案件时发现有下列情形，应当严格审查借贷发生的原因、时间、地点、款项来源、交付方式、款项流向以及借贷双方的关系、经济状况等事实，综合判断是否属于虚假民事诉讼：

（一）出借人明显不具备出借能力；

（二）出借人起诉所依据的事实和理由明显不符合常理；

（三）出借人不能提交债权凭证或者提交的债权凭证存在伪造的可能；

（四）当事人双方在一定期间内多次参加民间借贷诉讼；

（五）当事人一方或者双方无正当理由拒不到庭参加诉讼，委托代理人对借贷事实陈述不清或者陈述前后矛盾；

（六）当事人双方对借贷事实的发生没有任何争议或者诉辩明显不符合常理；

（七）借款人的配偶或合伙人、案外人的其他债权人提出有事实依据的异议；

（八）当事人在其他纠纷中存在低价转让财产的情形；

（九）当事人不正当放弃权利；

（十）其他可能存在虚假民间借贷诉讼的情形。"

对于认定虚假诉讼的案件，应追究诉讼参与人何种法律责任，该司法解释第二十条做出了明确规定："经查明属于虚假民间借贷诉讼，原告申请撤诉的，人民法院不予准许，并应当根据民事诉讼法第一百一十二条之规定，判决驳回其请求。诉讼参与人或者其他人恶意制造、参与虚假诉讼，人民法院应当依照民事诉讼法第一百一十一条、第一百一十二条和第一百一十三条之规定，依法予以罚款、拘留；构成犯罪的，应当移送有管辖权的司法机关追究刑事责任。单位恶意制造、参与虚假诉讼的，人民法院应当对该单位进行罚款，并可以对其主要负责人或者直接责任人员予以罚款、拘留；构成犯罪的，应当移送有管辖权的司法机关追究刑事责任。”

◆指导案例72号：汤龙、刘新龙、马忠太、王洪刚诉新疆鄂尔多斯彦海房地产开发有限公司商品房买卖合同纠纷案

（最高人民法院审判委员会讨论通过 2016年12月28日发布）

关键词：民事 商品房买卖合同 借款合同 清偿债务 法律效力 审查

【裁判要点】

借款合同双方当事人经协商一致，终止借款合同关系，建立商品房买卖合同关系，将借款本金及利息转化为已付购房款并经对账清算的，不属于《中华人民共和国物权法》第一百八十六条规定禁止的情形，该商品房买卖合同的订立目的，亦不属于《最高人民法院关于审理民间借贷案件适用法律若干问题的规定》第二十四条规定的“作为民间借贷合同的担保”。在不存在《中华人民共和国合同法》第五十二条规定情形的情况下，该商品房买卖合同具有法律效力。但对转化为已付购房款的借款本金及利息数额，人民法院应当结合借款合同等证据予以审查，以防止当事人将超出法律规定保护限额的高额利息转化为已付购房款。

【相关法条】

《中华人民共和国物权法》第一百八十六条

《中华人民共和国合同法》第五十二条

【基本案情】

原告汤龙、刘新龙、马忠太、王洪刚诉称：根据双方合同约定，新疆鄂尔多斯彦海房地产开发有限公司（以下简称彦海公司）应于2014年9月30日向四人

交付符合合同约定的房屋。但至今为止，彦海公司拒不履行房屋交付义务。故请求判令：一、彦海公司向汤龙、刘新龙、马忠太、王洪刚支付违约金6000万元；二、彦海公司承担汤龙、刘新龙、马忠太、王洪刚主张权利过程中的损失费用416300元；三、彦海公司承担本案的全部诉讼费用。

彦海公司辩称：汤龙、刘新龙、马忠太、王洪刚应分案起诉。四人与彦海公司没有购买和出售房屋的意思表示，双方之间房屋买卖合同名为买卖实为借贷，该商品房买卖合同系为借贷合同的担保，该约定违反了《中华人民共和国担保法》第四十条、《中华人民共和国物权法》第一百八十六条的规定无效。双方签订的商品房买卖合同存在显失公平、乘人之危的情况。四人要求的违约金及损失费用亦无事实依据。

法院经审理查明：汤龙、刘新龙、马忠太、王洪刚与彦海公司于2013年先后签订多份借款合同，通过实际出借并接受他人债权转让，取得对彦海公司合计2.6亿元借款的债权。为担保该借款合同履行，四人与彦海公司分别签订多份商品房预售合同，并向当地房屋产权交易管理中心办理了备案登记。该债权陆续到期后，因彦海公司未偿还借款本息，双方经对账，确认彦海公司尚欠四人借款本息361398017.78元。双方随后重新签订商品房买卖合同，约定彦海公司将其名下房屋出售给四人，上述欠款本息转为已付购房款，剩余购房款38601982.22元，待办理完毕全部标的物产权转移登记后一次性支付给彦海公司。汤龙等四人提交与彦海公司对账表显示，双方之间的借款利息系分别按照月利率3%和4%、逾期利率10%计算，并计算复利。

【裁判结果】

新疆维吾尔自治区高级人民法院于2015年4月27日作出（2015）新民一初字第2号民事判决，判令：一、彦海公司向汤龙、马忠太、刘新龙、王洪刚支付违约金9275057.23元；二、彦海公司向汤龙、马忠太、刘新龙、王洪刚支付律师费416300元；三、驳回汤龙、马忠太、刘新龙、王洪刚的其他诉讼请求。上述款项，应于判决生效后十日内一次性付清。宣判后，彦海公司以双方之间买卖合同系借款合同的担保，并非双方真实意思表示，且欠款金额包含高利等为由，提起上诉。最高人民法院于2015年10月8日作出（2015）民一终字第180号民事判决：一、撤销新疆维吾尔自治区高级人民法院（2015）新民一初字第2号民事判决；二、驳回汤龙、刘新龙、马忠太、王洪刚的诉讼请求。

【裁判理由】

法院生效裁判认为：本案争议的商品房买卖合同签订前，彦海公司与汤龙等四人之间确实存在借款合同关系，且为履行借款合同，双方签订了相应的商品房预售合同，并办理了预购商品房预告登记。但双方系争商品房买卖合同是在彦海公司未偿还借款本息的情况下，经重新协商并对账，将借款合同关系转变为商品房买卖合同关系，将借款本息转为已付购房款，并对房屋交付、尾款支付、违约责任等权利义务作出了约定。民事法律关系的产生、变更、消灭，除基于法律特别规定，需要通过法律关系参与主体的意思表示一致形成。民事交易活动中，当事人意思表示发生变化并不鲜见，该意思表示的变化，除为法律特别规定所禁止外，均应予以准许。本案双方经协商一致终止借款合同关系，建立商品房买卖合同关系，并非为双方之间的借款合同履行提供担保，而是借款合同到期彦海公司难以清偿债务时，通过将彦海公司所有的商品房出售给汤龙等四位债权人的方式，实现双方权利义务平衡的一种交易安排。该交易安排并未违反法律、行政法规的强制性规定，不属于《中华人民共和国物权法》第一百八十六条规定禁止的情形，亦不适用《最高人民法院关于审理民间借贷案件适用法律若干问题的规定》第二十四条规定。尊重当事人嗣后形成的变更法律关系性质的一致意思表示，是贯彻合同自由原则的题中应有之意。彦海公司所持本案商品房买卖合同无效的主张，不予采信。

但在确认商品房买卖合同合法有效的情况下，由于双方当事人均认可该合同项下已付购房款系由原借款本息转来，且彦海公司提出该欠款数额包含高额利息。在当事人请求司法确认和保护购房者合同权利时，人民法院对基于借款合同的实际履行而形成的借款本金及利息数额应当予以审查，以避免当事人通过签订商品房买卖合同等方式，将违法高息合法化。经审查，双方之间借款利息的计算方法，已经超出法律规定的民间借贷利率保护上限。对双方当事人包含高额利息的欠款数额，依法不能予以确认。由于法律保护的借款利率明显低于当事人对账确认的借款利率，故应当认为汤龙等四人作为购房人，尚未足额支付合同约定的购房款，彦海公司未按照约定时间交付房屋，不应视为违约。汤龙等四人以彦海公司逾期交付房屋构成违约为事实依据，要求彦海公司支付违约金及律师费，缺乏事实和法律依据。一审判决判令彦海公司承担支付违约金及律师费的违约责任错误，本院对此予以纠正。

【知识延伸】

本书指导性案例引用数据来源于北大法宝法律专业数据库，数据范围截至2016年12月31日。指导案例72号于2016年12月28日通过，故目前未有统计数据。从近三年丛台区法院民间借贷纠纷受理的数据来看，逐年呈递增趋势，大量的借款人或企业出现以物抵债的行为，那么以物抵债协议之效力如何认定呢？司法实践中是个难题。指导案例72号对该问题做了详细的论述，因此，该案例具有很强的指引性。

笔者认为，该案例主要明确说明了两个司法实践中争论较大的问题。一是什么样的以物抵债协议是有效的？二是有效的以物抵债协议中的债权数额是否强制审查？

关于以物抵债的效力问题：《中华人民共和国物权法》第一百八十六条规定："抵押权人在债务履行期届满前，不得与抵押人约定债务人不履行到期债务时抵押财产归债权人所有。"《最高人民法院关于审理民间借贷案件适用法律若干问题的规定》第二十四条第一款规定："当事人以签订买卖合同作为民间借贷合同的担保，借款到期后借款人不能还款，出借人请求履行买卖合同的，人民法院应当按照民间借贷法律关系审理，并向当事人释明变更诉讼请求。当事人拒绝变更的，人民法院裁定驳回起诉。"上述法律及司法解释规定不得将以物抵债协议在借款合同到期前约定作为担保，否则买卖合同关系无效，仍以民间借贷关系作为审理的基础法律关系。根据该案例的裁判说理，笔者认为符合以下条件，可以认定抵债协议有效：(1) 债务人在借款合同到期后难以清偿债务时与债权人订立的以物抵债协议。(2) 建立以物抵债关系并非为双方之间的借款合同履行提供担保。(3) 以物抵债协议不存在合同法第五十二条规定的无效情形。

关于以物抵债协议中债权数额的认定问题：从指导性案例可以看出，即使房屋买卖协议效力得到认可，但是对于债权数额即拖欠的借款本息数，人民法院当予以审查。双方当事人即便彼此认可本息数额，人民法院仍应以法律规定的利息上线对利息数额强制予以调整，以避免当事人通过签订商品房买卖合同，将违法高息合法化。

◆指导案例74号：中国平安财产保险股份有限公司江苏分公司诉江苏镇江安装集团有限公司保险人代位求偿权纠纷案

（最高人民法院审判委员会讨论通过 2016年12月28日发布）

关键词：民事 保险代位求偿权 财产保险合同 第三者对保险标的的损害 违约行为

【裁判要点】

因第三者的违约行为给被保险人的保险标的造成损害的，可以认定为属于《中华人民共和国保险法》第六十条第一款规定的“第三者对保险标的的损害”的情形。保险人由此依法向第三者行使代位求偿权的，人民法院应予支持。

【相关法条】

《中华人民共和国保险法》第六十条第一款

【基本案情】

2008年10月28日，被保险人华东联合制罐有限公司（以下简称华东制罐公司）、华东联合制罐第二有限公司（以下简称华东制罐第二公司）与被告江苏镇江安装集团有限公司（以下简称镇江安装公司）签订《建设工程施工合同》，约定由镇江安装公司负责被保险人整厂机器设备迁建安装等工作。《建设工程施工合同》第二部分“通用条款”第38条约定：“承包人按专用条款的约定分包所承包的部分工程，并与分包单位签订分包合同，未经发包人同意，承包人不得将承包工程的任何部分分包”；“工程分包不能解除承包人任何责任与义务。承包人应在分包场地派驻相应管理人员，保证本合同的履行。分包单位的任何违约行为或疏忽导致工程损害或给发包人造成其他损失，承包人承担连带责任”。《建设工程施工合同》第三部分“专用条款”第14条第（1）项约定“承包人不得将本工程进行分包施工”。“通用条款”第40条约定：“工程开工前，发包人为建设工程和施工场地内的自有人员及第三人人员生命财产办理保险，支付保险费用”；“运至施工场地内用于工程的材料和待安装设备，由发包人办理保险，并支付保险费用”；“发包人可以将有关保险事项委托承包人办理，费用由发包人承担”；“承包人必须为从事危险作业的职工办理意外伤害保险，并为施工场地内自有人员生命财产和施工机械设备办理保险，支付保险费用”。

2008 年 11 月 16 日，镇江安装公司与镇江亚民大件起重有限公司（以下简称亚民运输公司）公司签订《工程分包合同》，将前述合同中的设备吊装、运输分包给亚民运输公司。2008 年 11 月 20 日，就上述整厂迁建设备安装工程，华东制罐公司、华东制罐第二公司向中国平安财产保险股份有限公司江苏分公司（以下简称平安财险公司）投保了安装工程一切险。投保单中记载被保险人为华东制罐公司及华东制罐第二公司，并明确记载承包人镇江安装公司不是被保险人。投保单“物质损失投保项目和投保金额”栏载明“安装项目投保金额为 177465335. 56 元”。附加险中，还投保有“内陆运输扩展条款 A”，约定每次事故财产损失赔偿限额为 200 万元。投保期限从 2008 年 11 月 20 日起至 2009 年 7 月 31 日止。投保单附有被安装机器设备的清单，其中包括：SEQUA 彩印机 2 台，合计原值为 29894340. 88 元。投保单所附保险条款中，对“内陆运输扩展条款 A”作如下说明：经双方同意，鉴于被保险人已按约定交付了附加的保险费，保险公司负责赔偿被保险人的保险财产在中华人民共和国境内供货地点到保险单中列明的工地，除水运和空运以外的内陆运输途中因自然灾害或意外事故引起的损失，但被保险财产在运输时必须有合格的包装及装载。

2008 年 12 月 19 日 10 时 30 分许，亚民运输公司驾驶员姜玉才驾驶苏 L06069、苏 L003 挂重型半挂车，从旧厂区承运彩印机至新厂区的途中，在转弯时车上钢丝绳断裂，造成彩印机侧翻滑落地面损坏。平安财险公司接险后，对受损标的确定了清单。经镇江市公安局交通巡逻警察支队现场查勘，认定姜玉才负事故全部责任。后华东制罐公司、华东制罐第二公司、平安财险公司、镇江安装公司及亚民运输公司共同委托泛华保险公估有限公司（以下简称泛华公估公司）对出险事故损失进行公估，并均同意认可泛华公估公司的最终理算结果。2010 年 3 月 9 日，泛华公估公司出具了公估报告，结论：出险原因系设备运输途中翻落（意外事故）；保单责任成立；定损金额总损 1518431. 32 元、净损 1498431. 32 元；理算金额 1498431. 32 元。泛华公估公司收取了平安财险公司支付的 47900 元公估费用。

2009年12月2日，华东制罐公司及华东制罐第二公司向镇江安装公司发出《索赔函》，称“该事故导致的全部损失应由贵司与亚民运输公司共同承担。我方已经向投保的中国平安财产保险股份有限公司镇江中心支公司报险。一旦损失金额确定，投保公司核实并先行赔付后，对赔付限额内的权益，将由我方让渡给投保公司行使。对赔付不足部分，我方将另行向贵司与亚民运输公司主张”。

2010年5月12日，华东制罐公司、华东制罐第二公司向平安财险公司出具赔款收据及权益转让书，载明：已收到平安财险公司赔付的1498431.32元。同意将上述赔款部分保险标的的一切权益转让给平安财险公司，同意平安财险公司以平安财险公司的名义向责任方追偿。后平安财险公司诉至法院，请求判令镇江安装公司支付赔偿款和公估费。

【裁判结果】

江苏省镇江市京口区人民法院于2011年2月16日作出（2010）京商初字第1822号民事判决：一、江苏镇江安装集团有限公司于判决生效后10日内给付中国平安财产保险股份有限公司江苏分公司1498431.32元；二、驳回中国平安财产保险股份有限公司江苏分公司关于给付47900元公估费的诉讼请求。一审宣判后，江苏镇江安装集团有限公司向江苏省镇江市中级人民法院提起上诉。江苏省镇江市中级人民法院于2011年4月12日作出（2011）镇商终字第0133号民事判决：一、撤销镇江市京口区人民法院（2010）京商初字第1822号民事判决；二、驳回中国平安财产保险股份有限公司江苏分公司对江苏镇江安装集团有限公司的诉讼请求。二审宣判后，中国平安财产保险股份有限公司江苏分公司向江苏省高级人民法院申请再审。江苏省高级人民法院于2014年5月30日作出（2012）苏商再提字第0035号民事判决：一、撤销江苏省镇江市中级人民法院（2011）镇商终字第0133号民事判决；二、维持镇江市京口区人民法院（2010）京商初字第1822号民事判决。

【裁判理由】

法院生效裁判认为，本案的焦点问题是：1. 保险代位求偿权的适用范围是否限于侵权损害赔偿请求权；2. 镇江安装公司能否以华东制罐公司、华东制罐第二公司已购买相关财产损失险为由，拒绝保险人对其行使保险代位求偿权。

关于第一个争议焦点。《中华人民共和国保险法》（以下简称《保险法》）第六十条第一款规定：“因第三者对保险标的的损害而造成保险事故的，保险人自向被保险人赔偿保险金之日起，在赔偿金额范围内代位行使被保险人对第三者请求赔偿的权利。”该款使用的是“因第三者对保险标的的损害而造成保险事故”的表述，并未限制规定为“因第三者对保险标的的侵权损害而造成保险事故”。将保险代位求偿权的权利范围理解为限于侵权损害赔偿请求权，没有法律依据。从立法目的看，规定保险代位求偿权制度，在于避免财产保险的被保险人因保险事故的发生，分别从保险人及第三者获得赔偿，取得超出实际损失的不当利益，并因此增加道德风险。将《保险法》第六十条第一款中的“损害”理解为仅指“侵权损害”，不符合保险代位求偿权制度设立的目的。故保险人行使代位求偿权，应以被保险人对第三者享有损害赔偿请求权为前提，这里的赔偿请求权既可因第三者对保险标的实施的侵权行为而产生，亦可基于第三者的违约行为等产生，不应仅限于侵权赔偿请求权。本案平安财险公司是基于镇江安装公司的违约行为而非侵权行为行使代位求偿权，镇江安装公司对保险事故的发生是否有过错，对案件的处理并无影响。并且，《建设工程施工合同》约定“承包人不得将本工程进行分包施工”。因此，镇江安装公司关于其对保险事故的发生没有过错因而不应承担责任的答辩意见，不能成立。平安财险公司向镇江安装公司主张权利，主体适格，并无不当。

关于第二个争议焦点。镇江安装公司提出，在发包人与其签订的建设工程施工合同通用条款第 40 条中约定，待安装设备由发包人办理保险，并支付保险费用。从该约定可以看出，就工厂搬迁及设备的拆解安装事项，发包人与镇江安装公司共同商定办理保险，虽然保险费用由发包人承担，但该约定在双方的合同条款中体现，即该费用系双方承担，或者说，镇江安装公司在总承包费用中已经就保险费用作出了让步。由发包人向平安财险公司投保的业务，承包人也应当是被保险人。关于镇江安装公司的上述抗辩意见，《保险法》第十二条第二款、第六款分别规定：“财产保险的被保险人在保险事故发生时，对保险标的应当具有保险利益”；“保险利益是指投保人或者被保险人对保险标的具有的法律上承认的利益”。据此，不同主体对于同一保险标的可以具有不同的保险利益，可就同一保险标的投保与其保险利益相对应的保险险种，成立不同的保险合同，并在各自的保险利益范围内获得保险保障，从而实现利用保险制度分散各自风险的目的。因发包人和承包人对保险标的具有不同的保险利益，只有分别投保与其保险利益相对应的财产保险类别，才能获得相应的保险保障，二者不能相互替代。发包人华东制罐公司和华东制罐第二公司作为保险标的的所有权人，其投保的安装工程一切险是基于对保险标的享有的所有权保险利益而投保的险种，旨在分散保险标的的损坏或灭失风险，性质上属于财产损失保险；附加险中投保的“内陆运输扩展条款 A”约定“保险公司负责赔偿被保险人的保险财产在中华人民共和国境内供货地点到保险单中列明的工地，除水运和空运以外的内陆运输途中因自然灾害或意外事故引起的损失”，该项附加险在性质上亦属财产损失保险。镇江安装公司并非案涉保险标的所有权人，不享有所有权保险利益，其作为承包人对案涉保险标的享有责任保险利益，欲将施工过程中可能产生的损害赔偿责任转由保险人承担，应当投保相关责任保险，而不能借由发包人投保的财产损失保险免除自己应负的赔偿责任。其次，发包人不认可承包人的被保险人地位，案涉《安装工程一切险投保单》中记载的被保险人为华东制罐公司及华东制罐第二公司，并明确记载承包人镇江安装公司不是被保险人。因此，镇江安装公司关于“由发包人向平安财险公司投保的业务，承包人也应当是被保险人”的答辩意见，不能成立。《建设工程施工合同》明确约定“运至施工场地内用于工程的材料和待安装设备，由发包人办理保险，并支付保险费用”及“工程分包不能解除承包人任何责任与义务，分包单位的任何违约行为或疏忽导致工程损害或给发包人造成其他损失，承包人承担连带责任”。由此可见，发包人从未作出在保险赔偿范围内免除承包人赔偿责任的意思表示，双方并未约定在保险赔偿范围内免除承包人的赔偿责任。再次，在保险事故发生后，被保险人积极向承包人索赔并向平安财险公司出具了权益转让书。根据以上情况，镇江安装公司以其对保险标的也具有保险利益，且保险标的所有权人华东制罐公司和华东制罐第二公司已投保财产损失保险为由，主张免除其依建设工程施工合同应对两制罐公司承担的违约损害赔偿责任，并进而拒绝平安财险公司行使代位求偿权，没有法律依据，不予支持。

综上理由作出如上判决。

【知识延伸】

本书指导性案例引用数据范围统计截至 2016 年 12 月 31 日，指导案例 74 号于 2016 年 12 月 28 日通过，故目前未有统计数据。《中华人民共和国保险法》第六十条是关于代位求偿权的规定。保险标的物如果因为第三人的故意或过失产生损害，被保险人的这项损害又是在保险合同所承保的范围中，这时被保险人拥有两种请求权：（1）对于第三人的损失赔偿请求权；（2）对于保险公司的保险金给付请求权。如果这两项请求权都能让被保险人任意行使，无异使被保险人因为标的物的损害而获得双倍的利益，这很明显违反了财产保险的补偿原则。因此当保险事故是由于第三者（致害人）的过错造成时，保险公司向被保险人支付赔款后，被保险人应当将向第三者的请求权转让给保险公司，由保险公司代位行使被保险人向第三者行使赔偿请求的权利。第三者支付的赔偿金，不超过保险公司已支付赔款的部分归保险公司所有。这已成为保险的惯例，称为“代位求偿权”。第三人对保险标的物因侵权行为造成的损害，保险公司理所应当赔偿，且有代为求偿权。实践中没有争议。那么，第三人与被保险人存在合同关系，因第三人的违约行为致使保险标的物损害的，保险公司在理赔后，是否具有代为求偿权呢？

该案例明确说明因第三人的违约行为致使保险标的物损害的，保险公司在理赔后，具有向第三人行使代位求偿权。结合该案例的裁判说理，笔者认为，代位权行使主要包括以下要素：

1. 被保险人对第三人有损失赔偿请求权

由保险公司代位权的规定具有防止被保险人不当得利的立法宗旨来看，保险公司的代位权的行使须以被保险人对第三人具有赔偿请求权为先决要件。而所谓“赔偿请求权”不仅因第三人的侵权行为产生，也包括第三人因合同关系对被保险人依法须负赔偿责任；此由我国保险法第六十条第一款的规定“对第三者请求赔偿的权利”而未言“因第三人的侵权行为有损害赔偿请求权”可知。换言之，我国保险法第六十条第一款规定的保险公司的代位权其行使的对象不以侵权行为的第三人为限。倘若被保险人因保险公司应负保险责任的损害发生，而对于第三人有损失赔偿请求权，保险公司即可以在给付赔偿金额后，代位行使被保险人对于第三人的请求权。

2. 保险公司对被保险人已给付赔偿金

保险事故发生时，被保险人对第三人有损失赔偿请求权，故保险公司依保险合同给付保险赔偿金之前，对第三人的损失赔偿请求权仍未移转于保险公司，避免被保险人一方面因损失赔偿请求权已移转而无法向第三人求偿；另一方面将来因故未获赔偿而产生未得先失，两俱落空的处境。所以保险公司须先给付保险赔偿金之后，才取得代位权。且如果保险赔偿金额大于第三人的损失赔偿义务范围，保险公司代位请求的范围应仅以第三人所应赔偿的损害额为限。这是因为第三人对于被保险人所受损害应负赔偿义务的范围，不因赔偿请求权人不同而不同。

3. 代位权的范围以保险公司赔偿金额为限

既然保险公司代位求偿权利的产生是由于向被保险人支付了赔款，所以保险公司代位求偿的金额以其向被保险人支付赔款的金额为限。保险公司只能在已支付赔款的范围内向第三者索赔。

第三部分

合同纠纷相关法律、司法解释

中华人民共和国合同法

（1999 年 3 月 15 日第九届全国人民代表大会第二次会议通过　1999 年 3 月 15 日中华人民共和国主席令第 15 号公布　自 1999 年 10 月 1 日起施行）

目　　录

总　　则

第一章　一般规定

第一条　为了保护合同当事人的合法权益，维护社会经济秩序，促进社会主义现代化建设，制定本法。

第二条　本法所称合同是平等主体的自然人、法人、其他组织之间设立、变更、终止民事权利义务关系的协议。

婚姻、收养、监护等有关身份关系的协议，适用其他法律的规定。

第三条　合同当事人的法律地位平等，一方不得将自己的意志强加给另一方。

第四条　当事人依法享有自愿订立合同的权利，任何单位和个人不得非法干预。

第五条　当事人应当遵循公平原则确定各方的权利和义务。

第六条　当事人行使权利、履行义务应当遵循诚实信用原则。

第七条　当事人订立、履行合同，应当遵守法律、行政法规，尊重社会公德，不得扰乱社会经济秩序，损害社会公共利益。

第八条　依法成立的合同，对当事人具有法律约束力。当事人应当按照约定履行自己的义务，不得擅自变更或者解除合同。

依法成立的合同，受法律保护。

第二章　合同的订立

第九条　当事人订立合同，应当具有相应的民事权利能力和民事行为能力。

当事人依法可以委托代理人订立合同。

第十条　当事人订立合同，有书面形式、口头形式和其他形式。

法律、行政法规规定采用书面形式的，应当采用书面形式。当事人约定采用书面形式的，应当采用书面形式。

第十一条　书面形式是指合同书、信件和数据电文（包括电报、电传、传真、电子数据交换和电子邮件）等可以有形地表现所载内容的形式。

第十二条　合同的内容由当事人约定，一般包括以下条款：

（一）当事人的名称或者姓名和住所；

（二）标的；

（三）数量；

（四）质量；

（五）价款或者报酬；

（六）履行期限、地点和方式；

（七）违约责任；

（八）解决争议的方法。

当事人可以参照各类合同的示范文本订立合同。

第十三条　当事人订立合同，采取要约、承诺方式。

第十四条　要约是希望和他人订立合同的意思表示，该意思表示应当符合下列规定：

（一）内容具体确定；

（二）表明经受要约人承诺，要约人即受该意思表示约束。

第十五条　要约邀请是希望他人向自己发出要约的意思表示。寄送的价目表、拍卖公告、招标公告、招股说明书、商业广告等为要约邀请。

商业广告的内容符合要约规定的，视为要约。

第十六条　要约到达受要约人时生效。

采用数据电文形式订立合同，收件人指定特定系统接收数据电文的，该数据电文进入该特定系统的时间，视为到达时间；未指定特定系统的，该数据电文进入收件人的任何系统的首次时间，视为到达时间。

第十七条　要约可以撤回。撤回要约的通知应当在要约到达受要约人之前或者与要约同时到达受要约人。

第十八条　要约可以撤销。撤销要约的通知应当在受要约人发出承诺通知之前到达受要约人。

第十九条　有下列情形之一的，要约不得撤销：

（一）要约人确定了承诺期限或者以其他形式明示要约不可撤销；

（二）受要约人有理由认为要约是不可撤销的，并已经为履行合同作了准备工作。

第二十条　有下列情形之一的，要约失效：

（一）拒绝要约的通知到达要约人；

（二）要约人依法撤销要约；

（三）承诺期限届满，受要约人未作出承诺；

（四）受要约人对要约的内容作出实质性变更。

第二十一条　承诺是受要约人同意要约的意思表示。

第二十二条　承诺应当以通知的方式作出，但根据交易习惯或者要约表明可以通过行为作出承诺的除外。

第二十三条　承诺应当在要约确定的期限内到达要约人。

要约没有确定承诺期限的，承诺应当依照下列规定到达：

（一）要约以对话方式作出的，应当即时作出承诺，但当事人另有约定的除外；

（二）要约以非对话方式作出的，承诺应当在合理期限内到达。

第二十四条　要约以信件或者电报作出的，承诺期限自信件载明的日期或者电报交发之日开始计算。信件未载明日期的，自投寄该信件的邮戳日期开始计算。要约以电话、传真等快速通讯方式作出的，承诺期限自要约到达受要约人时开始计算。

第二十五条　承诺生效时合同成立。

第二十六条　承诺通知到达要约人时生效。承诺不需要通知的，根据交易习惯或者要约的要求作出承诺的行为时生效。

采用数据电文形式订立合同的，承诺到达的时间适用本法第十六条第二款的规定。

第二十七条　承诺可以撤回。撤回承诺的通知应当在承诺通知到达要约人之前或者与承诺通知同时到达要约人。

第二十八条　受要约人超过承诺期限发出承诺的，除要约人及时通知受要约人该承诺有效的以外，为新要约。

第二十九条　受要约人在承诺期限内发出承诺，按照通常情形能够及时到达要约人，但因其他原因承诺到达要约人时超过承诺期限的，除要约人及时通知受要约人因承诺超过期限不接受该承诺的以外，该承诺有效。

第三十条　承诺的内容应当与要约的内容一致。受要约人对要约的内容作出实质性变更的，为新要约。有关合同标的、数量、质量、价款或者报酬、履行期限、履行地点和方式、违约责任和解决争议方法等的变更，是对要约内容的实质性变更。

第三十一条　承诺对要约的内容作出非实质性变更的，除要约人及时表示反对或者要约表明承诺不得对要约的内容作出任何变更的以外，该承诺有效，合同的内容以承诺的内容为准。

第三十二条　当事人采用合同书形式订立合同的，自双方当事人签字或者盖章时合同成立。

第三十三条　当事人采用信件、数据电文等形式订立合同的，可以在合同成立之前要求签订确认书。签订确认书时合同成立。

第三十四条　承诺生效的地点为合同成立的地点。

采用数据电文形式订立合同的，收件人的主营业地为合同成立的地点；没有主营业地的，其经常居住地为合同成立的地点。当事人另有约定的，按照其约定。

第三十五条　当事人采用合同书形式订立合同的，双方当事人签字或者盖章的地点为合同成立的地点。

第三十六条　法律、行政法规规定或者当事人约定采用书面形式订立合同，当事人未采用书面形式但一方已经履行主要义务，对方接受的，该合同成立。

第三十七条　采用合同书形式订立合同，在签字或者盖章之前，当事人一方已经履行主要义务，对方接受的，该合同成立。

第三十八条　国家根据需要下达指令性任务或者国家订货任务的，有关法人、其他组织之间应当依照有关法律、行政法规规定的权利和义务订立合同。

第三十九条　采用格式条款订立合同的，提供格式条款的一方应当遵循公平原则确定当事人之间的权利和义务，并采取合理的方式提请对方注意免除或者限制其责任的条款，按照对方的要求，对该条款予以说明。

格式条款是当事人为了重复使用而预先拟定，并在订立合同时未与对方协商的条款。

第四十条　格式条款具有本法第五十二条和第五十三条规定情形的，或者提供格式条款一方免除其责任、加重对方责任、排除对方主要权利的，该条款无效。

第四十一条　对格式条款的理解发生争议的，应当按照通常理解予以解释。对格式条款有两种以上解释的，应当作出不利于提供格式条款一方的解释。格式条款和非格式条款不一致的，应当采用非格式条款。

第四十二条　当事人在订立合同过程中有下列情形之一，给对方造成损失的，应当承担损害赔偿责任：

（一）假借订立合同，恶意进行磋商；

（二）故意隐瞒与订立合同有关的重要事实或者提供虚假情况；

（三）有其他违背诚实信用原则的行为。

第四十三条　当事人在订立合同过程中知悉的商业秘密，无论合同是否成立，不得泄露或者不正当地使用。泄露或者不正当地使用该商业秘密给对方造成损失的，应当承担损害赔偿责任。

第三章　合同的效力

第四十四条　依法成立的合同，自成立时生效。

法律、行政法规规定应当办理批准、登记等手续生效的，依照其规定。

第四十五条　当事人对合同的效力可以约定附条件。附生效条件的合同，自条件成就时生效。附解除条件的合同，自条件成就时失效。

当事人为自己的利益不正当地阻止条件成就的，视为条件已成就；不正当地促成条件成就的，视为条件不成就。

第四十六条　当事人对合同的效力可以约定

附期限。附生效期限的合同，自期限届至时生效。附终止期限的合同，自期限届满时失效。

第四十七条 限制民事行为能力人订立的合同，经法定代理人追认后，该合同有效，但纯获利益的合同或者与其年龄、智力、精神健康状况相适应而订立的合同，不必经法定代理人追认。

相对人可以催告法定代理人在一个月内予以追认。法定代理人未作表示的，视为拒绝追认。合同被追认之前，善意相对人有撤销的权利。撤销应当以通知的方式作出。

第四十八条 行为人没有代理权、超越代理权或者代理权终止后以被代理人名义订立的合同，未经被代理人追认，对被代理人不发生效力，由行为人承担责任。

相对人可以催告被代理人在一个月内予以追认。被代理人未作表示的，视为拒绝追认。合同被追认之前，善意相对人有撤销的权利。撤销应当以通知的方式作出。

第四十九条 行为人没有代理权、超越代理权或者代理权终止后以被代理人名义订立合同，相对人有理由相信行为人有代理权的，该代理行为有效。

第五十条 法人或者其他组织的法定代表人、负责人超越权限订立的合同，除相对人知道或者应当知道其超越权限的以外，该代表行为有效。

第五十一条 无处分权的人处分他人财产，经权利人追认或者无处分权的人订立合同后取得处分权的，该合同有效。

第五十二条 有下列情形之一的，合同无效：

（一）一方以欺诈、胁迫的手段订立合同，损害国家利益；

（二）恶意串通，损害国家、集体或者第三人利益；

（三）以合法形式掩盖非法目的；

（四）损害社会公共利益；

（五）违反法律、行政法规的强制性规定。

第五十三条 合同中的下列免责条款无效：

（一）造成对方人身伤害的；

（二）因故意或者重大过失造成对方财产损失的。

第五十四条 下列合同，当事人一方有权请求人民法院或者仲裁机构变更或者撤销：

（一）因重大误解订立的；

（二）在订立合同时显失公平的。

一方以欺诈、胁迫的手段或者乘人之危，使对方在违背真实意思的情况下订立的合同，受损害方有权请求人民法院或者仲裁机构变更或者撤销。

当事人请求变更的，人民法院或者仲裁机构不得撤销。

第五十五条 有下列情形之一的，撤销权消灭：

（一）具有撤销权的当事人自知道或者应当知道撤销事由之日起一年内没有行使撤销权；

（二）具有撤销权的当事人知道撤销事由后明确表示或者以自己的行为放弃撤销权。

第五十六条 无效的合同或者被撤销的合同自始没有法律约束力。合同部分无效，不影响其他部分效力的，其他部分仍然有效。

第五十七条 合同无效、被撤销或者终止的，不影响合同中独立存在的有关解决争议方法的条款的效力。

第五十八条 合同无效或者被撤销后，因该合同取得的财产，应当予以返还；不能返还或者没有必要返还的，应当折价补偿。有过错的一方应当赔偿对方因此所受到的损失，双方都有过错的，应当各自承担相应的责任。

第五十九条 当事人恶意串通，损害国家、集体或者第三人利益的，因此取得的财产收归国家所有或者返还集体、第三人。

第四章　合同的履行

第六十条 当事人应当按照约定全面履行自己的义务。

当事人应当遵循诚实信用原则，根据合同的性质、目的和交易习惯履行通知、协助、保密等义务。

第六十一条　合同生效后，当事人就质量、价款或者报酬、履行地点等内容没有约定或者约定不明确的，可以协议补充；不能达成补充协议的，按照合同有关条款或者交易习惯确定。

第六十二条　当事人就有关合同内容约定不明确，依照本法第六十一条的规定仍不能确定的，适用下列规定：

（一）质量要求不明确的，按照国家标准、行业标准履行；没有国家标准、行业标准的，按照通常标准或者符合合同目的的特定标准履行。

（二）价款或者报酬不明确的，按照订立合同时履行地的市场价格履行；依法应当执行政府定价或者政府指导价的，按照规定履行。

（三）履行地点不明确，给付货币的，在接受货币一方所在地履行；交付不动产的，在不动产所在地履行；其他标的，在履行义务一方所在地履行。

（四）履行期限不明确的，债务人可以随时履行，债权人也可以随时要求履行，但应当给对方必要的准备时间。

（五）履行方式不明确的，按照有利于实现合同目的的方式履行。

（六）履行费用的负担不明确的，由履行义务一方负担。

第六十三条　执行政府定价或者政府指导价的，在合同约定的交付期限内政府价格调整时，按照交付时的价格计价。逾期交付标的物的，遇价格上涨时，按照原价格执行；价格下降时，按照新价格执行。逾期提取标的物或者逾期付款的，遇价格上涨时，按照新价格执行；价格下降时，按照原价格执行。

第六十四条　当事人约定由债务人向第三人履行债务的，债务人未向第三人履行债务或者履行债务不符合约定，应当向债权人承担违约责任。

第六十五条　当事人约定由第三人向债权人履行债务的，第三人不履行债务或者履行债务不符合约定，债务人应当向债权人承担违约责任。

第六十六条　当事人互负债务，没有先后履行顺序的，应当同时履行。一方在对方履行之前有权拒绝其履行要求。一方在对方履行债务不符合约定时，有权拒绝其相应的履行要求。

第六十七条　当事人互负债务，有先后履行顺序，先履行一方未履行的，后履行一方有权拒绝其履行要求。先履行一方履行债务不符合约定的，后履行一方有权拒绝其相应的履行要求。

第六十八条　应当先履行债务的当事人，有确切证据证明对方有下列情形之一的，可以中止履行：

（一）经营状况严重恶化；

（二）转移财产、抽逃资金，以逃避债务；

（三）丧失商业信誉；

（四）有丧失或者可能丧失履行债务能力的其他情形。

当事人没有确切证据中止履行的，应当承担违约责任。

第六十九条　当事人依照本法第六十八条的规定中止履行的，应当及时通知对方。对方提供适当担保时，应当恢复履行。中止履行后，对方在合理期限内未恢复履行能力并且未提供适当担保的，中止履行的一方可以解除合同。

第七十条　债权人分立、合并或者变更住所没有通知债务人，致使履行债务发生困难的，债务人可以中止履行或者将标的物提存。

第七十一条　债权人可以拒绝债务人提前履行债务，但提前履行不损害债权人利益的除外。

债务人提前履行债务给债权人增加的费用，由债务人负担。

第七十二条　债权人可以拒绝债务人部分履行债务，但部分履行不损害债权人利益的除外。

债务人部分履行债务给债权人增加的费用，由债务人负担。

第七十三条　因债务人怠于行使其到期债权，对债权人造成损害的，债权人可以向人民法院请求以自己的名义代位行使债务人的债权，但该债权专属于债务人自身的除外。

代位权的行使范围以债权人的债权为限。债

权人行使代位权的必要费用，由债务人负担。

第七十四条 因债务人放弃其到期债权或者无偿转让财产，对债权人造成损害的，债权人可以请求人民法院撤销债务人的行为。债务人以明显不合理的低价转让财产，对债权人造成损害，并且受让人知道该情形的，债权人也可以请求人民法院撤销债务人的行为。

撤销权的行使范围以债权人的债权为限。债权人行使撤销权的必要费用，由债务人负担。

第七十五条 撤销权自债权人知道或者应当知道撤销事由之日起一年内行使。自债务人的行为发生之日起五年内没有行使撤销权的，该撤销权消灭。

第七十六条 合同生效后，当事人不得因姓名、名称的变更或者法定代表人、负责人、承办人的变动而不履行合同义务。

第五章 合同的变更和转让

第七十七条 当事人协商一致，可以变更合同。

法律、行政法规规定变更合同应当办理批准、登记等手续的，依照其规定。

第七十八条 当事人对合同变更的内容约定不明确的，推定为未变更。

第七十九条 债权人可以将合同的权利全部或者部分转让给第三人，但有下列情形之一的除外：

（一）根据合同性质不得转让；

（二）按照当事人约定不得转让；

（三）依照法律规定不得转让。

第八十条 债权人转让权利的，应当通知债务人。未经通知，该转让对债务人不发生效力。

债权人转让权利的通知不得撤销，但经受让人同意的除外。

第八十一条 债权人转让权利的，受让人取得与债权有关的从权利，但该从权利专属于债权人自身的除外。

第八十二条 债务人接到债权转让通知后，债务人对让与人的抗辩，可以向受让人主张。

第八十三条 债务人接到债权转让通知时，债务人对让与人享有债权，并且债务人的债权先于转让的债权到期或者同时到期的，债务人可以向受让人主张抵销。

第八十四条 债务人将合同的义务全部或者部分转移给第三人的，应当经债权人同意。

第八十五条 债务人转移义务的，新债务人可以主张原债务人对债权人的抗辩。

第八十六条 债务人转移义务的，新债务人应当承担与主债务有关的从债务，但该从债务专属于原债务人自身的除外。

第八十七条 法律、行政法规规定转让权利或者转移义务应当办理批准、登记等手续的，依照其规定。

第八十八条 当事人一方经对方同意，可以将自己在合同中的权利和义务一并转让给第三人。

第八十九条 权利和义务一并转让的，适用本法第七十九条、第八十一条至第八十三条、第八十五条至第八十七条的规定。

第九十条 当事人订立合同后合并的，由合并后的法人或者其他组织行使合同权利，履行合同义务。当事人订立合同后分立的，除债权人和债务人另有约定的以外，由分立的法人或者其他组织对合同的权利和义务享有连带债权，承担连带债务。

第六章 合同的权利义务终止

第九十一条 有下列情形之一的，合同的权利义务终止：

（一）债务已经按照约定履行；

（二）合同解除；

（三）债务相互抵销；

（四）债务人依法将标的物提存；

（五）债权人免除债务；

（六）债权债务同归于一人；

（七）法律规定或者当事人约定终止的其他情形。

第九十二条 合同的权利义务终止后，当事人应当遵循诚实信用原则，根据交易习惯履行通知、协助、保密等义务。

第九十三条　当事人协商一致，可以解除合同。

当事人可以约定一方解除合同的条件。解除合同的条件成就时，解除权人可以解除合同。

第九十四条　有下列情形之一的，当事人可以解除合同：

（一）因不可抗力致使不能实现合同目的；

（二）在履行期限届满之前，当事人一方明确表示或者以自己的行为表明不履行主要债务；

（三）当事人一方迟延履行主要债务，经催告后在合理期限内仍未履行；

（四）当事人一方迟延履行债务或者有其他违约行为致使不能实现合同目的；

（五）法律规定的其他情形。

第九十五条　法律规定或者当事人约定解除权行使期限，期限届满当事人不行使的，该权利消灭。

法律没有规定或者当事人没有约定解除权行使期限，经对方催告后在合理期限内不行使的，该权利消灭。

第九十六条　当事人一方依照本法第九十三条第二款、第九十四条的规定主张解除合同的，应当通知对方。合同自通知到达对方时解除。对方有异议的，可以请求人民法院或者仲裁机构确认解除合同的效力。

法律、行政法规规定解除合同应当办理批准、登记等手续的，依照其规定。

第九十七条　合同解除后，尚未履行的，终止履行；已经履行的，根据履行情况和合同性质，当事人可以要求恢复原状、采取其他补救措施，并有权要求赔偿损失。

第九十八条　合同的权利义务终止，不影响合同中结算和清理条款的效力。

第九十九条　当事人互负到期债务，该债务的标的物种类、品质相同的，任何一方可以将自己的债务与对方的债务抵销，但依照法律规定或者按照合同性质不得抵销的除外。

当事人主张抵销的，应当通知对方。通知自到达对方时生效。抵销不得附条件或者附期限。

第一百条　当事人互负债务，标的物种类、品质不相同的，经双方协商一致，也可以抵销。

第一百零一条　有下列情形之一，难以履行债务的，债务人可以将标的物提存：

（一）债权人无正当理由拒绝受领；

（二）债权人下落不明；

（三）债权人死亡未确定继承人或者丧失民事行为能力未确定监护人；

（四）法律规定的其他情形。

标的物不适于提存或者提存费用过高的，债务人依法可以拍卖或者变卖标的物，提存所得的价款。

第一百零二条　标的物提存后，除债权人下落不明的以外，债务人应当及时通知债权人或者债权人的继承人、监护人。

第一百零三条　标的物提存后，毁损、灭失的风险由债权人承担。提存期间，标的物的孳息归债权人所有。提存费用由债权人负担。

第一百零四条　债权人可以随时领取提存物，但债权人对债务人负有到期债务的，在债权人未履行债务或者提供担保之前，提存部门根据债务人的要求应当拒绝其领取提存物。

债权人领取提存物的权利，自提存之日起五年内不行使而消灭，提存物扣除提存费用后归国家所有。

第一百零五条　债权人免除债务人部分或者全部债务的，合同的权利义务部分或者全部终止。

第一百零六条　债权和债务同归于一人的，合同的权利义务终止，但涉及第三人利益的除外。

第七章　违约责任

第一百零七条　当事人一方不履行合同义务或者履行合同义务不符合约定的，应当承担继续履行、采取补救措施或者赔偿损失等违约责任。

第一百零八条　当事人一方明确表示或者以

自己的行为表明不履行合同义务的，对方可以在履行期限届满之前要求其承担违约责任。

第一百零九条 当事人一方未支付价款或者报酬的，对方可以要求其支付价款或者报酬。

第一百一十条 当事人一方不履行非金钱债务或者履行非金钱债务不符合约定的，对方可以要求履行，但有下列情形之一的除外：

（一）法律上或者事实上不能履行；

（二）债务的标的不适于强制履行或者履行费用过高；

（三）债权人在合理期限内未要求履行。

第一百一十一条 质量不符合约定的，应当按照当事人的约定承担违约责任。对违约责任没有约定或者约定不明确，依照本法第六十一条的规定仍不能确定的，受损害方根据标的的性质以及损失的大小，可以合理选择要求对方承担修理、更换、重作、退货、减少价款或者报酬等违约责任。

第一百一十二条 当事人一方不履行合同义务或者履行合同义务不符合约定的，在履行义务或者采取补救措施后，对方还有其他损失的，应当赔偿损失。

第一百一十三条 当事人一方不履行合同义务或者履行合同义务不符合约定，给对方造成损失的，损失赔偿额应当相当于因违约所造成的损失，包括合同履行后可以获得的利益，但不得超过违反合同一方订立合同时预见到或者应当预见到的因违反合同可能造成的损失。

经营者对消费者提供商品或者服务有欺诈行为的，依照《中华人民共和国消费者权益保护法》的规定承担损害赔偿责任。

第一百一十四条 当事人可以约定一方违约时应当根据违约情况向对方支付一定数额的违约金，也可以约定因违约产生的损失赔偿额的计算方法。

约定的违约金低于造成的损失的，当事人可以请求人民法院或者仲裁机构予以增加；约定的违约金过分高于造成的损失的，当事人可以请求人民法院或者仲裁机构予以适当减少。

当事人就迟延履行约定违约金的，违约方支付违约金后，还应当履行债务。

第一百一十五条 当事人可以依照《中华人民共和国担保法》约定一方向对方给付定金作为债权的担保。债务人履行债务后，定金应当抵作价款或者收回。给付定金的一方不履行约定的债务的，无权要求返还定金；收受定金的一方不履行约定的债务的，应当双倍返还定金。

第一百一十六条 当事人既约定违约金，又约定定金的，一方违约时，对方可以选择适用违约金或者定金条款。

第一百一十七条 因不可抗力不能履行合同的，根据不可抗力的影响，部分或者全部免除责任，但法律另有规定的除外。当事人迟延履行后发生不可抗力的，不能免除责任。

本法所称不可抗力，是指不能预见、不能避免并不能克服的客观情况。

第一百一十八条 当事人一方因不可抗力不能履行合同的，应当及时通知对方，以减轻可能给对方造成的损失，并应当在合理期限内提供证明。

第一百一十九条 当事人一方违约后，对方应当采取适当措施防止损失的扩大；没有采取适当措施致使损失扩大的，不得就扩大的损失要求赔偿。

当事人因防止损失扩大而支出的合理费用，由违约方承担。

第一百二十条 当事人双方都违反合同的，应当各自承担相应的责任。

第一百二十一条 当事人一方因第三人的原因造成违约的，应当向对方承担违约责任。当事人一方和第三人之间的纠纷，依照法律规定或者按照约定解决。

第一百二十二条 因当事人一方的违约行为，侵害对方人身、财产权益的，受损害方有权选择依照本法要求其承担违约责任或者依照其他法律要求其承担侵权责任。

第八章 其他规定

第一百二十三条 其他法律对合同另有规定

的，依照其规定。

第一百二十四条　本法分则或者其他法律没有明文规定的合同，适用本法总则的规定，并可以参照本法分则或者其他法律最相类似的规定。

第一百二十五条　当事人对合同条款的理解有争议的，应当按照合同所使用的词句、合同的有关条款、合同的目的、交易习惯以及诚实信用原则，确定该条款的真实意思。

合同文本采用两种以上文字订立并约定具有同等效力的，对各文本使用的词句推定具有相同含义。各文本使用的词句不一致的，应当根据合同的目的予以解释。

第一百二十六条　涉外合同的当事人可以选择处理合同争议所适用的法律，但法律另有规定的除外。涉外合同的当事人没有选择的，适用与合同有最密切联系的国家的法律。

在中华人民共和国境内履行的中外合资经营企业合同、中外合作经营企业合同、中外合作勘探开发自然资源合同，适用中华人民共和国法律。

第一百二十七条　工商行政管理部门和其他有关行政主管部门在各自的职权范围内，依照法律、行政法规的规定，对利用合同危害国家利益、社会公共利益的违法行为，负责监督处理；构成犯罪的，依法追究刑事责任。

第一百二十八条　当事人可以通过和解或者调解解决合同争议。

当事人不愿和解、调解或者和解、调解不成的，可以根据仲裁协议向仲裁机构申请仲裁。涉外合同的当事人可以根据仲裁协议向中国仲裁机构或者其他仲裁机构申请仲裁。当事人没有订立仲裁协议或者仲裁协议无效的，可以向人民法院起诉。当事人应当履行发生法律效力的判决、仲裁裁决、调解书；拒不履行的，对方可以请求人民法院执行。

第一百二十九条　因国际货物买卖合同和技术进出口合同争议提起诉讼或者申请仲裁的期限为四年，自当事人知道或者应当知道其权利受到侵害之日起计算。因其他合同争议提起诉讼或者申请仲裁的期限，依照有关法律的规定。

分　　则

第九章　买卖合同

第一百三十条　买卖合同是出卖人转移标的物的所有权于买受人，买受人支付价款的合同。

第一百三十一条　买卖合同的内容除依照本法第十二条的规定以外，还可以包括包装方式、检验标准和方法、结算方式、合同使用的文字及其效力等条款。

第一百三十二条　出卖的标的物，应当属于出卖人所有或者出卖人有权处分。

法律、行政法规禁止或者限制转让的标的物，依照其规定。

第一百三十三条　标的物的所有权自标的物交付时起转移，但法律另有规定或者当事人另有约定的除外。

第一百三十四条　当事人可以在买卖合同中约定买受人未履行支付价款或者其他义务的，标的物的所有权属于出卖人。

第一百三十五条　出卖人应当履行向买受人交付标的物或者交付提取标的物的单证，并转移标的物所有权的义务。

第一百三十六条　出卖人应当按照约定或者交易习惯向买受人交付提取标的物单证以外的有关单证和资料。

第一百三十七条　出卖具有知识产权的计算机软件等标的物的，除法律另有规定或者当事人另有约定的以外，该标的物的知识产权不属于买受人。

第一百三十八条　出卖人应当按照约定的期限交付标的物。约定交付期间的，出卖人可以在该交付期间内的任何时间交付。

第一百三十九条　当事人没有约定标的物的交付期限或者约定不明确的，适用本法第六十一条、第六十二条第四项的规定。

第一百四十条　标的物在订立合同之前已为买受人占有的，合同生效的时间为交付时间。

第一百四十一条　出卖人应当按照约定的地

点交付标的物。

当事人没有约定交付地点或者约定不明确，依照本法第六十一条的规定仍不能确定的，适用下列规定：

（一）标的物需要运输的，出卖人应当将标的物交付给第一承运人以运交给买受人；

（二）标的物不需要运输，出卖人和买受人订立合同时知道标的物在某一地点的，出卖人应当在该地点交付标的物；不知道标的物在某一地点的，应当在出卖人订立合同时的营业地交付标的物。

第一百四十二条 标的物毁损、灭失的风险，在标的物交付之前由出卖人承担，交付之后由买受人承担，但法律另有规定或者当事人另有约定的除外。

第一百四十三条 因买受人的原因致使标的物不能按照约定的期限交付的，买受人应当自违反约定之日起承担标的物毁损、灭失的风险。

第一百四十四条 出卖人出卖交由承运人运输的在途标的物，除当事人另有约定的以外，毁损、灭失的风险自合同成立时起由买受人承担。

第一百四十五条 当事人没有约定交付地点或者约定不明确，依照本法第一百四十一条第二款第一项的规定标的物需要运输的，出卖人将标的物交付给第一承运人后，标的物毁损、灭失的风险由买受人承担。

第一百四十六条 出卖人按照约定或者依照本法第一百四十一条第二款第二项的规定将标的物置于交付地点，买受人违反约定没有收取的，标的物毁损、灭失的风险自违反约定之日起由买受人承担。

第一百四十七条 出卖人按照约定未交付有关标的物的单证和资料的，不影响标的物毁损、灭失风险的转移。

第一百四十八条 因标的物质量不符合质量要求，致使不能实现合同目的的，买受人可以拒绝接受标的物或者解除合同。买受人拒绝接受标的物或者解除合同的，标的物毁损、灭失的风险由出卖人承担。

第一百四十九条 标的物毁损、灭失的风险由买受人承担的，不影响因出卖人履行债务不符合约定，买受人要求其承担违约责任的权利。

第一百五十条 出卖人就交付的标的物，负有保证第三人不得向买受人主张任何权利的义务，但法律另有规定的除外。

第一百五十一条 买受人订立合同时知道或者应当知道第三人对买卖的标的物享有权利的，出卖人不承担本法第一百五十条规定的义务。

第一百五十二条 买受人有确切证据证明第三人可能就标的物主张权利的，可以中止支付相应的价款，但出卖人提供适当担保的除外。

第一百五十三条 出卖人应当按照约定的质量要求交付标的物。出卖人提供有关标的物质量说明的，交付的标的物应当符合该说明的质量要求。

第一百五十四条 当事人对标的物的质量要求没有约定或者约定不明确，依照本法第六十一条的规定仍不能确定的，适用本法第六十二条第一项的规定。

第一百五十五条 出卖人交付的标的物不符合质量要求的，买受人可以依照本法第一百一十一条的规定要求承担违约责任。

第一百五十六条 出卖人应当按照约定的包装方式交付标的物。对包装方式没有约定或者约定不明确，依照本法第六十一条的规定仍不能确定的，应当按照通用的方式包装，没有通用方式的，应当采取足以保护标的物的包装方式。

第一百五十七条 买受人收到标的物时应当在约定的检验期间内检验。没有约定检验期间的，应当及时检验。

第一百五十八条 当事人约定检验期间的，买受人应当在检验期间内将标的物的数量或者质量不符合约定的情形通知出卖人。买受人怠于通知的，视为标的物的数量或者质量符合约定。

当事人没有约定检验期间的，买受人应当在发现或者应当发现标的物的数量或者质量不符合约定的合理期间内通知出卖人。买受人在合理期间内未通知或者自标的物收到之日起两年内未通知出卖人的，视为标的物的数量或者质量符合约定，但对标的物有质量保证期的，适用质量保证期，不适用该两年的规定。

出卖人知道或者应当知道提供的标的物不符合约定的，买受人不受前两款规定的通知时间的限制。

第一百五十九条　买受人应当按照约定的数额支付价款。对价款没有约定或者约定不明确的，适用本法第六十一条、第六十二条第二项的规定。

第一百六十条　买受人应当按照约定的地点支付价款。对支付地点没有约定或者约定不明确，依照本法第六十一条的规定仍不能确定的，买受人应当在出卖人的营业地支付，但约定支付价款以交付标的物或者交付提取标的物单证为条件的，在交付标的物或者交付提取标的物单证的所在地支付。

第一百六十一条　买受人应当按照约定的时间支付价款。对支付时间没有约定或者约定不明确，依照本法第六十一条的规定仍不能确定的，买受人应当在收到标的物或者提取标的物单证的同时支付。

第一百六十二条　出卖人多交标的物的，买受人可以接收或者拒绝接收多交的部分。买受人接收多交部分的，按照合同的价格支付价款；买受人拒绝接收多交部分的，应当及时通知出卖人。

第一百六十三条　标的物在交付之前产生的孳息，归出卖人所有，交付之后产生的孳息，归买受人所有。

第一百六十四条　因标的物的主物不符合约定而解除合同的，解除合同的效力及于从物。因标的物的从物不符合约定被解除的，解除的效力不及于主物。

第一百六十五条　标的物为数物，其中一物不符合约定的，买受人可以就该物解除，但该物与他物分离使标的物的价值显受损害的，当事人可以就数物解除合同。

第一百六十六条　出卖人分批交付标的物的，出卖人对其中一批标的物不交付或者交付不符合约定，致使该批标的物不能实现合同目的的，买受人可以就该批标的物解除。

出卖人不交付其中一批标的物或者交付不符合约定，致使今后其他各批标的物的交付不能实现合同目的的，买受人可以就该批以及今后其他各批标的物解除。

买受人如果就其中一批标的物解除，该批标的物与其他各批标的物相互依存的，可以就已经交付和未交付的各批标的物解除。

第一百六十七条　分期付款的买受人未支付到期价款的金额达到全部价款的五分之一的，出卖人可以要求买受人支付全部价款或者解除合同。

出卖人解除合同的，可以向买受人要求支付该标的物的使用费。

第一百六十八条　凭样品买卖的当事人应当封存样品，并可以对样品质量予以说明。出卖人交付的标的物应当与样品及其说明的质量相同。

第一百六十九条　凭样品买卖的买受人不知道样品有隐蔽瑕疵的，即使交付的标的物与样品相同，出卖人交付的标的物的质量仍然应当符合同种物的通常标准。

第一百七十条　试用买卖的当事人可以约定标的物的试用期间。对试用期间没有约定或者约定不明确，依照本法第六十一条的规定仍不能确定的，由出卖人确定。

第一百七十一条　试用买卖的买受人在试用期内可以购买标的物，也可以拒绝购买。试用期间届满，买受人对是否购买标的物未作表示的，视为购买。

第一百七十二条　招标投标买卖的当事人的权利和义务以及招标投标程序等，依照有关法律、行政法规的规定。

第一百七十三条　拍卖的当事人的权利和义务以及拍卖程序等，依照有关法律、行政法规的规定。

第一百七十四条　法律对其他有偿合同有规定的，依照其规定；没有规定的，参照买卖合同的有关规定。

第一百七十五条 当事人约定易货交易，转移标的物的所有权的，参照买卖合同的有关规定。

第十章 供用电、水、气、热力合同

第一百七十六条 供用电合同是供电人向用电人供电，用电人支付电费的合同。

第一百七十七条 供用电合同的内容包括供电的方式、质量、时间，用电容量、地址、性质，计量方式，电价、电费的结算方式，供用电设施的维护责任等条款。

第一百七十八条 供用电合同的履行地点，按照当事人约定；当事人没有约定或者约定不明确的，供电设施的产权分界处为履行地点。

第一百七十九条 供电人应当按照国家规定的供电质量标准和约定安全供电。供电人未按照国家规定的供电质量标准和约定安全供电，造成用电人损失的，应当承担损害赔偿责任。

第一百八十条 供电人因供电设施计划检修、临时检修、依法限电或者用电人违法用电等原因，需要中断供电时，应当按照国家有关规定事先通知用电人。未事先通知用电人中断供电，造成用电人损失的，应当承担损害赔偿责任。

第一百八十一条 因自然灾害等原因断电，供电人应当按照国家有关规定及时抢修。未及时抢修，造成用电人损失的，应当承担损害赔偿责任。

第一百八十二条 用电人应当按照国家有关规定和当事人的约定及时交付电费。用电人逾期不交付电费的，应当按照约定支付违约金。经催告用电人在合理期限内仍不交付电费和违约金的，供电人可以按照国家规定的程序中止供电。

第一百八十三条 用电人应当按照国家有关规定和当事人的约定安全用电。用电人未按照国家有关规定和当事人的约定安全用电，造成供电人损失的，应当承担损害赔偿责任。

第一百八十四条 供用水、供用气、供用热力合同，参照供用电合同的有关规定。

第十一章 赠与合同

第一百八十五条 赠与合同是赠与人将自己的财产无偿给予受赠人，受赠人表示接受赠与的合同。

第一百八十六条 赠与人在赠与财产的权利转移之前可以撤销赠与。

具有救灾、扶贫等社会公益、道德义务性质的赠与合同或者经过公证的赠与合同，不适用前款规定。

第一百八十七条 赠与的财产依法需要办理登记等手续的，应当办理有关手续。

第一百八十八条 具有救灾、扶贫等社会公益、道德义务性质的赠与合同或者经过公证的赠与合同，赠与人不交付赠与的财产的，受赠人可以要求交付。

第一百八十九条 因赠与人故意或者重大过失致使赠与的财产毁损、灭失的，赠与人应当承担损害赔偿责任。

第一百九十条 赠与可以附义务。

赠与附义务的，受赠人应当按照约定履行义务。

第一百九十一条 赠与的财产有瑕疵的，赠与人不承担责任。附义务的赠与，赠与的财产有瑕疵的，赠与人在附义务的限度内承担与出卖人相同的责任。

赠与人故意不告知瑕疵或者保证无瑕疵，造成受赠人损失的，应当承担损害赔偿责任。

第一百九十二条 受赠人有下列情形之一的，赠与人可以撤销赠与：

（一）严重侵害赠与人或者赠与人的近亲属；

（二）对赠与人有扶养义务而不履行；

（三）不履行赠与合同约定的义务。

赠与人的撤销权，自知道或者应当知道撤销原因之日起一年内行使。

第一百九十三条 因受赠人的违法行为致使赠与人死亡或者丧失民事行为能力的，赠与人的继承人或者法定代理人可以撤销赠与。

赠与人的继承人或者法定代理人的撤销权，

自知道或者应当知道撤销原因之日起六个月内行使。

第一百九十四条　撤销权人撤销赠与的，可以向受赠人要求返还赠与的财产。

第一百九十五条　赠与人的经济状况显著恶化，严重影响其生产经营或者家庭生活的，可以不再履行赠与义务。

第十二章　借款合同

第一百九十六条　借款合同是借款人向贷款人借款，到期返还借款并支付利息的合同。

第一百九十七条　借款合同采用书面形式，但自然人之间借款另有约定的除外。

借款合同的内容包括借款种类、币种、用途、数额、利率、期限和还款方式等条款。

第一百九十八条　订立借款合同，贷款人可以要求借款人提供担保。担保依照《中华人民共和国担保法》的规定。

第一百九十九条　订立借款合同，借款人应当按照贷款人的要求提供与借款有关的业务活动和财务状况的真实情况。

第二百条　借款的利息不得预先在本金中扣除。利息预先在本金中扣除的，应当按照实际借款数额返还借款并计算利息。

第二百零一条　贷款人未按照约定的日期、数额提供借款，造成借款人损失的，应当赔偿损失。

借款人未按照约定的日期、数额收取借款的，应当按照约定的日期、数额支付利息。

第二百零二条　贷款人按照约定可以检查、监督借款的使用情况。借款人应当按照约定向贷款人定期提供有关财务会计报表等资料。

第二百零三条　借款人未按照约定的借款用途使用借款的，贷款人可以停止发放借款、提前收回借款或者解除合同。

第二百零四条　办理贷款业务的金融机构贷款的利率，应当按照中国人民银行规定的贷款利率的上下限确定。

第二百零五条　借款人应当按照约定的期限支付利息。对支付利息的期限没有约定或者约定不明确，依照本法第六十一条的规定仍不能确定，借款期间不满一年的，应当在返还借款时一并支付；借款期间一年以上的，应当在每届满一年时支付，剩余期间不满一年的，应当在返还借款时一并支付。

第二百零六条　借款人应当按照约定的期限返还借款。对借款期限没有约定或者约定不明确，依照本法第六十一条的规定仍不能确定的，借款人可以随时返还；贷款人可以催告借款人在合理期限内返还。

第二百零七条　借款人未按照约定的期限返还借款的，应当按照约定或者国家有关规定支付逾期利息。

第二百零八条　借款人提前偿还借款的，除当事人另有约定的以外，应当按照实际借款的期间计算利息。

第二百零九条　借款人可以在还款期限届满之前向贷款人申请展期。贷款人同意的，可以展期。

第二百一十条　自然人之间的借款合同，自贷款人提供借款时生效。

第二百一十一条　自然人之间的借款合同对支付利息没有约定或者约定不明确的，视为不支付利息。

自然人之间的借款合同约定支付利息的，借款的利率不得违反国家有关限制借款利率的规定。

第十三章　租赁合同

第二百一十二条　租赁合同是出租人将租赁物交付承租人使用、收益，承租人支付租金的合同。

第二百一十三条　租赁合同的内容包括租赁物的名称、数量、用途、租赁期限、租金及其支付期限和方式、租赁物维修等条款。

第二百一十四条　租赁期限不得超过二十年。超过二十年的，超过部分无效。

租赁期间届满，当事人可以续订租赁合同，

但约定的租赁期限自续订之日起不得超过二十年。

第二百一十五条 租赁期限六个月以上的，应当采用书面形式。当事人未采用书面形式的，视为不定期租赁。

第二百一十六条 出租人应当按照约定将租赁物交付承租人，并在租赁期间保持租赁物符合约定的用途。

第二百一十七条 承租人应当按照约定的方法使用租赁物。对租赁物的使用方法没有约定或者约定不明确，依照本法第六十一条的规定仍不能确定的，应当按照租赁物的性质使用。

第二百一十八条 承租人按照约定的方法或者租赁物的性质使用租赁物，致使租赁物受到损耗的，不承担损害赔偿责任。

第二百一十九条 承租人未按照约定的方法或者租赁物的性质使用租赁物，致使租赁物受到损失的，出租人可以解除合同并要求赔偿损失。

第二百二十条 出租人应当履行租赁物的维修义务，但当事人另有约定的除外。

第二百二十一条 承租人在租赁物需要维修时可以要求出租人在合理期限内维修。出租人未履行维修义务的，承租人可以自行维修，维修费用由出租人负担。因维修租赁物影响承租人使用的，应当相应减少租金或者延长租期。

第二百二十二条 承租人应当妥善保管租赁物，因保管不善造成租赁物毁损、灭失的，应当承担损害赔偿责任。

第二百二十三条 承租人经出租人同意，可以对租赁物进行改善或者增设他物。

承租人未经出租人同意，对租赁物进行改善或者增设他物的，出租人可以要求承租人恢复原状或者赔偿损失。

第二百二十四条 承租人经出租人同意，可以将租赁物转租给第三人。承租人转租的，承租人与出租人之间的租赁合同继续有效，第三人对租赁物造成损失的，承租人应当赔偿损失。

承租人未经出租人同意转租的，出租人可以解除合同。

第二百二十五条 在租赁期间因占有、使用租赁物获得的收益，归承租人所有，但当事人另有约定的除外。

第二百二十六条 承租人应当按照约定的期限支付租金。对支付期限没有约定或者约定不明确，依照本法第六十一条的规定仍不能确定，租赁期间不满一年的，应当在租赁期间届满时支付；租赁期间一年以上的，应当在每届满一年时支付，剩余期间不满一年的，应当在租赁期间届满时支付。

第二百二十七条 承租人无正当理由未支付或者迟延支付租金的，出租人可以要求承租人在合理期限内支付。承租人逾期不支付的，出租人可以解除合同。

第二百二十八条 因第三人主张权利，致使承租人不能对租赁物使用、收益的，承租人可以要求减少租金或者不支付租金。

第三人主张权利的，承租人应当及时通知出租人。

第二百二十九条 租赁物在租赁期间发生所有权变动的，不影响租赁合同的效力。

第二百三十条 出租人出卖租赁房屋的，应当在出卖之前的合理期限内通知承租人，承租人享有以同等条件优先购买的权利。

第二百三十一条 因不可归责于承租人的事由，致使租赁物部分或者全部毁损、灭失的，承租人可以要求减少租金或者不支付租金；因租赁物部分或者全部毁损、灭失，致使不能实现合同目的的，承租人可以解除合同。

第二百三十二条 当事人对租赁期限没有约定或者约定不明确，依照本法第六十一条的规定仍不能确定的，视为不定期租赁。当事人可以随时解除合同，但出租人解除合同应当在合理期限之前通知承租人。

第二百三十三条 租赁物危及承租人的安全或者健康的，即使承租人订立合同时明知该租赁物质量不合格，承租人仍然可以随时解除合同。

第二百三十四条 承租人在房屋租赁期间死亡的，与其生前共同居住的人可以按照原租赁合同租赁该房屋。

第二百三十五条　租赁期间届满，承租人应当返还租赁物。返还的租赁物应当符合按照约定或者租赁物的性质使用后的状态。

第二百三十六条　租赁期间届满，承租人继续使用租赁物，出租人没有提出异议的，原租赁合同继续有效，但租赁期限为不定期。

第十四章　融资租赁合同

第二百三十七条　融资租赁合同是出租人根据承租人对出卖人、租赁物的选择，向出卖人购买租赁物，提供给承租人使用，承租人支付租金的合同。

第二百三十八条　融资租赁合同的内容包括租赁物名称、数量、规格、技术性能、检验方法、租赁期限、租金构成及其支付期限和方式、币种、租赁期间届满租赁物的归属等条款。

融资租赁合同应当采用书面形式。

第二百三十九条　出租人根据承租人对出卖人、租赁物的选择订立的买卖合同，出卖人应当按照约定向承租人交付标的物，承租人享有与受领标的物有关的买受人的权利。

第二百四十条　出租人、出卖人、承租人可以约定，出卖人不履行买卖合同义务的，由承租人行使索赔的权利。承租人行使索赔权利的，出租人应当协助。

第二百四十一条　出租人根据承租人对出卖人、租赁物的选择订立的买卖合同，未经承租人同意，出租人不得变更与承租人有关的合同内容。

第二百四十二条　出租人享有租赁物的所有权。承租人破产的，租赁物不属于破产财产。

第二百四十三条　融资租赁合同的租金，除当事人另有约定的以外，应当根据购买租赁物的大部分或者全部成本以及出租人的合理利润确定。

第二百四十四条　租赁物不符合约定或者不符合使用目的的，出租人不承担责任，但承租人依赖出租人的技能确定租赁物或者出租人干预选择租赁物的除外。

第二百四十五条　出租人应当保证承租人对租赁物的占有和使用。

第二百四十六条　承租人占有租赁物期间，租赁物造成第三人的人身伤害或者财产损害的，出租人不承担责任。

第二百四十七条　承租人应当妥善保管、使用租赁物。

承租人应当履行占有租赁物期间的维修义务。

第二百四十八条　承租人应当按照约定支付租金。承租人经催告后在合理期限内仍不支付租金的，出租人可以要求支付全部租金；也可以解除合同，收回租赁物。

第二百四十九条　当事人约定租赁期间届满租赁物归承租人所有，承租人已经支付大部分租金，但无力支付剩余租金，出租人因此解除合同收回租赁物的，收回的租赁物的价值超过承租人欠付的租金以及其他费用的，承租人可以要求部分返还。

第二百五十条　出租人和承租人可以约定租赁期间届满租赁物的归属。对租赁物的归属没有约定或者约定不明确，依照本法第六十一条的规定仍不能确定的，租赁物的所有权归出租人。

第十五章　承揽合同

第二百五十一条　承揽合同是承揽人按照定作人的要求完成工作，交付工作成果，定作人给付报酬的合同。

承揽包括加工、定作、修理、复制、测试、检验等工作。

第二百五十二条　承揽合同的内容包括承揽的标的、数量、质量、报酬、承揽方式、材料的提供、履行期限、验收标准和方法等条款。

第二百五十三条　承揽人应当以自己的设备、技术和劳力，完成主要工作，但当事人另有约定的除外。

承揽人将其承揽的主要工作交由第三人完成的，应当就该第三人完成的工作成果向定作人负责；未经定作人同意的，定作人也可以解除合同。

第二百五十四条 承揽人可以将其承揽的辅助工作交由第三人完成。承揽人将其承揽的辅助工作交由第三人完成的，应当就该第三人完成的工作成果向定作人负责。

第二百五十五条 承揽人提供材料的，承揽人应当按照约定选用材料，并接受定作人检验。

第二百五十六条 定作人提供材料的，定作人应当按照约定提供材料。承揽人对定作人提供的材料，应当及时检验，发现不符合约定时，应当及时通知定作人更换、补齐或者采取其他补救措施。

承揽人不得擅自更换定作人提供的材料，不得更换不需要修理的零部件。

第二百五十七条 承揽人发现定作人提供的图纸或者技术要求不合理的，应当及时通知定作人。因定作人怠于答复等原因造成承揽人损失的，应当赔偿损失。

第二百五十八条 定作人中途变更承揽工作的要求，造成承揽人损失的，应当赔偿损失。

第二百五十九条 承揽工作需要定作人协助的，定作人有协助的义务。

定作人不履行协助义务致使承揽工作不能完成的，承揽人可以催告定作人在合理期限内履行义务，并可以顺延履行期限；定作人逾期不履行的，承揽人可以解除合同。

第二百六十条 承揽人在工作期间，应当接受定作人必要的监督检验。定作人不得因监督检验妨碍承揽人的正常工作。

第二百六十一条 承揽人完成工作的，应当向定作人交付工作成果，并提交必要的技术资料和有关质量证明。定作人应当验收该工作成果。

第二百六十二条 承揽人交付的工作成果不符合质量要求的，定作人可以要求承揽人承担修理、重作、减少报酬、赔偿损失等违约责任。

第二百六十三条 定作人应当按照约定的期限支付报酬。对支付报酬的期限没有约定或者约定不明确，依照本法第六十一条的规定仍不能确定的，定作人应当在承揽人交付工作成果时支付；工作成果部分交付的，定作人应当相应支付。

第二百六十四条 定作人未向承揽人支付报酬或者材料费等价款的，承揽人对完成的工作成果享有留置权，但当事人另有约定的除外。

第二百六十五条 承揽人应当妥善保管定作人提供的材料以及完成的工作成果，因保管不善造成毁损、灭失的，应当承担损害赔偿责任。

第二百六十六条 承揽人应当按照定作人的要求保守秘密，未经定作人许可，不得留存复制品或者技术资料。

第二百六十七条 共同承揽人对定作人承担连带责任，但当事人另有约定的除外。

第二百六十八条 定作人可以随时解除承揽合同，造成承揽人损失的，应当赔偿损失。

第十六章　建设工程合同

第二百六十九条 建设工程合同是承包人进行工程建设，发包人支付价款的合同。

建设工程合同包括工程勘察、设计、施工合同。

第二百七十条 建设工程合同应当采用书面形式。

第二百七十一条 建设工程的招标投标活动，应当依照有关法律的规定公开、公平、公正进行。

第二百七十二条 发包人可以与总承包人订立建设工程合同，也可以分别与勘察人、设计人、施工人订立勘察、设计、施工承包合同。发包人不得将应当由一个承包人完成的建设工程肢解成若干部分发包给几个承包人。

总承包人或者勘察、设计、施工承包人经发包人同意，可以将自己承包的部分工作交由第三人完成。第三人就其完成的工作成果与总承包人或者勘察、设计、施工承包人向发包人承担连带责任。承包人不得将其承包的全部建设工程转包给第三人或者将其承包的全部建设工程肢解以后以分包的名义分别转包给第三人。

禁止承包人将工程分包给不具备相应资质条件的单位。禁止分包单位将其承包的工程再分包。建设工程主体结构的施工必须由承包人自行完成。

第二百七十三条　国家重大建设工程合同，应当按照国家规定的程序和国家批准的投资计划、可行性研究报告等文件订立。

第二百七十四条　勘察、设计合同的内容包括提交有关基础资料和文件（包括概预算）的期限、质量要求、费用以及其他协作条件等条款。

第二百七十五条　施工合同的内容包括工程范围、建设工期、中间交工工程的开工和竣工时间、工程质量、工程造价、技术资料交付时间、材料和设备供应责任、拨款和结算、竣工验收、质量保修范围和质量保证期、双方相互协作等条款。

第二百七十六条　建设工程实行监理的，发包人应当与监理人采用书面形式订立委托监理合同。发包人与监理人的权利和义务以及法律责任，应当依照本法委托合同以及其他有关法律、行政法规的规定。

第二百七十七条　发包人在不妨碍承包人正常作业的情况下，可以随时对作业进度、质量进行检查。

第二百七十八条　隐蔽工程在隐蔽以前，承包人应当通知发包人检查。发包人没有及时检查的，承包人可以顺延工程日期，并有权要求赔偿停工、窝工等损失。

第二百七十九条　建设工程竣工后，发包人应当根据施工图纸及说明书、国家颁发的施工验收规范和质量检验标准及时进行验收。验收合格的，发包人应当按照约定支付价款，并接收该建设工程。

建设工程竣工经验收合格后，方可交付使用；未经验收或者验收不合格的，不得交付使用。

第二百八十条　勘察、设计的质量不符合要求或者未按照期限提交勘察、设计文件拖延工期，造成发包人损失的，勘察人、设计人应当继续完善勘察、设计，减收或者免收勘察、设计费并赔偿损失。

第二百八十一条　因施工人的原因致使建设工程质量不符合约定的，发包人有权要求施工人在合理期限内无偿修理或者返工、改建。经过修理或者返工、改建后，造成逾期交付的，施工人应当承担违约责任。

第二百八十二条　因承包人的原因致使建设工程在合理使用期限内造成人身和财产损害的，承包人应当承担损害赔偿责任。

第二百八十三条　发包人未按照约定的时间和要求提供原材料、设备、场地、资金、技术资料的，承包人可以顺延工程日期，并有权要求赔偿停工、窝工等损失。

第二百八十四条　因发包人的原因致使工程中途停建、缓建的，发包人应当采取措施弥补或者减少损失，赔偿承包人因此造成的停工、窝工、倒运、机械设备调迁、材料和构件积压等损失和实际费用。

第二百八十五条　因发包人变更计划，提供的资料不准确，或者未按照期限提供必需的勘察、设计工作条件而造成勘察、设计的返工、停工或者修改设计，发包人应当按照勘察人、设计人实际消耗的工作量增付费用。

第二百八十六条　发包人未按照约定支付价款的，承包人可以催告发包人在合理期限内支付价款。发包人逾期不支付的，除按照建设工程的性质不宜折价、拍卖的以外，承包人可以与发包人协议将该工程折价，也可以申请人民法院将该工程依法拍卖。建设工程的价款就该工程折价或者拍卖的价款优先受偿。

第二百八十七条　本章没有规定的，适用承揽合同的有关规定。

第十七章　运输合同

第一节　一般规定

第二百八十八条　运输合同是承运人将旅客或者货物从起运地点运输到约定地点，旅客、托运人或者收货人支付票款或者运输费用的合同。

第二百八十九条 从事公共运输的承运人不得拒绝旅客、托运人通常、合理的运输要求。

第二百九十条 承运人应当在约定期间或者合理期间内将旅客、货物安全运输到约定地点。

第二百九十一条 承运人应当按照约定的或者通常的运输路线将旅客、货物运输到约定地点。

第二百九十二条 旅客、托运人或者收货人应当支付票款或者运输费用。承运人未按照约定路线或者通常路线运输增加票款或者运输费用的，旅客、托运人或者收货人可以拒绝支付增加部分的票款或者运输费用。

第二节 客运合同

第二百九十三条 客运合同自承运人向旅客交付客票时成立，但当事人另有约定或者另有交易习惯的除外。

第二百九十四条 旅客应当持有效客票乘运。旅客无票乘运、超程乘运、越级乘运或者持失效客票乘运的，应当补交票款，承运人可以按照规定加收票款。旅客不交付票款的，承运人可以拒绝运输。

第二百九十五条 旅客因自己的原因不能按照客票记载的时间乘坐的，应当在约定的时间内办理退票或者变更手续。逾期办理的，承运人可以不退票款，并不再承担运输义务。

第二百九十六条 旅客在运输中应当按照约定的限量携带行李。超过限量携带行李的，应当办理托运手续。

第二百九十七条 旅客不得随身携带或者在行李中夹带易燃、易爆、有毒、有腐蚀性、有放射性以及有可能危及运输工具上人身和财产安全的危险物品或者其他违禁物品。

旅客违反前款规定的，承运人可以将违禁物品卸下、销毁或者送交有关部门。旅客坚持携带或者夹带违禁物品的，承运人应当拒绝运输。

第二百九十八条 承运人应当向旅客及时告知有关不能正常运输的重要事由和安全运输应当注意的事项。

第二百九十九条 承运人应当按照客票载明的时间和班次运输旅客。承运人迟延运输的，应当根据旅客的要求安排改乘其他班次或者退票。

第三百条 承运人擅自变更运输工具而降低服务标准的，应当根据旅客的要求退票或者减收票款；提高服务标准的，不应当加收票款。

第三百零一条 承运人在运输过程中，应当尽力救助患有急病、分娩、遇险的旅客。

第三百零二条 承运人应当对运输过程中旅客的伤亡承担损害赔偿责任，但伤亡是旅客自身健康原因造成的或者承运人证明伤亡是旅客故意、重大过失造成的除外。

前款规定适用于按照规定免票、持优待票或者经承运人许可搭乘的无票旅客。

第三百零三条 在运输过程中旅客自带物品毁损、灭失，承运人有过错的，应当承担损害赔偿责任。

旅客托运的行李毁损、灭失的，适用货物运输的有关规定。

第三节 货运合同

第三百零四条 托运人办理货物运输，应当向承运人准确表明收货人的名称或者姓名或者凭指示的收货人，货物的名称、性质、重量、数量，收货地点等有关货物运输的必要情况。

因托运人申报不实或者遗漏重要情况，造成承运人损失的，托运人应当承担损害赔偿责任。

第三百零五条 货物运输需要办理审批、检验等手续的，托运人应当将办理完有关手续的文件提交承运人。

第三百零六条 托运人应当按照约定的方式包装货物。对包装方式没有约定或者约定不明确的，适用本法第一百五十六条的规定。

托运人违反前款规定的，承运人可以拒绝运输。

第三百零七条 托运人托运易燃、易爆、有毒、有腐蚀性、有放射性等危险物品的，应当按照国家有关危险物品运输的规定对危险物品妥善包装，作出危险物标志和标签，并将有关危险物品的名称、性质和防范措施的书面材料提交承运人。

托运人违反前款规定的，承运人可以拒绝运输，也可以采取相应措施以避免损失的发生，因此产生的费用由托运人承担。

第三百零八条　在承运人将货物交付收货人之前，托运人可以要求承运人中止运输、返还货物、变更到达地或者将货物交给其他收货人，但应当赔偿承运人因此受到的损失。

第三百零九条　货物运输到达后，承运人知道收货人的，应当及时通知收货人，收货人应当及时提货。收货人逾期提货的，应当向承运人支付保管费等费用。

第三百一十条　收货人提货时应当按照约定的期限检验货物。对检验货物的期限没有约定或者约定不明确，依照本法第六十一条的规定仍不能确定的，应当在合理期限内检验货物。收货人在约定的期限或者合理期限内对货物的数量、毁损等未提出异议的，视为承运人已经按照运输单证的记载交付的初步证据。

第三百一十一条　承运人对运输过程中货物的毁损、灭失承担损害赔偿责任，但承运人证明货物的毁损、灭失是因不可抗力、货物本身的自然性质或者合理损耗以及托运人、收货人的过错造成的，不承担损害赔偿责任。

第三百一十二条　货物的毁损、灭失的赔偿额，当事人有约定的，按照其约定；没有约定或者约定不明确，依照本法第六十一条的规定仍不能确定的，按照交付或者应当交付时货物到达地的市场价格计算。法律、行政法规对赔偿额的计算方法和赔偿限额另有规定的，依照其规定。

第三百一十三条　两个以上承运人以同一运输方式联运的，与托运人订立合同的承运人应当对全程运输承担责任。损失发生在某一运输区段的，与托运人订立合同的承运人和该区段的承运人承担连带责任。

第三百一十四条　货物在运输过程中因不可抗力灭失，未收取运费的，承运人不得要求支付运费；已收取运费的，托运人可以要求返还。

第三百一十五条　托运人或者收货人不支付运费、保管费以及其他运输费用的，承运人对相应的运输货物享有留置权，但当事人另有约定的除外。

第三百一十六条　收货人不明或者收货人无正当理由拒绝受领货物的，依照本法第一百零一条的规定，承运人可以提存货物。

第四节　多式联运合同

第三百一十七条　多式联运经营人负责履行或者组织履行多式联运合同，对全程运输享有承运人的权利，承担承运人的义务。

第三百一十八条　多式联运经营人可以与参加多式联运的各区段承运人就多式联运合同的各区段运输约定相互之间的责任，但该约定不影响多式联运经营人对全程运输承担的义务。

第三百一十九条　多式联运经营人收到托运人交付的货物时，应当签发多式联运单据。按照托运人的要求，多式联运单据可以是可转让单据，也可以是不可转让单据。

第三百二十条　因托运人托运货物时的过错造成多式联运经营人损失的，即使托运人已经转让多式联运单据，托运人仍然应当承担损害赔偿责任。

第三百二十一条　货物的毁损、灭失发生于多式联运的某一运输区段的，多式联运经营人的赔偿责任和责任限额，适用调整该区段运输方式的有关法律规定。货物毁损、灭失发生的运输区段不能确定的，依照本章规定承担损害赔偿责任。

第十八章　技术合同

第一节　一般规定

第三百二十二条　技术合同是当事人就技术开发、转让、咨询或者服务订立的确立相互之间权利和义务的合同。

第三百二十三条　订立技术合同，应当有利于科学技术的进步，加速科学技术成果的转化、应用和推广。

第三百二十四条　技术合同的内容由当事人约定，一般包括以下条款：

（一）项目名称；

（二）标的的内容、范围和要求；

（三）履行的计划、进度、期限、地点、地域和方式；

（四）技术情报和资料的保密；

（五）风险责任的承担；

（六）技术成果的归属和收益的分成办法；

（七）验收标准和方法；

（八）价款、报酬或者使用费及其支付方式；

（九）违约金或者损失赔偿的计算方法；

（十）解决争议的方法；

（十一）名词和术语的解释。

与履行合同有关的技术背景资料、可行性论证和技术评价报告、项目任务书和计划书、技术标准、技术规范、原始设计和工艺文件，以及其他技术文档，按照当事人的约定可以作为合同的组成部分。

技术合同涉及专利的，应当注明发明创造的名称、专利申请人和专利权人、申请日期、申请号、专利号以及专利权的有效期限。

第三百二十五条 技术合同价款、报酬或者使用费的支付方式由当事人约定，可以采取一次总算、一次总付或者一次总算、分期支付，也可以采取提成支付或者提成支付附加预付入门费的方式。

约定提成支付的，可以按照产品价格、实施专利和使用技术秘密后新增的产值、利润或者产品销售额的一定比例提成，也可以按照约定的其他方式计算。提成支付的比例可以采取固定比例、逐年递增比例或者逐年递减比例。

约定提成支付的，当事人应当在合同中约定查阅有关会计帐目的办法。

第三百二十六条 职务技术成果的使用权、转让权属于法人或者其他组织的，法人或者其他组织可以就该项职务技术成果订立技术合同。法人或者其他组织应当从使用和转让该项职务技术成果所取得的收益中提取一定比例，对完成该项职务技术成果的个人给予奖励或者报酬。法人或者其他组织订立技术合同转让职务技术成果时，职务技术成果的完成人享有以同等条件优先受让的权利。

职务技术成果是执行法人或者其他组织的工作任务，或者主要是利用法人或者其他组织的物质技术条件所完成的技术成果。

第三百二十七条 非职务技术成果的使用权、转让权属于完成技术成果的个人，完成技术成果的个人可以就该项非职务技术成果订立技术合同。

第三百二十八条 完成技术成果的个人有在有关技术成果文件上写明自己是技术成果完成者的权利和取得荣誉证书、奖励的权利。

第三百二十九条 非法垄断技术、妨碍技术进步或者侵害他人技术成果的技术合同无效。

第二节 技术开发合同

第三百三十条 技术开发合同是指当事人之间就新技术、新产品、新工艺或者新材料及其系统的研究开发所订立的合同。

技术开发合同包括委托开发合同和合作开发合同。

技术开发合同应当采用书面形式。

当事人之间就具有产业应用价值的科技成果实施转化订立的合同，参照技术开发合同的规定。

第三百三十一条 委托开发合同的委托人应当按照约定支付研究开发经费和报酬；提供技术资料、原始数据；完成协作事项；接受研究开发成果。

第三百三十二条 委托开发合同的研究开发人应当按照约定制定和实施研究开发计划；合理使用研究开发经费；按期完成研究开发工作，交付研究开发成果，提供有关的技术资料和必要的技术指导，帮助委托人掌握研究开发成果。

第三百三十三条 委托人违反约定造成研究开发工作停滞、延误或者失败的，应当承担违约责任。

第三百三十四条 研究开发人违反约定造成研究开发工作停滞、延误或者失败的，应当承担违约责任。

第三百三十五条 合作开发合同的当事人应

当按照约定进行投资，包括以技术进行投资；分工参与研究开发工作；协作配合研究开发工作。

第三百三十六条　合作开发合同的当事人违反约定造成研究开发工作停滞、延误或者失败的，应当承担违约责任。

第三百三十七条　因作为技术开发合同标的的技术已经由他人公开，致使技术开发合同的履行没有意义的，当事人可以解除合同。

第三百三十八条　在技术开发合同履行过程中，因出现无法克服的技术困难，致使研究开发失败或者部分失败的，该风险责任由当事人约定。没有约定或者约定不明确，依照本法第六十一条的规定仍不能确定的，风险责任由当事人合理分担。

当事人一方发现前款规定的可能致使研究开发失败或者部分失败的情形时，应当及时通知另一方并采取适当措施减少损失。没有及时通知并采取适当措施，致使损失扩大的，应当就扩大的损失承担责任。

第三百三十九条　委托开发完成的发明创造，除当事人另有约定的以外，申请专利的权利属于研究开发人。研究开发人取得专利权的，委托人可以免费实施该专利。

研究开发人转让专利申请权的，委托人享有以同等条件优先受让的权利。

第三百四十条　合作开发完成的发明创造，除当事人另有约定的以外，申请专利的权利属于合作开发的当事人共有。当事人一方转让其共有的专利申请权的，其他各方享有以同等条件优先受让的权利。

合作开发的当事人一方声明放弃其共有的专利申请权的，可以由另一方单独申请或者由其他各方共同申请。申请人取得专利权的，放弃专利申请权的一方可以免费实施该专利。

合作开发的当事人一方不同意申请专利的，另一方或者其他各方不得申请专利。

第三百四十一条　委托开发或者合作开发完成的技术秘密成果的使用权、转让权以及利益的分配办法，由当事人约定。没有约定或者约定不明确，依照本法第六十一条的规定仍不能确定的，当事人均有使用和转让的权利，但委托开发的研究开发人不得在向委托人交付研究开发成果之前，将研究开发成果转让给第三人。

第三节　技术转让合同

第三百四十二条　技术转让合同包括专利权转让、专利申请权转让、技术秘密转让、专利实施许可合同。

技术转让合同应当采用书面形式。

第三百四十三条　技术转让合同可以约定让与人和受让人实施专利或者使用技术秘密的范围，但不得限制技术竞争和技术发展。

第三百四十四条　专利实施许可合同只在该专利权的存续期间内有效。专利权有效期限届满或者专利权被宣布无效的，专利权人不得就该专利与他人订立专利实施许可合同。

第三百四十五条　专利实施许可合同的让与人应当按照约定许可受让人实施专利，交付实施专利有关的技术资料，提供必要的技术指导。

第三百四十六条　专利实施许可合同的受让人应当按照约定实施专利，不得许可约定以外的第三人实施该专利；并按照约定支付使用费。

第三百四十七条　技术秘密转让合同的让与人应当按照约定提供技术资料，进行技术指导，保证技术的实用性、可靠性，承担保密义务。

第三百四十八条　技术秘密转让合同的受让人应当按照约定使用技术，支付使用费，承担保密义务。

第三百四十九条　技术转让合同的让与人应当保证自己是所提供的技术的合法拥有者，并保证所提供的技术完整、无误、有效，能够达到约定的目标。

第三百五十条　技术转让合同的受让人应当按照约定的范围和期限，对让与人提供的技术中尚未公开的秘密部分，承担保密义务。

第三百五十一条　让与人未按照约定转让技术的，应当返还部分或者全部使用费，并应当承担违约责任；实施专利或者使用技术秘密超越约定的范围的，违反约定擅自许可第三人实施该项专利或者使用该项技术秘密的，应当停止违约行为，承担违约责任；违反约定的保密义务的，应当承担违约责任。

第三百五十二条 受让人未按照约定支付使用费的，应当补交使用费并按照约定支付违约金；不补交使用费或者支付违约金的，应当停止实施专利或者使用技术秘密，交还技术资料，承担违约责任；实施专利或者使用技术秘密超越约定的范围的，未经让与人同意擅自许可第三人实施该专利或者使用该技术秘密的，应当停止违约行为，承担违约责任；违反约定的保密义务的，应当承担违约责任。

第三百五十三条 受让人按照约定实施专利、使用技术秘密侵害他人合法权益的，由让与人承担责任，但当事人另有约定的除外。

第三百五十四条 当事人可以按照互利的原则，在技术转让合同中约定实施专利、使用技术秘密后续改进的技术成果的分享办法。没有约定或者约定不明确，依照本法第六十一条的规定仍不能确定的，一方后续改进的技术成果，其他各方无权分享。

第三百五十五条 法律、行政法规对技术进出口合同或者专利、专利申请合同另有规定的，依照其规定。

第四节 技术咨询合同和技术服务合同

第三百五十六条 技术咨询合同包括就特定技术项目提供可行性论证、技术预测、专题技术调查、分析评价报告等合同。

技术服务合同是指当事人一方以技术知识为另一方解决特定技术问题所订立的合同，不包括建设工程合同和承揽合同。

第三百五十七条 技术咨询合同的委托人应当按照约定阐明咨询的问题，提供技术背景材料及有关技术资料、数据；接受受托人的工作成果，支付报酬。

第三百五十八条 技术咨询合同的受托人应当按照约定的期限完成咨询报告或者解答问题；提出的咨询报告应当达到约定的要求。

第三百五十九条 技术咨询合同的委托人未按照约定提供必要的资料和数据，影响工作进度和质量，不接受或者逾期接受工作成果的，支付的报酬不得追回，未支付的报酬应当支付。

技术咨询合同的受托人未按期提出咨询报告或者提出的咨询报告不符合约定的，应当承担减收或者免收报酬等违约责任。

技术咨询合同的委托人按照受托人符合约定要求的咨询报告和意见作出决策所造成的损失，由委托人承担，但当事人另有约定的除外。

第三百六十条 技术服务合同的委托人应当按照约定提供工作条件，完成配合事项；接受工作成果并支付报酬。

第三百六十一条 技术服务合同的受托人应当按照约定完成服务项目，解决技术问题，保证工作质量，并传授解决技术问题的知识。

第三百六十二条 技术服务合同的委托人不履行合同义务或者履行合同义务不符合约定，影响工作进度和质量，不接受或者逾期接受工作成果的，支付的报酬不得追回，未支付的报酬应当支付。

技术服务合同的受托人未按照合同约定完成服务工作的，应当承担免收报酬等违约责任。

第三百六十三条 在技术咨询合同、技术服务合同履行过程中，受托人利用委托人提供的技术资料和工作条件完成的新的技术成果，属于受托人。委托人利用受托人的工作成果完成的新的技术成果，属于委托人。当事人另有约定的，按照其约定。

第三百六十四条 法律、行政法规对技术中介合同、技术培训合同另有规定的，依照其规定。

第十九章 保管合同

第三百六十五条 保管合同是保管人保管寄存人交付的保管物，并返还该物的合同。

第三百六十六条 寄存人应当按照约定向保管人支付保管费。

当事人对保管费没有约定或者约定不明确，依照本法第六十一条的规定仍不能确定的，保管是无偿的。

第三百六十七条 保管合同自保管物交付时成立，但当事人另有约定的除外。

第三百六十八条 寄存人向保管人交付保管物的，保管人应当给付保管凭证，但另有交易习惯的除外。

第三百六十九条 保管人应当妥善保管保管物。

当事人可以约定保管场所或者方法。除紧急情况或者为了维护寄存人利益的以外，不得擅自改变保管场所或者方法。

第三百七十条 寄存人交付的保管物有瑕疵或者按照保管物的性质需要采取特殊保管措施的，寄存人应当将有关情况告知保管人。寄存人未告知，致使保管物受损失的，保管人不承担损害赔偿责任；保管人因此受损失的，除保管人知道或者应当知道并且未采取补救措施的以外，寄存人应当承担损害赔偿责任。

第三百七十一条 保管人不得将保管物转交第三人保管，但当事人另有约定的除外。

保管人违反前款规定，将保管物转交第三人保管，对保管物造成损失的，应当承担损害赔偿责任。

第三百七十二条 保管人不得使用或者许可第三人使用保管物，但当事人另有约定的除外。

第三百七十三条 第三人对保管物主张权利的，除依法对保管物采取保全或者执行的以外，保管人应当履行向寄存人返还保管物的义务。

第三人对保管人提起诉讼或者对保管物申请扣押的，保管人应当及时通知寄存人。

第三百七十四条 保管期间，因保管人保管不善造成保管物毁损、灭失的，保管人应当承担损害赔偿责任，但保管是无偿的，保管人证明自己没有重大过失的，不承担损害赔偿责任。

第三百七十五条 寄存人寄存货币、有价证券或者其他贵重物品的，应当向保管人声明，由保管人验收或者封存。寄存人未声明的，该物品毁损、灭失后，保管人可以按照一般物品予以赔偿。

第三百七十六条 寄存人可以随时领取保管物。

当事人对保管期间没有约定或者约定不明确的，保管人可以随时要求寄存人领取保管物；约定保管期间的，保管人无特别事由，不得要求寄存人提前领取保管物。

第三百七十七条 保管期间届满或者寄存人提前领取保管物的，保管人应当将原物及其孳息归还寄存人。

第三百七十八条 保管人保管货币的，可以返还相同种类、数量的货币。保管其他可替代物的，可以按照约定返还相同种类、品质、数量的物品。

第三百七十九条 有偿的保管合同，寄存人应当按照约定的期限向保管人支付保管费。

当事人对支付期限没有约定或者约定不明确，依照本法第六十一条的规定仍不能确定的，应当在领取保管物的同时支付。

第三百八十条 寄存人未按照约定支付保管费以及其他费用的，保管人对保管物享有留置权，但当事人另有约定的除外。

第二十章 仓储合同

第三百八十一条 仓储合同是保管人储存存货人交付的仓储物，存货人支付仓储费的合同。

第三百八十二条 仓储合同自成立时生效。

第三百八十三条 储存易燃、易爆、有毒、有腐蚀性、有放射性等危险物品或者易变质物品，存货人应当说明该物品的性质，提供有关资料。

存货人违反前款规定的，保管人可以拒收仓储物，也可以采取相应措施以避免损失的发生，因此产生的费用由存货人承担。

保管人储存易燃、易爆、有毒、有腐蚀性、有放射性等危险物品的，应当具备相应的保管条件。

第三百八十四条 保管人应当按照约定对入库仓储物进行验收。保管人验收时发现入库仓储物与约定不符合的，应当及时通知存货人。保管人验收后，发生仓储物的品种、数量、质量不符合约定的，保管人应当承担损害赔偿责任。

第三百八十五条 存货人交付仓储物的，保管人应当给付仓单。

第三百八十六条 保管人应当在仓单上签字或者盖章。仓单包括下列事项：

（一）存货人的名称或者姓名和住所；

（二）仓储物的品种、数量、质量、包装、件数和标记；

（三）仓储物的损耗标准；

（四）储存场所；

（五）储存期间；

（六）仓储费；

（七）仓储物已经办理保险的，其保险金额、期间以及保险人的名称；

（八）填发人、填发地和填发日期。

第三百八十七条 仓单是提取仓储物的凭证。存货人或者仓单持有人在仓单上背书并经保管人签字或者盖章的，可以转让提取仓储物的权利。

第三百八十八条 保管人根据存货人或者仓单持有人的要求，应当同意其检查仓储物或者提取样品。

第三百八十九条 保管人对入库仓储物发现有变质或者其他损坏的，应当及时通知存货人或者仓单持有人。

第三百九十条 保管人对入库仓储物发现有变质或者其他损坏，危及其他仓储物的安全和正常保管的，应当催告存货人或者仓单持有人作出必要的处置。因情况紧急，保管人可以作出必要的处置，但事后应当将该情况及时通知存货人或者仓单持有人。

第三百九十一条 当事人对储存期间没有约定或者约定不明确的，存货人或者仓单持有人可以随时提取仓储物，保管人也可以随时要求存货人或者仓单持有人提取仓储物，但应当给予必要的准备时间。

第三百九十二条 储存期间届满，存货人或者仓单持有人应当凭仓单提取仓储物。存货人或者仓单持有人逾期提取的，应当加收仓储费；提前提取的，不减收仓储费。

第三百九十三条 储存期间届满，存货人或者仓单持有人不提取仓储物的，保管人可以催告其在合理期限内提取，逾期不提取的，保管人可以提存仓储物。

第三百九十四条 储存期间，因保管人保管不善造成仓储物毁损、灭失的，保管人应当承担损害赔偿责任。

因仓储物的性质、包装不符合约定或者超过有效储存期造成仓储物变质、损坏的，保管人不承担损害赔偿责任。

第三百九十五条 本章没有规定的，适用保管合同的有关规定。

第二十一章　委托合同

第三百九十六条 委托合同是委托人和受托人约定，由受托人处理委托人事务的合同。

第三百九十七条 委托人可以特别委托受托人处理一项或者数项事务，也可以概括委托受托人处理一切事务。

第三百九十八条 委托人应当预付处理委托事务的费用。受托人为处理委托事务垫付的必要费用，委托人应当偿还该费用及其利息。

第三百九十九条 受托人应当按照委托人的指示处理委托事务。需要变更委托人指示的，应当经委托人同意；因情况紧急，难以和委托人取得联系的，受托人应当妥善处理委托事务，但事后应当将该情况及时报告委托人。

第四百条 受托人应当亲自处理委托事务。经委托人同意，受托人可以转委托。转委托经同意的，委托人可以就委托事务直接指示转委托的第三人，受托人仅就第三人的选任及其对第三人的指示承担责任。转委托未经同意的，受托人应当对转委托的第三人的行为承担责任，但在紧急情况下受托人为维护委托人的利益需要转委托的除外。

第四百零一条 受托人应当按照委托人的要求，报告委托事务的处理情况。委托合同终止时，受托人应当报告委托事务的结果。

第四百零二条　受托人以自己的名义，在委托人的授权范围内与第三人订立的合同，第三人在订立合同时知道受托人与委托人之间的代理关系的，该合同直接约束委托人和第三人，但有确切证据证明该合同只约束受托人和第三人的除外。

第四百零三条　受托人以自己的名义与第三人订立合同时，第三人不知道受托人与委托人之间的代理关系的，受托人因第三人的原因对委托人不履行义务，受托人应当向委托人披露第三人，委托人因此可以行使受托人对第三人的权利，但第三人与受托人订立合同时如果知道该委托人就不会订立合同的除外。

受托人因委托人的原因对第三人不履行义务，受托人应当向第三人披露委托人，第三人因此可以选择受托人或者委托人作为相对人主张其权利，但第三人不得变更选定的相对人。

委托人行使受托人对第三人的权利的，第三人可以向委托人主张其对受托人的抗辩。第三人选定委托人作为其相对人的，委托人可以向第三人主张其对受托人的抗辩以及受托人对第三人的抗辩。

第四百零四条　受托人处理委托事务取得的财产，应当转交给委托人。

第四百零五条　受托人完成委托事务的，委托人应当向其支付报酬。因不可归责于受托人的事由，委托合同解除或者委托事务不能完成的，委托人应当向受托人支付相应的报酬。当事人另有约定的，按照其约定。

第四百零六条　有偿的委托合同，因受托人的过错给委托人造成损失的，委托人可以要求赔偿损失。无偿的委托合同，因受托人的故意或者重大过失给委托人造成损失的，委托人可以要求赔偿损失。

受托人超越权限给委托人造成损失的，应当赔偿损失。

第四百零七条　受托人处理委托事务时，因不可归责于自己的事由受到损失的，可以向委托人要求赔偿损失。

第四百零八条　委托人经受托人同意，可以在受托人之外委托第三人处理委托事务。因此给受托人造成损失的，受托人可以向委托人要求赔偿损失。

第四百零九条　两个以上的受托人共同处理委托事务的，对委托人承担连带责任。

第四百一十条　委托人或者受托人可以随时解除委托合同。因解除合同给对方造成损失的，除不可归责于该当事人的事由以外，应当赔偿损失。

第四百一十一条　委托人或者受托人死亡、丧失民事行为能力或者破产的，委托合同终止，但当事人另有约定或者根据委托事务的性质不宜终止的除外。

第四百一十二条　因委托人死亡、丧失民事行为能力或者破产，致使委托合同终止将损害委托人利益的，在委托人的继承人、法定代理人或者清算组织承受委托事务之前，受托人应当继续处理委托事务。

第四百一十三条　因受托人死亡、丧失民事行为能力或者破产，致使委托合同终止的，受托人的继承人、法定代理人或者清算组织应当及时通知委托人。因委托合同终止将损害委托人利益的，在委托人作出善后处理之前，受托人的继承人、法定代理人或者清算组织应当采取必要措施。

第二十二章　行纪合同

第四百一十四条　行纪合同是行纪人以自己的名义为委托人从事贸易活动，委托人支付报酬的合同。

第四百一十五条　行纪人处理委托事务支出的费用，由行纪人负担，但当事人另有约定的除外。

第四百一十六条　行纪人占有委托物的，应当妥善保管委托物。

第四百一十七条　委托物交付给行纪人时有瑕疵或者容易腐烂、变质的，经委托人同意，行纪人可以处分该物；和委托人不能及时取得联系的，行纪人可以合理处分。

第四百一十八条 行纪人低于委托人指定的价格卖出或者高于委托人指定的价格买入的，应当经委托人同意。未经委托人同意，行纪人补偿其差额的，该买卖对委托人发生效力。

行纪人高于委托人指定的价格卖出或者低于委托人指定的价格买入的，可以按照约定增加报酬。没有约定或者约定不明确，依照本法第六十一条的规定仍不能确定的，该利益属于委托人。

委托人对价格有特别指示的，行纪人不得违背该指示卖出或者买入。

第四百一十九条 行纪人卖出或者买入具有市场定价的商品，除委托人有相反的意思表示的以外，行纪人自己可以作为买受人或者出卖人。

行纪人有前款规定情形的，仍然可以要求委托人支付报酬。

第四百二十条 行纪人按照约定买入委托物，委托人应当及时受领。经行纪人催告，委托人无正当理由拒绝受领的，行纪人依照本法第一百零一条的规定可以提存委托物。

委托物不能卖出或者委托人撤回出卖，经行纪人催告，委托人不取回或者不处分该物的，行纪人依照本法第一百零一条的规定可以提存委托物。

第四百二十一条 行纪人与第三人订立合同的，行纪人对该合同直接享有权利、承担义务。

第三人不履行义务致使委托人受到损害的，行纪人应当承担损害赔偿责任，但行纪人与委托人另有约定的除外。

第四百二十二条 行纪人完成或者部分完成委托事务的，委托人应当向其支付相应的报酬。委托人逾期不支付报酬的，行纪人对委托物享有留置权，但当事人另有约定的除外。

第四百二十三条 本章没有规定的，适用委托合同的有关规定。

第二十三章 居间合同

第四百二十四条 居间合同是居间人向委托人报告订立合同的机会或者提供订立合同的媒介服务，委托人支付报酬的合同。

第四百二十五条 居间人应当就有关订立合同的事项向委托人如实报告。

居间人故意隐瞒与订立合同有关的重要事实或者提供虚假情况，损害委托人利益的，不得要求支付报酬并应当承担损害赔偿责任。

第四百二十六条 居间人促成合同成立的，委托人应当按照约定支付报酬。对居间人的报酬没有约定或者约定不明确，依照本法第六十一条的规定仍不能确定的，根据居间人的劳务合理确定。因居间人提供订立合同的媒介服务而促成合同成立的，由该合同的当事人平均负担居间人的报酬。

居间人促成合同成立的，居间活动的费用，由居间人负担。

第四百二十七条 居间人未促成合同成立的，不得要求支付报酬，但可以要求委托人支付从事居间活动支出的必要费用。

附　　则

第四百二十八条 本法自1999年10月1日起施行，《中华人民共和国经济合同法》、《中华人民共和国涉外经济合同法》、《中华人民共和国技术合同法》同时废止。

中华人民共和国物权法（节录）

（2007年3月16日第十届全国人民代表大会第五次会议通过　2007年3月16日中华人民共和国主席令第62号公布　自2007年10月1日起施行）

……

第二章　物权的设立、变更、转让和消灭

第一节　不动产登记

第九条 不动产物权的设立、变更、转让和

消灭，经依法登记，发生效力；未经登记，不发生效力，但法律另有规定的除外。

依法属于国家所有的自然资源，所有权可以不登记。

第十条　不动产登记，由不动产所在地的登记机构办理。

国家对不动产实行统一登记制度。统一登记的范围、登记机构和登记办法，由法律、行政法规规定。

第十一条　当事人申请登记，应当根据不同登记事项提供权属证明和不动产界址、面积等必要材料。

第十二条　登记机构应当履行下列职责：

（一）查验申请人提供的权属证明和其他必要材料；

（二）就有关登记事项询问申请人；

（三）如实、及时登记有关事项；

（四）法律、行政法规规定的其他职责。

申请登记的不动产的有关情况需要进一步证明的，登记机构可以要求申请人补充材料，必要时可以实地查看。

第十三条　登记机构不得有下列行为：

（一）要求对不动产进行评估；

（二）以年检等名义进行重复登记；

（三）超出登记职责范围的其他行为。

第十四条　不动产物权的设立、变更、转让和消灭，依照法律规定应当登记的，自记载于不动产登记簿时发生效力。

第十五条　当事人之间订立有关设立、变更、转让和消灭不动产物权的合同，除法律另有规定或者合同另有约定外，自合同成立时生效；未办理物权登记的，不影响合同效力。

第十六条　不动产登记簿是物权归属和内容的根据。不动产登记簿由登记机构管理。

第十七条　不动产权属证书是权利人享有该不动产物权的证明。不动产权属证书记载的事项，应当与不动产登记簿一致；记载不一致的，除有证据证明不动产登记簿确有错误外，以不动产登记簿为准。

第十八条　权利人、利害关系人可以申请查询、复制登记资料，登记机构应当提供。

第十九条　权利人、利害关系人认为不动产登记簿记载的事项错误的，可以申请更正登记。不动产登记簿记载的权利人书面同意更正或者有证据证明登记确有错误的，登记机构应当予以更正。

不动产登记簿记载的权利人不同意更正的，利害关系人可以申请异议登记。登记机构予以异议登记的，申请人在异议登记之日起十五日内不起诉，异议登记失效。异议登记不当，造成权利人损害的，权利人可以向申请人请求损害赔偿。

第二十条　当事人签订买卖房屋或者其他不动产物权的协议，为保障将来实现物权，按照约定可以向登记机构申请预告登记。预告登记后，未经预告登记的权利人同意，处分该不动产的，不发生物权效力。

预告登记后，债权消灭或者自能够进行不动产登记之日起三个月内未申请登记的，预告登记失效。

第二十一条　当事人提供虚假材料申请登记，给他人造成损害的，应当承担赔偿责任。

因登记错误，给他人造成损害的，登记机构应当承担赔偿责任。登记机构赔偿后，可以向造成登记错误的人追偿。

第二十二条　不动产登记费按件收取，不得按照不动产的面积、体积或者价款的比例收取。具体收费标准由国务院有关部门会同价格主管部门规定。

第二节　动产交付

第二十三条　动产物权的设立和转让，自交付时发生效力，但法律另有规定的除外。

第二十四条　船舶、航空器和机动车等物权的设立、变更、转让和消灭，未经登记，不得对抗善意第三人。

第二十五条　动产物权设立和转让前，权利人已经依法占有该动产的，物权自法律行为生效时发生效力。

第二十六条　动产物权设立和转让前，第三人依法占有该动产的，负有交付义务的人可以通过转让请求第三人返还原物的权利代替交付。

第二十七条 动产物权转让时，双方又约定由出让人继续占有该动产的，物权自该约定生效时发生效力。

第三节 其他规定

第二十八条 因人民法院、仲裁委员会的法律文书或者人民政府的征收决定等，导致物权设立、变更、转让或者消灭的，自法律文书或者人民政府的征收决定等生效时发生效力。

第二十九条 因继承或者受遗赠取得物权的，自继承或者受遗赠开始时发生效力。

第三十条 因合法建造、拆除房屋等事实行为设立或者消灭物权的，自事实行为成就时发生效力。

第三十一条 依照本法第二十八条至第三十条规定享有不动产物权的，处分该物权时，依照法律规定需要办理登记的，未经登记，不发生物权效力。

第三章 物权的保护

第三十二条 物权受到侵害的，权利人可以通过和解、调解、仲裁、诉讼等途径解决。

第三十三条 因物权的归属、内容发生争议的，利害关系人可以请求确认权利。

第三十四条 无权占有不动产或者动产的，权利人可以请求返还原物。

第三十五条 妨害物权或者可能妨害物权的，权利人可以请求排除妨害或者消除危险。

第三十六条 造成不动产或者动产毁损的，权利人可以请求修理、重作、更换或者恢复原状。

第三十七条 侵害物权，造成权利人损害的，权利人可以请求损害赔偿，也可以请求承担其他民事责任。

第三十八条 本章规定的物权保护方式，可以单独适用，也可以根据权利被侵害的情形合并适用。

侵害物权，除承担民事责任外，违反行政管理规定的，依法承担行政责任；构成犯罪的，依法追究刑事责任。

第二编 所有权

第四章 一般规定

第三十九条 所有权人对自己的不动产或者动产，依法享有占有、使用、收益和处分的权利。

第四十条 所有权人有权在自己的不动产或者动产上设立用益物权和担保物权。用益物权人、担保物权人行使权利，不得损害所有权人的权益。

第四十一条 法律规定专属于国家所有的不动产和动产，任何单位和个人不能取得所有权。

第四十二条 为了公共利益的需要，依照法律规定的权限和程序可以征收集体所有的土地和单位、个人的房屋及其他不动产。

征收集体所有的土地，应当依法足额支付土地补偿费、安置补助费、地上附着物和青苗的补偿费等费用，安排被征地农民的社会保障费用，保障被征地农民的生活，维护被征地农民的合法权益。

征收单位、个人的房屋及其他不动产，应当依法给予拆迁补偿，维护被征收人的合法权益；征收个人住宅的，还应当保障被征收人的居住条件。

任何单位和个人不得贪污、挪用、私分、截留、拖欠征收补偿费等费用。

第四十三条 国家对耕地实行特殊保护，严格限制农用地转为建设用地，控制建设用地总量。不得违反法律规定的权限和程序征收集体所有的土地。

第四十四条 因抢险、救灾等紧急需要，依照法律规定的权限和程序可以征用单位、个人的不动产或者动产。被征用的不动产或者动产使用后，应当返还被征用人。单位、个人的不动产或者动产被征用或者征用后毁损、灭失的，应当给予补偿。

第五章　国家所有权和集体所有权、私人所有权

第四十五条　法律规定属于国家所有的财产，属于国家所有即全民所有。

国有财产由国务院代表国家行使所有权；法律另有规定的，依照其规定。

第四十六条　矿藏、水流、海域属于国家所有。

第四十七条　城市的土地，属于国家所有。法律规定属于国家所有的农村和城市郊区的土地，属于国家所有。

第四十八条　森林、山岭、草原、荒地、滩涂等自然资源，属于国家所有，但法律规定属于集体所有的除外。

第四十九条　法律规定属于国家所有的野生动植物资源，属于国家所有。

第五十条　无线电频谱资源属于国家所有。

第五十一条　法律规定属于国家所有的文物，属于国家所有。

第五十二条　国防资产属于国家所有。

铁路、公路、电力设施、电信设施和油气管道等基础设施，依照法律规定为国家所有的，属于国家所有。

第五十三条　国家机关对其直接支配的不动产和动产，享有占有、使用以及依照法律和国务院的有关规定处分的权利。

第五十四条　国家举办的事业单位对其直接支配的不动产和动产，享有占有、使用以及依照法律和国务院的有关规定收益、处分的权利。

第五十五条　国家出资的企业，由国务院、地方人民政府依照法律、行政法规规定分别代表国家履行出资人职责，享有出资人权益。

第五十六条　国家所有的财产受法律保护，禁止任何单位和个人侵占、哄抢、私分、截留、破坏。

第五十七条　履行国有财产管理、监督职责的机构及其工作人员，应当依法加强对国有财产的管理、监督，促进国有财产保值增值，防止国有财产损失；滥用职权，玩忽职守，造成国有财产损失的，应当依法承担法律责任。

违反国有财产管理规定，在企业改制、合并分立、关联交易等过程中，低价转让、合谋私分、擅自担保或者以其他方式造成国有财产损失的，应当依法承担法律责任。

第五十八条　集体所有的不动产和动产包括：

（一）法律规定属于集体所有的土地和森林、山岭、草原、荒地、滩涂；

（二）集体所有的建筑物、生产设施、农田水利设施；

（三）集体所有的教育、科学、文化、卫生、体育等设施；

（四）集体所有的其他不动产和动产。

第五十九条　农民集体所有的不动产和动产，属于本集体成员集体所有。

下列事项应当依照法定程序经本集体成员决定：

（一）土地承包方案以及将土地发包给本集体以外的单位或者个人承包；

（二）个别土地承包经营权人之间承包地的调整；

（三）土地补偿费等费用的使用、分配办法；

（四）集体出资的企业的所有权变动等事项；

（五）法律规定的其他事项。

第六十条　对于集体所有的土地和森林、山岭、草原、荒地、滩涂等，依照下列规定行使所有权：

（一）属于村农民集体所有的，由村集体经济组织或者村民委员会代表集体行使所有权；

（二）分别属于村内两个以上农民集体所有的，由村内各该集体经济组织或者村民小组代表集体行使所有权；

（三）属于乡镇农民集体所有的，由乡镇集体经济组织代表集体行使所有权。

第六十一条　城镇集体所有的不动产和动产，依照法律、行政法规的规定由本集体享有占有、使用、收益和处分的权利

第六十二条 集体经济组织或者村民委员会、村民小组应当依照法律、行政法规以及章程、村规民约向本集体成员公布集体财产的状况。

第六十三条 集体所有的财产受法律保护，禁止任何单位和个人侵占、哄抢、私分、破坏。

集体经济组织、村民委员会或者其负责人作出的决定侵害集体成员合法权益的，受侵害的集体成员可以请求人民法院予以撤销。

第六十四条 私人对其合法的收入、房屋、生活用品、生产工具、原材料等不动产和动产享有所有权。

第六十五条 私人合法的储蓄、投资及其收益受法律保护。

国家依照法律规定保护私人的继承权及其他合法权益。

第六十六条 私人的合法财产受法律保护，禁止任何单位和个人侵占、哄抢、破坏。

第六十七条 国家、集体和私人依法可以出资设立有限责任公司、股份有限公司或者其他企业。国家、集体和私人所有的不动产或者动产，投到企业的，由出资人按照约定或者出资比例享有资产收益、重大决策以及选择经营管理者等权利并履行义务。

第六十八条 企业法人对其不动产和动产依照法律、行政法规以及章程享有占有、使用、收益和处分的权利。

企业法人以外的法人，对其不动产和动产的权利，适用有关法律、行政法规以及章程的规定。

第六十九条 社会团体依法所有的不动产和动产，受法律保护。

第六章 业主的建筑物区分所有权

第七十条 业主对建筑物内的住宅、经营性用房等专有部分享有所有权，对专有部分以外的共有部分享有共有和共同管理的权利。

第七十一条 业主对其建筑物专有部分享有占有、使用、收益和处分的权利。业主行使权利不得危及建筑物的安全，不得损害其他业主的合法权益。

第七十二条 业主对建筑物专有部分以外的共有部分，享有权利，承担义务；不得以放弃权利不履行义务。

业主转让建筑物内的住宅、经营性用房，其对共有部分享有的共有和共同管理的权利一并转让。

第七十三条 建筑区划内的道路，属于业主共有，但属于城镇公共道路的除外。建筑区划内的绿地，属于业主共有，但属于城镇公共绿地或者明示属于个人的除外。建筑区划内的其他公共场所、公用设施和物业服务用房，属于业主共有。

第七十四条 建筑区划内，规划用于停放汽车的车位、车库应当首先满足业主的需要。

建筑区划内，规划用于停放汽车的车位、车库的归属，由当事人通过出售、附赠或者出租等方式约定。

占用业主共有的道路或者其他场地用于停放汽车的车位，属于业主共有。

第七十五条 业主可以设立业主大会，选举业主委员会。

地方人民政府有关部门应当对设立业主大会和选举业主委员会给予指导和协助。

第七十六条 下列事项由业主共同决定：

（一）制定和修改业主大会议事规则；

（二）制定和修改建筑物及其附属设施的管理规约；

（三）选举业主委员会或者更换业主委员会成员；

（四）选聘和解聘物业服务企业或者其他管理人；

（五）筹集和使用建筑物及其附属设施的维修资金；

（六）改建、重建建筑物及其附属设施；

（七）有关共有和共同管理权利的其他重大事项。

决定前款第五项和第六项规定的事项，应当

经专有部分占建筑物总面积三分之二以上的业主且占总人数三分之二以上的业主同意。决定前款其他事项，应当经专有部分占建筑物总面积过半数的业主且占总人数过半数的业主同意。

第七十七条　业主不得违反法律、法规以及管理规约，将住宅改变为经营性用房。业主将住宅改变为经营性用房的，除遵守法律、法规以及管理规约外，应当经有利害关系的业主同意。

第七十八条　业主大会或者业主委员会的决定，对业主具有约束力。

业主大会或者业主委员会作出的决定侵害业主合法权益的，受侵害的业主可以请求人民法院予以撤销。

第七十九条　建筑物及其附属设施的维修资金，属于业主共有。经业主共同决定，可以用于电梯、水箱等共有部分的维修。维修资金的筹集、使用情况应当公布。

第八十条　建筑物及其附属设施的费用分摊、收益分配等事项，有约定的，按照约定；没有约定或者约定不明确的，按照业主专有部分占建筑物总面积的比例确定。

第八十一条　业主可以自行管理建筑物及其附属设施，也可以委托物业服务企业或者其他管理人管理。

对建设单位聘请的物业服务企业或者其他管理人，业主有权依法更换。

第八十二条　物业服务企业或者其他管理人根据业主的委托管理建筑区划内的建筑物及其附属设施，并接受业主的监督。

第八十三条　业主应当遵守法律、法规以及管理规约。

业主大会和业主委员会，对任意弃置垃圾、排放污染物或者噪声、违反规定饲养动物、违章搭建、侵占通道、拒付物业费等损害他人合法权益的行为，有权依照法律、法规以及管理规约，要求行为人停止侵害、消除危险、排除妨害、赔偿损失。业主对侵害自己合法权益的行为，可以依法向人民法院提起诉讼。

第七章　相邻关系

第八十四条　不动产的相邻权利人应当按照有利生产、方便生活、团结互助、公平合理的原则，正确处理相邻关系。

第八十五条　法律、法规对处理相邻关系有规定的，依照其规定；法律、法规没有规定的，可以按照当地习惯。

第八十六条　不动产权利人应当为相邻权利人用水、排水提供必要的便利。

对自然流水的利用，应当在不动产的相邻权利人之间合理分配。对自然流水的排放，应当尊重自然流向。

第八十七条　不动产权利人对相邻权利人因通行等必须利用其土地的，应当提供必要的便利。

第八十八条　不动产权利人因建造、修缮建筑物以及铺设电线、电缆、水管、暖气和燃气管线等必须利用相邻土地、建筑物的，该土地、建筑物的权利人应当提供必要的便利。

第八十九条　建造建筑物，不得违反国家有关工程建设标准，妨碍相邻建筑物的通风、采光和日照。

第九十条　不动产权利人不得违反国家规定弃置固体废物，排放大气污染物、水污染物、噪声、光、电磁波辐射等有害物质。

第九十一条　不动产权利人挖掘土地、建造建筑物、铺设管线以及安装设备等，不得危及相邻不动产的安全。

第九十二条　不动产权利人因用水、排水、通行、铺设管线等利用相邻不动产的，应当尽量避免对相邻的不动产权利人造成损害；造成损害的，应当给予赔偿。

第八章　共　　有

第九十三条　不动产或者动产可以由两个以上单位、个人共有。共有包括按份共有和共同共有。

第九十四条　按份共有人对共有的不动产或

者动产按照其份额享有所有权。

第九十五条 共同共有人对共有的不动产或者动产共同享有所有权。

第九十六条 共有人按照约定管理共有的不动产或者动产；没有约定或者约定不明确的，各共有人都有管理的权利和义务。

第九十七条 处分共有的不动产或者动产以及对共有的不动产或者动产作重大修缮的，应当经占份额三分之二以上的按份共有人或者全体共同共有人同意，但共有人之间另有约定的除外。

第九十八条 对共有物的管理费用以及其他负担，有约定的，按照约定；没有约定或者约定不明确的，按份共有人按照其份额负担，共同共有人共同负担。

第九十九条 共有人约定不得分割共有的不动产或者动产，以维持共有关系的，应当按照约定，但共有人有重大理由需要分割的，可以请求分割；没有约定或者约定不明确的，按份共有人可以随时请求分割，共同共有人在共有的基础丧失或者有重大理由需要分割时可以请求分割。因分割对其他共有人造成损害的，应当给予赔偿。

第一百条 共有人可以协商确定分割方式。达不成协议，共有的不动产或者动产可以分割并且不会因分割减损价值的，应当对实物予以分割；难以分割或者因分割会减损价值的，应当对折价或者拍卖、变卖取得的价款予以分割。

共有人分割所得的不动产或者动产有瑕疵的，其他共有人应当分担损失。

第一百零一条 按份共有人可以转让其享有的共有的不动产或者动产份额。其他共有人在同等条件下享有优先购买的权利。

第一百零二条 因共有的不动产或者动产产生的债权债务，在对外关系上，共有人享有连带债权、承担连带债务，但法律另有规定或者第三人知道共有人不具有连带债权债务关系的除外；在共有人内部关系上，除共有人另有约定外，按份共有人按照份额享有债权、承担债务，共同共有人共同享有债权、承担债务。偿还债务超过自己应当承担份额的按份共有人，有权向其他共有人追偿。

第一百零三条 共有人对共有的不动产或者动产没有约定为按份共有或者共同共有，或者约定不明确的，除共有人具有家庭关系等外，视为按份共有。

第一百零四条 按份共有人对共有的不动产或者动产享有的份额，没有约定或者约定不明确的，按照出资额确定；不能确定出资额的，视为等额享有。

第一百零五条 两个以上单位、个人共同享有用益物权、担保物权的，参照本章规定。

第九章 所有权取得的特别规定

第一百零六条 无处分权人将不动产或者动产转让给受让人的，所有权人有权追回；除法律另有规定外，符合下列情形的，受让人取得该不动产或者动产的所有权：

（一）受让人受让该不动产或者动产时是善意的；

（二）以合理的价格转让；

（三）转让的不动产或者动产依照法律规定应当登记的已经登记，不需要登记的已经交付给受让人。

受让人依照前款规定取得不动产或者动产的所有权的，原所有权人有权向无处分权人请求赔偿损失。

当事人善意取得其他物权的，参照前两款规定。

第一百零七条 所有权人或者其他权利人有权追回遗失物。该遗失物通过转让被他人占有的，权利人有权向无处分权人请求损害赔偿，或者自知道或者应当知道受让人之日起二年内向受让人请求返还原物，但受让人通过拍卖或者向具有经营资格的经营者购得该遗失物的，权利人请求返还原物时应当支付受让人所付的费用。权利人向受让人支付所付费用后，有权向无处分权人追偿。

第一百零八条 善意受让人取得动产后，该动产上的原有权利消灭，但善意受让人在受让时知道或者应当知道该权利的除外。

第一百零九条　拾得遗失物，应当返还权利人。拾得人应当及时通知权利人领取，或者送交公安等有关部门。

第一百一十条　有关部门收到遗失物，知道权利人的，应当及时通知其领取；不知道的，应当及时发布招领公告。

第一百一十一条　拾得人在遗失物送交有关部门前，有关部门在遗失物被领取前，应当妥善保管遗失物。因故意或者重大过失致使遗失物毁损、灭失的，应当承担民事责任。

第一百一十二条　权利人领取遗失物时，应当向拾得人或者有关部门支付保管遗失物等支出的必要费用。

权利人悬赏寻找遗失物的，领取遗失物时应当按照承诺履行义务。

拾得人侵占遗失物的，无权请求保管遗失物等支出的费用，也无权请求权利人按照承诺履行义务。

第一百一十三条　遗失物自发布招领公告之日起六个月内无人认领的，归国家所有。

第一百一十四条　拾得漂流物、发现埋藏物或者隐藏物的，参照拾得遗失物的有关规定。文物保护法等法律另有规定的，依照其规定。

第一百一十五条　主物转让的，从物随主物转让，但当事人另有约定的除外。

第一百一十六条　天然孳息，由所有权人取得；既有所有权人又有用益物权人的，由用益物权人取得。当事人另有约定的，按照约定。

法定孳息，当事人有约定的，按照约定取得；没有约定或者约定不明确的，按照交易习惯取得。

第三编　用益物权

第十章　一般规定

第一百一十七条　用益物权人对他人所有的不动产或者动产，依法享有占有、使用和收益的权利。

第一百一十八条　国家所有或者国家所有由集体使用以及法律规定属于集体所有的自然资源，单位、个人依法可以占有、使用和收益。

第一百一十九条　国家实行自然资源有偿使用制度，但法律另有规定的除外。

第一百二十条　用益物权人行使权利，应当遵守法律有关保护和合理开发利用资源的规定。所有权人不得干涉用益物权人行使权利。

第一百二十一条　因不动产或者动产被征收、征用致使用益物权消灭或者影响用益物权行使的，用益物权人有权依照本法第四十二条、第四十四条的规定获得相应补偿。

第一百二十二条　依法取得的海域使用权受法律保护。

第一百二十三条　依法取得的探矿权、采矿权、取水权和使用水域、滩涂从事养殖、捕捞的权利受法律保护。

第十一章　土地承包经营权

第一百二十四条　农村集体经济组织实行家庭承包经营为基础、统分结合的双层经营体制。

农民集体所有和国家所有由农民集体使用的耕地、林地、草地以及其他用于农业的土地，依法实行土地承包经营制度。

第一百二十五条　土地承包经营权人依法对其承包经营的耕地、林地、草地等享有占有、使用和收益的权利，有权从事种植业、林业、畜牧业等农业生产。

第一百二十六条　耕地的承包期为三十年。草地的承包期为三十年至五十年。林地的承包期为三十年至七十年；特殊林木的林地承包期，经国务院林业行政主管部门批准可以延长。

前款规定的承包期届满，由土地承包经营权人按照国家有关规定继续承包。

第一百二十七条　土地承包经营权自土地承包经营权合同生效时设立。

县级以上地方人民政府应当向土地承包经营权人发放土地承包经营权证、林权证、草原使用权证，并登记造册，确认土地承包经营权。

第一百二十八条 土地承包经营权人依照农村土地承包法的规定，有权将土地承包经营权采取转包、互换、转让等方式流转。流转的期限不得超过承包期的剩余期限。未经依法批准，不得将承包地用于非农建设。

第一百二十九条 土地承包经营权人将土地承包经营权互换、转让，当事人要求登记的，应当向县级以上地方人民政府申请土地承包经营权变更登记；未经登记，不得对抗善意第三人。

第一百三十条 承包期内发包人不得调整承包地。

因自然灾害严重毁损承包地等特殊情形，需要适当调整承包的耕地和草地的，应当依照农村土地承包法等法律规定办理。

第一百三十一条 承包期内发包人不得收回承包地。农村土地承包法等法律另有规定的，依照其规定。

第一百三十二条 承包地被征收的，土地承包经营权人有权依照本法第四十二条第二款的规定获得相应补偿。

第一百三十三条 通过招标、拍卖、公开协商等方式承包荒地等农村土地，依照农村土地承包法等法律和国务院的有关规定，其土地承包经营权可以转让、入股、抵押或者以其他方式流转。

第一百三十四条 国家所有的农用地实行承包经营的，参照本法的有关规定。

第十二章 建设用地使用权

第一百三十五条 建设用地使用权人依法对国家所有的土地享有占有、使用和收益的权利，有权利用该土地建造建筑物、构筑物及其附属设施。

第一百三十六条 建设用地使用权可以在土地的地表、地上或者地下分别设立。新设立的建设用地使用权，不得损害已设立的用益物权。

第一百三十七条 设立建设用地使用权，可以采取出让或者划拨等方式。

工业、商业、旅游、娱乐和商品住宅等经营性用地以及同一土地有两个以上意向用地者的，应当采取招标、拍卖等公开竞价的方式出让。

严格限制以划拨方式设立建设用地使用权。采取划拨方式的，应当遵守法律、行政法规关于土地用途的规定。

第一百三十八条 采取招标、拍卖、协议等出让方式设立建设用地使用权的，当事人应当采取书面形式订立建设用地使用权出让合同。

建设用地使用权出让合同一般包括下列条款：

（一）当事人的名称和住所；

（二）土地界址、面积等；

（三）建筑物、构筑物及其附属设施占用的空间；

（四）土地用途；

（五）使用期限；

（六）出让金等费用及其支付方式；

（七）解决争议的方法。

第一百三十九条 设立建设用地使用权的，应当向登记机构申请建设用地使用权登记。建设用地使用权自登记时设立。登记机构应当向建设用地使用权人发放建设用地使用权证书。

第一百四十条 建设用地使用权人应当合理利用土地，不得改变土地用途；需要改变土地用途的，应当依法经有关行政主管部门批准。

第一百四十一条 建设用地使用权人应当依照法律规定以及合同约定支付出让金等费用。

第一百四十二条 建设用地使用权人建造的建筑物、构筑物及其附属设施的所有权属于建设用地使用权人，但有相反证据证明的除外。

第一百四十三条 建设用地使用权人有权将建设用地使用权转让、互换、出资、赠与或者抵押，但法律另有规定的除外。

第一百四十四条 建设用地使用权转让、互换、出资、赠与或者抵押的，当事人应当采取书面形式订立相应的合同。使用期限由当事人约定，但不得超过建设用地使用权的剩余期限。

第一百四十五条 建设用地使用权转让、互换、出资或者赠与的，应当向登记机构申请变更登记。

第一百四十六条　建设用地使用权转让、互换、出资或者赠与的，附着于该土地上的建筑物、构筑物及其附属设施一并处分。

第一百四十七条　建筑物、构筑物及其附属设施转让、互换、出资或者赠与的，该建筑物、构筑物及其附属设施占用范围内的建设用地使用权一并处分。

第一百四十八条　建设用地使用权期间届满前，因公共利益需要提前收回该土地的，应当依照本法第四十二条的规定对该土地上的房屋及其他不动产给予补偿，并退还相应的出让金。

第一百四十九条　住宅建设用地使用权期间届满的，自动续期。

非住宅建设用地使用权期间届满后的续期，依照法律规定办理。该土地上的房屋及其他不动产的归属，有约定的，按照约定；没有约定或者约定不明确的，依照法律、行政法规的规定办理。

第一百五十条　建设用地使用权消灭的，出让人应当及时办理注销登记。登记机构应当收回建设用地使用权证书。

第一百五十一条　集体所有的土地作为建设用地的，应当依照土地管理法等法律规定办理。

第十三章　宅基地使用权

第一百五十二条　宅基地使用权人依法对集体所有的土地享有占有和使用的权利，有权依法利用该土地建造住宅及其附属设施。

第一百五十三条　宅基地使用权的取得、行使和转让，适用土地管理法等法律和国家有关规定。

第一百五十四条　宅基地因自然灾害等原因灭失的，宅基地使用权消灭。对失去宅基地的村民，应当重新分配宅基地。

第一百五十五条　已经登记的宅基地使用权转让或者消灭的，应当及时办理变更登记或者注销登记。

第十四章　地　役　权

第一百五十六条　地役权人有权按照合同约定，利用他人的不动产，以提高自己的不动产的效益。

前款所称他人的不动产为供役地，自己的不动产为需役地。

第一百五十七条　设立地役权，当事人应当采取书面形式订立地役权合同。

地役权合同一般包括下列条款：

（一）当事人的姓名或者名称和住所；

（二）供役地和需役地的位置；

（三）利用目的和方法；

（四）利用期限；

（五）费用及其支付方式；

（六）解决争议的方法。

第一百五十八条　地役权自地役权合同生效时设立。当事人要求登记的，可以向登记机构申请地役权登记；未经登记，不得对抗善意第三人。

第一百五十九条　供役地权利人应当按照合同约定，允许地役权人利用其土地，不得妨害地役权人行使权利。

第一百六十条　地役权人应当按照合同约定的利用目的和方法利用供役地，尽量减少对供役地权利人物权的限制。

第一百六十一条　地役权的期限由当事人约定，但不得超过土地承包经营权、建设用地使用权等用益物权的剩余期限。

第一百六十二条　土地所有权人享有地役权或者负担地役权的，设立土地承包经营权、宅基地使用权时，该土地承包经营权人、宅基地使用权人继续享有或者负担已设立的地役权。

第一百六十三条　土地上已设立土地承包经营权、建设用地使用权、宅基地使用权等权利的，未经用益物权人同意，土地所有权人不得设立地役权。

第一百六十四条　地役权不得单独转让。土地承包经营权、建设用地使用权等转让的，地役权一并转让，但合同另有约定的除外。

第一百六十五条　地役权不得单独抵押。土地承包经营权、建设用地使用权等抵押的，在实现抵押权时，地役权一并转让。

第一百六十六条 需役地以及需役地上的土地承包经营权、建设用地使用权部分转让时，转让部分涉及地役权的，受让人同时享有地役权。

第一百六十七条 供役地以及供役地上的土地承包经营权、建设用地使用权部分转让时，转让部分涉及地役权的，地役权对受让人具有约束力。

第一百六十八条 地役权人有下列情形之一的，供役地权利人有权解除地役权合同，地役权消灭：

（一）违反法律规定或者合同约定，滥用地役权；

（二）有偿利用供役地，约定的付款期间届满后在合理期限内经两次催告未支付费用。

第一百六十九条 已经登记的地役权变更、转让或者消灭的，应当及时办理变更登记或者注销登记。

……

中华人民共和国担保法

（1995年6月30日第八届全国人民代表大会常务委员会第十四次会议通过 1995年6月30日中华人民共和国主席令第50号公布 自1995年10月1日起施行）

目　　录

第一章　总　　则

第一条 为促进资金融通和商品流通，保障债权的实现，发展社会主义市场经济，制定本法。

第二条 在借贷、买卖、货物运输、加工承揽等经济活动中，债权人需要以担保方式保障其债权实现的，可以依照本法规定设定担保。

本法规定的担保方式为保证、抵押、质押、留置和定金。

第三条 担保活动应当遵循平等、自愿、公平、诚实信用的原则。

第四条 第三人为债务人向债权人提供担保时，可以要求债务人提供反担保。

反担保适用本法担保的规定。

第五条 担保合同是主合同的从合同，主合同无效，担保合同无效。担保合同另有约定的，按照约定。

担保合同被确认无效后，债务人、担保人、债权人有过错的，应当根据其过错各自承担相应的民事责任。

第二章　保　　证

第一节　保证和保证人

第六条 本法所称保证，是指保证人和债权人约定，当债务人不履行债务时，保证人按照约定履行债务或者承担责任的行为。

第七条 具有代为清偿债务能力的法人、其他组织或者公民，可以作保证人。

第八条 国家机关不得为保证人，但经国务院批准为使用外国政府或者国际经济组织贷款进行转贷的除外。

第九条　学校、幼儿园、医院等以公益为目的的事业单位、社会团体不得为保证人。

第十条　企业法人的分支机构、职能部门不得为保证人。

企业法人的分支机构有法人书面授权的，可以在授权范围内提供保证。

第十一条　任何单位和个人不得强令银行等金融机构或者企业为他人提供保证；银行等金融机构或者企业对强令其为他人提供保证的行为，有权拒绝。

第十二条　同一债务有两个以上保证人的，保证人应当按照保证合同约定的保证份额，承担保证责任。没有约定保证份额的，保证人承担连带责任，债权人可以要求任何一个保证人承担全部保证责任，保证人都负有担保全部债权实现的义务。已经承担保证责任的保证人，有权向债务人追偿，或者要求承担连带责任的其他保证人清偿其应当承担的份额。

第二节　保证合同和保证方式

第十三条　保证人与债权人应当以书面形式订立保证合同。

第十四条　保证人与债权人可以就单个主合同分别订立保证合同，也可以协议在最高债权额限度内就一定期间连续发生的借款合同或者某项商品交易合同订立一个保证合同。

第十五条　保证合同应当包括以下内容：

（一）被保证的主债权种类、数额；

（二）债务人履行债务的期限；

（三）保证的方式；

（四）保证担保的范围；

（五）保证的期间；

（六）双方认为需要约定的其他事项。

保证合同不完全具备前款规定内容的，可以补正。

第十六条　保证的方式有：

（一）一般保证；

（二）连带责任保证。

第十七条　当事人在保证合同中约定，债务人不能履行债务时，由保证人承担保证责任的，为一般保证。

一般保证的保证人在主合同纠纷未经审判或者仲裁，并就债务人财产依法强制执行仍不能履行债务前，对债权人可以拒绝承担保证责任。

有下列情形之一的，保证人不得行使前款规定的权利：

（一）债务人住所变更，致使债权人要求其履行债务发生重大困难的；

（二）人民法院受理债务人破产案件，中止执行程序的；

（三）保证人以书面形式放弃前款规定的权利的。

第十八条　当事人在保证合同中约定保证人与债务人对债务承担连带责任的，为连带责任保证。

连带责任保证的债务人在主合同规定的债务履行期届满没有履行债务的，债权人可以要求债务人履行债务，也可以要求保证人在其保证范围内承担保证责任。

第十九条　当事人对保证方式没有约定或者约定不明确的，按照连带责任保证承担保证责任。

第二十条　一般保证和连带责任保证的保证人享有债务人的抗辩权。债务人放弃对债务的抗辩权的，保证人仍有权抗辩。

抗辩权是指债权人行使债权时，债务人根据法定事由，对抗债权人行使请求权的权利。

第三节　保证责任

第二十一条　保证担保的范围包括主债权及利息、违约金、损害赔偿金和实现债权的费用。保证合同另有约定的，按照约定。

当事人对保证担保的范围没有约定或者约定不明确的，保证人应当对全部债务承担责任。

第二十二条　保证期间，债权人依法将主债权转让给第三人的，保证人在原保证担保的范围内继续承担保证责任。保证合同另有约定的，按照约定。

第二十三条　保证期间，债权人许可债务人转让债务的，应当取得保证人书面同意，保证人对未经其同意转让的债务，不再承担保证责任。

第二十四条 债权人与债务人协议变更主合同的，应当取得保证人书面同意，未经保证人书面同意的，保证人不再承担保证责任。保证合同另有约定的，按照约定。

第二十五条 一般保证的保证人与债权人未约定保证期间的，保证期间为主债务履行期届满之日起六个月。

在合同约定的保证期间和前款规定的保证期间，债权人未对债务人提起诉讼或者申请仲裁的，保证人免除保证责任；债权人已提起诉讼或者申请仲裁的，保证期间适用诉讼时效中断的规定。

第二十六条 连带责任保证的保证人与债权人未约定保证期间的，债权人有权自主债务履行期届满之日起六个月内要求保证人承担保证责任。

在合同约定的保证期间和前款规定的保证期间，债权人未要求保证人承担保证责任的，保证人免除保证责任。

第二十七条 保证人依照本法第十四条规定就连续发生的债权作保证，未约定保证期间的，保证人可以随时书面通知债权人终止保证合同，但保证人对于通知到债权人前所发生的债权，承担保证责任。

第二十八条 同一债权既有保证又有物的担保的，保证人对物的担保以外的债权承担保证责任。

债权人放弃物的担保的，保证人在债权人放弃权利的范围内免除保证责任。

第二十九条 企业法人的分支机构未经法人书面授权或者超出授权范围与债权人订立保证合同的，该合同无效或者超出授权范围的部分无效，债权人和企业法人有过错的，应当根据其过错各自承担相应的民事责任；债权人无过错的，由企业法人承担民事责任。

第三十条 有下列情形之一的，保证人不承担民事责任：

（一）主合同当事人双方串通，骗取保证人提供保证的；

（二）主合同债权人采取欺诈、胁迫等手段，使保证人在违背真实意思的情况下提供保证的。

第三十一条 保证人承担保证责任后，有权向债务人追偿。

第三十二条 人民法院受理债务人破产案件后，债权人未申报债权的，保证人可以参加破产财产分配，预先行使追偿权。

第三章 抵　押

第一节 抵押和抵押物

第三十三条 本法所称抵押，是指债务人或者第三人不转移对本法第三十四条所列财产的占有，将该财产作为债权的担保。债务人不履行债务时，债权人有权依照本法规定以该财产折价或者以拍卖、变卖该财产的价款优先受偿。

前款规定的债务人或者第三人为抵押人，债权人为抵押权人，提供担保的财产为抵押物。

第三十四条 下列财产可以抵押：

（一）抵押人所有的房屋和其他地上定着物；

（二）抵押人所有的机器、交通运输工具和其他财产；

（三）抵押人依法有权处分的国有的土地使用权、房屋和其他地上定着物；

（四）抵押人依法有权处分的国有的机器、交通运输工具和其他财产；

（五）抵押人依法承包并经发包方同意抵押的荒山、荒沟、荒丘、荒滩等荒地的土地使用权；

（六）依法可以抵押的其他财产。

抵押人可以将前款所列财产一并抵押。

第三十五条 抵押人所担保的债权不得超出其抵押物的价值。

财产抵押后，该财产的价值大于所担保债权的余额部分，可以再次抵押，但不得超出其余额部分。

第三十六条 以依法取得的国有土地上的房

屋抵押的，该房屋占用范围内的国有土地使用权同时抵押。

以出让方式取得的国有土地使用权抵押的，应当将抵押时该国有土地上的房屋同时抵押。

乡（镇）、村企业的土地使用权不得单独抵押。以乡（镇）、村企业的厂房等建筑物抵押的，其占用范围内的土地使用权同时抵押。

第三十七条 下列财产不得抵押：

（一）土地所有权；

（二）耕地、宅基地、自留地、自留山等集体所有的土地使用权，但本法第三十四条第（五）项、第三十六条第三款规定的除外；

（三）学校、幼儿园、医院等以公益为目的的事业单位、社会团体的教育设施、医疗卫生设施和其他社会公益设施；

（四）所有权、使用权不明或者有争议的财产；

（五）依法被查封、扣押、监管的财产；

（六）依法不得抵押的其他财产。

第二节 抵押合同和抵押物登记

第三十八条 抵押人和抵押权人应当以书面形式订立抵押合同。

第三十九条 抵押合同应当包括以下内容：

（一）被担保的主债权种类、数额；

（二）债务人履行债务的期限；

（三）抵押物的名称、数量、质量、状况、所在地、所有权权属或者使用权权属；

（四）抵押担保的范围；

（五）当事人认为需要约定的其他事项。

抵押合同不完全具备前款规定内容的，可以补正。

第四十条 订立抵押合同时，抵押权人和抵押人在合同中不得约定在债务履行期届满抵押权人未受清偿时，抵押物的所有权转移为债权人所有。

第四十一条 当事人以本法第四十二条规定的财产抵押的，应当办理抵押物登记，抵押合同自登记之日起生效。

第四十二条 办理抵押物登记的部门如下：

（一）以无地上定着物的土地使用权抵押的，为核发土地使用权证书的土地管理部门；

（二）以城市房地产或者乡（镇）、村企业的厂房等建筑物抵押的，为县级以上地方人民政府规定的部门；

（三）以林木抵押的，为县级以上林木主管部门；

（四）以航空器、船舶、车辆抵押的，为运输工具的登记部门；

（五）以企业的设备和其他动产抵押的，为财产所在地的工商行政管理部门。

第四十三条 当事人以其他财产抵押的，可以自愿办理抵押物登记，抵押合同自签订之日起生效。

当事人未办理抵押物登记的，不得对抗第三人。当事人办理抵押物登记的，登记部门为抵押人所在地的公证部门。

第四十四条 办理抵押物登记，应当向登记部门提供下列文件或者其复印件：

（一）主合同和抵押合同；

（二）抵押物的所有权或者使用权证书。

第四十五条 登记部门登记的资料，应当允许查阅、抄录或者复印。

第三节 抵押的效力

第四十六条 抵押担保的范围包括主债权及利息、违约金、损害赔偿金和实现抵押权的费用。抵押合同另有约定的，按照约定。

第四十七条 债务履行期届满，债务人不履行债务致使抵押物被人民法院依法扣押的，自扣押之日起抵押权人有权收取由抵押物分离的天然孳息以及抵押人就抵押物可以收取的法定孳息。抵押权人未将扣押抵押物的事实通知应当清偿法定孳息的义务人的，抵押权的效力不及于该孳息。

前款孳息应当先充抵收取孳息的费用。

第四十八条 抵押人将已出租的财产抵押的，应当书面告知承租人，原租赁合同继续有效。

第四十九条 抵押期间，抵押人转让已办理登记的抵押物的，应当通知抵押权人并告知受让人转让物已经抵押的情况；抵押人未通知抵押权人或者未告知受让人的，转让行为无效。

转让抵押物的价款明显低于其价值的，抵押权人可以要求抵押人提供相应的担保；抵押人不提供的，不得转让抵押物。

抵押人转让抵押物所得的价款，应当向抵押权人提前清偿所担保的债权或者向与抵押权人约定的第三人提存。超过债权数额的部分，归抵押人所有，不足部分由债务人清偿。

第五十条 抵押权不得与债权分离而单独转让或者作为其他债权的担保。

第五十一条 抵押人的行为足以使抵押物价值减少的，抵押权人有权要求抵押人停止其行为。抵押物价值减少时，抵押权人有权要求抵押人恢复抵押物的价值，或者提供与减少的价值相当的担保。

抵押人对抵押物价值减少无过错的，抵押权人只能在抵押人因损害而得到的赔偿范围内要求提供担保。抵押物价值未减少的部分，仍作为债权的担保。

第五十二条 抵押权与其担保的债权同时存在，债权消灭的，抵押权也消灭。

第四节 抵押权的实现

第五十三条 债务履行期届满抵押权人未受清偿的，可以与抵押人协议以抵押物折价或者以拍卖、变卖该抵押物所得的价款受偿；协议不成的，抵押权人可以向人民法院提起诉讼。

抵押物折价或者拍卖、变卖后，其价款超过债权数额的部分归抵押人所有，不足部分由债务人清偿。

第五十四条 同一财产向两个以上债权人抵押的，拍卖、变卖抵押物所得的价款按照以下规定清偿：

（一）抵押合同以登记生效的，按照抵押物登记的先后顺序清偿；顺序相同的，按照债权比例清偿；

（二）抵押合同自签订之日起生效的，该抵押物已登记的，按照本条第（一）项规定清偿；未登记的，按照合同生效时间的先后顺序清偿，顺序相同的，按照债权比例清偿。抵押物已登记的先于未登记的受偿。

第五十五条 城市房地产抵押合同签订后，土地上新增的房屋不属于抵押物。需要拍卖该抵押的房地产时，可以依法将该土地上新增的房屋与抵押物一同拍卖，但对拍卖新增房屋所得，抵押权人无权优先受偿。

依照本法规定以承包的荒地的土地使用权抵押的，或者以乡（镇）、村企业的厂房等建筑物占用范围内的土地使用权抵押的，在实现抵押权后，未经法定程序不得改变土地集体所有和土地用途。

第五十六条 拍卖划拨的国有土地使用权所得的价款，在依法缴纳相当于应缴纳的土地使用权出让金的款额后，抵押权人有优先受偿权。

第五十七条 为债务人抵押担保的第三人，在抵押权人实现抵押权后，有权向债务人追偿。

第五十八条 抵押权因抵押物灭失而消灭。因灭失所得的赔偿金，应当作为抵押财产。

第五节 最高额抵押

第五十九条 本法所称最高额抵押，是指抵押人与抵押权人协议，在最高债权额限度内，以抵押物对一定期间内连续发生的债权作担保。

第六十条 借款合同可以附最高额抵押合同。

债权人与债务人就某项商品在一定期间内连续发生交易而签订的合同，可以附最高额抵押合同。

第六十一条 最高额抵押的主合同债权不得转让。

第六十二条 最高额抵押除适用本节规定外，适用本章其他规定。

第四章 质 押

第一节 动产质押

第六十三条 本法所称动产质押，是指债务人或者第三人将其动产移交债权人占有，将该动产作为债权的担保。债务人不履行债务时，债权人有权依照本法规定以该动产折价或者以拍卖、变卖该动产的价款优先受偿。

前款规定的债务人或者第三人为出质人，债权人为质权人，移交的动产为质物。

第六十四条　出质人和质权人应当以书面形式订立质押合同。

质押合同自质物移交于质权人占有时生效。

第六十五条　质押合同应当包括以下内容：

（一）被担保的主债权种类、数额；

（二）债务人履行债务的期限；

（三）质物的名称、数量、质量、状况；

（四）质押担保的范围；

（五）质物移交的时间；

（六）当事人认为需要约定的其他事项。

质押合同不完全具备前款规定内容的，可以补正。

第六十六条　出质人和质权人在合同中不得约定在债务履行期届满质权人未受清偿时，质物的所有权转移为质权人所有。

第六十七条　质押担保的范围包括主债权及利息、违约金、损害赔偿金、质物保管费用和实现质权的费用。质押合同另有约定的，按照约定。

第六十八条　质权人有权收取质物所生的孳息。质押合同另有约定的，按照约定。

前款孳息应当先充抵收取孳息的费用。

第六十九条　质权人负有妥善保管质物的义务。因保管不善致使质物灭失或者毁损的，质权人应当承担民事责任。

质权人不能妥善保管质物可能致使其灭失或者毁损的，出质人可以要求质权人将质物提存，或者要求提前清偿债权而返还质物。

第七十条　质物有损坏或者价值明显减少的可能，足以危害质权人权利的，质权人可以要求出质人提供相应的担保。出质人不提供的，质权人可以拍卖或者变卖质物，并与出质人协议将拍卖或者变卖所得的价款用于提前清偿所担保的债权或者向与出质人约定的第三人提存。

第七十一条　债务履行期届满债务人履行债务的，或者出质人提前清偿所担保的债权的，质权人应当返还质物。

债务履行期届满质权人未受清偿的，可以与出质人协议以质物折价，也可以依法拍卖、变卖质物。

质物折价或者拍卖、变卖后，其价款超过债权数额的部分归出质人所有，不足部分由债务人清偿。

第七十二条　为债务人质押担保的第三人，在质权人实现质权后，有权向债务人追偿。

第七十三条　质权因质物灭失而消灭。因灭失所得的赔偿金，应当作为出质财产。

第七十四条　质权与其担保的债权同时存在，债权消灭的，质权也消灭。

第二节　权利质押

第七十五条　下列权利可以质押：

（一）汇票、支票、本票、债券、存款单、仓单、提单；

（二）依法可以转让的股份、股票；

（三）依法可以转让的商标专用权，专利权、著作权中的财产权；

（四）依法可以质押的其他权利。

第七十六条　以汇票、支票、本票、债券、存款单、仓单、提单出质的，应当在合同约定的期限内将权利凭证交付质权人。质押合同自权利凭证交付之日起生效。

第七十七条　以载明兑现或者提货日期的汇票、支票、本票、债券、存款单、仓单、提单出质的，汇票、支票、本票、债券、存款单、仓单、提单兑现或者提货日期先于债务履行期的，质权人可以在债务履行期届满前兑现或者提货，并与出质人协议将兑现的价款或者提取的货物用于提前清偿所担保的债权或者向与出质人约定的第三人提存。

第七十八条　以依法可以转让的股票出质的，出质人与质权人应当订立书面合同，并向证券登记机构办理出质登记。质押合同自登记之日起生效。

股票出质后，不得转让，但经出质人与质权人协商同意的可以转让。出质人转让股票所得的价款应当向质权人提前清偿所担保的债权或者向与质权人约定的第三人提存。

以有限责任公司的股份出质的，适用公司法股份转让的有关规定。质押合同自股份出质记载于股东名册之日起生效。

第七十九条 以依法可以转让的商标专用权，专利权、著作权中的财产权出质的，出质人与质权人应当订立书面合同，并向其管理部门办理出质登记。质押合同自登记之日起生效。

第八十条 本法第七十九条规定的权利出质后，出质人不得转让或者许可他人使用，但经出质人与质权人协商同意的可以转让或者许可他人使用。出质人所得的转让费、许可费应当向质权人提前清偿所担保的债权或者向与质权人约定的第三人提存。

第八十一条 权利质押除适用本节规定外，适用本章第一节的规定。

第五章 留　　置

第八十二条 本法所称留置，是指依照本法第八十四条的规定，债权人按照合同约定占有债务人的动产，债务人不按照合同约定的期限履行债务的，债权人有权依照本法规定留置该财产，以该财产折价或者以拍卖、变卖该财产的价款优先受偿。

第八十三条 留置担保的范围包括主债权及利息、违约金、损害赔偿金，留置物保管费用和实现留置权的费用。

第八十四条 因保管合同、运输合同、加工承揽合同发生的债权，债务人不履行债务的，债权人有留置权。

法律规定可以留置的其他合同，适用前款规定。

当事人可以在合同中约定不得留置的物。

第八十五条 留置的财产为可分物的，留置物的价值应当相当于债务的金额。

第八十六条 留置权人负有妥善保管留置物的义务。因保管不善致使留置物灭失或者毁损的，留置权人应当承担民事责任。

第八十七条 债权人与债务人应当在合同中约定，债权人留置财产后，债务人应当在不少于两个月的期限内履行债务。债权人与债务人在合同中未约定的，债权人留置债务人财产后，应当确定两个月以上的期限，通知债务人在该期限内履行债务。

债务人逾期仍不履行的，债权人可以与债务人协议以留置物折价，也可以依法拍卖、变卖留置物。

留置物折价或者拍卖、变卖后，其价款超过债权数额的部分归债务人所有，不足部分由债务人清偿。

第八十八条 留置权因下列原因消灭：

（一）债权消灭的；

（二）债务人另行提供担保并被债权人接受的。

第六章 定　　金

第八十九条 当事人可以约定一方向对方给付定金作为债权的担保。债务人履行债务后，定金应当抵作价款或者收回。给付定金的一方不履行约定的债务的，无权要求返还定金；收受定金的一方不履行约定的债务的，应当双倍返还定金。

第九十条 定金应当以书面形式约定。当事人在定金合同中应当约定交付定金的期限。定金合同从实际交付定金之日起生效。

第九十一条 定金的数额由当事人约定，但不得超过主合同标的额的百分之二十。

第七章 附　　则

第九十二条 本法所称不动产是指土地以及房屋、林木等地上定着物。

本法所称动产是指不动产以外的物。

第九十三条 本法所称保证合同、抵押合同、质押合同、定金合同可以是单独订立的书面合同，包括当事人之间的具有担保性质的信函、传真等，也可以是主合同中的担保条款。

第九十四条　抵押物、质物、留置物折价或者变卖，应当参照市场价格。

第九十五条　海商法等法律对担保有特别规定的，依照其规定。

第九十六条　本法自1995年10月1日起施行。

中华人民共和国保险法（节录）

（1995年6月30日第八届全国人民代表大会常务委员会第十四次会议通过　根据2002年10月28日第九届全国人民代表大会常务委员会第三十次会议《关于修改〈中华人民共和国保险法〉的决定》第一次修正　2009年2月28日第十一届全国人民代表大会常务委员会第七次会议修订　根据2014年8月31日第十二届全国人民代表大会常务委员会第十次会议《关于修改〈中华人民共和国保险法〉等五部法律的决定》第二次修正　根据2015年4月24日第十二届全国人民代表大会常务委员会第十四次会议《关于修改〈中华人民共和国计量法〉等五部法律的决定》第三次修正）

……

第二章　保险合同

第一节　一般规定

第十条　保险合同是投保人与保险人约定保险权利义务关系的协议。

投保人是指与保险人订立保险合同，并按照合同约定负有支付保险费义务的人。

保险人是指与投保人订立保险合同，并按照合同约定承担赔偿或者给付保险金责任的保险公司。

第十一条　订立保险合同，应当协商一致，遵循公平原则确定各方的权利和义务。

除法律、行政法规规定必须保险的外，保险合同自愿订立。

第十二条　人身保险的投保人在保险合同订立时，对被保险人应当具有保险利益。

财产保险的被保险人在保险事故发生时，对保险标的应当具有保险利益。

人身保险是以人的寿命和身体为保险标的的保险。

财产保险是以财产及其有关利益为保险标的的保险。

被保险人是指其财产或者人身受保险合同保障，享有保险金请求权的人。投保人可以为被保险人。

保险利益是指投保人或者被保险人对保险标的具有的法律上承认的利益。

第十三条　投保人提出保险要求，经保险人同意承保，保险合同成立。保险人应当及时向投保人签发保险单或者其他保险凭证。

保险单或者其他保险凭证应当载明当事人双方约定的合同内容。当事人也可以约定采用其他书面形式载明合同内容。

依法成立的保险合同，自成立时生效。投保人和保险人可以对合同的效力约定附条件或者附期限。

第十四条　保险合同成立后，投保人按照约定交付保险费，保险人按照约定的时间开始承担保险责任。

第十五条　除本法另有规定或者保险合同另有约定外，保险合同成立后，投保人可以解除合同，保险人不得解除合同。

第十六条　订立保险合同，保险人就保险标的或者被保险人的有关情况提出询问的，投保人应当如实告知。

投保人故意或者因重大过失未履行前款规定的如实告知义务，足以影响保险人决定是否同意承保或者提高保险费率的，保险人有权解除合同。

前款规定的合同解除权，自保险人知道有解除事由之日起，超过三十日不行使而消灭。自合同成立之日起超过二年的，保险人不得解除合同；发生保险事故的，保险人应当承担赔偿或者给付保险金的责任。

投保人故意不履行如实告知义务的，保险人对于合同解除前发生的保险事故，不承担赔偿或者给付保险金的责任，并不退还保险费。

投保人因重大过失未履行如实告知义务，对保险事故的发生有严重影响的，保险人对于合同解除前发生的保险事故，不承担赔偿或者给付保险金的责任，但应当退还保险费。

保险人在合同订立时已经知道投保人未如实告知的情况的，保险人不得解除合同；发生保险事故的，保险人应当承担赔偿或者给付保险金的责任。

保险事故是指保险合同约定的保险责任范围内的事故。

第十七条 订立保险合同，采用保险人提供的格式条款的，保险人向投保人提供的投保单应当附格式条款，保险人应当向投保人说明合同的内容。

对保险合同中免除保险人责任的条款，保险人在订立合同时应当在投保单、保险单或者其他保险凭证上作出足以引起投保人注意的提示，并对该条款的内容以书面或者口头形式向投保人作出明确说明；未作提示或者明确说明的，该条款不产生效力。

第十八条 保险合同应当包括下列事项：

（一）保险人的名称和住所；

（二）投保人、被保险人的姓名或者名称、住所，以及人身保险的受益人的姓名或者名称、住所；

（三）保险标的；

（四）保险责任和责任免除；

（五）保险期间和保险责任开始时间；

（六）保险金额；

（七）保险费以及支付办法；

（八）保险金赔偿或者给付办法；

（九）违约责任和争议处理；

（十）订立合同的年、月、日。

投保人和保险人可以约定与保险有关的其他事项。

受益人是指人身保险合同中由被保险人或者投保人指定的享有保险金请求权的人。投保人、被保险人可以为受益人。

保险金额是指保险人承担赔偿或者给付保险金责任的最高限额。

第十九条 采用保险人提供的格式条款订立的保险合同中的下列条款无效：

（一）免除保险人依法应承担的义务或者加重投保人、被保险人责任的；

（二）排除投保人、被保险人或者受益人依法享有的权利的。

第二十条 投保人和保险人可以协商变更合同内容。

变更保险合同的，应当由保险人在保险单或者其他保险凭证上批注或者附贴批单，或者由投保人和保险人订立变更的书面协议。

第二十一条 投保人、被保险人或者受益人知道保险事故发生后，应当及时通知保险人。故意或者因重大过失未及时通知，致使保险事故的性质、原因、损失程度等难以确定的，保险人对无法确定的部分，不承担赔偿或者给付保险金的责任，但保险人通过其他途径已经及时知道或者应当及时知道保险事故发生的除外。

第二十二条 保险事故发生后，按照保险合同请求保险人赔偿或者给付保险金时，投保人、被保险人或者受益人应当向保险人提供其所能提供的与确认保险事故的性质、原因、损失程度等有关的证明和资料。

保险人按照合同的约定，认为有关的证明和资料不完整的，应当及时一次性通知投保人、被保险人或者受益人补充提供。

第二十三条 保险人收到被保险人或者受益人的赔偿或者给付保险金的请求后，应当及时作出核定；情形复杂的，应当在三十日内作出核定，但合同另有约定的除外。保险人应当将核定结果通知被保险人或者受益人；对属于保险责任的，在与被保险人或者受益人达成赔偿或者给付保险金的协议后十日内，履行赔偿或者给付保险金义务。保险合同对赔偿或者给付保险金的期限有约定的，保险人应当按照约定履行赔偿或者给付保险金义务。

保险人未及时履行前款规定义务的，除支付保险金外，应当赔偿被保险人或者受益人因此受到的损失。

任何单位和个人不得非法干预保险人履行赔偿或者给付保险金的义务，也不得限制被保险人或者受益人取得保险金的权利。

第二十四条　保险人依照本法第二十三条的规定作出核定后，对不属于保险责任的，应当自作出核定之日起三日内向被保险人或者受益人发出拒绝赔偿或者拒绝给付保险金通知书，并说明理由。

第二十五条　保险人自收到赔偿或者给付保险金的请求和有关证明、资料之日起六十日内，对其赔偿或者给付保险金的数额不能确定的，应当根据已有证明和资料可以确定的数额先予支付；保险人最终确定赔偿或者给付保险金的数额后，应当支付相应的差额。

第二十六条　人寿保险以外的其他保险的被保险人或者受益人，向保险人请求赔偿或者给付保险金的诉讼时效期间为二年，自其知道或者应当知道保险事故发生之日起计算。

人寿保险的被保险人或者受益人向保险人请求给付保险金的诉讼时效期间为五年，自其知道或者应当知道保险事故发生之日起计算。

第二十七条　未发生保险事故，被保险人或者受益人谎称发生了保险事故，向保险人提出赔偿或者给付保险金请求的，保险人有权解除合同，并不退还保险费。

投保人、被保险人故意制造保险事故的，保险人有权解除合同，不承担赔偿或者给付保险金的责任；除本法第四十三条规定外，不退还保险费。

保险事故发生后，投保人、被保险人或者受益人以伪造、变造的有关证明、资料或者其他证据，编造虚假的事故原因或者夸大损失程度的，保险人对其虚报的部分不承担赔偿或者给付保险金的责任。

投保人、被保险人或者受益人有前三款规定行为之一，致使保险人支付保险金或者支出费用的，应当退回或者赔偿。

第二十八条　保险人将其承担的保险业务，以分保形式部分转移给其他保险人的，为再保险。

应再保险接受人的要求，再保险分出人应当将其自负责任及原保险的有关情况书面告知再保险接受人。

第二十九条　再保险接受人不得向原保险的投保人要求支付保险费。

原保险的被保险人或者受益人不得向再保险接受人提出赔偿或者给付保险金的请求。

再保险分出人不得以再保险接受人未履行再保险责任为由，拒绝履行或者迟延履行其原保险责任。

第三十条　采用保险人提供的格式条款订立的保险合同，保险人与投保人、被保险人或者受益人对合同条款有争议的，应当按照通常理解予以解释。对合同条款有两种以上解释的，人民法院或者仲裁机构应当作出有利于被保险人和受益人的解释。

第二节　人身保险合同

第三十一条　投保人对下列人员具有保险利益：

（一）本人；

（二）配偶、子女、父母；

（三）前项以外与投保人有抚养、赡养或者扶养关系的家庭其他成员、近亲属；

（四）与投保人有劳动关系的劳动者。

除前款规定外，被保险人同意投保人为其订立合同的，视为投保人对被保险人具有保险利益。

订立合同时，投保人对被保险人不具有保险利益的，合同无效。

第三十二条　投保人申报的被保险人年龄不真实，并且其真实年龄不符合合同约定的年龄限制的，保险人可以解除合同，并按照合同约定退还保险单的现金价值。保险人行使合同解除权，适用本法第十六条第三款、第六款的规定。

投保人申报的被保险人年龄不真实，致使投保人支付的保险费少于应付保险费的，保险人有权更正并要求投保人补交保险费，或者在给付保险金时按照实付保险费与应付保险费的比例支付。

投保人申报的被保险人年龄不真实，致使投保人支付的保险费多于应付保险费的，保险人应当将多收的保险费退还投保人。

第三十三条 投保人不得为无民事行为能力人投保以死亡为给付保险金条件的人身保险，保险人也不得承保。

父母为其未成年子女投保的人身保险，不受前款规定限制。但是，因被保险人死亡给付的保险金总和不得超过国务院保险监督管理机构规定的限额。

第三十四条 以死亡为给付保险金条件的合同，未经被保险人同意并认可保险金额的，合同无效。

按照以死亡为给付保险金条件的合同所签发的保险单，未经被保险人书面同意，不得转让或者质押。

父母为其未成年子女投保的人身保险，不受本条第一款规定限制。

第三十五条 投保人可以按照合同约定向保险人一次支付全部保险费或者分期支付保险费。

第三十六条 合同约定分期支付保险费，投保人支付首期保险费后，除合同另有约定外，投保人自保险人催告之日起超过三十日未支付当期保险费，或者超过约定的期限六十日未支付当期保险费的，合同效力中止，或者由保险人按照合同约定的条件减少保险金额。

被保险人在前款规定期限内发生保险事故的，保险人应当按照合同约定给付保险金，但可以扣减欠交的保险费。

第三十七条 合同效力依照本法第三十六条规定中止的，经保险人与投保人协商并达成协议，在投保人补交保险费后，合同效力恢复。但是，自合同效力中止之日起满二年双方未达成协议的，保险人有权解除合同。

保险人依照前款规定解除合同的，应当按照合同约定退还保险单的现金价值。

第三十八条 保险人对人寿保险的保险费，不得用诉讼方式要求投保人支付。

第三十九条 人身保险的受益人由被保险人或者投保人指定。

投保人指定受益人时须经被保险人同意。投保人为与其有劳动关系的劳动者投保人身保险，不得指定被保险人及其近亲属以外的人为受益人。

被保险人为无民事行为能力人或者限制民事行为能力人的，可以由其监护人指定受益人。

第四十条 被保险人或者投保人可以指定一人或者数人为受益人。

受益人为数人的，被保险人或者投保人可以确定受益顺序和受益份额；未确定受益份额的，受益人按照相等份额享有受益权。

第四十一条 被保险人或者投保人可以变更受益人并书面通知保险人。保险人收到变更受益人的书面通知后，应当在保险单或者其他保险凭证上批注或者附贴批单。

投保人变更受益人时须经被保险人同意。

第四十二条 被保险人死亡后，有下列情形之一的，保险金作为被保险人的遗产，由保险人依照《中华人民共和国继承法》的规定履行给付保险金的义务：

（一）没有指定受益人，或者受益人指定不明无法确定的；

（二）受益人先于被保险人死亡，没有其他受益人的；

（三）受益人依法丧失受益权或者放弃受益权，没有其他受益人的。

受益人与被保险人在同一事件中死亡，且不能确定死亡先后顺序的，推定受益人死亡在先。

第四十三条 投保人故意造成被保险人死亡、伤残或者疾病的，保险人不承担给付保险金的责任。投保人已交足二年以上保险费的，保险人应当按照合同约定向其他权利人退还保险单的现金价值。

受益人故意造成被保险人死亡、伤残、疾病的，或者故意杀害被保险人未遂的，该受益人丧失受益权。

第四十四条　以被保险人死亡为给付保险金条件的合同，自合同成立或者合同效力恢复之日起二年内，被保险人自杀的，保险人不承担给付保险金的责任，但被保险人自杀时为无民事行为能力人的除外。

保险人依照前款规定不承担给付保险金责任的，应当按照合同约定退还保险单的现金价值。

第四十五条　因被保险人故意犯罪或者抗拒依法采取的刑事强制措施导致其伤残或者死亡的，保险人不承担给付保险金的责任。投保人已交足二年以上保险费的，保险人应当按照合同约定退还保险单的现金价值。

第四十六条　被保险人因第三者的行为而发生死亡、伤残或者疾病等保险事故的，保险人向被保险人或者受益人给付保险金后，不享有向第三者追偿的权利，但被保险人或者受益人仍有权向第三者请求赔偿。

第四十七条　投保人解除合同的，保险人应当自收到解除合同通知之日起三十日内，按照合同约定退还保险单的现金价值。

第三节　财产保险合同

第四十八条　保险事故发生时，被保险人对保险标的不具有保险利益的，不得向保险人请求赔偿保险金。

第四十九条　保险标的转让的，保险标的的受让人承继被保险人的权利和义务。

保险标的转让的，被保险人或者受让人应当及时通知保险人，但货物运输保险合同和另有约定的合同除外。

因保险标的转让导致危险程度显著增加的，保险人自收到前款规定的通知之日起三十日内，可以按照合同约定增加保险费或者解除合同。保险人解除合同的，应当将已收取的保险费，按照合同约定扣除自保险责任开始之日起至合同解除之日止应收的部分后，退还投保人。

被保险人、受让人未履行本条第二款规定的通知义务的，因转让导致保险标的危险程度显著增加而发生的保险事故，保险人不承担赔偿保险金的责任。

第五十条　货物运输保险合同和运输工具航程保险合同，保险责任开始后，合同当事人不得解除合同。

第五十一条　被保险人应当遵守国家有关消防、安全、生产操作、劳动保护等方面的规定，维护保险标的的安全。

保险人可以按照合同约定对保险标的的安全状况进行检查，及时向投保人、被保险人提出消除不安全因素和隐患的书面建议。

投保人、被保险人未按照约定履行其对保险标的的安全应尽责任的，保险人有权要求增加保险费或者解除合同。

保险人为维护保险标的的安全，经被保险人同意，可以采取安全预防措施。

第五十二条　在合同有效期内，保险标的的危险程度显著增加的，被保险人应当按照合同约定及时通知保险人，保险人可以按照合同约定增加保险费或者解除合同。保险人解除合同的，应当将已收取的保险费，按照合同约定扣除自保险责任开始之日起至合同解除之日止应收的部分后，退还投保人。

被保险人未履行前款规定的通知义务的，因保险标的的危险程度显著增加而发生的保险事故，保险人不承担赔偿保险金的责任。

第五十三条　有下列情形之一的，除合同另有约定外，保险人应当降低保险费，并按日计算退还相应的保险费：

（一）据以确定保险费率的有关情况发生变化，保险标的的危险程度明显减少的；

（二）保险标的的保险价值明显减少的。

第五十四条　保险责任开始前，投保人要求解除合同的，应当按照合同约定向保险人支付手续费，保险人应当退还保险费。保险责任开始后，投保人要求解除合同的，保险人应当将已收取的保险费，按照合同约定扣除自保险责任开始之日起至合同解除之日止应收的部分后，退还投保人。

第五十五条 投保人和保险人约定保险标的的保险价值并在合同中载明的，保险标的发生损失时，以约定的保险价值为赔偿计算标准。

投保人和保险人未约定保险标的的保险价值的，保险标的发生损失时，以保险事故发生时保险标的的实际价值为赔偿计算标准。

保险金额不得超过保险价值。超过保险价值的，超过部分无效，保险人应当退还相应的保险费。

保险金额低于保险价值的，除合同另有约定外，保险人按照保险金额与保险价值的比例承担赔偿保险金的责任。

第五十六条 重复保险的投保人应当将重复保险的有关情况通知各保险人。

重复保险的各保险人赔偿保险金的总和不得超过保险价值。除合同另有约定外，各保险人按照其保险金额与保险金额总和的比例承担赔偿保险金的责任。

重复保险的投保人可以就保险金额总和超过保险价值的部分，请求各保险人按比例返还保险费。

重复保险是指投保人对同一保险标的、同一保险利益、同一保险事故分别与两个以上保险人订立保险合同，且保险金额总和超过保险价值的保险。

第五十七条 保险事故发生时，被保险人应当尽力采取必要的措施，防止或者减少损失。

保险事故发生后，被保险人为防止或者减少保险标的的损失所支付的必要的、合理的费用，由保险人承担；保险人所承担的费用数额在保险标的损失赔偿金额以外另行计算，最高不超过保险金额的数额。

第五十八条 保险标的发生部分损失的，自保险人赔偿之日起三十日内，投保人可以解除合同；除合同另有约定外，保险人也可以解除合同，但应当提前十五日通知投保人。

合同解除的，保险人应当将保险标的未受损失部分的保险费，按照合同约定扣除自保险责任开始之日起至合同解除之日止应收的部分后，退还投保人。

第五十九条 保险事故发生后，保险人已支付了全部保险金额，并且保险金额等于保险价值的，受损保险标的的全部权利归于保险人；保险金额低于保险价值的，保险人按照保险金额与保险价值的比例取得受损保险标的的部分权利。

第六十条 因第三者对保险标的的损害而造成保险事故的，保险人自向被保险人赔偿保险金之日起，在赔偿金额范围内代位行使被保险人对第三者请求赔偿的权利。

前款规定的保险事故发生后，被保险人已经从第三者取得损害赔偿的，保险人赔偿保险金时，可以相应扣减被保险人从第三者已取得的赔偿金额。

保险人依照本条第一款规定行使代位请求赔偿的权利，不影响被保险人就未取得赔偿的部分向第三者请求赔偿的权利。

第六十一条 保险事故发生后，保险人未赔偿保险金之前，被保险人放弃对第三者请求赔偿的权利的，保险人不承担赔偿保险金的责任。

保险人向被保险人赔偿保险金后，被保险人未经保险人同意放弃对第三者请求赔偿的权利的，该行为无效。

被保险人故意或者因重大过失致使保险人不能行使代位请求赔偿的权利的，保险人可以扣减或者要求返还相应的保险金。

第六十二条 除被保险人的家庭成员或者其组成人员故意造成本法第六十条第一款规定的保险事故外，保险人不得对被保险人的家庭成员或者其组成人员行使代位请求赔偿的权利。

第六十三条 保险人向第三者行使代位请求赔偿的权利时，被保险人应当向保险人提供必要的文件和所知道的有关情况。

第六十四条 保险人、被保险人为查明和确定保险事故的性质、原因和保险标的的损失程度所支付的必要的、合理的费用，由保险人承担。

第六十五条　保险人对责任保险的被保险人给第三者造成的损害，可以依照法律的规定或者合同的约定，直接向该第三者赔偿保险金。

责任保险的被保险人给第三者造成损害，被保险人对第三者应负的赔偿责任确定的，根据被保险人的请求，保险人应当直接向该第三者赔偿保险金。被保险人怠于请求的，第三者有权就其应获赔偿部分直接向保险人请求赔偿保险金。

责任保险的被保险人给第三者造成损害，被保险人未向该第三者赔偿的，保险人不得向被保险人赔偿保险金。

责任保险是指以被保险人对第三者依法应负的赔偿责任为保险标的的保险。

第六十六条　责任保险的被保险人因给第三者造成损害的保险事故而被提起仲裁或者诉讼的，被保险人支付的仲裁或者诉讼费用以及其他必要的、合理的费用，除合同另有约定外，由保险人承担。

……

中华人民共和国民法总则（节录）

（2017年3月15日第十二届全国人民代表大会第五次会议通过）

第一章　基本规定

第一条　为了保护民事主体的合法权益，调整民事关系，维护社会和经济秩序，适应中国特色社会主义发展要求，弘扬社会主义核心价值观，根据宪法，制定本法。

第二条　民法调整平等主体的自然人、法人和非法人组织之间的人身关系和财产关系。

第三条　民事主体的人身权利、财产权利以及其他合法权益受法律保护，任何组织或者个人不得侵犯。

第四条　民事主体在民事活动中的法律地位一律平等。

第五条　民事主体从事民事活动，应当遵循自愿原则，按照自己的意思设立、变更、终止民事法律关系。

第六条　民事主体从事民事活动，应当遵循公平原则，合理确定各方的权利和义务。

第七条　民事主体从事民事活动，应当遵循诚信原则，秉持诚实，恪守承诺。

第八条　民事主体从事民事活动，不得违反法律，不得违背公序良俗。

第九条　民事主体从事民事活动，应当有利于节约资源、保护生态环境。

第十条　处理民事纠纷，应当依照法律；法律没有规定的，可以适用习惯，但是不得违背公序良俗。

第十一条　其他法律对民事关系有特别规定的，依照其规定。

第十二条　中华人民共和国领域内的民事活动，适用中华人民共和国法律。法律另有规定的，依照其规定。

……

第六章　民事法律行为

第一节　一般规定

第一百三十三条　民事法律行为是民事主体通过意思表示设立、变更、终止民事法律关系的行为。

第一百三十四条　民事法律行为可以基于双方或者多方的意思表示一致成立，也可以基于单方的意思表示成立。

法人、非法人组织依照法律或者章程规定的议事方式和表决程序作出决议的，该决议行为成立。

第一百三十五条　民事法律行为可以采用书面形式、口头形式或者其他形式；法律、行政法规规定或者当事人约定采用特定形式的，应当采用特定形式。

第一百三十六条　民事法律行为自成立时生效，但是法律另有规定或者当事人另有约定的除外。

行为人非依法律规定或者未经对方同意，不得擅自变更或者解除民事法律行为。

第二节 意思表示

第一百三十七条 以对话方式作出的意思表示，相对人知道其内容时生效。

以非对话方式作出的意思表示，到达相对人时生效。以非对话方式作出的采用数据电文形式的意思表示，相对人指定特定系统接收数据电文的，该数据电文进入该特定系统时生效；未指定特定系统的，相对人知道或者应当知道该数据电文进入其系统时生效。当事人对采用数据电文形式的意思表示的生效时间另有约定的，按照其约定。

第一百三十八条 无相对人的意思表示，表示完成时生效。法律另有规定的，依照其规定。

第一百三十九条 以公告方式作出的意思表示，公告发布时生效。

第一百四十条 行为人可以明示或者默示作出意思表示。

沉默只有在有法律规定、当事人约定或者符合当事人之间的交易习惯时，才可以视为意思表示。

第一百四十一条 行为人可以撤回意思表示。撤回意思表示的通知应当在意思表示到达相对人前或者与意思表示同时到达相对人。

第一百四十二条 有相对人的意思表示的解释，应当按照所使用的词句，结合相关条款、行为的性质和目的、习惯以及诚信原则，确定意思表示的含义。

无相对人的意思表示的解释，不能完全拘泥于所使用的词句，而应当结合相关条款、行为的性质和目的、习惯以及诚信原则，确定行为人的真实意思。

第三节 民事法律行为的效力

第一百四十三条 具备下列条件的民事法律行为有效：

（一）行为人具有相应的民事行为能力；

（二）意思表示真实；

（三）不违反法律、行政法规的强制性规定，不违背公序良俗。

第一百四十四条 无民事行为能力人实施的民事法律行为无效。

第一百四十五条 限制民事行为能力人实施的纯获利益的民事法律行为或者与其年龄、智力、精神健康状况相适应的民事法律行为有效；实施的其他民事法律行为经法定代理人同意或者追认后有效。

相对人可以催告法定代理人自收到通知之日起一个月内予以追认。法定代理人未作表示的，视为拒绝追认。民事法律行为被追认前，善意相对人有撤销的权利。撤销应当以通知的方式作出。

第一百四十六条 行为人与相对人以虚假的意思表示实施的民事法律行为无效。

以虚假的意思表示隐藏的民事法律行为的效力，依照有关法律规定处理。

第一百四十七条 基于重大误解实施的民事法律行为，行为人有权请求人民法院或者仲裁机构予以撤销。

第一百四十八条 一方以欺诈手段，使对方在违背真实意思的情况下实施的民事法律行为，受欺诈方有权请求人民法院或者仲裁机构予以撤销。

第一百四十九条 第三人实施欺诈行为，使一方在违背真实意思的情况下实施的民事法律行为，对方知道或者应当知道该欺诈行为的，受欺诈方有权请求人民法院或者仲裁机构予以撤销。

第一百五十条 一方或者第三人以胁迫手段，使对方在违背真实意思的情况下实施的民事法律行为，受胁迫方有权请求人民法院或者仲裁机构予以撤销。

第一百五十一条 一方利用对方处于危困状态、缺乏判断能力等情形，致使民事法律行为成立时显失公平的，受损害方有权请求人民法院或者仲裁机构予以撤销。

第一百五十二条 有下列情形之一的，撤销权消灭：

（一）当事人自知道或者应当知道撤销事由

之日起一年内、重大误解的当事人自知道或者应当知道撤销事由之日起三个月内没有行使撤销权；

（二）当事人受胁迫，自胁迫行为终止之日起一年内没有行使撤销权；

（三）当事人知道撤销事由后明确表示或者以自己的行为表明放弃撤销权。

当事人自民事法律行为发生之日起五年内没有行使撤销权的，撤销权消灭。

第一百五十三条 违反法律、行政法规的强制性规定的民事法律行为无效，但是该强制性规定不导致该民事法律行为无效的除外。

违背公序良俗的民事法律行为无效。

第一百五十四条 行为人与相对人恶意串通，损害他人合法权益的民事法律行为无效。

第一百五十五条 无效的或者被撤销的民事法律行为自始没有法律约束力。

第一百五十六条 民事法律行为部分无效，不影响其他部分效力的，其他部分仍然有效。

第一百五十七条 民事法律行为无效、被撤销或者确定不发生效力后，行为人因该行为取得的财产，应当予以返还；不能返还或者没有必要返还的，应当折价补偿。有过错的一方应当赔偿对方由此所受到的损失；各方都有过错的，应当各自承担相应的责任。法律另有规定的，依照其规定。

第四节 民事法律行为的附条件和附期限

第一百五十八条 民事法律行为可以附条件，但是按照其性质不得附条件的除外。附生效条件的民事法律行为，自条件成就时生效。附解除条件的民事法律行为，自条件成就时失效。

第一百五十九条 附条件的民事法律行为，当事人为自己的利益不正当地阻止条件成就的，视为条件已成就；不正当地促成条件成就的，视为条件不成就。

第一百六十条 民事法律行为可以附期限，但是按照其性质不得附期限的除外。附生效期限的民事法律行为，自期限届至时生效。附终止期限的民事法律行为，自期限届满时失效。

第七章 代 理

第一节 一般规定

第一百六十一条 民事主体可以通过代理人实施民事法律行为。

依照法律规定、当事人约定或者民事法律行为的性质，应当由本人亲自实施的民事法律行为，不得代理。

第一百六十二条 代理人在代理权限内，以被代理人名义实施的民事法律行为，对被代理人发生效力。

第一百六十三条 代理包括委托代理和法定代理。

委托代理人按照被代理人的委托行使代理权。法定代理人依照法律的规定行使代理权。

第一百六十四条 代理人不履行或者不完全履行职责，造成被代理人损害的，应当承担民事责任。

代理人和相对人恶意串通，损害被代理人合法权益的，代理人和相对人应当承担连带责任。

第二节 委托代理

第一百六十五条 委托代理授权采用书面形式的，授权委托书应当载明代理人的姓名或者名称、代理事项、权限和期间，并由被代理人签名或者盖章。

第一百六十六条 数人为同一代理事项的代理人的，应当共同行使代理权，但是当事人另有约定的除外。

第一百六十七条 代理人知道或者应当知道代理事项违法仍然实施代理行为，或者被代理人知道或者应当知道代理人的代理行为违法未作反对表示的，被代理人和代理人应当承担连带责任。

第一百六十八条 代理人不得以被代理人的名义与自己实施民事法律行为，但是被代理人同意或者追认的除外。

代理人不得以被代理人的名义与自己同时代理的其他人实施民事法律行为，但是被代理的双方同意或者追认的除外。

第一百六十九条 代理人需要转委托第三人代理的，应当取得被代理人的同意或者追认。

转委托代理经被代理人同意或者追认的，被代理人可以就代理事务直接指示转委托的第三人，代理人仅就第三人的选任以及对第三人的指示承担责任。

转委托代理未经被代理人同意或者追认的，代理人应当对转委托的第三人的行为承担责任，但是在紧急情况下代理人为了维护被代理人的利益需要转委托第三人代理的除外。

第一百七十条 执行法人或者非法人组织工作任务的人员，就其职权范围内的事项，以法人或者非法人组织的名义实施民事法律行为，对法人或者非法人组织发生效力。

法人或者非法人组织对执行其工作任务的人员职权范围的限制，不得对抗善意相对人。

第一百七十一条 行为人没有代理权、超越代理权或者代理权终止后，仍然实施代理行为，未经被代理人追认的，对被代理人不发生效力。

相对人可以催告被代理人自收到通知之日起一个月内予以追认。被代理人未作表示的，视为拒绝追认。行为人实施的行为被追认前，善意相对人有撤销的权利。撤销应当以通知的方式作出。

行为人实施的行为未被追认的，善意相对人有权请求行为人履行债务或者就其受到的损害请求行为人赔偿，但是赔偿的范围不得超过被代理人追认时相对人所能获得的利益。

相对人知道或者应当知道行为人无权代理的，相对人和行为人按照各自的过错承担责任。

第一百七十二条 行为人没有代理权、超越代理权或者代理权终止后，仍然实施代理行为，相对人有理由相信行为人有代理权的，代理行为有效。

第三节　代理终止

第一百七十三条 有下列情形之一的，委托代理终止：

（一）代理期间届满或者代理事务完成；

（二）被代理人取消委托或者代理人辞去委托；

（三）代理人丧失民事行为能力；

（四）代理人或者被代理人死亡；

（五）作为代理人或者被代理人的法人、非法人组织终止。

第一百七十四条 被代理人死亡后，有下列情形之一的，委托代理人实施的代理行为有效：

（一）代理人不知道并且不应当知道被代理人死亡；

（二）被代理人的继承人予以承认；

（三）授权中明确代理权在代理事务完成时终止；

（四）被代理人死亡前已经实施，为了被代理人的继承人的利益继续代理。

作为被代理人的法人、非法人组织终止的，参照适用前款规定。

第一百七十五条 有下列情形之一的，法定代理终止：

（一）被代理人取得或者恢复完全民事行为能力；

（二）代理人丧失民事行为能力；

（三）代理人或者被代理人死亡；

（四）法律规定的其他情形。

第八章　民事责任

第一百七十六条 民事主体依照法律规定和当事人约定，履行民事义务，承担民事责任。

第一百七十七条 二人以上依法承担按份责任，能够确定责任大小的，各自承担相应的责任；难以确定责任大小的，平均承担责任。

第一百七十八条 二人以上依法承担连带责任的，权利人有权请求部分或者全部连带责任人承担责任。

连带责任人的责任份额根据各自责任大小确定；难以确定责任大小的，平均承担责任。实际承担责任超过自己责任份额的连带责任人，有权向其他连带责任人追偿。

连带责任，由法律规定或者当事人约定。

第一百七十九条　承担民事责任的方式主要有：

（一）停止侵害；

（二）排除妨碍；

（三）消除危险；

（四）返还财产；

（五）恢复原状；

（六）修理、重作、更换；

（七）继续履行；

（八）赔偿损失；

（九）支付违约金；

（十）消除影响、恢复名誉；

（十一）赔礼道歉。

法律规定惩罚性赔偿的，依照其规定。

本条规定的承担民事责任的方式，可以单独适用，也可以合并适用。

第一百八十条　因不可抗力不能履行民事义务的，不承担民事责任。法律另有规定的，依照其规定。

不可抗力是指不能预见、不能避免且不能克服的客观情况。

第一百八十一条　因正当防卫造成损害的，不承担民事责任。

正当防卫超过必要的限度，造成不应有的损害的，正当防卫人应当承担适当的民事责任。

第一百八十二条　因紧急避险造成损害的，由引起险情发生的人承担民事责任。

危险由自然原因引起的，紧急避险人不承担民事责任，可以给予适当补偿。

紧急避险采取措施不当或者超过必要的限度，造成不应有的损害的，紧急避险人应当承担适当的民事责任。

第一百八十三条　因保护他人民事权益使自己受到损害的，由侵权人承担民事责任，受益人可以给予适当补偿。没有侵权人、侵权人逃逸或者无力承担民事责任，受害人请求补偿的，受益人应当给予适当补偿。

第一百八十四条　因自愿实施紧急救助行为造成受助人损害的，救助人不承担民事责任。

第一百八十五条　侵害英雄烈士等的姓名、肖像、名誉、荣誉，损害社会公共利益的，应当承担民事责任。

第一百八十六条　因当事人一方的违约行为，损害对方人身权益、财产权益的，受损害方有权选择请求其承担违约责任或者侵权责任。

第一百八十七条　民事主体因同一行为应当承担民事责任、行政责任和刑事责任的，承担行政责任或者刑事责任不影响承担民事责任；民事主体的财产不足以支付的，优先用于承担民事责任。

……

中华人民共和国民法通则[①]（节录）

（1986年4月12日第六届全国人民代表大会第四次会议通过　根据2009年8月27日第十一届全国人民代表大会常务委员会第十次会议《关于修改部分法律的决定》修正）

……

第八十四条　债是按照合同的约定或者依照法律的规定，在当事人之间产生的特定的权利和义务关系。享有权利的人是债权人，负有义务的人是债务人。

债权人有权要求债务人按照合同的约定或者依照法律的规定履行义务。

相关规定

《最高人民法院关于贯彻执行〈中华人民共和国民法通则〉若干问题的意见（试行）》

104. 债权人无正当理由拒绝债务人履行义务，债务人将履行的标的物向有关部门提存的，

---

①　主要节录与合同之债相关的法律条文，在法律条文下一并附上《最高人民法院关于贯彻执行〈中华人民共和国民法通则〉若干问题的意见（试行）》中与其关联的条文。

应当认定债务已经履行。因提存所支出的费用，应当由债权人承担。提存期间，财产收益归债权人所有，风险责任由债权人承担。

第八十五条 合同是当事人之间设立、变更、终止民事关系的协议。依法成立的合同，受法律保护。

第八十六条 债权人为二人以上的，按照确定的份额分享权利。债务人为二人以上的，按照确定的份额分担义务。

第八十七条 债权人或者债务人一方人数为二人以上的，依照法律的规定或者当事人的约定，享有连带权利的每个债权人，都有权要求债务人履行义务；负有连带义务的每个债务人，都负有清偿全部债务的义务，履行了义务的人，有权要求其他负有连带义务的人偿付他应当承担的份额。

第八十八条 合同的当事人应当按照合同的约定，全部履行自己的义务。

合同中有关质量、期限、地点或者价款约定不明确，按照合同有关条款内容不能确定，当事人又不能通过协商达成协议的，适用下列规定：

（一）质量要求不明确的，按照国家质量标准履行，没有国家质量标准的，按照通常标准履行。

（二）履行期限不明确的，债务人可以随时向债权人履行义务，债权人也可以随时要求债务人履行义务，但应当给对方必要的准备时间。

（三）履行地点不明确，给付货币的，在接受给付一方的所在地履行，其他标的在履行义务一方的所在地履行。

（四）价款约定不明确的，按照国家规定的价格履行；没有国家规定价格的，参照市场价格或者同类物品的价格或者同类劳务的报酬标准履行。

合同对专利申请权没有约定的，完成发明创造的当事人享有申请权。

合同对科技成果的使用权没有约定的，当事人都有使用的权利。

相关规定

《最高人民法院关于贯彻执行〈中华人民共和国民法通则〉若干问题的意见（试行）》

105. 依据民法通则第八十八条第二款第（一）项规定，合同对产品质量要求不明确，当事人未能达成协议，又没有国家质量标准的，按部颁标准或者专业标准处理；没有部颁标准或者专业标准的，按经过批准的企业标准处理；没有经过批准的企业标准的，按标的物产地同行业其他企业经过批准的同类产品质量标准处理。

第八十九条 依照法律的规定或者按照当事人的约定，可以采用下列方式担保债务的履行：

（一）保证人向债权人保证债务人履行债务，债务人不履行债务的，按照约定由保证人履行或者承担连带责任；保证人履行债务后，有权向债务人追偿。

（二）债务人或者第三人可以提供一定的财产作为抵押物。债务人不履行债务的，债权人有权依照法律的规定以抵押物折价或者以变卖抵押物的价款优先得到偿还。

（三）当事人一方在法律规定的范围内可以向对方给付定金。债务人履行债务后，定金应当抵作价款或者收回。给付定金的一方不履行债务的，无权要求返还定金；接受定金的一方不履行债务的，应当双倍返还定金。

（四）按照合同约定一方占有对方的财产，对方不按照合同给付应付款项超过约定期限的，占有人有权留置该财产，依照法律的规定以留置财产折价或者以变卖该财产的价款优先得到偿还。

相关规定

《最高人民法院关于贯彻执行〈中华人民共和国民法通则〉若干问题的意见（试行）》

106. 保证人应当是具有代偿能力的公民、企业法人以及其他经济组织。保证人即使不具备完全代偿能力，仍应以自己的财产承担保证责任。

国家机关不能担任保证人。

107. 不具有法人资格的企业法人的分支机构，以自己的名义对外签订的保证合同，一般应当认定无效。但因此产生的财产责任，分支机构如有偿付能力的，应当自行承担；如无偿付能力的，应由企业法人承担。

108. 保证人向债权人保证债务人履行债务的，应当与债权人订立书面保证合同，确定保证人对主债务的保证范围和保证期限。虽未单独订立书面保证合同，但在主合同中写明保证人的保证范围和保证期限，并由保证人签名盖章的，视为书面保证合同成立。公民间的口头保证，有两个以上无利害关系人证明的，也视为保证合同成立，法律另有规定的除外。

保证范围不明确的，推定保证人对全部主债务承担保证责任。

109. 在保证期限内，保证人的保证范围，可因主债务的减少而减少。新增加的债务，未经保证人同意担保的，保证人不承担保证责任。

110. 保证人为2人以上的，相互之间负连带保证责任。但是保证人与债权人约定按份承担保证责任的除外。

111. 被担保的经济合同确认无效后，如果被保证人应当返还财产或者赔偿损失的，除有特殊约定外，保证人仍应承担连带责任。

112. 债务人或者第三人向债权人提供抵押物时，应当订立书面合同或者在原债权文书中写明。没有书面合同，但有其他证据证明抵押物或者其权利证书已交给抵押权人的，可以认定抵押关系成立。

113. 以自己不享有所有权或者经营管理权的财产作抵押物的，应当认定抵押无效。

以法律限制流通的财产作为抵押物的，在清偿债务时，应当由有关部门收购，抵押权人可以从价款中优先受偿。

114. 抵押物在抵押权人保管期间灭失、毁损的，抵押权人如有过错，应当承担民事责任。

抵押物在抵押人处灭失、毁损的，应当认定抵押关系存在，并责令抵押人以其他财产代替抵押物。

115. 抵押物如由抵押人自己占有并负责保管，在抵押期间，非经债权人同意，抵押人将同一抵押物转让他人，或者就抵押物价值已设置抵押部分再作抵押的，其行为无效。

债务人以抵押物清偿债务时，如果一项抵押物有数个抵押权人的，应当按照设定抵押权的先后顺序受偿。（本条已废止）

116. 有要求清偿银行贷款和其他债权等数个债权人的，有抵押权的债权人应享有优先受偿的权利；法律、法规另有规定的除外。

117. 债权人因合同关系占有债务人财物的，如果债务人到期不履行义务，债权人可以将相应的财物留置。经催告，债务人在合理期限内仍不履行义务，债权人依法将留置的财物以合理的价格变卖，并以变卖财物的价款优先受偿的，应予保护。（本条已废止）

第九十条　合法的借贷关系受法律保护。

相关规定

《最高人民法院关于贯彻执行〈中华人民共和国民法通则〉若干问题的意见（试行）》

121. 公民之间的借贷，双方对返还期限有约定的，一般应按约定处理；没有约定的，出借人随时可以请求返还，借方应当根据出借人的请求及时返还；暂时无力返还的，可以根据实际情况责令其分期返还。

122. 公民之间的生产经营性借贷的利率，可以适当高于生活性借贷利率。如因利率发生纠纷，应本着保护合法借贷关系，考虑当地实际情况，有利于生产和稳定经济秩序的原则处理。

123. 公民之间的无息借款，有约定偿还期限而借款人不按期偿还，或者未约定偿还期限但经出借人催告后，借款人仍不偿还的，出借人要求借款人偿付逾期利息，应当予以准许。

124. 借款双方因利率发生争议，如果约定不明，又不能证明的，可以比照银行同类贷款利率计息。

125. 公民之间的借贷，出借人将利息计入本金计算复利的，不予保护；在借款时将利息扣除的，应当按实际出借款数计息。

126. 借用实物的，出借人要求归还原物或者同等数量、质量的实物，应当予以支持；如果确实无法归还实物的，可以按照或者适当高于归还时市场零售价格折价给付。

127. 借用人因管理、使用不善造成借用物毁损的，借用人应当负赔偿责任；借用物自身有缺陷的，可以减轻借用人的赔偿责任。

第九十一条 合同一方将合同的权利、义务全部或者部分转让给第三人的，应当取得合同另一方的同意，并不得牟利。依照法律规定应当由国家批准的合同，需经原批准机关批准。但是，法律另有规定或者原合同另有约定的除外。

第九十二条 没有合法根据，取得不当利益，造成他人损失的，应当将取得的不当利益返还受损失的人。

相关规定

《最高人民法院关于贯彻执行〈中华人民共和国民法通则〉若干问题的意见（试行）》

132. 民法通则第九十三条规定的管理人或者服务人可以要求受益人偿付的必要费用，包括在管理或者服务活动中直接支出的费用，以及在该活动中受到的实际损失。

第九十三条 没有法定的或者约定的义务，为避免他人利益受损失进行管理或者服务的，有权要求受益人偿付由此而支付的必要费用。

第三节　知识产权

第九十四条 公民、法人享有著作权（版权），依法有署名、发表、出版、获得报酬等权利。

第九十五条 公民、法人依法取得的专利权受法律保护。

第九十六条 法人、个体工商户、个人合伙依法取得的商标专用权受法律保护。

第九十七条 公民对自己的发现享有发现权。发现人有权申请领取发现证书、奖金或者其他奖励。

公民对自己的发明或者其他科技成果，有权申请领取荣誉证书、奖金或者其他奖励。

相关规定

《最高人民法院关于贯彻执行〈中华人民共和国民法通则〉若干问题的意见（试行）》

133. 作品不论是否发表，作者均享有著作权（版权）。

134. 二人以上按照约定共同创作作品的，不论各人的创作成果在作品中被采用多少，应当认定该项作品为共同创作。

135. 合著的作品，著作权（版权）应当认定为全体合著人共同享有；其中各组成部分可以分别独立存在的，各组成部分的著作权（版权）由各组成部分的作者分别享有。

136. 作者死亡后，著作权（版权）中由继承人继承的财产权利在法律规定的保护期限内受到侵犯，继承人依法要求保护的，人民法院应当予以支持。

137. 公民、法人通过申请专利取得的专利权，或者通过继承、受赠、受让等方式取得的专利权，应当予以保护。

转让专利权应当由国家专利局登记并公告，专利权自国家专利局公告之日起转移。

138. 法人、个体工商户、个人合伙通过申请商标注册或者受让等方式取得的商标专用权，除依法定程序撤销者外，应当予以保护。

转让商标专用权应当由国家工商行政管理局商标局核准，商标专用权自核准之日起转移。

第四节　人　身　权

第九十八条 公民享有生命健康权。

第九十九条 公民享有姓名权，有权决定、使用和依照规定改变自己的姓名，禁止他人干涉、盗用、假冒。

法人、个体工商户、个人合伙享有名称权。企业法人、个体工商户、个人合伙有权使用、依法转让自己的名称。

相关规定

《最高人民法院关于贯彻执行〈中华人民共和国民法通则〉若干问题的意见（试行）》

141. 盗用、假冒他人姓名、名称造成损害的，应当认定为侵犯姓名权、名称权的行为。

149. 盗用、假冒他人名义，以函、电等方式进行欺骗或者愚弄他人，并使其财产、名誉受到损害的，侵权人应当承担民事责任。

第一百条 公民享有肖像权，未经本人同意，不得以营利为目的使用公民的肖像。

相关规定

《最高人民法院关于贯彻执行〈中华人民共和国民法通则〉若干问题的意见（试行）》

139. 以营利为目的，未经公民同意利用其肖像做广告、商标、装饰橱窗等，应当认定为侵犯公民肖像权的行为。

第一百零一条　公民、法人享有名誉权，公民的人格尊严受法律保护，禁止用侮辱、诽谤等方式损害公民、法人的名誉。

第一百零二条　公民、法人享有荣誉权，禁止非法剥夺公民、法人的荣誉称号。

第一百零三条　公民享有婚姻自主权，禁止买卖、包办婚姻和其他干涉婚姻自由的行为。

第一百零四条　婚姻、家庭、老人、母亲和儿童受法律保护。

残疾人的合法权益受法律保护。

第一百零五条　妇女享有同男子平等的民事权利。

第六章　民事责任

第一节　一般规定

第一百零六条　公民、法人违反合同或者不履行其他义务的，应当承担民事责任。

公民、法人由于过错侵害国家的、集体的财产，侵害他人财产、人身的，应当承担民事责任。

没有过错，但法律规定应当承担民事责任的，应当承担民事责任。

第一百零七条　因不可抗力不能履行合同或者造成他人损害的，不承担民事责任，法律另有规定的除外。

第一百零八条　债务应当清偿。暂时无力偿还的，经债权人同意或者人民法院裁决，可以由债务人分期偿还。有能力偿还拒不偿还的，由人民法院判决强制偿还。

第一百零九条　因防止、制止国家的、集体的财产或者他人的财产、人身遭受侵害而使自己受到损害的，由侵害人承担赔偿责任，受益人也可以给予适当的补偿。

相关规定

《最高人民法院关于贯彻执行〈中华人民共和国民法通则〉若干问题的意见（试行）》

142. 为了维护国家、集体或他人合法权益而使自己受到损害，在侵害人无力赔偿或者没有侵害人的情况下，如果受害人提出请求的，人民法院可以根据受益人受益的多少及其经济状况，责令受益人给予适当补偿。

《最高人民法院关于审理人身损害赔偿案件适用法律若干问题的解释》

第十五条　为维护国家、集体或者他人的合法权益而使自己受到人身损害，因没有侵权人、不能确定侵权人或者侵权人没有赔偿能力，赔偿权利人请求受益人在受益范围内予以适当补偿的，人民法院应予支持。

第一百一十条　对承担民事责任的公民、法人需要追究行政责任的，应当追究行政责任；构成犯罪的，对公民、法人的法定代表人应当依法追究刑事责任。

第二节　违反合同的民事责任

第一百一十一条　当事人一方不履行合同义务或者履行合同义务不符合约定条件的，另一方有权要求履行或者采取补救措施，并有权要求赔偿损失。

第一百一十二条　当事人一方违反合同的赔偿责任，应当相当于另一方因此所受到的损失。

当事人可以在合同中约定，一方违反合同时，向另一方支付一定数额的违约金；也可以在合同中约定对于违反合同而产生的损失赔偿额的计算方法。

第一百一十三条　当事人双方都违反合同的，应当分别承担各自应负的民事责任。

第一百一十四条　当事人一方因另一方违反合同受到损失的，应当及时采取措施防止损失的扩大；没有及时采取措施致使损失扩大的，无权就扩大的损失要求赔偿。

第一百一十五条　合同的变更或者解除，不影响当事人要求赔偿损失的权利。

第一百一十六条 当事人一方由于上级机关的原因，不能履行合同义务的，应当按照合同约定向另一方赔偿损失或者采取其他补救措施，再由上级机关对它因此受到的损失负责处理。

……

最高人民法院关于适用《中华人民共和国合同法》若干问题的解释（一）

（1999年12月1日最高人民法院审判委员会第1090次会议通过 1999年12月19日最高人民法院公告公布 自1999年12月29日起施行 法释〔1999〕19号）

为了正确审理合同纠纷案件，根据《中华人民共和国合同法》（以下简称合同法）的规定，对人民法院适用合同法的有关问题作出如下解释：

一、法律适用范围

第一条 合同法实施以后成立的合同发生纠纷起诉到人民法院的，适用合同法的规定；合同法实施以前成立的合同发生纠纷起诉到人民法院的，除本解释另有规定的以外，适用当时的法律规定，当时没有法律规定的，可以适用合同法的有关规定。

第二条 合同成立于合同法实施之前，但合同约定的履行期限跨越合同法实施之日或者履行期限在合同法实施之后，因履行合同发生的纠纷，适用合同法第四章的有关规定。

第三条 人民法院确认合同效力时，对合同法实施以前成立的合同，适用当时的法律合同无效而适用合同法合同有效的，则适用合同法。

第四条 合同法实施以后，人民法院确认合同无效，应当以全国人大及其常委会制定的法律和国务院制定的行政法规为依据，不得以地方性法规、行政规章为依据。

第五条 人民法院对合同法实施以前已经作出终审裁决的案件进行再审，不适用合同法。

二、诉讼时效

第六条 技术合同争议当事人的权利受到侵害的事实发生在合同法实施之前，自当事人知道或者应当知道其权利受到侵害之日起至合同法实施之日超过一年的，人民法院不予保护；尚未超过一年的，其提起诉讼的时效期间为二年。

第七条 技术进出口合同争议当事人的权利受到侵害的事实发生在合同法实施之前，自当事人知道或者应当知道其权利受到侵害之日起至合同法施行之日超过二年的，人民法院不予保护；尚未超过二年的，其提起诉讼的时效期间为四年。

第八条 合同法第五十五条规定的“一年”、第七十五条和第一百零四条第二款规定的“五年”为不变期间，不适用诉讼时效中止、中断或者延长的规定。

三、合同效力

第九条 依照合同法第四十四条第二款的规定，法律、行政法规规定合同应当办理批准手续，或者办理批准、登记等手续才生效，在一审法庭辩论终结前当事人仍未办理批准手续的，或者仍未办理批准、登记等手续的，人民法院应当认定该合同未生效；法律、行政法规规定合同应当办理登记手续，但未规定登记后生效的，当事人未办理登记手续不影响合同的效力，合同标的物所有权及其他物权不能转移。

合同法第七十七条第二款、第八十七条、第九十六条第二款所列合同变更、转让、解除等情形，依照前款规定处理。

第十条 当事人超越经营范围订立合同，人民法院不因此认定合同无效。但违反国家限制经营、特许经营以及法律、行政法规禁止经营规定的除外。

四、代　位　权

第十一条　债权人依照合同法第七十三条的规定提起代位权诉讼，应当符合下列条件：

（一）债权人对债务人的债权合法；

（二）债务人怠于行使其到期债权，对债权人造成损害；

（三）债务人的债权已到期；

（四）债务人的债权不是专属于债务人自身的债权。

第十二条　合同法第七十三条第一款规定的专属于债务人自身的债权，是指基于扶养关系、抚养关系、赡养关系、继承关系产生的给付请求权和劳动报酬、退休金、养老金、抚恤金、安置费、人寿保险、人身伤害赔偿请求权等权利。

第十三条　合同法第七十三条规定的“债务人怠于行使其到期债权，对债权人造成损害的”，是指债务人不履行其对债权人的到期债务，又不以诉讼方式或者仲裁方式向其债务人主张其享有的具有金钱给付内容的到期债权，致使债权人的到期债权未能实现。

次债务人（即债务人的债务人）不认为债务人有怠于行使其到期债权情况的，应当承担举证责任。

第十四条　债权人依照合同法第七十三条的规定提起代位权诉讼的，由被告住所地人民法院管辖。

第十五条　债权人向人民法院起诉债务人以后，又向同一人民法院对次债务人提起代位权诉讼，符合本解释第十四条的规定和《中华人民共和国民事诉讼法》第一百零八条规定的起诉条件的，应当立案受理；不符合本解释第十四条规定的，告知债权人向次债务人住所地人民法院另行起诉。

受理代位权诉讼的人民法院在债权人起诉债务人的诉讼裁决发生法律效力以前，应当依照《中华人民共和国民事诉讼法》第一百三十六条第（五）项的规定中止代位权诉讼。

第十六条　债权人以次债务人为被告向人民法院提起代位权诉讼，未将债务人列为第三人的，人民法院可以追加债务人为第三人。

两个或者两个以上债权人以同一次债务人为被告提起代位权诉讼的，人民法院可以合并审理。

第十七条　在代位权诉讼中，债权人请求人民法院对次债务人的财产采取保全措施的，应当提供相应的财产担保。

第十八条　在代位权诉讼中，次债务人对债务人的抗辩，可以向债权人主张。

债务人在代位权诉讼中对债权人的债权提出异议，经审查异议成立的，人民法院应当裁定驳回债权人的起诉。

第十九条　在代位权诉讼中，债权人胜诉的，诉讼费由次债务人负担，从实现的债权中优先支付。

第二十条　债权人向次债务人提起的代位权诉讼经人民法院审理后认定代位权成立的，由次债务人向债权人履行清偿义务，债权人与债务人、债务人与次债务人之间相应的债权债务关系即予消灭。

第二十一条　在代位权诉讼中，债权人行使代位权的请求数额超过债务人所负债务额或者超过次债务人对债务人所负债务额的，对超出部分人民法院不予支持。

第二十二条　债务人在代位权诉讼中，对超过债权人代位请求数额的债权部分起诉次债务人的，人民法院应当告知其向有管辖权的人民法院另行起诉。

债务人的起诉符合法定条件的，人民法院应当受理；受理债务人起诉的人民法院在代位权诉讼裁决发生法律效力以前，应当依法中止。

五、撤　销　权

第二十三条　债权人依照合同法第七十四条的规定提起撤销权诉讼的，由被告住所地人民法院管辖。

第二十四条　债权人依照合同法第七十四条的规定提起撤销权诉讼时只以债务人为被告，未将受益人或者受让人列为第三人的，人民法院可以追加该受益人或者受让人为第三人。

第二十五条 债权人依照合同法第七十四条的规定提起撤销权诉讼，请求人民法院撤销债务人放弃债权或转让财产的行为，人民法院应当就债权人主张的部分进行审理，依法撤销的，该行为自始无效。

两个或者两个以上债权人以同一债务人为被告，就同一标的提起撤销权诉讼的，人民法院可以合并审理。

第二十六条 债权人行使撤销权所支付的律师代理费、差旅费等必要费用，由债务人负担；第三人有过错的，应当适当分担。

六、合同转让中的第三人

第二十七条 债权人转让合同权利后，债务人与受让人之间因履行合同发生纠纷诉至人民法院，债务人对债权人的权利提出抗辩的，可以将债权人列为第三人。

第二十八条 经债权人同意，债务人转移合同义务后，受让人与债权人之间因履行合同发生纠纷诉至人民法院，受让人就债务人对债权人的权利提出抗辩的，可以将债务人列为第三人。

第二十九条 合同当事人一方经对方同意将其在合同中的权利义务一并转让给受让人，对方与受让人因履行合同发生纠纷诉至人民法院，对方就合同权利义务提出抗辩的，可以将出让方列为第三人。

七、请求权竞合

第三十条 债权人依照合同法第一百二十二条的规定向人民法院起诉时作出选择后，在一审开庭以前又变更诉讼请求的，人民法院应当准许。对方当事人提出管辖权异议，经审查异议成立的，人民法院应当驳回起诉。

最高人民法院关于适用《中华人民共和国合同法》若干问题的解释（二）

（2009年2月9日最高人民法院审判委员会第1462次会议通过　2009年4月24日最高人民法院公告公布　自2009年5月13日起施行　法释〔2009〕5号）

为了正确审理合同纠纷案件，根据《中华人民共和国合同法》的规定，对人民法院适用合同法的有关问题作出如下解释：

一、合同的订立

第一条 当事人对合同是否成立存在争议，人民法院能够确定当事人名称或者姓名、标的和数量的，一般应当认定合同成立。但法律另有规定或者当事人另有约定的除外。

对合同欠缺的前款规定以外的其他内容，当事人达不成协议的，人民法院依照合同法第六十一条、第六十二条、第一百二十五条等有关规定予以确定。

第二条 当事人未以书面形式或者口头形式订立合同，但从双方从事的民事行为能够推定双方有订立合同意愿的，人民法院可以认定是以合同法第十条第一款中的“其他形式”订立的合同。但法律另有规定的除外。

第三条 悬赏人以公开方式声明对完成一定行为的人支付报酬，完成特定行为的人请求悬赏人支付报酬的，人民法院依法予以支持。但悬赏有合同法第五十二条规定情形的除外。

第四条 采用书面形式订立合同，合同约定的签订地与实际签字或者盖章地点不符的，人民法院应当认定约定的签订地为合同签订地；合同没有约定签订地，双方当事人签字或者盖章不在同一地点的，人民法院应当认定最后签字或者盖章的地点为合同签订地。

第五条　当事人采用合同书形式订立合同的，应当签字或者盖章。当事人在合同书上摁手印的，人民法院应当认定其具有与签字或者盖章同等的法律效力。

第六条　提供格式条款的一方对格式条款中免除或者限制其责任的内容，在合同订立时采用足以引起对方注意的文字、符号、字体等特别标识，并按照对方的要求对该格式条款予以说明的，人民法院应当认定符合合同法第三十九条所称“采取合理的方式”。

提供格式条款一方对已尽合理提示及说明义务承担举证责任。

第七条　下列情形，不违反法律、行政法规强制性规定的，人民法院可以认定为合同法所称“交易习惯”：

（一）在交易行为当地或者某一领域、某一行业通常采用并为交易对方订立合同时所知道或者应当知道的做法；

（二）当事人双方经常使用的习惯做法。

对于交易习惯，由提出主张的一方当事人承担举证责任。

第八条　依照法律、行政法规的规定经批准或者登记才能生效的合同成立后，有义务办理申请批准或者申请登记等手续的一方当事人未按照法律规定或者合同约定办理申请批准或者未申请登记的，属于合同法第四十二条第（三）项规定的“其他违背诚实信用原则的行为”，人民法院可以根据案件的具体情况和相对人的请求，判决相对人自己办理有关手续；对方当事人对由此产生的费用和给相对人造成的实际损失，应当承担损害赔偿责任。

二、合同的效力

第九条　提供格式条款的一方当事人违反合同法第三十九条第一款关于提示和说明义务的规定，导致对方没有注意免除或者限制其责任的条款，对方当事人申请撤销该格式条款的，人民法院应当支持。

第十条　提供格式条款的一方当事人违反合同法第三十九条第一款的规定，并具有合同法第四十条规定的情形之一的，人民法院应当认定该格式条款无效。

第十一条　根据合同法第四十七条、第四十八条的规定，追认的意思表示自到达相对人时生效，合同自订立时起生效。

第十二条　无权代理人以被代理人的名义订立合同，被代理人已经开始履行合同义务的，视为对合同的追认。

第十三条　被代理人依照合同法第四十九条的规定承担有效代理行为所产生的责任后，可以向无权代理人追偿因代理行为而遭受的损失。

第十四条　合同法第五十二条第（五）项规定的“强制性规定”，是指效力性强制性规定。

第十五条　出卖人就同一标的物订立多重买卖合同，合同均不具有合同法第五十二条规定的无效情形，买受人因不能按照合同约定取得标的物所有权，请求追究出卖人违约责任的，人民法院应予支持。

三、合同的履行

第十六条　人民法院根据具体案情可以将合同法第六十四条、第六十五条规定的第三人列为无独立请求权的第三人，但不得依职权将其列为该合同诉讼案件的被告或者有独立请求权的第三人。

第十七条　债权人以境外当事人为被告提起的代位权诉讼，人民法院根据《中华人民共和国民事诉讼法》第二百四十一条的规定确定管辖。

第十八条　债务人放弃其未到期的债权或者放弃债权担保，或者恶意延长到期债权的履行期，对债权人造成损害，债权人依照合同法第七十四条的规定提起撤销权诉讼的，人民法院应当支持。

第十九条　对于合同法第七十四条规定的“明显不合理的低价”，人民法院应当以交易当地一般经营者的判断，并参考交易当时交易地的物价部门指导价或者市场交易价，结合其他相关因素综合考虑予以确认。

转让价格达不到交易时交易地的指导价或者市场交易价百分之七十的，一般可以视为明显不合理的低价；对转让价格高于当地指导价或者市场交易价百分之三十的，一般可以视为明显不合理的高价。

债务人以明显不合理的高价收购他人财产，人民法院可以根据债权人的申请，参照合同法第七十四条的规定予以撤销。

第二十条 债务人的给付不足以清偿其对同一债权人所负的数笔相同种类的全部债务，应当优先抵充已到期的债务；几项债务均到期的，优先抵充对债权人缺乏担保或者担保数额最少的债务；担保数额相同的，优先抵充债务负担较重的债务；负担相同的，按照债务到期的先后顺序抵充；到期时间相同的，按比例抵充。但是，债权人与债务人对清偿的债务或者清偿抵充顺序有约定的除外。

第二十一条 债务人除主债务之外还应当支付利息和费用，当其给付不足以清偿全部债务时，并且当事人没有约定的，人民法院应当按照下列顺序抵充：

（一）实现债权的有关费用；

（二）利息；

（三）主债务。

四、合同的权利义务终止

第二十二条 当事人一方违反合同法第九十二条规定的义务，给对方当事人造成损失，对方当事人请求赔偿实际损失的，人民法院应当支持。

第二十三条 对于依照合同法第九十九条的规定可以抵销的到期债权，当事人约定不得抵销的，人民法院可以认定该约定有效。

第二十四条 当事人对合同法第九十六条、第九十九条规定的合同解除或者债务抵销虽有异议，但在约定的异议期限届满后才提出异议并向人民法院起诉的，人民法院不予支持；当事人没有约定异议期间，在解除合同或者债务抵销通知到达之日起三个月以后才向人民法院起诉的，人民法院不予支持。

第二十五条 依照合同法第一百零一条的规定，债务人将合同标的物或者标的物拍卖、变卖所得价款交付提存部门时，人民法院应当认定提存成立。

提存成立的，视为债务人在其提存范围内已经履行债务。

第二十六条 合同成立以后客观情况发生了当事人在订立合同时无法预见的、非不可抗力造成的不属于商业风险的重大变化，继续履行合同对于一方当事人明显不公平或者不能实现合同目的，当事人请求人民法院变更或者解除合同的，人民法院应当根据公平原则，并结合案件的实际情况确定是否变更或者解除。

五、违约责任

第二十七条 当事人通过反诉或者抗辩的方式，请求人民法院依照合同法第一百一十四条第二款的规定调整违约金的，人民法院应予支持。

第二十八条 当事人依照合同法第一百一十四条第二款的规定，请求人民法院增加违约金的，增加后的违约金数额以不超过实际损失额为限。增加违约金以后，当事人又请求对方赔偿损失的，人民法院不予支持。

第二十九条 当事人主张约定的违约金过高请求予以适当减少的，人民法院应当以实际损失为基础，兼顾合同的履行情况、当事人的过错程度以及预期利益等综合因素，根据公平原则和诚实信用原则予以衡量，并作出裁决。

当事人约定的违约金超过造成损失的百分之三十的，一般可以认定为合同法第一百一十四条第二款规定的“过分高于造成的损失”。

六、附　　则

第三十条 合同法施行后成立的合同发生纠纷的案件，本解释施行后尚未终审的，适用本解释；本解释施行前已经终审，当事人申请再审或者按照审判监督程序决定再审的，不适用本解释。

最高人民法院关于审理买卖合同纠纷案件适用法律问题的解释

（2012年3月31日最高人民法院审判委员会第1545次会议通过　2012年5月10日最高人民法院公告公布　自2012年7月1日起施行　法释〔2012〕8号）

为正确审理买卖合同纠纷案件，根据《中华人民共和国民法通则》、《中华人民共和国合同法》、《中华人民共和国物权法》、《中华人民共和国民事诉讼法》等法律的规定，结合审判实践，制定本解释。

一、买卖合同的成立及效力

第一条　当事人之间没有书面合同，一方以送货单、收货单、结算单、发票等主张存在买卖合同关系的，人民法院应当结合当事人之间的交易方式、交易习惯以及其他相关证据，对买卖合同是否成立作出认定。

对账确认函、债权确认书等函件、凭证没有记载债权人名称，买卖合同当事人一方以此证明存在买卖合同关系的，人民法院应予支持，但有相反证据足以推翻的除外。

第二条　当事人签订认购书、订购书、预订书、意向书、备忘录等预约合同，约定在将来一定期限内订立买卖合同，一方不履行订立买卖合同的义务，对方请求其承担预约合同违约责任或者要求解除预约合同并主张损害赔偿的，人民法院应予支持。

第三条　当事人一方以出卖人在缔约时对标的物没有所有权或者处分权为由主张合同无效的，人民法院不予支持。

出卖人因未取得所有权或者处分权致使标的物所有权不能转移，买受人要求出卖人承担违约责任或者要求解除合同并主张损害赔偿的，人民法院应予支持。

第四条　人民法院在按照合同法的规定认定电子交易合同的成立及效力的同时，还应当适用电子签名法的相关规定。

二、标的物交付和所有权转移

第五条　标的物为无需以有形载体交付的电子信息产品，当事人对交付方式约定不明确，且依照合同法第六十一条的规定仍不能确定的，买受人收到约定的电子信息产品或者权利凭证即为交付。

第六条　根据合同法第一百六十二条的规定，买受人拒绝接收多交部分标的物的，可以代为保管多交部分标的物。买受人主张出卖人负担代为保管期间的合理费用的，人民法院应予支持。

买受人主张出卖人承担代为保管期间非因买受人故意或者重大过失造成的损失的，人民法院应予支持。

第七条　合同法第一百三十六条规定的“提取标的物单证以外的有关单证和资料”，主要应当包括保险单、保修单、普通发票、增值税专用发票、产品合格证、质量保证书、质量鉴定书、品质检验证书、产品进出口检疫书、原产地证明书、使用说明书、装箱单等。

第八条　出卖人仅以增值税专用发票及税款抵扣资料证明其已履行交付标的物义务，买受人不认可的，出卖人应当提供其他证据证明交付标的物的事实。

合同约定或者当事人之间习惯以普通发票作为付款凭证，买受人以普通发票证明已经履行付款义务的，人民法院应予支持，但有相反证据足以推翻的除外。

第九条　出卖人就同一普通动产订立多重买卖合同，在买卖合同均有效的情况下，买受人均要求实际履行合同的，应当按照以下情形分别处理：

（一）先行受领交付的买受人请求确认所有权已经转移的，人民法院应予支持；

（二）均未受领交付，先行支付价款的买受

人请求出卖人履行交付标的物等合同义务的，人民法院应予支持；

（三）均未受领交付，也未支付价款，依法成立在先合同的买受人请求出卖人履行交付标的物等合同义务的，人民法院应予支持。

第十条 出卖人就同一船舶、航空器、机动车等特殊动产订立多重买卖合同，在买卖合同均有效的情况下，买受人均要求实际履行合同的，应当按照以下情形分别处理：

（一）先行受领交付的买受人请求出卖人履行办理所有权转移登记手续等合同义务的，人民法院应予支持；

（二）均未受领交付，先行办理所有权转移登记手续的买受人请求出卖人履行交付标的物等合同义务的，人民法院应予支持；

（三）均未受领交付，也未办理所有权转移登记手续，依法成立在先合同的买受人请求出卖人履行交付标的物和办理所有权转移登记手续等合同义务的，人民法院应予支持；

（四）出卖人将标的物交付给买受人之一，又为其他买受人办理所有权转移登记，已受领交付的买受人请求将标的物所有权登记在自己名下的，人民法院应予支持。

三、标的物风险负担

第十一条 合同法第一百四十一条第二款第（一）项规定的“标的物需要运输的”，是指标的物由出卖人负责办理托运，承运人系独立于买卖合同当事人之外的运输业者的情形。标的物毁损、灭失的风险负担，按照合同法第一百四十五条的规定处理。

第十二条 出卖人根据合同约定将标的物运送至买受人指定地点并交付给承运人后，标的物毁损、灭失的风险由买受人负担，但当事人另有约定的除外。

第十三条 出卖人出卖交由承运人运输的在途标的物，在合同成立时知道或者应当知道标的物已经毁损、灭失却未告知买受人，买受人主张出卖人负担标的物毁损、灭失的风险的，人民法院应予支持。

第十四条 当事人对风险负担没有约定，标的物为种类物，出卖人未以装运单据、加盖标记、通知买受人等可识别的方式清楚地将标的物特定于买卖合同，买受人主张不负担标的物毁损、灭失的风险的，人民法院应予支持。

四、标的物检验

第十五条 当事人对标的物的检验期间未作约定，买受人签收的送货单、确认单等载明标的物数量、型号、规格的，人民法院应当根据合同法第一百五十七条的规定，认定买受人已对数量和外观瑕疵进行了检验，但有相反证据足以推翻的除外。

第十六条 出卖人依照买受人的指示向第三人交付标的物，出卖人和买受人之间约定的检验标准与买受人和第三人之间约定的检验标准不一致的，人民法院应当根据合同法第六十四条的规定，以出卖人和买受人之间约定的检验标准为标的物的检验标准。

第十七条 人民法院具体认定合同法第一百五十八条第二款规定的“合理期间”时，应当综合当事人之间的交易性质、交易目的、交易方式、交易习惯、标的物的种类、数量、性质、安装和使用情况、瑕疵的性质、买受人应尽的合理注意义务、检验方法和难易程度、买受人或者检验人所处的具体环境、自身技能以及其他合理因素，依据诚实信用原则进行判断。

合同法第一百五十八条第二款规定的“两年”是最长的合理期间。该期间为不变期间，不适用诉讼时效中止、中断或者延长的规定。

第十八条 约定的检验期间过短，依照标的物的性质和交易习惯，买受人在检验期间内难以完成全面检验的，人民法院应当认定该期间为买受人对外观瑕疵提出异议的期间，并根据本解释第十七条第一款的规定确定买受人对隐蔽瑕疵提出异议的合理期间。

约定的检验期间或者质量保证期间短于法律、行政法规规定的检验期间或者质量保证期间的，人民法院应当以法律、行政法规规定的检验期间或者质量保证期间为准。

第十九条　买受人在合理期间内提出异议，出卖人以买受人已经支付价款、确认欠款数额、使用标的物等为由，主张买受人放弃异议的，人民法院不予支持，但当事人另有约定的除外。

第二十条　合同法第一百五十八条规定的检验期间、合理期间、两年期间经过后，买受人主张标的物的数量或者质量不符合约定的，人民法院不予支持。

出卖人自愿承担违约责任后，又以上述期间经过为由翻悔的，人民法院不予支持。

五、违约责任

第二十一条　买受人依约保留部分价款作为质量保证金，出卖人在质量保证期间未及时解决质量问题而影响标的物的价值或者使用效果，出卖人主张支付该部分价款的，人民法院不予支持。

第二十二条　买受人在检验期间、质量保证期间、合理期间内提出质量异议，出卖人未按要求予以修理或者因情况紧急，买受人自行或者通过第三人修理标的物后，主张出卖人负担因此发生的合理费用的，人民法院应予支持。

第二十三条　标的物质量不符合约定，买受人依照合同法第一百一十一条的规定要求减少价款的，人民法院应予支持。当事人主张以符合约定的标的物和实际交付的标的物按交付时的市场价值计算差价的，人民法院应予支持。

价款已经支付，买受人主张返还减价后多出部分价款的，人民法院应予支持。

第二十四条　买卖合同对付款期限作出的变更，不影响当事人关于逾期付款违约金的约定，但该违约金的起算点应当随之变更。

买卖合同约定逾期付款违约金，买受人以出卖人接受价款时未主张逾期付款违约金为由拒绝支付该违约金的，人民法院不予支持。

买卖合同约定逾期付款违约金，但对账单、还款协议等未涉及逾期付款责任，出卖人根据对账单、还款协议等主张欠款时请求买受人依约支付逾期付款违约金的，人民法院应予支持，但对账单、还款协议等明确载有本金及逾期付款利息数额或者已经变更买卖合同中关于本金、利息等约定内容的除外。

买卖合同没有约定逾期付款违约金或者该违约金的计算方法，出卖人以买受人违约为由主张赔偿逾期付款损失的，人民法院可以中国人民银行同期同类人民币贷款基准利率为基础，参照逾期罚息利率标准计算。

第二十五条　出卖人没有履行或者不当履行从给付义务，致使买受人不能实现合同目的，买受人主张解除合同的，人民法院应当根据合同法第九十四条第（四）项的规定，予以支持。

第二十六条　买卖合同因违约而解除后，守约方主张继续适用违约金条款的，人民法院应予支持；但约定的违约金过分高于造成的损失的，人民法院可以参照合同法第一百一十四条第二款的规定处理。

第二十七条　买卖合同当事人一方以对方违约为由主张支付违约金，对方以合同不成立、合同未生效、合同无效或者不构成违约等为由进行免责抗辩而未主张调整过高的违约金的，人民法院应当就法院若不支持免责抗辩，当事人是否需要主张调整违约金进行释明。

一审法院认为免责抗辩成立且未予释明，二审法院认为应当判决支付违约金的，可以直接释明并改判。

第二十八条　买卖合同约定的定金不足以弥补一方违约造成的损失，对方请求赔偿超过定金部分的损失的，人民法院可以并处，但定金和损失赔偿的数额总和不应高于因违约造成的损失。

第二十九条　买卖合同当事人一方违约造成对方损失，对方主张赔偿可得利益损失的，人民法院应当根据当事人的主张，依据合同法第一百一十三条、第一百一十九条、本解释第三十条、第三十一条等规定进行认定。

第三十条　买卖合同当事人一方违约造成对方损失，对方对损失的发生也有过错，违约方主张扣减相应的损失赔偿额的，人民法院应予支持。

第三十一条 买卖合同当事人一方因对方违约而获有利益，违约方主张从损失赔偿额中扣除该部分利益的，人民法院应予支持。

第三十二条 合同约定减轻或者免除出卖人对标的物的瑕疵担保责任，但出卖人故意或者因重大过失不告知买受人标的物的瑕疵，出卖人主张依约减轻或者免除瑕疵担保责任的，人民法院不予支持。

第三十三条 买受人在缔约时知道或者应当知道标的物质量存在瑕疵，主张出卖人承担瑕疵担保责任的，人民法院不予支持，但买受人在缔约时不知道该瑕疵会导致标的物的基本效用显著降低的除外。

六、所有权保留

第三十四条 买卖合同当事人主张合同法第一百三十四条关于标的物所有权保留的规定适用于不动产的，人民法院不予支持。

第三十五条 当事人约定所有权保留，在标的物所有权转移前，买受人有下列情形之一，对出卖人造成损害，出卖人主张取回标的物的，人民法院应予支持：

（一）未按约定支付价款的；

（二）未按约定完成特定条件的；

（三）将标的物出卖、出质或者作出其他不当处分的。

取回的标的物价值显著减少，出卖人要求买受人赔偿损失的，人民法院应予支持。

第三十六条 买受人已经支付标的物总价款的百分之七十五以上，出卖人主张取回标的物的，人民法院不予支持。

在本解释第三十五条第一款第（三）项情形下，第三人依据物权法第一百零六条的规定已经善意取得标的物所有权或者其他物权，出卖人主张取回标的物的，人民法院不予支持。

第三十七条 出卖人取回标的物后，买受人在双方约定的或者出卖人指定的回赎期间内，消除出卖人取回标的物的事由，主张回赎标的物的，人民法院应予支持。

买受人在回赎期间内没有回赎标的物的，出卖人可以另行出卖标的物。

出卖人另行出卖标的物的，出卖所得价款依次扣除取回和保管费用、再交易费用、利息、未清偿的价金后仍有剩余的，应返还原买受人；如有不足，出卖人要求原买受人清偿的，人民法院应予支持，但原买受人有证据证明出卖人另行出卖的价格明显低于市场价格的除外。

七、特种买卖

第三十八条 合同法第一百六十七条第一款规定的“分期付款”，系指买受人将应付的总价款在一定期间内至少分三次向出卖人支付。

分期付款买卖合同的约定违反合同法第一百六十七条第一款的规定，损害买受人利益，买受人主张该约定无效的，人民法院应予支持。

第三十九条 分期付款买卖合同约定出卖人在解除合同时可以扣留已受领价金，出卖人扣留的金额超过标的物使用费以及标的物受损赔偿额，买受人请求返还超过部分的，人民法院应予支持。

当事人对标的物的使用费没有约定的，人民法院可以参照当地同类标的物的租金标准确定。

第四十条 合同约定的样品质量与文字说明不一致且发生纠纷时当事人不能达成合意，样品封存后外观和内在品质没有发生变化的，人民法院应当以样品为准；外观和内在品质发生变化，或者当事人对是否发生变化有争议而又无法查明的，人民法院应当以文字说明为准。

第四十一条 试用买卖的买受人在试用期内已经支付一部分价款的，人民法院应当认定买受人同意购买，但合同另有约定的除外。

在试用期内，买受人对标的物实施了出卖、出租、设定担保物权等非试用行为的，人民法院应当认定买受人同意购买。

第四十二条 买卖合同存在下列约定内容之一的，不属于试用买卖。买受人主张属于试用买卖的，人民法院不予支持：

（一）约定标的物经过试用或者检验符合一定要求时，买受人应当购买标的物；

（二）约定第三人经试验对标的物认可时，买受人应当购买标的物；

（三）约定买受人在一定期间内可以调换标的物；

（四）约定买受人在一定期间内可以退还标的物。

第四十三条　试用买卖的当事人没有约定使用费或者约定不明确，出卖人主张买受人支付使用费的，人民法院不予支持。

八、其他问题

第四十四条　出卖人履行交付义务后诉请买受人支付价款，买受人以出卖人违约在先为由提出异议的，人民法院应当按照下列情况分别处理：

（一）买受人拒绝支付违约金、拒绝赔偿损失或者主张出卖人应当采取减少价款等补救措施的，属于提出抗辩；

（二）买受人主张出卖人应支付违约金、赔偿损失或者要求解除合同的，应当提起反诉。

第四十五条　法律或者行政法规对债权转让、股权转让等权利转让合同有规定的，依照其规定；没有规定的，人民法院可以根据合同法第一百二十四条和第一百七十四条的规定，参照适用买卖合同的有关规定。

权利转让或者其他有偿合同参照适用买卖合同的有关规定的，人民法院应当首先引用合同法第一百七十四条的规定，再引用买卖合同的有关规定。

第四十六条　本解释施行前本院发布的有关购销合同、销售合同等有偿转移标的物所有权的合同的规定，与本解释抵触的，自本解释施行之日起不再适用。

本解释施行后尚未终审的买卖合同纠纷案件，适用本解释；本解释施行前已经终审，当事人申请再审或者按照审判监督程序决定再审的，不适用本解释。

最高人民法院关于审理商品房买卖合同纠纷案件适用法律若干问题的解释

（2003年3月24日最高人民法院审判委员会第1267次会议通过　2003年4月28日最高人民法院公告公布　自2003年6月1日起施行　法释〔2003〕7号）

为正确、及时审理商品房买卖合同纠纷案件，根据《中华人民共和国民法通则》、《中华人民共和国合同法》、《中华人民共和国城市房地产管理法》、《中华人民共和国担保法》等相关法律，结合民事审判实践，制定本解释。

第一条　本解释所称的商品房买卖合同，是指房地产开发企业（以下统称为出卖人）将尚未建成或者已竣工的房屋向社会销售并转移房屋所有权于买受人，买受人支付价款的合同。

第二条　出卖人未取得商品房预售许可证明，与买受人订立的商品房预售合同，应当认定无效，但是在起诉前取得商品房预售许可证明的，可以认定有效。

第三条　商品房的销售广告和宣传资料为要约邀请，但是出卖人就商品房开发规划范围内的房屋及相关设施所作的说明和允诺具体确定，并对商品房买卖合同的订立以及房屋价格的确定有重大影响的，应当视为要约。该说明和允诺即使未载入商品房买卖合同，亦应当视为合同内容，当事人违反的，应当承担违约责任。

第四条　出卖人通过认购、订购、预订等方式向买受人收受定金作为订立商品房买卖合同担保的，如果因当事人一方原因未能订立商品房买卖合同，应当按照法律关于定金的规定处理；因不可归责于当事人双方的事由，导致商品房买卖合同未能订立的，出卖人应当将定金返还买受人。

第五条　商品房的认购、订购、预订等协议具备《商品房销售管理办法》第十六条规定的商品房买卖合同的主要内容，并且出卖人已经按照约定收受购房款的，该协议应当认定为商品房买卖合同。

第六条 当事人以商品房预售合同未按照法律、行政法规规定办理登记备案手续为由，请求确认合同无效的，不予支持。

当事人约定以办理登记备案手续为商品房预售合同生效条件的，从其约定，但当事人一方已经履行主要义务，对方接受的除外。

第七条 拆迁人与被拆迁人按照所有权调换形式订立拆迁补偿安置协议，明确约定拆迁人以位置、用途特定的房屋对被拆迁人予以补偿安置，如果拆迁人将该补偿安置房屋另行出卖给第三人，被拆迁人请求优先取得补偿安置房屋的，应予支持。

被拆迁人请求解除拆迁补偿安置协议的，按照本解释第八条的规定处理。

第八条 具有下列情形之一，导致商品房买卖合同目的不能实现的，无法取得房屋的买受人可以请求解除合同、返还已付购房款及利息、赔偿损失，并可以请求出卖人承担不超过已付购房款一倍的赔偿责任：

（一）商品房买卖合同订立后，出卖人未告知买受人又将该房屋抵押给第三人；

（二）商品房买卖合同订立后，出卖人又将该房屋出卖给第三人。

第九条 出卖人订立商品房买卖合同时，具有下列情形之一，导致合同无效或者被撤销、解除的，买受人可以请求返还已付购房款及利息、赔偿损失，并可以请求出卖人承担不超过已付购房款一倍的赔偿责任：

（一）故意隐瞒没有取得商品房预售许可证明的事实或者提供虚假商品房预售许可证明；

（二）故意隐瞒所售房屋已经抵押的事实；

（三）故意隐瞒所售房屋已经出卖给第三人或者为拆迁补偿安置房屋的事实。

第十条 买受人以出卖人与第三人恶意串通，另行订立商品房买卖合同并将房屋交付使用，导致其无法取得房屋为由，请求确认出卖人与第三人订立的商品房买卖合同无效的，应予支持。

第十一条 对房屋的转移占有，视为房屋的交付使用，但当事人另有约定的除外。

房屋毁损、灭失的风险，在交付使用前由出卖人承担，交付使用后由买受人承担；买受人接到出卖人的书面交房通知，无正当理由拒绝接收的，房屋毁损、灭失的风险自书面交房通知确定的交付使用之日起由买受人承担，但法律另有规定或者当事人另有约定的除外。

第十二条 因房屋主体结构质量不合格不能交付使用，或者房屋交付使用后，房屋主体结构质量经核验确属不合格，买受人请求解除合同和赔偿损失的，应予支持。

第十三条 因房屋质量问题严重影响正常居住使用，买受人请求解除合同和赔偿损失的，应予支持。

交付使用的房屋存在质量问题，在保修期内，出卖人应当承担修复责任；出卖人拒绝修复或者在合理期限内拖延修复的，买受人可以自行或者委托他人修复。修复费用及修复期间造成的其他损失由出卖人承担。

第十四条 出卖人交付使用的房屋套内建筑面积或者建筑面积与商品房买卖合同约定面积不符，合同有约定的，按照约定处理；合同没有约定或者约定不明确的，按照以下原则处理：

（一）面积误差比绝对值在3%以内（含3%），按照合同约定的价格据实结算，买受人请求解除合同的，不予支持；

（二）面积误差比绝对值超出3%，买受人请求解除合同、返还已付购房款及利息的，应予支持。买受人同意继续履行合同，房屋实际面积大于合同约定面积的，面积误差比在3%以内（含3%）部分的房价款由买受人按照约定的价格补足，面积误差比超出3%部分的房价款由出卖人承担，所有权归买受人；房屋实际面积小于合同约定面积的，面积误差比在3%以内（含3%）部分的房价款及利息由出卖人返还买受人，面积误差比超过3%部分的房价款由出卖人双倍返还买受人。

第十五条 根据《合同法》第九十四条的规定，出卖人迟延交付房屋或者买受人迟延支付购房款，经催告后在三个月的合理期限内仍未履行，当事人一方请求解除合同的，应予支持，但当事人另有约定的除外。

法律没有规定或者当事人没有约定，经对方当事人催告后，解除权行使的合理期限为三个月。对方当事人没有催告的，解除权应当在解除权发生之日起一年内行使；逾期不行使的，解除权消灭。

第十六条　当事人以约定的违约金过高为由请求减少的，应当以违约金超过造成的损失30%为标准适当减少；当事人以约定的违约金低于造成的损失为由请求增加的，应当以违约造成的损失确定违约金数额。

第十七条　商品房买卖合同没有约定违约金数额或者损失赔偿额计算方法，违约金数额或者损失赔偿额可以参照以下标准确定：

逾期付款的，按照未付购房款总额，参照中国人民银行规定的金融机构计收逾期贷款利息的标准计算。

逾期交付使用房屋的，按照逾期交付使用房屋期间有关主管部门公布或者有资格的房地产评估机构评定的同地段同类房屋租金标准确定。

第十八条　由于出卖人的原因，买受人在下列期限届满未能取得房屋权属证书的，除当事人有特殊约定外，出卖人应当承担违约责任：

（一）商品房买卖合同约定的办理房屋所有权登记的期限；

（二）商品房买卖合同的标的物为尚未建成房屋的，自房屋交付使用之日起90日；

（三）商品房买卖合同的标的物为已竣工房屋的，自合同订立之日起90日。

合同没有约定违约金或者损失数额难以确定的，可以按照已付购房款总额，参照中国人民银行规定的金融机构计收逾期贷款利息的标准计算。

第十九条　商品房买卖合同约定或者《城市房地产开发经营管理条例》第三十三条规定的办理房屋所有权登记的期限届满后超过一年，由于出卖人的原因，导致买受人无法办理房屋所有权登记，买受人请求解除合同和赔偿损失的，应予支持。

第二十条　出卖人与包销人订立商品房包销合同，约定出卖人将其开发建设的房屋交由包销人以出卖人的名义销售的，包销期满未销售的房屋，由包销人按照合同约定的包销价格购买，但当事人另有约定的除外。

第二十一条　出卖人自行销售已经约定由包销人包销的房屋，包销人请求出卖人赔偿损失的，应予支持，但当事人另有约定的除外。

第二十二条　对于买受人因商品房买卖合同与出卖人发生的纠纷，人民法院应当通知包销人参加诉讼；出卖人、包销人和买受人对各自的权利义务有明确约定的，按照约定的内容确定各方的诉讼地位。

第二十三条　商品房买卖合同约定，买受人以担保贷款方式付款，因当事人一方原因未能订立商品房担保贷款合同并导致商品房买卖合同不能继续履行的，对方当事人可以请求解除合同和赔偿损失。因不可归责于当事人双方的事由未能订立商品房担保贷款合同并导致商品房买卖合同不能继续履行的，当事人可以请求解除合同，出卖人应当将收受的购房款本金及其利息或者定金返还买受人。

第二十四条　因商品房买卖合同被确认无效或者被撤销、解除，致使商品房担保贷款合同的目的无法实现，当事人请求解除商品房担保贷款合同的，应予支持。

第二十五条　以担保贷款为付款方式的商品房买卖合同的当事人一方请求确认商品房买卖合同无效或者撤销、解除合同的，如果担保权人作为有独立请求权第三人提出诉讼请求，应当与商品房担保贷款合同纠纷合并审理；未提出诉讼请求的，仅处理商品房买卖合同纠纷。担保权人就商品房担保贷款合同纠纷另行起诉的，可以与商品房买卖合同纠纷合并审理。

商品房买卖合同被确认无效或者被撤销、解除后，商品房担保贷款合同也被解除的，出卖人应当将收受的购房贷款和购房款的本金及利息分别返还担保权人和买受人。

第二十六条　买受人未按照商品房担保贷款

合同的约定偿还贷款，亦未与担保权人办理商品房抵押登记手续，担保权人起诉买受人，请求处分商品房买卖合同项下买受人合同权利的，应当通知出卖人参加诉讼；担保权人同时起诉出卖人时，如果出卖人为商品房担保贷款合同提供保证的，应当列为共同被告。

第二十七条 买受人未按照商品房担保贷款合同的约定偿还贷款，但是已经取得房屋权属证书并与担保权人办理了商品房抵押登记手续，抵押权人请求买受人偿还贷款或者就抵押的房屋优先受偿的，不应当追加出卖人为当事人，但出卖人提供保证的除外。

第二十八条 本解释自2003年6月1日起施行。

《中华人民共和国城市房地产管理法》施行后订立的商品房买卖合同发生的纠纷案件，本解释公布施行后尚在一审、二审阶段的，适用本解释。

《中华人民共和国城市房地产管理法》施行后订立的商品房买卖合同发生的纠纷案件，在本解释公布施行前已经终审，当事人申请再审或者按照审判监督程序决定再审的，不适用本解释。

《中华人民共和国城市房地产管理法》施行前发生的商品房买卖行为，适用当时的法律、法规和《最高人民法院〈关于审理房地产管理法施行前房地产开发经营案件若干问题的解答〉》。

最高人民法院关于审理城镇房屋租赁合同纠纷案件具体应用法律若干问题的解释

（2009年6月22日最高人民法院审判委员会第1469次会议通过　2009年7月30日最高人民法院公告公布　自2009年9月1日起施行　法释〔2009〕11号）

为正确审理城镇房屋租赁合同纠纷案件，依法保护当事人的合法权益，根据《中华人民共和国民法通则》、《中华人民共和国物权法》、《中华人民共和国合同法》等法律规定，结合民事审判实践，制定本解释。

第一条 本解释所称城镇房屋，是指城市、镇规划区内的房屋。

乡、村庄规划区内的房屋租赁合同纠纷案件，可以参照本解释处理。但法律另有规定的，适用其规定。

当事人依照国家福利政策租赁公有住房、廉租住房、经济适用住房产生的纠纷案件，不适用本解释。

第二条 出租人就未取得建设工程规划许可证或者未按照建设工程规划许可证的规定建设的房屋，与承租人订立的租赁合同无效。但在一审法庭辩论终结前取得建设工程规划许可证或者经主管部门批准建设的，人民法院应当认定有效。

第三条 出租人就未经批准或者未按照批准内容建设的临时建筑，与承租人订立的租赁合同无效。但在一审法庭辩论终结前经主管部门批准建设的，人民法院应当认定有效。

租赁期限超过临时建筑的使用期限，超过部分无效。但在一审法庭辩论终结前经主管部门批准延长使用期限的，人民法院应当认定延长使用期限内的租赁期间有效。

第四条 当事人以房屋租赁合同未按照法律、行政法规规定办理登记备案手续为由，请求确认合同无效的，人民法院不予支持。

当事人约定以办理登记备案手续为房屋租赁合同生效条件的，从其约定。但当事人一方已经履行主要义务，对方接受的除外。

第五条 房屋租赁合同无效，当事人请求参照合同约定的租金标准支付房屋占有使用费的，人民法院一般应予支持。

当事人请求赔偿因合同无效受到的损失，人民法院依照合同法的有关规定和本司法解释第九条、第十三条、第十四条的规定处理。

第六条 出租人就同一房屋订立数份租赁合同，在合同均有效的情况下，承租人均主张履行合同的，人民法院按照下列顺序确定履行合同的承租人：

（一）已经合法占有租赁房屋的；

（二）已经办理登记备案手续的；

（三）合同成立在先的。

不能取得租赁房屋的承租人请求解除合同、赔偿损失的，依照合同法的有关规定处理。

第七条 承租人擅自变动房屋建筑主体和承重结构或者扩建，在出租人要求的合理期限内仍不予恢复原状，出租人请求解除合同并要求赔偿损失的，人民法院依照合同法第二百一十九条的规定处理。

第八条 因下列情形之一，导致租赁房屋无法使用，承租人请求解除合同的，人民法院应予支持：

（一）租赁房屋被司法机关或行政机关依法查封的；

（二）租赁房屋权属有争议的；

（三）租赁房屋具有违反法律、行政法规关于房屋使用条件强制性规定情况的。

第九条 承租人经出租人同意装饰装修，租赁合同无效时，未形成附合的装饰装修物，出租人同意利用的，可折价归出租人所有；不同意利用的，可由承租人拆除。因拆除造成房屋毁损的，承租人应当恢复原状。

已形成附合的装饰装修物，出租人同意利用的，可折价归出租人所有；不同意利用的，由双方各自按照导致合同无效的过错分担现值损失。

第十条 承租人经出租人同意装饰装修，租赁期间届满或者合同解除时，除当事人另有约定外，未形成附合的装饰装修物，可由承租人拆除。因拆除造成房屋毁损的，承租人应当恢复原状。

第十一条 承租人经出租人同意装饰装修，合同解除时，双方对已形成附合的装饰装修物的处理没有约定的，人民法院按照下列情形分别处理：

（一）因出租人违约导致合同解除，承租人请求出租人赔偿剩余租赁期内装饰装修残值损失的，应予支持；

（二）因承租人违约导致合同解除，承租人请求出租人赔偿剩余租赁期内装饰装修残值损失的，不予支持。但出租人同意利用的，应在利用价值范围内予以适当补偿；

（三）因双方违约导致合同解除，剩余租赁期内的装饰装修残值损失，由双方根据各自的过错承担相应的责任；

（四）因不可归责于双方的事由导致合同解除的，剩余租赁期内的装饰装修残值损失，由双方按照公平原则分担。法律另有规定的，适用其规定。

第十二条 承租人经出租人同意装饰装修，租赁期间届满时，承租人请求出租人补偿附合装饰装修费用的，不予支持。但当事人另有约定的除外。

第十三条 承租人未经出租人同意装饰装修或者扩建发生的费用，由承租人负担。出租人请求承租人恢复原状或者赔偿损失的，人民法院应予支持。

第十四条 承租人经出租人同意扩建，但双方对扩建费用的处理没有约定的，人民法院按照下列情形分别处理：

（一）办理合法建设手续的，扩建造价费用由出租人负担；

（二）未办理合法建设手续的，扩建造价费用由双方按照过错分担。

第十五条 承租人经出租人同意将租赁房屋转租给第三人时，转租期限超过承租人剩余租赁期限的，人民法院应当认定超过部分的约定无效。但出租人与承租人另有约定的除外。

第十六条 出租人知道或者应当知道承租人转租，但在六个月内未提出异议，其以承租人未经同意为由请求解除合同或者认定转租合同无效的，人民法院不予支持。

因租赁合同产生的纠纷案件，人民法院可以通知次承租人作为第三人参加诉讼。

第十七条 因承租人拖欠租金，出租人请求解除合同时，次承租人请求代承租人支付欠付的租金和违约金以抗辩出租人合同解除权的，人民法院应予支持。但转租合同无效的除外。

次承租人代为支付的租金和违约金超出其应付的租金数额，可以折抵租金或者向承租人追偿。

第十八条 房屋租赁合同无效、履行期限届满或者解除，出租人请求负有腾房义务的次承租人支付逾期腾房占有使用费的，人民法院应予支持。

第十九条 承租人租赁房屋用于以个体工商户或者个人合伙方式从事经营活动，承租人在租赁期间死亡、宣告失踪或者宣告死亡，其共同经营人或者其他合伙人请求按照原租赁合同租赁该房屋的，人民法院应予支持。

第二十条 租赁房屋在租赁期间发生所有权变动，承租人请求房屋受让人继续履行原租赁合同的，人民法院应予支持。但租赁房屋具有下列情形或者当事人另有约定的除外：

（一）房屋在出租前已设立抵押权，因抵押权人实现抵押权发生所有权变动的；

（二）房屋在出租前已被人民法院依法查封的。

第二十一条 出租人出卖租赁房屋未在合理期限内通知承租人或者存在其他侵害承租人优先购买权情形，承租人请求出租人承担赔偿责任的，人民法院应予支持。但请求确认出租人与第三人签订的房屋买卖合同无效的，人民法院不予支持。

第二十二条 出租人与抵押权人协议折价、变卖租赁房屋偿还债务，应当在合理期限内通知承租人。承租人请求以同等条件优先购买房屋的，人民法院应予支持。

第二十三条 出租人委托拍卖人拍卖租赁房屋，应当在拍卖五日前通知承租人。承租人未参加拍卖的，人民法院应当认定承租人放弃优先购买权。

第二十四条 具有下列情形之一，承租人主张优先购买房屋的，人民法院不予支持：

（一）房屋共有人行使优先购买权的；

（二）出租人将房屋出卖给近亲属，包括配偶、父母、子女、兄弟姐妹、祖父母、外祖父母、孙子女、外孙子女的；

（三）出租人履行通知义务后，承租人在十五日内未明确表示购买的；

（四）第三人善意购买租赁房屋并已经办理登记手续的。

第二十五条 本解释施行前已经终审，本解释施行后当事人申请再审或者按照审判监督程序决定再审的案件，不适用本解释。

最高人民法院关于审理融资租赁合同纠纷案件适用法律问题的解释

（2013年11月25日最高人民法院审判委员会第1597次会议通过　2014年2月24日最高人民法院公告公布　自2014年3月1日起施行　法释〔2014〕3号）

为正确审理融资租赁合同纠纷案件，根据《中华人民共和国合同法》《中华人民共和国物权法》《中华人民共和国民事诉讼法》等法律的规定，结合审判实践，制定本解释。

一、融资租赁合同的认定及效力

第一条 人民法院应当根据合同法第二百三十七条的规定，结合标的物的性质、价值、租金的构成以及当事人的合同权利和义务，对是否构成融资租赁法律关系作出认定。

对名为融资租赁合同，但实际不构成融资租赁法律关系的，人民法院应按照其实际构成的法律关系处理。

第二条 承租人将其自有物出卖给出租人，再通过融资租赁合同将租赁物从出租人处租回的，人民法院不应仅以承租人和出卖人系同一人为由认定不构成融资租赁法律关系。

第三条 根据法律、行政法规规定，承租人对于租赁物的经营使用应当取得行政许可的，人民法院不应仅以出租人未取得行政许可为由认定融资租赁合同无效。

第四条　融资租赁合同被认定无效，当事人就合同无效情形下租赁物归属有约定的，从其约定；未约定或者约定不明，且当事人协商不成的，租赁物应当返还出租人。但因承租人原因导致合同无效，出租人不要求返还租赁物，或者租赁物正在使用，返还出租人后会显著降低租赁物价值和效用的，人民法院可以判决租赁物所有权归承租人，并根据合同履行情况和租金支付情况，由承租人就租赁物进行折价补偿。

二、合同的履行和租赁物的公示

第五条　出卖人违反合同约定的向承租人交付标的物的义务，承租人因下列情形之一拒绝受领租赁物的，人民法院应予支持：

（一）租赁物严重不符合约定的；

（二）出卖人未在约定的交付期间或者合理期间内交付租赁物，经承租人或者出租人催告，在催告期满后仍未交付的。

承租人拒绝受领租赁物，未及时通知出租人，或者无正当理由拒绝受领租赁物，造成出租人损失，出租人向承租人主张损害赔偿的，人民法院应予支持。

第六条　承租人对出卖人行使索赔权，不影响其履行融资租赁合同项下支付租金的义务，但承租人以依赖出租人的技能确定租赁物或者出租人干预选择租赁物为由，主张减轻或者免除相应租金支付义务的除外。

第七条　承租人占有租赁物期间，租赁物毁损、灭失的风险由承租人承担，出租人要求承租人继续支付租金的，人民法院应予支持。但当事人另有约定或者法律另有规定的除外。

第八条　出租人转让其在融资租赁合同项下的部分或者全部权利，受让方以此为由请求解除或者变更融资租赁合同的，人民法院不予支持。

第九条　承租人或者租赁物的实际使用人，未经出租人同意转让租赁物或者在租赁物上设立其他物权，第三人依据物权法第一百零六条的规定取得租赁物的所有权或者其他物权，出租人主张第三人物权权利不成立的，人民法院不予支持，但有下列情形之一的除外：

（一）出租人已在租赁物的显著位置作出标识，第三人在与承租人交易时知道或者应当知道该物为租赁物的；

（二）出租人授权承租人将租赁物抵押给出租人并在登记机关依法办理抵押权登记的；

（三）第三人与承租人交易时，未按照法律、行政法规、行业或者地区主管部门的规定在相应机构进行融资租赁交易查询的；

（四）出租人有证据证明第三人知道或者应当知道交易标的物为租赁物的其他情形。

第十条　当事人约定租赁期间届满后租赁物归出租人的，因租赁物毁损、灭失或者附合、混同于他物导致承租人不能返还，出租人要求其给予合理补偿的，人民法院应予支持。

三、合同的解除

第十一条　有下列情形之一，出租人或者承租人请求解除融资租赁合同的，人民法院应予支持：

（一）出租人与出卖人订立的买卖合同解除、被确认无效或者被撤销，且双方未能重新订立买卖合同的；

（二）租赁物因不可归责于双方的原因意外毁损、灭失，且不能修复或者确定替代物的；

（三）因出卖人的原因致使融资租赁合同的目的不能实现的。

第十二条　有下列情形之一，出租人请求解除融资租赁合同的，人民法院应予支持：

（一）承租人未经出租人同意，将租赁物转让、转租、抵押、质押、投资入股或者以其他方式处分租赁物的；

（二）承租人未按照合同约定的期限和数额支付租金，符合合同约定的解除条件，经出租人催告后在合理期限内仍不支付的；

（三）合同对于欠付租金解除合同的情形没有明确约定，但承租人欠付租金达到两期以上，或者数额达到全部租金百分之十五以上，经出租人催告后在合理期限内仍不支付的；

（四）承租人违反合同约定，致使合同目的不能实现的其他情形。

第十三条 因出租人的原因致使承租人无法占有、使用租赁物，承租人请求解除融资租赁合同的，人民法院应予支持。

第十四条 当事人在一审诉讼中仅请求解除融资租赁合同，未对租赁物的归属及损失赔偿提出主张的，人民法院可以向当事人进行释明。

第十五条 融资租赁合同因租赁物交付承租人后意外毁损、灭失等不可归责于当事人的原因而解除，出租人要求承租人按照租赁物折旧情况给予补偿的，人民法院应予支持。

第十六条 融资租赁合同因买卖合同被解除、被确认无效或者被撤销而解除，出租人根据融资租赁合同约定，或者以融资租赁合同虽未约定或约定不明，但出卖人及租赁物系由承租人选择为由，主张承租人赔偿相应损失的，人民法院应予支持。

出租人的损失已经在买卖合同被解除、被确认无效或者被撤销时获得赔偿的，应当免除承租人相应的赔偿责任。

四、违约责任

第十七条 出租人有下列情形之一，影响承租人对租赁物的占有和使用，承租人依照合同法第二百四十五条的规定，要求出租人赔偿相应损失的，人民法院应予支持：

（一）无正当理由收回租赁物；

（二）无正当理由妨碍、干扰承租人对租赁物的占有和使用；

（三）因出租人的原因导致第三人对租赁物主张权利；

（四）不当影响承租人对租赁物占有、使用的其他情形。

第十八条 出租人有下列情形之一，导致承租人对出卖人索赔逾期或者索赔失败，承租人要求出租人承担相应责任的，人民法院应予支持：

（一）明知租赁物有质量瑕疵而不告知承租人的；

（二）承租人行使索赔权时，未及时提供必要协助的；

（三）怠于行使融资租赁合同中约定的只能由出租人行使对出卖人的索赔权的；

（四）怠于行使买卖合同中约定的只能由出租人行使对出卖人的索赔权的。

第十九条 租赁物不符合融资租赁合同的约定且出租人实施了下列行为之一，承租人依照合同法第二百四十一条、第二百四十四条的规定，要求出租人承担相应责任的，人民法院应予支持：

（一）出租人在承租人选择出卖人、租赁物时，对租赁物的选定起决定作用的；

（二）出租人干预或者要求承租人按照出租人意愿选择出卖人或者租赁物的；

（三）出租人擅自变更承租人已经选定的出卖人或者租赁物的。

承租人主张其系依赖出租人的技能确定租赁物或者出租人干预选择租赁物的，对上述事实承担举证责任。

第二十条 承租人逾期履行支付租金义务或者迟延履行其他付款义务，出租人按照融资租赁合同的约定要求承租人支付逾期利息、相应违约金的，人民法院应予支持。

第二十一条 出租人既请求承租人支付合同约定的全部未付租金又请求解除融资租赁合同的，人民法院应告知其依照合同法第二百四十八条的规定作出选择。

出租人请求承租人支付合同约定的全部未付租金，人民法院判决后承租人未予履行，出租人再行起诉请求解除融资租赁合同、收回租赁物的，人民法院应予受理。

第二十二条 出租人依照本解释第十二条的规定请求解除融资租赁合同，同时请求收回租赁物并赔偿损失的，人民法院应予支持。

前款规定的损失赔偿范围为承租人全部未付租金及其他费用与收回租赁物价值的差额。合同约定租赁期间届满后租赁物归出租人所有的，损失赔偿范围还应包括融资租赁合同到期后租赁物的残值。

第二十三条 诉讼期间承租人与出租人对租赁物的价值有争议的，人民法院可以按照融资租赁合同的约定确定租赁物价值；融资租赁合同未约定或者约定不明的，可以参照融资租赁合同约定的租赁物折旧以及合同到期后租赁物的残值确定租赁物价值。

承租人或者出租人认为依前款确定的价值严重偏离租赁物实际价值的，可以请求人民法院委托有资质的机构评估或者拍卖确定。

五、其他规定

第二十四条 出卖人与买受人因买卖合同发生纠纷，或者出租人与承租人因融资租赁合同发生纠纷，当事人仅对其中一个合同关系提起诉讼，人民法院经审查后认为另一合同关系的当事人与案件处理结果有法律上的利害关系的，可以通知其作为第三人参加诉讼。

承租人与租赁物的实际使用人不一致，融资租赁合同当事人未对租赁物的实际使用人提起诉讼，人民法院经审查后认为租赁物的实际使用人与案件处理结果有法律上的利害关系的，可以通知其作为第三人参加诉讼。

承租人基于买卖合同和融资租赁合同直接向出卖人主张受领租赁物、索赔等买卖合同权利的，人民法院应通知出租人作为第三人参加诉讼。

第二十五条 当事人因融资租赁合同租金欠付争议向人民法院请求保护其权利的诉讼时效期间为两年，自租赁期限届满之日起计算。

第二十六条 本解释自2014年3月1日起施行。《最高人民法院关于审理融资租赁合同纠纷案件若干问题的规定》（法发〔1996〕19号）同时废止。

本解释施行后尚未终审的融资租赁合同纠纷案件，适用本解释；本解释施行前已经终审，当事人申请再审或者按照审判监督程序决定再审的，不适用本解释。

最高人民法院关于适用《中华人民共和国担保法》若干问题的解释

（2000年9月29日最高人民法院审判委员会第1133次会议通过 2000年12月8日最高人民法院公告公布 自2000年12月13日起施行 法释〔2000〕44号）

为了正确适用《中华人民共和国担保法》（以下简称担保法），结合审判实践经验，对人民法院审理担保纠纷案件适用法律问题作出如下解释。

一、关于总则部分的解释

第一条 当事人对由民事关系产生的债权，在不违反法律、法规强制性规定的情况下，以担保法规定的方式设定担保的，可以认定为有效。

第二条 反担保人可以是债务人，也可以是债务人之外的其他人。

反担保方式可以是债务人提供的抵押或者质押，也可以是其他人提供的保证、抵押或者质押。

第三条 国家机关和以公益为目的的事业单位、社会团体违反法律规定提供担保的，担保合同无效。因此给债权人造成损失的，应当根据担保法第五条第二款的规定处理。

第四条 董事、经理违反《中华人民共和国公司法》第六十条的规定，以公司资产为本公司的股东或者其他个人债务提供担保的，担保合同无效。除债权人知道或者应当知道的外，债务人、担保人应当对债权人的损失承担连带赔偿责任。

第五条 以法律、法规禁止流通的财产或者不可转让的财产设定担保的，担保合同无效。

以法律、法规限制流通的财产设定担保的，在实现债权时，人民法院应当按照有关法律、法规的规定对该财产进行处理。

第六条 有下列情形之一的，对外担保合同无效：

（一）未经国家有关主管部门批准或者登记对外担保的；

（二）未经国家有关主管部门批准或者登记，为境外机构向境内债权人提供担保的；

（三）为外商投资企业注册资本、外商投资企业中的外方投资部分的对外债务提供担保的；

（四）无权经营外汇担保业务的金融机构、无外汇收入的非金融性质的企业法人提供外汇担保的；

（五）主合同变更或者债权人将对外担保合同项下的权利转让，未经担保人同意和国家有关主管部门批准的，担保人不再承担担保责任。但法律、法规另有规定的除外。

第七条 主合同有效而担保合同无效，债权人无过错的，担保人与债务人对主合同债权人的经济损失，承担连带赔偿责任；债权人、担保人有过错的，担保人承担民事责任的部分，不应超过债务人不能清偿部分的二分之一。

第八条 主合同无效而导致担保合同无效，担保人无过错的，担保人不承担民事责任；担保人有过错的，担保人承担民事责任的部分，不应超过债务人不能清偿部分的三分之一。

第九条 担保人因无效担保合同向债权人承担赔偿责任后，可以向债务人追偿，或者在承担赔偿责任的范围内，要求有过错的反担保人承担赔偿责任。

担保人可以根据承担赔偿责任的事实对债务人或者反担保人另行提起诉讼。

第十条 主合同解除后，担保人对债务人应当承担的民事责任仍应承担担保责任。但是，担保合同另有约定的除外。

第十一条 法人或者其他组织的法定代表人、负责人超越权限订立的担保合同，除相对人知道或者应当知道其超越权限的以外，该代表行为有效。

第十二条 当事人约定的或者登记部门要求登记的担保期间，对担保物权的存续不具有法律约束力。

担保物权所担保的债权的诉讼时效结束后，担保权人在诉讼时效结束后的 2 年内行使担保物权的，人民法院应当予以支持。

二、关于保证部分的解释

第十三条 保证合同中约定保证人代为履行非金钱债务的，如果保证人不能实际代为履行，对债权人因此造成的损失，保证人应当承担赔偿责任。

第十四条 不具有完全代偿能力的法人、其他组织或者自然人，以保证人身份订立保证合同后，又以自己没有代偿能力要求免除保证责任的，人民法院不予支持。

第十五条 担保法第七条规定的其他组织主要包括：

（一）依法登记领取营业执照的独资企业、合伙企业；

（二）依法登记领取营业执照的联营企业；

（三）依法登记领取营业执照的中外合作经营企业；

（四）经民政部门核准登记的社会团体；

（五）经核准登记领取营业执照的乡镇、街道、村办企业。

第十六条 从事经营活动的事业单位、社会团体为保证人的，如无其他导致保证合同无效的情况，其所签订的保证合同应当认定为有效。

第十七条 企业法人的分支机构未经法人书面授权提供保证的，保证合同无效。因此给债权人造成损失的，应当根据担保法第五条第二款的规定处理。

企业法人的分支机构经法人书面授权提供保证的，如果法人的书面授权范围不明，法人的分支机构应当对保证合同约定的全部债务承担保证责任。

企业法人的分支机构经营管理的财产不足以承担保证责任的，由企业法人承担民事责任。

企业法人的分支机构提供的保证无效后应当

承担赔偿责任的，由分支机构经营管理的财产承担。企业法人有过错的，按照担保法第二十九条的规定处理。

第十八条　企业法人的职能部门提供保证的，保证合同无效。债权人知道或者应当知道保证人为企业法人的职能部门的，因此造成的损失由债权人自行承担。

债权人不知保证人为企业法人的职能部门，因此造成的损失，可以参照担保法第五条第二款的规定和第二十九条的规定处理。

第十九条　两个以上保证人对同一债务同时或者分别提供保证时，各保证人与债权人没有约定保证份额的，应当认定为连带共同保证。

连带共同保证的保证人以其相互之间约定各自承担的份额对抗债权人的，人民法院不予支持。

第二十条　连带共同保证的债务人在主合同规定的债务履行期届满没有履行债务的，债权人可以要求债务人履行债务，也可以要求任何一个保证人承担全部保证责任。

连带共同保证的保证人承担保证责任后，向债务人不能追偿的部分，由各连带保证人按其内部约定的比例分担。没有约定的，平均分担。

第二十一条　按份共同保证的保证人按照保证合同约定的保证份额承担保证责任后，在其履行保证责任的范围内对债务人行使追偿权。

第二十二条　第三人单方以书面形式向债权人出具担保书，债权人接受且未提出异议的，保证合同成立。

主合同中虽然没有保证条款，但是，保证人在主合同上以保证人的身份签字或者盖章的，保证合同成立。

第二十三条　最高额保证合同的不特定债权确定后，保证人应当对在最高债权额限度内就一定期间连续发生的债权余额承担保证责任。

第二十四条　一般保证的保证人在主债权履行期间届满后，向债权人提供了债务人可供执行财产的真实情况的，债权人放弃或者怠于行使权利致使该财产不能被执行，保证人可以请求人民法院在其提供可供执行财产的实际价值范围内免除保证责任。

第二十五条　担保法第十七条第三款第（一）项规定的债权人要求债务人履行债务发生的重大困难情形，包括债务人下落不明、移居境外，且无财产可供执行。

第二十六条　第三人向债权人保证监督支付专款专用的，在履行了监督支付专款专用的义务后，不再承担责任。未尽监督义务造成资金流失的，应当对流失的资金承担补充赔偿责任。

第二十七条　保证人对债务人的注册资金提供保证的，债务人的实际投资与注册资金不符，或者抽逃转移注册资金的，保证人在注册资金不足或者抽逃转移注册资金的范围内承担连带保证责任。

第二十八条　保证期间，债权人依法将主债权转让给第三人的，保证债权同时转让，保证人在原保证担保的范围内对受让人承担保证责任。但是保证人与债权人事先约定仅对特定的债权人承担保证责任或者禁止债权转让的，保证人不再承担保证责任。

第二十九条　保证期间，债权人许可债务人转让部分债务未经保证人书面同意的，保证人对未经其同意转让部分的债务，不再承担保证责任。但是，保证人仍应当对未转让部分的债务承担保证责任。

第三十条　保证期间，债权人与债务人对主合同数量、价款、币种、利率等内容作了变动，未经保证人同意的，如果减轻债务人的债务的，保证人仍应当对变更后的合同承担保证责任；如果加重债务人的债务的，保证人对加重的部分不承担保证责任。

债权人与债务人对主合同履行期限作了变动，未经保证人书面同意的，保证期间为原合同约定的或者法律规定的期间。

债权人与债务人协议变动主合同内容，但并未实际履行的，保证人仍应当承担保证责任。

第三十一条　保证期间不因任何事由发生中断、中止、延长的法律后果。

第三十二条 保证合同约定的保证期间早于或者等于主债务履行期限的，视为没有约定，保证期间为主债务履行期届满之日起六个月。

保证合同约定保证人承担保证责任直至主债务本息还清时为止等类似内容的，视为约定不明，保证期间为主债务履行期届满之日起二年。

第三十三条 主合同对主债务履行期限没有约定或者约定不明的，保证期间自债权人要求债务人履行义务的宽限期届满之日起计算。

第三十四条 一般保证的债权人在保证期间届满前对债务人提起诉讼或者申请仲裁的，从判决或者仲裁裁决生效之日起，开始计算保证合同的诉讼时效。

连带责任保证的债权人在保证期间届满前要求保证人承担保证责任的，从债权人要求保证人承担保证责任之日起，开始计算保证合同的诉讼时效。

第三十五条 保证人对已经超过诉讼时效期间的债务承担保证责任或者提供保证的，又以超过诉讼时效为由抗辩的，人民法院不予支持。

第三十六条 一般保证中，主债务诉讼时效中断，保证债务诉讼时效中断；连带责任保证中，主债务诉讼时效中断，保证债务诉讼时效不中断。

一般保证和连带责任保证中，主债务诉讼时效中止的，保证债务的诉讼时效同时中止。

第三十七条 最高额保证合同对保证期间没有约定或者约定不明的，如最高额保证合同约定有保证人清偿债务期限的，保证期间为清偿期限届满之日起六个月。没有约定债务清偿期限的，保证期间自最高额保证终止之日或自债权人收到保证人终止保证合同的书面通知到达之日起六个月。

第三十八条 同一债权既有保证又有第三人提供物的担保的，债权人可以请求保证人或者物的担保人承担担保责任。当事人对保证担保的范围或者物的担保的范围没有约定或者约定不明的，承担了担保责任的担保人，可以向债务人追偿，也可以要求其他担保人清偿其应当分担的份额。

同一债权既有保证又有物的担保的，物的担保合同被确认无效或者被撤销，或者担保物因不可抗力的原因灭失而没有代位物的，保证人仍应当按合同的约定或者法律的规定承担保证责任。

债权人在主合同履行期届满后怠于行使担保物权，致使担保物的价值减少或者毁损、灭失的，视为债权人放弃部分或者全部物的担保。保证人在债权人放弃权利的范围内减轻或者免除保证责任。

第三十九条 主合同当事人双方协议以新贷偿还旧贷，除保证人知道或者应当知道的外，保证人不承担民事责任。

新贷与旧贷系同一保证人的，不适用前款的规定。

第四十条 主合同债务人采取欺诈、胁迫等手段，使保证人在违背真实意思的情况下提供保证的，债权人知道或者应当知道欺诈、胁迫事实的，按照担保法第三十条的规定处理。

第四十一条 债务人与保证人共同欺骗债权人，订立主合同和保证合同的，债权人可以请求人民法院予以撤销。因此给债权人造成损失的，由保证人与债务人承担连带赔偿责任。

第四十二条 人民法院判决保证人承担保证责任或者赔偿责任的，应当在判决书主文中明确保证人享有担保法第三十一条规定的权利。判决书中未予明确追偿权的，保证人只能按照承担责任的事实，另行提起诉讼。

保证人对债务人行使追偿权的诉讼时效，自保证人向债权人承担责任之日起开始计算。

第四十三条 保证人自行履行保证责任时，其实际清偿额大于主债权范围的，保证人只能在主债权范围内对债务人行使追偿权。

第四十四条 保证期间，人民法院受理债务人破产案件的，债权人既可以向人民法院申报债权，也可以向保证人主张权利。

债权人申报债权后在破产程序中未受清偿的部分，保证人仍应当承担保证责任。债权人要求保证人承担保证责任的，应当在破产程序终结后六个月内提出。

第四十五条　债权人知道或者应当知道债务人破产，既未申报债权也未通知保证人，致使保证人不能预先行使追偿权的，保证人在该债权在破产程序中可能受偿的范围内免除保证责任。

第四十六条　人民法院受理债务人破产案件后，债权人未申报债权的，各连带共同保证的保证人应当作为一个主体申报债权，预先行使追偿权。

三、关于抵押部分的解释

第四十七条　以依法获准尚未建造的或者正在建造中的房屋或者其他建筑物抵押的，当事人办理了抵押物登记，人民法院可以认定抵押有效。

第四十八条　以法定程序确认为违法、违章的建筑物抵押的，抵押无效。

第四十九条　以尚未办理权属证书的财产抵押的，在第一审法庭辩论终结前能够提供权利证书或者补办登记手续的，可以认定抵押有效。

当事人未办理抵押物登记手续的，不得对抗第三人。

第五十条　以担保法第三十四条第一款所列财产一并抵押的，抵押财产的范围应当以登记的财产为准。抵押财产的价值在抵押权实现时予以确定。

第五十一条　抵押人所担保的债权超出其抵押物价值的，超出的部分不具有优先受偿的效力。

第五十二条　当事人以农作物和与其尚未分离的土地使用权同时抵押的，土地使用权部分的抵押无效。

第五十三条　学校、幼儿园、医院等以公益为目的的事业单位、社会团体，以其教育设施、医疗卫生设施和其他社会公益设施以外的财产为自身债务设定抵押的，人民法院可以认定抵押有效。

第五十四条　按份共有人以其共有财产中享有的份额设定抵押的，抵押有效。

共同共有人以其共有财产设定抵押，未经其他共有人的同意，抵押无效。但是，其他共有人知道或者应当知道而未提出异议的视为同意，抵押有效。

第五十五条　已经设定抵押的财产被采取查封、扣押等财产保全或者执行措施的，不影响抵押权的效力。

第五十六条　抵押合同对被担保的主债权种类、抵押财产没有约定或者约定不明，根据主合同和抵押合同不能补正或者无法推定的，抵押不成立。

法律规定登记生效的抵押合同签订后，抵押人违背诚实信用原则拒绝办理抵押登记致使债权人受到损失的，抵押人应当承担赔偿责任。

第五十七条　当事人在抵押合同中约定，债务履行期届满抵押权人未受清偿时，抵押物的所有权转移为债权人所有的内容无效。该内容的无效不影响抵押合同其他部分内容的效力。

债务履行期届满后抵押权人未受清偿时，抵押权人和抵押人可以协议以抵押物折价取得抵押物。但是，损害顺序在后的担保物权人和其他债权人利益的，人民法院可以适用合同法第七十四条、第七十五条的有关规定。

第五十八条　当事人同一天在不同的法定登记部门办理抵押物登记的，视为顺序相同。

因登记部门的原因致使抵押物进行连续登记的，抵押物第一次登记的日期，视为抵押登记的日期，并依此确定抵押权的顺序。

第五十九条　当事人办理抵押物登记手续时，因登记部门的原因致使其无法办理抵押物登记，抵押人向债权人交付权利凭证的，可以认定债权人对该财产有优先受偿权。但是，未办理抵押物登记的，不得对抗第三人。

第六十条　以担保法第四十二条第（二）项规定的不动产抵押的，县级以上地方人民政府对登记部门未作规定，当事人在土地管理部门或者房产管理部门办理了抵押物登记手续，人民法院可以确认其登记的效力。

第六十一条　抵押物登记记载的内容与抵押

合同约定的内容不一致的，以登记记载的内容为准。

第六十二条 抵押物因附合、混合或者加工使抵押物的所有权为第三人所有的，抵押权的效力及于补偿金；抵押物所有人为附合物、混合物或者加工物的所有人的，抵押权的效力及于附合物、混合物或者加工物；第三人与抵押物所有人为附合物、混合物或者加工物的共有人的，抵押权的效力及于抵押人对共有物享有的份额。

第六十三条 抵押权设定前为抵押物的从物的，抵押权的效力及于抵押物的从物。但是，抵押物与其从物为两个以上的人分别所有时，抵押权的效力不及于抵押物的从物。

第六十四条 债务履行期届满，债务人不履行债务致使抵押物被人民法院依法扣押的，自扣押之日起抵押权人收取的由抵押物分离的天然孳息和法定孳息，按照下列顺序清偿：

（一）收取孳息的费用；

（二）主债权的利息；

（三）主债权。

第六十五条 抵押人将已出租的财产抵押的，抵押权实现后，租赁合同在有效期内对抵押物的受让人继续有效。

第六十六条 抵押人将已抵押的财产出租的，抵押权实现后，租赁合同对受让人不具有约束力。

抵押人将已抵押的财产出租时，如果抵押人未书面告知承租人该财产已抵押的，抵押人对出租抵押物造成承租人的损失承担赔偿责任；如果抵押人已书面告知承租人该财产已抵押的，抵押权实现造成承租人的损失，由承租人自己承担。

第六十七条 抵押权存续期间，抵押人转让抵押物未通知抵押权人或者未告知受让人的，如果抵押物已经登记的，抵押权人仍可以行使抵押权；取得抵押物所有权的受让人，可以代替债务人清偿其全部债务，使抵押权消灭。受让人清偿债务后可以向抵押人追偿。

如果抵押物未经登记的，抵押权不得对抗受让人，因此给抵押权人造成损失的，由抵押人承担赔偿责任。

第六十八条 抵押物依法被继承或者赠与的，抵押权不受影响。

第六十九条 债务人有多个普通债权人的，在清偿债务时，债务人与其中一个债权人恶意串通，将其全部或者部分财产抵押给该债权人，因此丧失了履行其他债务的能力，损害了其他债权人的合法权益，受损害的其他债权人可以请求人民法院撤销该抵押行为。

第七十条 抵押人的行为足以使抵押物价值减少的，抵押权人请求抵押人恢复原状或提供担保遭到拒绝时，抵押权人可以请求债务人履行债务，也可以请求提前行使抵押权。

第七十一条 主债权未受全部清偿的，抵押权人可以就抵押物的全部行使其抵押权。

抵押物被分割或者部分转让的，抵押权人可以就分割或者转让后的抵押物行使抵押权。

第七十二条 主债权被分割或者部分转让的，各债权人可以就其享有的债权份额行使抵押权。

主债务被分割或者部分转让的，抵押人仍以其抵押物担保数个债务人履行债务。但是，第三人提供抵押的，债权人许可债务人转让债务未经抵押人书面同意的，抵押人对未经其同意转让的债务，不再承担担保责任。

第七十三条 抵押物折价或者拍卖、变卖该抵押物的价款低于抵押权设定时约定价值的，应当按照抵押物实现的价值进行清偿。不足清偿的剩余部分，由债务人清偿。

第七十四条 抵押物折价或者拍卖、变卖所得的价款，当事人没有约定的，按下列顺序清偿：

（一）实现抵押权的费用；

（二）主债权的利息；

（三）主债权。

第七十五条 同一债权有两个以上抵押人的，债权人放弃债务人提供的抵押担保的，其他抵押人可以请求人民法院减轻或者免除其应当承担的担保责任。

同一债权有两个以上抵押人的，当事人对其提供的抵押财产所担保的债权份额或者顺序没有约定或者约定不明的，抵押权人可以就其中任一或者各个财产行使抵押权。

抵押人承担担保责任后，可以向债务人追偿，也可以要求其他抵押人清偿其应当承担的份额。

第七十六条　同一动产向两个以上债权人抵押的，当事人未办理抵押物登记，实现抵押权时，各抵押权人按照债权比例受偿。

第七十七条　同一财产向两个以上债权人抵押的，顺序在先的抵押权与该财产的所有权归属一人时，该财产的所有权人可以以其抵押权对抗顺序在后的抵押权。

第七十八条　同一财产向两个以上债权人抵押的，顺序在后的抵押权所担保的债权先到期的，抵押权人只能就抵押物价值超出顺序在先的抵押担保债权的部分受偿。

顺序在先的抵押权所担保的债权先到期的，抵押权实现后的剩余价款应予提存，留待清偿顺序在后的抵押担保债权。

第七十九条　同一财产法定登记的抵押权与质权并存时，抵押权人优先于质权人受偿。

同一财产抵押权与留置权并存时，留置权人优先于抵押权人受偿。

第八十条　在抵押物灭失、毁损或者被征用的情况下，抵押权人可以就该抵押物的保险金、赔偿金或者补偿金优先受偿。

抵押物灭失、毁损或者被征用的情况下，抵押权所担保的债权未届清偿期的，抵押权人可以请求人民法院对保险金、赔偿金或补偿金等采取保全措施。

第八十一条　最高额抵押权所担保的债权范围，不包括抵押物因财产保全或者执行程序被查封后或债务人、抵押人破产后发生的债权。

第八十二条　当事人对最高额抵押合同的最高限额、最高额抵押期间进行变更，以其变更对抗顺序在后的抵押权人的，人民法院不予支持。

第八十三条　最高额抵押权所担保的不特定债权，在特定后，债权已届清偿期的，最高额抵押权人可以根据普通抵押权的规定行使其抵押权。

抵押权人实现最高额抵押权时，如果实际发生的债权余额高于最高限额的，以最高限额为限，超过部分不具有优先受偿的效力；如果实际发生的债权余额低于最高限额的，以实际发生的债权余额为限对抵押物优先受偿。

四、关于质押部分的解释

（一）动产质押

第八十四条　出质人以其不具有所有权但合法占有的动产出质的，不知出质人无处分权的质权人行使质权后，因此给动产所有人造成损失的，由出质人承担赔偿责任。

第八十五条　债务人或者第三人将其金钱以特户、封金、保证金等形式特定化后，移交债权人占有作为债权的担保，债务人不履行债务时，债权人可以以该金钱优先受偿。

第八十六条　债务人或者第三人未按质押合同约定的时间移交质物的，因此给质权人造成损失的，出质人应当根据其过错承担赔偿责任。

第八十七条　出质人代质权人占有质物的，质押合同不生效；质权人将质物返还于出质人后，以其质权对抗第三人的，人民法院不予支持。

因不可归责于质权人的事由而丧失对质物的占有，质权人可以向不当占有人请求停止侵害、恢复原状、返还质物。

第八十八条　出质人以间接占有的财产出质的，质押合同自书面通知送达占有人时视为移交。占有人收到出质通知后，仍接受出质人的指示处分出质财产的，该行为无效。

第八十九条　质押合同中对质押的财产约定不明，或者约定的出质财产与实际移交的财产不一致的，以实际交付占有的财产为准。

第九十条　质物有隐蔽瑕疵造成质权人其他财产损害的，应由出质人承担赔偿责任。但是，质权人在质物移交时明知质物有瑕疵而予以接受的除外。

第九十一条 动产质权的效力及于质物的从物。但是，从物未随同质物移交质权人占有的，质权的效力不及于从物。

第九十二条 按照担保法第六十九条的规定将质物提存的，质物提存费用由质权人负担；出质人提前清偿债权的，应当扣除未到期部分的利息。

第九十三条 质权人在质权存续期间，未经出质人同意，擅自使用、出租、处分质物，因此给出质人造成损失的，由质权人承担赔偿责任。

第九十四条 质权人在质权存续期间，为担保自己的债务，经出质人同意，以其所占有的质物为第三人设定质权的，应当在原质权所担保的债权范围之内，超过的部分不具有优先受偿的效力。转质权的效力优于原质权。

质权人在质权存续期间，未经出质人同意，为担保自己的债务，在其所占有的质物上为第三人设定质权的无效。质权人对因转质而发生的损害承担赔偿责任。

第九十五条 债务履行期届满质权人未受清偿的，质权人可以继续留置质物，并以质物的全部行使权利。出质人清偿所担保的债权后，质权人应当返还质物。

债务履行期届满，出质人请求质权人及时行使权利，而质权人怠于行使权利致使质物价格下跌的，由此造成的损失，质权人应当承担赔偿责任。

第九十六条 本解释第五十七条、第六十二条、第六十四条、第七十一条、第七十二条、第七十三条、第七十四条、第八十条之规定，适用于动产质押。

（二）权利质押

第九十七条 以公路桥梁、公路隧道或者公路渡口等不动产收益权出质的，按照担保法第七十五条第（四）项的规定处理。

第九十八条 以汇票、支票、本票出质，出质人与质权人没有背书记载“质押”字样，以票据出质对抗善意第三人的，人民法院不予支持。

第九十九条 以公司债券出质的，出质人与质权人没有背书记载“质押”字样，以债券出质对抗公司和第三人的，人民法院不予支持。

第一百条 以存款单出质的，签发银行核押后又受理挂失并造成存款流失的，应当承担民事责任。

第一百零一条 以票据、债券、存款单、仓单、提单出质的，质权人再转让或者质押的无效。

第一百零二条 以载明兑现或者提货日期的汇票、支票、本票、债券、存款单、仓单、提单出质的，其兑现或者提货日期后于债务履行期的，质权人只能在兑现或者提货日期届满时兑现款项或者提取货物。

第一百零三条 以股份有限公司的股份出质的，适用《中华人民共和国公司法》有关股份转让的规定。

以上市公司的股份出质的，质押合同自股份出质向证券登记机构办理出质登记之日起生效。

以非上市公司的股份出质的，质押合同自股份出质记载于股东名册之日起生效。

第一百零四条 以依法可以转让的股份、股票出质的，质权的效力及于股份、股票的法定孳息。

第一百零五条 以依法可以转让的商标专用权，专利权、著作权中的财产权出质的，出质人未经质权人同意而转让或者许可他人使用已出质权利的，应当认定为无效。因此给质权人或者第三人造成损失的，由出质人承担民事责任。

第一百零六条 质权人向出质人、出质债权的债务人行使质权时，出质人、出质债权的债务人拒绝的，质权人可以起诉出质人和出质债权的债务人，也可以单独起诉出质债权的债务人。

五、关于留置部分的解释

第一百零七条 当事人在合同中约定排除留置权，债务履行期届满，债权人行使留置权的，人民法院不予支持。

第一百零八条　债权人合法占有债务人交付的动产时，不知债务人无处分该动产的权利，债权人可以按照担保法第八十二条的规定行使留置权。

第一百零九条　债权人的债权已届清偿期，债权人对动产的占有与其债权的发生有牵连关系，债权人可以留置其所占有的动产。

第一百一十条　留置权人在债权未受全部清偿前，留置物为不可分物的，留置权人可以就其留置物的全部行使留置权。

第一百一十一条　债权人行使留置权与其承担的义务或者合同的特殊约定相抵触的，人民法院不予支持。

第一百一十二条　债权人的债权未届清偿期，其交付占有标的物的义务已届履行期的，不能行使留置权。但是，债权人能够证明债务人无支付能力的除外。

第一百一十三条　债权人未按担保法第八十七条规定的期限通知债务人履行义务，直接变价处分留置物的，应当对此造成的损失承担赔偿责任。债权人与债务人按照担保法第八十七条的规定在合同中约定宽限期的，债权人可以不经通知，直接行使留置权。

第一百一十四条　本解释第六十四条、第八十条、第八十七条、第九十一条、第九十三条的规定，适用于留置。

六、关于定金部分的解释

第一百一十五条　当事人约定以交付定金作为订立主合同担保的，给付定金的一方拒绝订立主合同的，无权要求返还定金；收受定金的一方拒绝订立合同的，应当双倍返还定金。

第一百一十六条　当事人约定以交付定金作为主合同成立或者生效要件的，给付定金的一方未支付定金，但主合同已经履行或者已经履行主要部分的，不影响主合同的成立或者生效。

第一百一十七条　定金交付后，交付定金的一方可以按照合同的约定以丧失定金为代价而解除主合同，收受定金的一方可以双倍返还定金为代价而解除主合同。对解除主合同后责任的处理，适用《中华人民共和国合同法》的规定。

第一百一十八条　当事人交付留置金、担保金、保证金、订约金、押金或者订金等，但没有约定定金性质的，当事人主张定金权利的，人民法院不予支持。

第一百一十九条　实际交付的定金数额多于或者少于约定数额，视为变更定金合同；收受定金一方提出异议并拒绝接受定金的，定金合同不生效。

第一百二十条　因当事人一方迟延履行或者其他违约行为，致使合同目的不能实现，可以适用定金罚则。但法律另有规定或者当事人另有约定的除外。

当事人一方不完全履行合同的，应当按照未履行部分所占合同约定内容的比例，适用定金罚则。

第一百二十一条　当事人约定的定金数额超过主合同标的额百分之二十的，超过的部分，人民法院不予支持。

第一百二十二条　因不可抗力、意外事件致使主合同不能履行的，不适用定金罚则。因合同关系以外第三人的过错，致使主合同不能履行的，适用定金罚则。受定金处罚的一方当事人，可以依法向第三人追偿。

七、关于其他问题的解释

第一百二十三条　同一债权上数个担保物权并存时，债权人放弃债务人提供的物的担保的，其他担保人在其放弃权利的范围内减轻或者免除担保责任。

第一百二十四条　企业法人的分支机构为他人提供保证的，人民法院在审理保证纠纷案件中可以将该企业法人作为共同被告参加诉讼。但是商业银行、保险公司的分支机构提供保证的除外。

第一百二十五条　一般保证的债权人向债务人和保证人一并提起诉讼的，人民法院可以将债务人和保证人列为共同被告参加诉讼。但是，应当在判决书中明确在对债务人财产依法强制执行后仍不能履行债务时，由保证人承担保证责任。

第一百二十六条 连带责任保证的债权人可以将债务人或者保证人作为被告提起诉讼，也可以将债务人和保证人作为共同被告提起诉讼。

第一百二十七条 债务人对债权人提起诉讼，债权人提起反诉的，保证人可以作为第三人参加诉讼。

第一百二十八条 债权人向人民法院请求行使担保物权时，债务人和担保人应当作为共同被告参加诉讼。

同一债权既有保证又有物的担保的，当事人发生纠纷提起诉讼的，债务人与保证人、抵押人或者出质人可以作为共同被告参加诉讼。

第一百二十九条 主合同和担保合同发生纠纷提起诉讼的，应当根据主合同确定案件管辖。担保人承担连带责任的担保合同发生纠纷，债权人向担保人主张权利的，应当由担保人住所地的法院管辖。

主合同和担保合同选择管辖的法院不一致的，应当根据主合同确定案件管辖。

第一百三十条 在主合同纠纷案件中，对担保合同未经审判，人民法院不应当依据对主合同当事人所作出的判决或者裁定，直接执行担保人的财产。

第一百三十一条 本解释所称“不能清偿”指对债务人的存款、现金、有价证券、成品、半成品、原材料、交通工具等可以执行的动产和其他方便执行的财产执行完毕后，债务仍未能得到清偿的状态。

第一百三十二条 在案件审理或者执行程序中，当事人提供财产担保的，人民法院应当对该财产的权属证书予以扣押，同时向有关部门发出协助执行通知书，要求其在规定的时间内不予办理担保财产的转移手续。

第一百三十三条 担保法施行以前发生的担保行为，适用担保行为发生时的法律、法规和有关司法解释。

担保法施行以后因担保行为发生的纠纷案件，在本解释公布施行前已经终审，当事人申请再审或者按审判监督程序决定再审的，不适用本解释。

担保法施行以后因担保行为发生的纠纷案件，在本解释公布施行后尚在一审或二审阶段的，适用担保法和本解释。

第一百三十四条 最高人民法院在担保法施行以前作出的有关担保问题的司法解释，与担保法和本解释相抵触的，不再适用。

最高人民法院关于审理物业服务纠纷案件具体应用法律若干问题的解释

（2009年4月20日最高人民法院审判委员会第1466次会议通过　2009年5月15日最高人民法院公告公布　自2009年10月1日起施行　法释〔2009〕8号）

为正确审理物业服务纠纷案件，依法保护当事人的合法权益，根据《中华人民共和国民法通则》、《中华人民共和国物权法》、《中华人民共和国合同法》等法律规定，结合民事审判实践，制定本解释。

第一条 建设单位依法与物业服务企业签订的前期物业服务合同，以及业主委员会与业主大会依法选聘的物业服务企业签订的物业服务合同，对业主具有约束力。业主以其并非合同当事人为由提出抗辩的，人民法院不予支持。

第二条 符合下列情形之一，业主委员会或者业主请求确认合同或者合同相关条款无效的，人民法院应予支持：

（一）物业服务企业将物业服务区域内的全部物业服务业务一并委托他人而签订的委托合同；

（二）物业服务合同中免除物业服务企业责任、加重业主委员会或者业主责任、排除业主委员会或者业主主要权利的条款。

前款所称物业服务合同包括前期物业服务合同。

第三条　物业服务企业不履行或者不完全履行物业服务合同约定的或者法律、法规规定以及相关行业规范确定的维修、养护、管理和维护义务，业主请求物业服务企业承担继续履行、采取补救措施或者赔偿损失等违约责任的，人民法院应予支持。

物业服务企业公开作出的服务承诺及制定的服务细则，应当认定为物业服务合同的组成部分。

第四条　业主违反物业服务合同或者法律、法规、管理规约，实施妨害物业服务与管理的行为，物业服务企业请求业主承担恢复原状、停止侵害、排除妨害等相应民事责任的，人民法院应予支持。

第五条　物业服务企业违反物业服务合同约定或者法律、法规、部门规章规定，擅自扩大收费范围、提高收费标准或者重复收费，业主以违规收费为由提出抗辩的，人民法院应予支持。

业主请求物业服务企业退还其已收取的违规费用的，人民法院应予支持。

第六条　经书面催交，业主无正当理由拒绝交纳或者在催告的合理期限内仍未交纳物业费，物业服务企业请求业主支付物业费的，人民法院应予支持。物业服务企业已经按照合同约定以及相关规定提供服务，业主仅以未享受或者无需接受相关物业服务为抗辩理由的，人民法院不予支持。

第七条　业主与物业的承租人、借用人或者其他物业使用人约定由物业使用人交纳物业费，物业服务企业请求业主承担连带责任的，人民法院应予支持。

第八条　业主大会按照物权法第七十六条规定的程序作出解聘物业服务企业的决定后，业主委员会请求解除物业服务合同的，人民法院应予支持。

物业服务企业向业主委员会提出物业费主张的，人民法院应当告知其向拖欠物业费的业主另行主张权利。

第九条　物业服务合同的权利义务终止后，业主请求物业服务企业退还已经预收，但尚未提供物业服务期间的物业费的，人民法院应予支持。

物业服务企业请求业主支付拖欠的物业费的，按照本解释第六条规定处理。

第十条　物业服务合同的权利义务终止后，业主委员会请求物业服务企业退出物业服务区域、移交物业服务用房和相关设施，以及物业服务所必需的相关资料和由其代管的专项维修资金的，人民法院应予支持。

物业服务企业拒绝退出、移交，并以存在事实上的物业服务关系为由，请求业主支付物业服务合同权利义务终止后的物业费的，人民法院不予支持。

第十一条　本解释涉及物业服务企业的规定，适用于物权法第七十六条、第八十一条、第八十二条所称其他管理人。

第十二条　因物业的承租人、借用人或者其他物业使用人实施违反物业服务合同，以及法律、法规或者管理规约的行为引起的物业服务纠纷，人民法院应当参照本解释关于业主的规定处理。

第十三条　本解释自2009年10月1日起施行。

本解释施行前已经终审，本解释施行后当事人申请再审或者按照审判监督程序决定再审的案件，不适用本解释。

最高人民法院关于审理民间借贷案件适用法律若干问题的规定

（2015年6月23日最高人民法院审判委员会第1655次会议通过　2015年8月6日最高人民法院公告公布　自2015年9月1日起施行　法释〔2015〕18号）

为正确审理民间借贷纠纷案件，根据《中华

人民共和国民法通则》《中华人民共和国物权法》《中华人民共和国担保法》《中华人民共和国合同法》《中华人民共和国民事诉讼法》《中华人民共和国刑事诉讼法》等相关法律之规定，结合审判实践，制定本规定。

第一条 本规定所称的民间借贷，是指自然人、法人、其他组织之间及其相互之间进行资金融通的行为。

经金融监管部门批准设立的从事贷款业务的金融机构及其分支机构，因发放贷款等相关金融业务引发的纠纷，不适用本规定。

第二条 出借人向人民法院起诉时，应当提供借据、收据、欠条等债权凭证以及其他能够证明借贷法律关系存在的证据。

当事人持有的借据、收据、欠条等债权凭证没有载明债权人，持有债权凭证的当事人提起民间借贷诉讼的，人民法院应予受理。被告对原告的债权人资格提出有事实依据的抗辩，人民法院经审理认为原告不具有债权人资格的，裁定驳回起诉。

第三条 借贷双方就合同履行地未约定或者约定不明确，事后未达成补充协议，按照合同有关条款或者交易习惯仍不能确定的，以接受货币一方所在地为合同履行地。

第四条 保证人为借款人提供连带责任保证，出借人仅起诉借款人的，人民法院可以不追加保证人为共同被告；出借人仅起诉保证人的，人民法院可以追加借款人为共同被告。

保证人为借款人提供一般保证，出借人仅起诉保证人的，人民法院应当追加借款人为共同被告；出借人仅起诉借款人的，人民法院可以不追加保证人为共同被告。

第五条 人民法院立案后，发现民间借贷行为本身涉嫌非法集资犯罪的，应当裁定驳回起诉，并将涉嫌非法集资犯罪的线索、材料移送公安或者检察机关。

公安或者检察机关不予立案，或者立案侦查后撤销案件，或者检察机关作出不起诉决定，或者经人民法院生效判决认定不构成非法集资犯罪，当事人又以同一事实向人民法院提起诉讼的，人民法院应予受理。

第六条 人民法院立案后，发现与民间借贷纠纷案件虽有关联但不是同一事实的涉嫌非法集资等犯罪的线索、材料的，人民法院应当继续审理民间借贷纠纷案件，并将涉嫌非法集资等犯罪的线索、材料移送公安或者检察机关。

第七条 民间借贷的基本案件事实必须以刑事案件审理结果为依据，而该刑事案件尚未审结的，人民法院应当裁定中止诉讼。

第八条 借款人涉嫌犯罪或者生效判决认定其有罪，出借人起诉请求担保人承担民事责任的，人民法院应予受理。

第九条 具有下列情形之一，可以视为具备合同法第二百一十条关于自然人之间借款合同的生效要件：

（一）以现金支付的，自借款人收到借款时；

（二）以银行转账、网上电子汇款或者通过网络贷款平台等形式支付的，自资金到达借款人账户时；

（三）以票据交付的，自借款人依法取得票据权利时；

（四）出借人将特定资金账户支配权授权给借款人的，自借款人取得对该账户实际支配权时；

（五）出借人以与借款人约定的其他方式提供借款并实际履行完成时。

第十条 除自然人之间的借款合同外，当事人主张民间借贷合同自合同成立时生效的，人民法院应予支持，但当事人另有约定或者法律、行政法规另有规定的除外。

第十一条 法人之间、其他组织之间以及它们相互之间为生产、经营需要订立的民间借贷合同，除存在合同法第五十二条、本规定第十四条规定的情形外，当事人主张民间借贷合同有效的，人民法院应予支持。

第十二条 法人或者其他组织在本单位内部通过借款形式向职工筹集资金，用于本单位生产、经营，且不存在合同法第五十二条、本规定

第十四条规定的情形，当事人主张民间借贷合同有效的，人民法院应予支持。

第十三条　借款人或者出借人的借贷行为涉嫌犯罪，或者已经生效的判决认定构成犯罪，当事人提起民事诉讼的，民间借贷合同并不当然无效。人民法院应当根据合同法第五十二条、本规定第十四条之规定，认定民间借贷合同的效力。

担保人以借款人或者出借人的借贷行为涉嫌犯罪或者已经生效的判决认定构成犯罪为由，主张不承担民事责任的，人民法院应当依据民间借贷合同与担保合同的效力、当事人的过错程度，依法确定担保人的民事责任。

第十四条　具有下列情形之一，人民法院应当认定民间借贷合同无效：

（一）套取金融机构信贷资金又高利转贷给借款人，且借款人事先知道或者应当知道的；

（二）以向其他企业借贷或者向本单位职工集资取得的资金又转贷给借款人牟利，且借款人事先知道或者应当知道的；

（三）出借人事先知道或者应当知道借款人借款用于违法犯罪活动仍然提供借款的；

（四）违背社会公序良俗的；

（五）其他违反法律、行政法规效力性强制性规定的。

第十五条　原告以借据、收据、欠条等债权凭证为依据提起民间借贷诉讼，被告依据基础法律关系提出抗辩或者反诉，并提供证据证明债权纠纷非民间借贷行为引起的，人民法院应当依据查明的案件事实，按照基础法律关系审理。

当事人通过调解、和解或者清算达成的债权债务协议，不适用前款规定。

第十六条　原告仅依据借据、收据、欠条等债权凭证提起民间借贷诉讼，被告抗辩已经偿还借款，被告应当对其主张提供证据证明。被告提供相应证据证明其主张后，原告仍应就借贷关系的成立承担举证证明责任。

被告抗辩借贷行为尚未实际发生并能作出合理说明，人民法院应当结合借贷金额、款项交付、当事人的经济能力、当地或者当事人之间的交易方式、交易习惯、当事人财产变动情况以及证人证言等事实和因素，综合判断查证借贷事实是否发生。

第十七条　原告仅依据金融机构的转账凭证提起民间借贷诉讼，被告抗辩转账系偿还双方之前借款或其他债务，被告应当对其主张提供证据证明。被告提供相应证据证明其主张后，原告仍应就借贷关系的成立承担举证证明责任。

第十八条　根据《关于适用〈中华人民共和国民事诉讼法〉的解释》第一百七十四条第二款之规定，负有举证证明责任的原告无正当理由拒不到庭，经审查现有证据无法确认借贷行为、借贷金额、支付方式等案件主要事实，人民法院对其主张的事实不予认定。

第十九条　人民法院审理民间借贷纠纷案件时发现有下列情形，应当严格审查借贷发生的原因、时间、地点、款项来源、交付方式、款项流向以及借贷双方的关系、经济状况等事实，综合判断是否属于虚假民事诉讼：

（一）出借人明显不具备出借能力；

（二）出借人起诉所依据的事实和理由明显不符合常理；

（三）出借人不能提交债权凭证或者提交的债权凭证存在伪造的可能；

（四）当事人双方在一定期间内多次参加民间借贷诉讼；

（五）当事人一方或者双方无正当理由拒不到庭参加诉讼，委托代理人对借贷事实陈述不清或者陈述前后矛盾；

（六）当事人双方对借贷事实的发生没有任何争议或者诉辩明显不符合常理；

（七）借款人的配偶或合伙人、案外人的其他债权人提出有事实依据的异议；

（八）当事人在其他纠纷中存在低价转让财产的情形；

（九）当事人不正当放弃权利；

（十）其他可能存在虚假民间借贷诉讼的情形。

第二十条 经查明属于虚假民间借贷诉讼，原告申请撤诉的，人民法院不予准许，并应当根据民事诉讼法第一百一十二条之规定，判决驳回其请求。

诉讼参与人或者其他人恶意制造、参与虚假诉讼，人民法院应当依照民事诉讼法第一百一十一条、第一百一十二条和第一百一十三条之规定，依法予以罚款、拘留；构成犯罪的，应当移送有管辖权的司法机关追究刑事责任。

单位恶意制造、参与虚假诉讼的，人民法院应当对该单位进行罚款，并可以对其主要负责人或者直接责任人员予以罚款、拘留；构成犯罪的，应当移送有管辖权的司法机关追究刑事责任。

第二十一条 他人在借据、收据、欠条等债权凭证或者借款合同上签字或者盖章，但未表明其保证人身份或者承担保证责任，或者通过其他事实不能推定其为保证人，出借人请求其承担保证责任的，人民法院不予支持。

第二十二条 借贷双方通过网络贷款平台形成借贷关系，网络贷款平台的提供者仅提供媒介服务，当事人请求其承担担保责任的，人民法院不予支持。

网络贷款平台的提供者通过网页、广告或者其他媒介明示或者有其他证据证明其为借贷提供担保，出借人请求网络贷款平台的提供者承担担保责任的，人民法院应予支持。

第二十三条 企业法定代表人或负责人以企业名义与出借人签订民间借贷合同，出借人、企业或者其股东能够证明所借款项用于企业法定代表人或负责人个人使用，出借人请求将企业法定代表人或负责人列为共同被告或者第三人的，人民法院应予准许。

企业法定代表人或负责人以个人名义与出借人签订民间借贷合同，所借款项用于企业生产经营，出借人请求企业与个人共同承担责任的，人民法院应予支持。

第二十四条 当事人以签订买卖合同作为民间借贷合同的担保，借款到期后借款人不能还款，出借人请求履行买卖合同的，人民法院应当按照民间借贷法律关系审理，并向当事人释明变更诉讼请求。当事人拒绝变更的，人民法院裁定驳回起诉。

按照民间借贷法律关系审理作出的判决生效后，借款人不履行生效判决确定的金钱债务，出借人可以申请拍卖买卖合同标的物，以偿还债务。就拍卖所得的价款与应偿还借款本息之间的差额，借款人或者出借人有权主张返还或补偿。

第二十五条 借贷双方没有约定利息，出借人主张支付借期内利息的，人民法院不予支持。

自然人之间借贷对利息约定不明，出借人主张支付利息的，人民法院不予支持。除自然人之间借贷的外，借贷双方对借贷利息约定不明，出借人主张利息的，人民法院应当结合民间借贷合同的内容，并根据当地或者当事人的交易方式、交易习惯、市场利率等因素确定利息。

第二十六条 借贷双方约定的利率未超过年利率24%，出借人请求借款人按照约定的利率支付利息的，人民法院应予支持。

借贷双方约定的利率超过年利率36%，超过部分的利息约定无效。借款人请求出借人返还已支付的超过年利率36%部分的利息的，人民法院应予支持。

第二十七条 借据、收据、欠条等债权凭证载明的借款金额，一般认定为本金。预先在本金中扣除利息的，人民法院应当将实际出借的金额认定为本金。

第二十八条 借贷双方对前期借款本息结算后将利息计入后期借款本金并重新出具债权凭证，如果前期利率没有超过年利率24%，重新出具的债权凭证载明的金额可认定为后期借款本金；超过部分的利息不能计入后期借款本金。约定的利率超过年利率24%，当事人主张超过部分的利息不能计入后期借款本金的，人民法院应予支持。

按前款计算，借款人在借款期间届满后应当支付的本息之和，不能超过最初借款本金与以最初借款本金为基数，以年利率24%计算的整个借款期间的利息之和。出借人请求借款人支付超过部分的，人民法院不予支持。

第二十九条 借贷双方对逾期利率有约定的，从其约定，但以不超过年利率24%为限。

未约定逾期利率或者约定不明的，人民法院可以区分不同情况处理：

（一）既未约定借期内的利率，也未约定逾期利率，出借人主张借款人自逾期还款之日起按照年利率6%支付资金占用期间利息的，人民法院应予支持；

（二）约定了借期内的利率但未约定逾期利率，出借人主张借款人自逾期还款之日起按照借期内的利率支付资金占用期间利息的，人民法院应予支持。

第三十条 出借人与借款人既约定了逾期利率，又约定了违约金或者其他费用，出借人可以选择主张逾期利息、违约金或者其他费用，也可以一并主张，但总计超过年利率24%的部分，人民法院不予支持。

第三十一条 没有约定利息但借款人自愿支付，或者超过约定的利率自愿支付利息或违约金，且没有损害国家、集体和第三人利益，借款人又以不当得利为由要求出借人返还的，人民法院不予支持，但借款人要求返还超过年利率36%部分的利息除外。

第三十二条 借款人可以提前偿还借款，但当事人另有约定的除外。

借款人提前偿还借款并主张按照实际借款期间计算利息的，人民法院应予支持。

第三十三条 本规定公布施行后，最高人民法院于1991年8月13日发布的《关于人民法院审理借贷案件的若干意见》同时废止；最高人民法院以前发布的司法解释与本规定不一致的，不再适用。

最高人民法院关于审理建设工程施工合同纠纷案件适用法律问题的解释

（2004年9月29日最高人民法院审判委员会第1327次会议通过　2004年10月25日最高人民法院公告公布　自2005年1月1日起施行　法释〔2004〕14号）

根据《中华人民共和国民法通则》、《中华人民共和国合同法》、《中华人民共和国招标投标法》、《中华人民共和国民事诉讼法》等法律规定，结合民事审判实际，就审理建设工程施工合同纠纷案件适用法律的问题，制定本解释。

第一条 建设工程施工合同具有下列情形之一的，应当根据合同法第五十二条第（五）项的规定，认定无效：

（一）承包人未取得建筑施工企业资质或者超越资质等级的；

（二）没有资质的实际施工人借用有资质的建筑施工企业名义的；

（三）建设工程必须进行招标而未招标或者中标无效的。

第二条 建设工程施工合同无效，但建设工程经竣工验收合格，承包人请求参照合同约定支付工程价款的，应予支持。

第三条 建设工程施工合同无效，且建设工程经竣工验收不合格的，按照以下情形分别处理：

（一）修复后的建设工程经竣工验收合格，发包人请求承包人承担修复费用的，应予支持；

（二）修复后的建设工程经竣工验收不合格，承包人请求支付工程价款的，不予支持。

因建设工程不合格造成的损失，发包人有过错的，也应承担相应的民事责任。

第四条 承包人非法转包、违法分包建设工程或者没有资质的实际施工人借用有资质的建筑施工企业名义与他人签订建设工程施工合同的行为无效。人民法院可以根据民法通则第一百三十四条规定，收缴当事人已经取得的非法所得。

第五条 承包人超越资质等级许可的业务范围签订建设工程施工合同，在建设工程竣工前取得相应资质等级，当事人请求按照无效合同处理的，不予支持。

第六条 当事人对垫资和垫资利息有约定，承包人请求按照约定返还垫资及其利息的，应予支持，但是约定的利息计算标准高于中国人民银行发布的同期同类贷款利率的部分除外。

当事人对垫资没有约定的，按照工程欠款处理。

当事人对垫资利息没有约定，承包人请求支付利息的，不予支持。

第七条 具有劳务作业法定资质的承包人与总承包人、分包人签订的劳务分包合同，当事人以转包建设工程违反法律规定为由请求确认无效的，不予支持。

第八条 承包人具有下列情形之一，发包人请求解除建设工程施工合同的，应予支持：

（一）明确表示或者以行为表明不履行合同主要义务的；

（二）合同约定的期限内没有完工，且在发包人催告的合理期限内仍未完工的；

（三）已经完成的建设工程质量不合格，并拒绝修复的；

（四）将承包的建设工程非法转包、违法分包的。

第九条 发包人具有下列情形之一，致使承包人无法施工，且在催告的合理期限内仍未履行相应义务，承包人请求解除建设工程施工合同的，应予支持：

（一）未按约定支付工程价款的；

（二）提供的主要建筑材料、建筑构配件和设备不符合强制性标准的；

（三）不履行合同约定的协助义务的。

第十条 建设工程施工合同解除后，已经完成的建设工程质量合格的，发包人应当按照约定支付相应的工程价款；已经完成的建设工程质量不合格的，参照本解释第三条规定处理。

因一方违约导致合同解除的，违约方应当赔偿因此而给对方造成的损失。

第十一条 因承包人的过错造成建设工程质量不符合约定，承包人拒绝修理、返工或者改建，发包人请求减少支付工程价款的，应予支持。

第十二条 发包人具有下列情形之一，造成建设工程质量缺陷，应当承担过错责任：

（一）提供的设计有缺陷；

（二）提供或者指定购买的建筑材料、建筑构配件、设备不符合强制性标准；

（三）直接指定分包人分包专业工程。

承包人有过错的，也应当承担相应的过错责任。

第十三条 建设工程未经竣工验收，发包人擅自使用后，又以使用部分质量不符合约定为由主张权利的，不予支持；但是承包人应当在建设工程的合理使用寿命内对地基基础工程和主体结构质量承担民事责任。

第十四条 当事人对建设工程实际竣工日期有争议的，按照以下情形分别处理：

（一）建设工程经竣工验收合格的，以竣工验收合格之日为竣工日期；

（二）承包人已经提交竣工验收报告，发包人拖延验收的，以承包人提交验收报告之日为竣工日期；

（三）建设工程未经竣工验收，发包人擅自使用的，以转移占有建设工程之日为竣工日期。

第十五条 建设工程竣工前，当事人对工程质量发生争议，工程质量经鉴定合格的，鉴定期间为顺延工期期间。

第十六条 当事人对建设工程的计价标准或者计价方法有约定的，按照约定结算工程价款。

因设计变更导致建设工程的工程量或者质量标准发生变化，当事人对该部分工程价款不能协商一致的，可以参照签订建设工程施工合同时当地建设行政主管部门发布的计价方法或者计价标准结算工程价款。

建设工程施工合同有效，但建设工程经竣工验收不合格的，工程价款结算参照本解释第三条规定处理。

第十七条 当事人对欠付工程价款利息计付标准有约定的，按照约定处理；没有约定的，按照中国人民银行发布的同期同类贷款利率计息。

第十八条 利息从应付工程价款之日计付。当事人对付款时间没有约定或者约定不明的，下列时间视为应付款时间：

（一）建设工程已实际交付的，为交付之日；

（二）建设工程没有交付的，为提交竣工结算文件之日；

（三）建设工程未交付，工程价款也未结算的，为当事人起诉之日。

第十九条 当事人对工程量有争议的，按照施工过程中形成的签证等书面文件确认。承包人能够证明发包人同意其施工，但未能提供签证文件证明工程量发生的，可以按照当事人提供的其他证据确认实际发生的工程量。

第二十条 当事人约定，发包人收到竣工结算文件后，在约定期限内不予答复，视为认可竣工结算文件的，按照约定处理。承包人请求按照竣工结算文件结算工程价款的，应予支持。

第二十一条 当事人就同一建设工程另行订立的建设工程施工合同与经过备案的中标合同实质性内容不一致的，应当以备案的中标合同作为结算工程价款的根据。

第二十二条 当事人约定按照固定价结算工程价款，一方当事人请求对建设工程造价进行鉴定的，不予支持。

第二十三条 当事人对部分案件事实有争议的，仅对有争议的事实进行鉴定，但争议事实范围不能确定，或者双方当事人请求对全部事实鉴定的除外。

第二十四条 建设工程施工合同纠纷以施工行为地为合同履行地。

第二十五条 因建设工程质量发生争议的，发包人可以以总承包人、分包人和实际施工人为共同被告提起诉讼。

第二十六条 实际施工人以转包人、违法分包人为被告起诉的，人民法院应当依法受理。

实际施工人以发包人为被告主张权利的，人民法院可以追加转包人或者违法分包人为本案当事人。发包人只在欠付工程价款范围内对实际施工人承担责任。

第二十七条 因保修人未及时履行保修义务，导致建筑物毁损或者造成人身、财产损害的，保修人应当承担赔偿责任。

保修人与建筑物所有人或者发包人对建筑物毁损均有过错的，各自承担相应的责任。

第二十八条 本解释自二〇〇五年一月一日起施行。

施行后受理的第一审案件适用本解释。

施行前最高人民法院发布的司法解释与本解释相抵触的，以本解释为准。

最高人民法院关于审理技术合同纠纷案件适用法律若干问题的解释

（2004 年 11 月 30 日最高人民法院审判委员会第 1335 次会议通过　2004 年 12 月 16 日最高人民法院公告公布　自 2005 年 1 月 1 日起施行　法释〔2004〕20 号）

为了正确审理技术合同纠纷案件，根据《中华人民共和国合同法》、《中华人民共和国专利法》和《中华人民共和国民事诉讼法》等法律的有关规定，结合审判实践，现就有关问题作出以下解释。

一、一般规定

第一条 技术成果，是指利用科学技术知识、信息和经验作出的涉及产品、工艺、材料及其改进等的技术方案，包括专利、专利申请、技术秘密、计算机软件、集成电路布图设计、植物新品种等。

技术秘密，是指不为公众所知悉、具有商业价值并经权利人采取保密措施的技术信息。

第二条 合同法第三百二十六条第二款所称“执行法人或者其他组织的工作任务”包括：

（一）履行法人或者其他组织的岗位职责或者承担其交付的其他技术开发任务；

（二）离职后一年内继续从事与其原所在法人或者其他组织的岗位职责或者交付的任务有关的技术开发工作，但法律、行政法规另有规定的除外。

法人或者其他组织与其职工就职工在职期间或者离职以后所完成的技术成果的权益有约定的，人民法院应当依约定确认。

第三条 合同法第三百二十六条第二款所称“物质技术条件”，包括资金、设备、器材、原材料、未公开的技术信息和资料等。

第四条 合同法第三百二十六条第二款所称“主要利用法人或者其他组织的物质技术条件”，包括职工在技术成果的研究开发过程中，全部或者大部分利用了法人或者其他组织的资金、设备、器材或者原材料等物质条件，并且这些物质条件对形成该技术成果具有实质性的影响；还包括该技术成果实质性内容是在法人或者其他组织尚未公开的技术成果、阶段性技术成果基础上完成的情形。但下列情况除外：

（一）对利用法人或者其他组织提供的物质技术条件，约定返还资金或者交纳使用费的；

（二）在技术成果完成后利用法人或者其他组织的物质技术条件对技术方案进行验证、测试的。

第五条 个人完成的技术成果，属于执行原所在法人或者其他组织的工作任务，又主要利用了现所在法人或者其他组织的物质技术条件的，应当按照该自然人原所在和现所在法人或者其他组织达成的协议确认权益。不能达成协议的，根据对完成该项技术成果的贡献大小由双方合理分享。

第六条 合同法第三百二十六条、第三百二十七条所称完成技术成果的“个人”，包括对技术成果单独或者共同作出创造性贡献的人，也即技术成果的发明人或者设计人。人民法院在对创造性贡献进行认定时，应当分解所涉及技术成果的实质性技术构成。提出实质性技术构成并由此实现技术方案的人，是作出创造性贡献的人。

提供资金、设备、材料、试验条件，进行组织管理，协助绘制图纸、整理资料、翻译文献等人员，不属于完成技术成果的个人。

第七条 不具有民事主体资格的科研组织订立的技术合同，经法人或者其他组织授权或者认可的，视为法人或者其他组织订立的合同，由法人或者其他组织承担责任；未经法人或者其他组织授权或者认可的，由该科研组织成员共同承担责任，但法人或者其他组织因该合同受益的，应当在其受益范围内承担相应责任。

前款所称不具有民事主体资格的科研组织，包括法人或者其他组织设立的从事技术研究开发、转让等活动的课题组、工作室等。

第八条 生产产品或者提供服务依法须经有关部门审批或者取得行政许可，而未经审批或者许可的，不影响当事人订立的相关技术合同的效力。

当事人对办理前款所称审批或者许可的义务没有约定或者约定不明确的，人民法院应当判令由实施技术的一方负责办理，但法律、行政法规另有规定的除外。

第九条 当事人一方采取欺诈手段，就其现有技术成果作为研究开发标的与他人订立委托开发合同收取研究开发费用，或者就同一研究开发课题先后与两个或者两个以上的委托人分别订立委托开发合同重复收取研究开发费用的，受损害方依照合同法第五十四条第二款规定请求变更或者撤销合同的，人民法院应当予以支持。

第十条 下列情形，属于合同法第三百二十九条所称的“非法垄断技术、妨碍技术进步”：

（一）限制当事人一方在合同标的技术基础上进行新的研究开发或者限制其使用所改进的技术，或者双方交换改进技术的条件不对等，包括要求一方将其自行改进的技术无偿提供给对方、非互惠性转让给对方、无偿独占或者共享该改进技术的知识产权；

（二）限制当事人一方从其他来源获得与技术提供方类似技术或者与其竞争的技术；

（三）阻碍当事人一方根据市场需求，按照合理方式充分实施合同标的技术，包括明显不合理地限制技术接受方实施合同标的技术生产产品或者提供服务的数量、品种、价格、销售渠道和出口市场；

（四）要求技术接受方接受并非实施技术必不可少的附带条件，包括购买非必需的技术、原材料、产品、设备、服务以及接收非必需的人员等；

（五）不合理地限制技术接受方购买原材料、零部件、产品或者设备等的渠道或者来源；

（六）禁止技术接受方对合同标的技术知识产权的有效性提出异议或者对提出异议附加条件。

第十一条 技术合同无效或者被撤销后，技术开发合同研究开发人、技术转让合同让与人、技术咨询合同和技术服务合同的受托人已经履行或者部分履行了约定的义务，并且造成合同无效或者被撤销的过错在对方的，对其已履行部分应当收取的研究开发经费、技术使用费、提供咨询服务的报酬，人民法院可以认定为因对方原因导致合同无效或者被撤销给其造成的损失。

技术合同无效或者被撤销后，因履行合同所完成新的技术成果或者在他人技术成果基础上完成后续改进技术成果的权利归属和利益分享，当事人不能重新协议确定的，人民法院可以判决由完成技术成果的一方享有。

第十二条 根据合同法第三百二十九条的规定，侵害他人技术秘密的技术合同被确认无效后，除法律、行政法规另有规定的以外，善意取得该技术秘密的一方当事人可以在其取得时的范围内继续使用该技术秘密，但应当向权利人支付合理的使用费并承担保密义务。

当事人双方恶意串通或者一方知道或者应当知道另一方侵权仍与其订立或者履行合同的，属于共同侵权，人民法院应当判令侵权人承担连带赔偿责任和保密义务，因此取得技术秘密的当事人不得继续使用该技术秘密。

第十三条 依照前条第一款规定可以继续使用技术秘密的人与权利人就使用费支付发生纠纷的，当事人任何一方都可以请求人民法院予以处理。继续使用技术秘密但又拒不支付使用费的，人民法院可以根据权利人的请求判令使用人停止使用。

人民法院在确定使用费时，可以根据权利人通常对外许可该技术秘密的使用费或者使用人取得该技术秘密所支付的使用费，并考虑该技术秘密的研究开发成本、成果转化和应用程度以及使用人的使用规模、经济效益等因素合理确定。

不论使用人是否继续使用技术秘密，人民法院均应当判令其向权利人支付已使用期间的使用费。使用人已向无效合同的让与人支付的使用费应当由让与人负责返还。

第十四条 对技术合同的价款、报酬和使用费，当事人没有约定或者约定不明确的，人民法院可以按照以下原则处理：

（一）对于技术开发合同和技术转让合同，根据有关技术成果的研究开发成本、先进性、实施转化和应用的程度，当事人享有的权益和承担的责任，以及技术成果的经济效益等合理确定；

（二）对于技术咨询合同和技术服务合同，根据有关咨询服务工作的技术含量、质量和数量，以及已经产生和预期产生的经济效益等合理确定。

技术合同价款、报酬、使用费中包含非技术性款项的，应当分项计算。

第十五条 技术合同当事人一方迟延履行主要债务，经催告后在30日内仍未履行，另一方依据合同法第九十四条第（三）项的规定主张解除合同的，人民法院应当予以支持。

当事人在催告通知中附有履行期限且该期限超过30日的，人民法院应当认定该履行期限为合同法第九十四条第（三）项规定的合理期限。

第十六条 当事人以技术成果向企业出资但未明确约定权属，接受出资的企业主张该技术成果归其享有的，人民法院一般应当予以支持，但是该技术成果价值与该技术成果所占出资额比例明显不合理损害出资人利益的除外。

当事人对技术成果的权属约定有比例的，视为共同所有，其权利使用和利益分配，按共有技术成果的有关规定处理，但当事人另有约定的，从其约定。

当事人对技术成果的使用权约定有比例的，人民法院可以视为当事人对实施该项技术成果所获收益的分配比例，但当事人另有约定的，从其约定。

二、技术开发合同

第十七条 合同法第三百三十条所称“新技术、新产品、新工艺、新材料及其系统”，包括当事人在订立技术合同时尚未掌握的产品、工艺、材料及其系统等技术方案，但对技术上没有创新的现有产品的改型、工艺变更、材料配方调整以及对技术成果的验证、测试和使用除外。

第十八条 合同法第三百三十条第四款规定的“当事人之间就具有产业应用价值的科技成果实施转化订立的”技术转化合同，是指当事人之间就具有产业实用价值但尚未实现工业化应用的科技成果包括阶段性技术成果，以实现该科技成果工业化应用为目标，约定后续试验、开发和应用等内容的合同。

第十九条 合同法第三百三十五条所称“分工参与研究开发工作”，包括当事人按照约定的计划和分工，共同或者分别承担设计、工艺、试验、试制等工作。

技术开发合同当事人一方仅提供资金、设备、材料等物质条件或者承担辅助协作事项，另一方进行研究开发工作的，属于委托开发合同。

第二十条 合同法第三百四十一条所称“当事人均有使用和转让的权利”，包括当事人均有不经对方同意而自己使用或者以普通使用许可的方式许可他人使用技术秘密，并独占由此所获利益的权利。当事人一方将技术秘密成果的转让权让与他人，或者以独占或者排他使用许可的方式许可他人使用技术秘密，未经对方当事人同意或者追认的，应当认定该让与或者许可行为无效。

第二十一条 技术开发合同当事人依照合同法的规定或者约定自行实施专利或使用技术秘密，但因其不具备独立实施专利或者使用技术秘密的条件，以一个普通许可方式许可他人实施或者使用的，可以准许。

三、技术转让合同

第二十二条 合同法第三百四十二条规定的“技术转让合同”，是指合法拥有技术的权利人，包括其他有权对外转让技术的人，将现有特定的专利、专利申请、技术秘密的相关权利让与他人，或者许可他人实施、使用所订立的合同。但就尚待研究开发的技术成果或者不涉及专利、专利申请或者技术秘密的知识、技术、经验和信息所订立的合同除外。

技术转让合同中关于让与人向受让人提供实施技术的专用设备、原材料或者提供有关的技术咨询、技术服务的约定，属于技术转让合同的组成部分。因此发生的纠纷，按照技术转让合同处理。

当事人以技术入股方式订立联营合同，但技术入股人不参与联营体的经营管理，并且以保底条款形式约定联营体或者联营对方支付其技术价款或者使用费的，视为技术转让合同。

第二十三条 专利申请权转让合同当事人以专利申请被驳回或者被视为撤回为由请求解除合同，该事实发生在依照专利法第十条第三款的规定办理专利申请权转让登记之前的，人民法院应当予以支持；发生在转让登记之后的，不予支持，但当事人另有约定的除外。

专利申请因专利申请权转让合同成立时即存在尚未公开的同样发明创造的在先专利申请被驳回，当事人依据合同法第五十四条第一款第（二）项的规定请求予以变更或者撤销合同的，人民法院应当予以支持。

第二十四条　订立专利权转让合同或者专利申请权转让合同前，让与人自己已经实施发明创造，在合同生效后，受让人要求让与人停止实施的，人民法院应当予以支持，但当事人另有约定的除外。

让与人与受让人订立的专利权、专利申请权转让合同，不影响在合同成立前让与人与他人订立的相关专利实施许可合同或者技术秘密转让合同的效力。

第二十五条　专利实施许可包括以下方式：

（一）独占实施许可，是指让与人在约定许可实施专利的范围内，将该专利仅许可一个受让人实施，让与人依约定不得实施该专利；

（二）排他实施许可，是指让与人在约定许可实施专利的范围内，将该专利仅许可一个受让人实施，但让与人依约定可以自行实施该专利；

（三）普通实施许可，是指让与人在约定许可实施专利的范围内许可他人实施该专利，并且可以自行实施该专利。

当事人对专利实施许可方式没有约定或者约定不明确的，认定为普通实施许可。专利实施许可合同约定受让人可以再许可他人实施专利的，认定该再许可为普通实施许可，但当事人另有约定的除外。

技术秘密的许可使用方式，参照本条第一、二款的规定确定。

第二十六条　专利实施许可合同让与人负有在合同有效期内维持专利权有效的义务，包括依法缴纳专利年费和积极应对他人提出宣告专利权无效的请求，但当事人另有约定的除外。

第二十七条　排他实施许可合同让与人不具备独立实施其专利的条件，以一个普通许可的方式许可他人实施专利的，人民法院可以认定为让与人自己实施专利，但当事人另有约定的除外。

第二十八条　合同法第三百四十三条所称“实施专利或者使用技术秘密的范围”，包括实施专利或者使用技术秘密的期限、地域、方式以及接触技术秘密的人员等。

当事人对实施专利或者使用技术秘密的期限没有约定或者约定不明确的，受让人实施专利或者使用技术秘密不受期限限制。

第二十九条　合同法第三百四十七条规定技术秘密转让合同让与人承担的“保密义务”不限制其申请专利，但当事人约定让与人不得申请专利的除外。

当事人之间就申请专利的技术成果所订立的许可使用合同，专利申请公开以前，适用技术秘密转让合同的有关规定，发明专利申请公开以后、授权以前，参照适用专利实施许可合同的有关规定；授权以后，原合同即为专利实施许可合同，适用专利实施许可合同的有关规定。

人民法院不以当事人就已经申请专利但尚未授权的技术订立专利实施许可合同为由，认定合同无效。

四、技术咨询合同和技术服务合同

第三十条　合同法第三百五十六条第一款所称“特定技术项目”，包括有关科学技术与经济社会协调发展的软科学研究项目，促进科技进步和管理现代化、提高经济效益和社会效益等运用科学知识和技术手段进行调查、分析、论证、评价、预测的专业性技术项目。

第三十一条　当事人对技术咨询合同受托人进行调查研究、分析论证、试验测定等所需费用的负担没有约定或者约定不明确的，由受托人承担。

当事人对技术咨询合同委托人提供的技术资料和数据或者受托人提出的咨询报告和意见未约定保密义务，当事人一方引用、发表或者向第三人提供的，不认定为违约行为，但侵害对方当事人对此享有的合法权益的，应当依法承担民事责任。

第三十二条　技术咨询合同受托人发现委托人提供的资料、数据等有明显错误或者缺陷，未在合理期限内通知委托人的，视为其对委托人提供的技术资料、数据等予以认可。委托人在接到受托人的补正通知后未在合理期限内答复并予补正的，发生的损失由委托人承担。

第三十三条 合同法第三百五十六条第二款所称“特定技术问题”包括需要运用专业技术知识、经验和信息解决的有关改进产品结构、改良工艺流程、提高产品质量、降低产品成本、节约资源能耗、保护资源环境、实现安全操作、提高经济效益和社会效益等专业技术问题。

第三十四条 当事人一方以技术转让的名义提供已进入公有领域的技术，或者在技术转让合同履行过程中合同标的技术进入公有领域，但是技术提供方进行技术指导、传授技术知识，为对方解决特定技术问题符合约定条件的，按照技术服务合同处理，约定的技术转让费可以视为提供技术服务的报酬和费用，但是法律、行政法规另有规定的除外。

依照前款规定，技术转让费视为提供技术服务的报酬和费用明显不合理的，人民法院可以根据当事人的请求合理确定。

第三十五条 当事人对技术服务合同受托人提供服务所需费用的负担没有约定或者约定不明确的，由受托人承担。

技术服务合同受托人发现委托人提供的资料、数据、样品、材料、场地等工作条件不符合约定，未在合理期限内通知委托人的，视为其对委托人提供的工作条件予以认可。委托人在接到受托人的补正通知后未在合理期限内答复并予补正的，发生的损失由委托人承担。

第三十六条 合同法第三百六十四条规定的“技术培训合同”，是指当事人一方委托另一方对指定的学员进行特定项目的专业技术训练和技术指导所订立的合同，不包括职业培训、文化学习和按照行业、法人或者其他组织的计划进行的职工业余教育。

第三十七条 当事人对技术培训必需的场地、设施和试验条件等工作条件的提供和管理责任没有约定或者约定不明确的，由委托人负责提供和管理。

技术培训合同委托人派出的学员不符合约定条件，影响培训质量的，由委托人按照约定支付报酬。

受托人配备的教员不符合约定条件，影响培训质量，或者受托人未按照计划和项目进行培训，导致不能实现约定培训目标的，应当减收或者免收报酬。

受托人发现学员不符合约定条件或者委托人发现教员不符合约定条件，未在合理期限内通知对方，或者接到通知的一方未在合理期限内按约定改派的，应当由负有履行义务的当事人承担相应的民事责任。

第三十八条 合同法第三百六十四条规定的“技术中介合同”，是指当事人一方以知识、技术、经验和信息为另一方与第三人订立技术合同进行联系、介绍以及对履行合同提供专门服务所订立的合同。

第三十九条 中介人从事中介活动的费用，是指中介人在委托人和第三人订立技术合同前，进行联系、介绍活动所支出的通信、交通和必要的调查研究等费用。中介人的报酬，是指中介人为委托人与第三人订立技术合同以及对履行该合同提供服务应当得到的收益。

当事人对中介人从事中介活动的费用负担没有约定或者约定不明确的，由中介人承担。当事人约定该费用由委托人承担但未约定具体数额或者计算方法的，由委托人支付中介人从事中介活动支出的必要费用。

当事人对中介人的报酬数额没有约定或者约定不明确的，应当根据中介人所进行的劳务合理确定，并由委托人承担。仅在委托人与第三人订立的技术合同中约定中介条款，但未约定给付中介人报酬或者约定不明确的，应当支付的报酬由委托人和第三人平均承担。

第四十条 中介人未促成委托人与第三人之间的技术合同成立的，其要求支付报酬的请求，人民法院不予支持；其要求委托人支付其从事中介活动必要费用的请求，应当予以支持，但当事人另有约定的除外。

中介人隐瞒与订立技术合同有关的重要事实或者提供虚假情况，侵害委托人利益的，应当根据情况免收报酬并承担赔偿责任。

第四十一条　中介人对造成委托人与第三人之间的技术合同的无效或者被撤销没有过错，并且该技术合同的无效或者被撤销不影响有关中介条款或者技术中介合同继续有效，中介人要求按照约定或者本解释的有关规定给付从事中介活动的费用和报酬的，人民法院应当予以支持。

中介人收取从事中介活动的费用和报酬不应当被视为委托人与第三人之间的技术合同纠纷中一方当事人的损失。

五、与审理技术合同纠纷有关的程序问题

第四十二条　当事人将技术合同和其他合同内容或者将不同类型的技术合同内容订立在一个合同中的，应当根据当事人争议的权利义务内容，确定案件的性质和案由。

技术合同名称与约定的权利义务关系不一致的，应当按照约定的权利义务内容，确定合同的类型和案由。

技术转让合同中约定让与人负责包销或者回购受让人实施合同标的技术制造的产品，仅因让与人不履行或者不能全部履行包销或者回购义务引起纠纷，不涉及技术问题的，应当按照包销或者回购条款约定的权利义务内容确定案由。

第四十三条　技术合同纠纷案件一般由中级以上人民法院管辖。

各高级人民法院根据本辖区的实际情况并报经最高人民法院批准，可以指定若干基层人民法院管辖第一审技术合同纠纷案件。

其他司法解释对技术合同纠纷案件管辖另有规定的，从其规定。

合同中既有技术合同内容，又有其他合同内容，当事人就技术合同内容和其他合同内容均发生争议的，由具有技术合同纠纷案件管辖权的人民法院受理。

第四十四条　一方当事人以诉讼争议的技术合同侵害他人技术成果为由请求确认合同无效，或者人民法院在审理技术合同纠纷中发现可能存在该无效事由的，人民法院应当依法通知有关利害关系人，其可以作为有独立请求权的第三人参加诉讼或者依法向有管辖权的人民法院另行起诉。

利害关系人在接到通知后15日内不提起诉讼的，不影响人民法院对案件的审理。

第四十五条　第三人向受理技术合同纠纷案件的人民法院就合同标的技术提出权属或者侵权请求时，受诉人民法院对此也有管辖权的，可以将权属或者侵权纠纷与合同纠纷合并审理；受诉人民法院对此没有管辖权的，应当告知其向有管辖权的人民法院另行起诉或者将已经受理的权属或者侵权纠纷案件移送管辖权的人民法院。权属或者侵权纠纷另案受理后，合同纠纷应当中止诉讼。

专利实施许可合同诉讼中，受让人或者第三人向专利复审委员会请求宣告专利权无效的，人民法院可以不中止诉讼。在案件审理过程中专利权被宣告无效的，按照专利法第四十七条第二款和第三款的规定处理。

六、其　　他

第四十六条　集成电路布图设计、植物新品种许可使用和转让等合同争议，相关行政法规另有规定的，适用其规定；没有规定的，适用合同法总则的规定，并可以参照合同法第十八章和本解释的有关规定处理。

计算机软件开发、许可使用和转让等合同争议，著作权法以及其他法律、行政法规另有规定的，依照其规定；没有规定的，适用合同法总则的规定，并可以参照合同法第十八章和本解释的有关规定处理。

第四十七条　本解释自2005年1月1日起施行。

最高人民法院关于适用《中华人民共和国保险法》若干问题的解释（一）

（2009年9月14日最高人民法院审判委员会第1473次会议通过　2009年9月21日最高人民法院公告公布　自2009年10月1日起施行　法释〔2009〕12号）

为正确审理保险合同纠纷案件，切实维护当事人的合法权益，现就人民法院适用2009年2月28日第十一届全国人大常委会第七次会议修订的《中华人民共和国保险法》（以下简称保险法）的有关问题规定如下：

第一条　保险法施行后成立的保险合同发生的纠纷，适用保险法的规定。保险法施行前成立的保险合同发生的纠纷，除本解释另有规定外，适用当时的法律规定；当时的法律没有规定的，参照适用保险法的有关规定。

认定保险合同是否成立，适用合同订立时的法律。

第二条　对于保险法施行前成立的保险合同，适用当时的法律认定无效而适用保险法认定有效的，适用保险法的规定。

第三条　保险合同成立于保险法施行前而保险标的转让、保险事故、理赔、代位求偿等行为或事件，发生于保险法施行后的，适用保险法的规定。

第四条　保险合同成立于保险法施行前，保险法施行后，保险人以投保人未履行如实告知义务或者申报被保险人年龄不真实为由，主张解除合同的，适用保险法的规定。

第五条　保险法施行前成立的保险合同，下列情形下的期间自2009年10月1日起计算：

（一）保险法施行前，保险人收到赔偿或者给付保险金的请求，保险法施行后，适用保险法第二十三条规定的三十日的；

（二）保险法施行前，保险人知道解除事由，保险法施行后，按照保险法第十六条、第三十二条的规定行使解除权，适用保险法第十六条规定的三十日的；

（三）保险法施行后，保险人按照保险法第十六条第二款的规定请求解除合同，适用保险法第十六条规定的二年的；

（四）保险法施行前，保险人收到保险标的转让通知，保险法施行后，以保险标的转让导致危险程度显著增加为由请求按照合同约定增加保险费或者解除合同，适用保险法第四十九条规定的三十日的。

第六条　保险法施行前已经终审的案件，当事人申请再审或者按照审判监督程序提起再审的案件，不适用保险法的规定。

最高人民法院关于适用《中华人民共和国保险法》若干问题的解释（二）

（2013年5月6日最高人民法院审判委员会第1577次会议通过　2013年5月31日最高人民法院公告公布　自2013年6月8日起施行　法释〔2013〕14号）

为正确审理保险合同纠纷案件，切实维护当事人的合法权益，根据《中华人民共和国保险法》《中华人民共和国合同法》《中华人民共和国民事诉讼法》等法律规定，结合审判实践，就保险法中关于保险合同一般规定部分有关法律适用问题解释如下：

第一条　财产保险中，不同投保人就同一保险标的分别投保，保险事故发生后，被保险人在其保险利益范围内依据保险合同主张保险赔偿的，人民法院应予支持。

第二条　人身保险中，因投保人对被保险人不具有保险利益导致保险合同无效，投保人主张保险人退还扣减相应手续费后的保险费的，人民法院应予支持。

第三条　投保人或者投保人的代理人订立保险合同时没有亲自签字或者盖章，而由保险人或者保险人的代理人代为签字或者盖章的，对投保人不生效。但投保人已经交纳保险费的，视为其对代签字或者盖章行为的追认。

保险人或者保险人的代理人代为填写保险单证后经投保人签字或者盖章确认的，代为填写的内容视为投保人的真实意思表示。但有证据证明保险人或者保险人的代理人存在保险法第一百一十六条、第一百三十一条相关规定情形的除外。

第四条　保险人接受了投保人提交的投保单并收取了保险费，尚未作出是否承保的意思表示，发生保险事故，被保险人或者受益人请求保险人按照保险合同承担赔偿或者给付保险金责任，符合承保条件的，人民法院应予支持；不符合承保条件的，保险人不承担保险责任，但应当退还已经收取的保险费。

保险人主张不符合承保条件的，应承担举证责任。

第五条　保险合同订立时，投保人明知的与保险标的或者被保险人有关的情况，属于保险法第十六条第一款规定的投保人"应当如实告知"的内容。

第六条　投保人的告知义务限于保险人询问的范围和内容。当事人对询问范围及内容有争议的，保险人负举证责任。

保险人以投保人违反了对投保单询问表中所列概括性条款的如实告知义务为由请求解除合同的，人民法院不予支持。但该概括性条款有具体内容的除外。

第七条　保险人在保险合同成立后知道或者应当知道投保人未履行如实告知义务，仍然收取保险费，又依照保险法第十六条第二款的规定主张解除合同的，人民法院不予支持。

第八条　保险人未行使合同解除权，直接以存在保险法第十六条第四款、第五款规定的情形为由拒绝赔偿的，人民法院不予支持。但当事人就拒绝赔偿事宜及保险合同存续另行达成一致的情况除外。

第九条　保险人提供的格式合同文本中的责任免除条款、免赔额、免赔率、比例赔付或者给付等免除或者减轻保险人责任的条款，可以认定为保险法第十七条第二款规定的"免除保险人责任的条款"。

保险人因投保人、被保险人违反法定或者约定义务，享有解除合同权利的条款，不属于保险法第十七条第二款规定的"免除保险人责任的条款"。

第十条　保险人将法律、行政法规中的禁止性规定情形作为保险合同免责条款的免责事由，保险人对该条款作出提示后，投保人、被保险人或者受益人以保险人未履行明确说明义务为由主张该条款不生效的，人民法院不予支持。

第十一条　保险合同订立时，保险人在投保单或者保险单等其他保险凭证上，对保险合同中免除保险人责任的条款，以足以引起投保人注意的文字、字体、符号或者其他明显标志作出提示的，人民法院应当认定其履行了保险法第十七条第二款规定的提示义务。

保险人对保险合同中有关免除保险人责任条款的概念、内容及其法律后果以书面或者口头形式向投保人作出常人能够理解的解释说明的，人民法院应当认定保险人履行了保险法第十七条第二款规定的明确说明义务。

第十二条　通过网络、电话等方式订立的保险合同，保险人以网页、音频、视频等形式对免除保险人责任条款予以提示和明确说明的，人民法院可以认定其履行了提示和明确说明义务。

第十三条　保险人对其履行了明确说明义务负举证责任。

投保人对保险人履行了符合本解释第十一条第二款要求的明确说明义务在相关文书上签字、盖章或者以其他形式予以确认的，应当认定保险人履行了该项义务。但另有证据证明保险人未履行明确说明义务的除外。

第十四条 保险合同中记载的内容不一致的，按照下列规则认定：

（一）投保单与保险单或者其他保险凭证不一致的，以投保单为准。但不一致的情形系经保险人说明并经投保人同意的，以投保人签收的保险单或者其他保险凭证载明的内容为准；

（二）非格式条款与格式条款不一致的，以非格式条款为准；

（三）保险凭证记载的时间不同的，以形成时间在后的为准；

（四）保险凭证存在手写和打印两种方式的，以双方签字、盖章的手写部分的内容为准。

第十五条 保险法第二十三条规定的三十日核定期间，应自保险人初次收到索赔请求及投保人、被保险人或者受益人提供的有关证明和资料之日起算。

保险人主张扣除投保人、被保险人或者受益人补充提供有关证明和资料期间的，人民法院应予支持。扣除期间自保险人根据保险法第二十二条规定作出的通知到达投保人、被保险人或者受益人之日起，至投保人、被保险人或者受益人按照通知要求补充提供的有关证明和资料到达保险人之日止。

第十六条 保险人应以自己的名义行使保险代位求偿权。

根据保险法第六十条第一款的规定，保险人代位求偿权的诉讼时效期间应自其取得代位求偿权之日起算。

第十七条 保险人在其提供的保险合同格式条款中对非保险术语所作的解释符合专业意义，或者虽不符合专业意义，但有利于投保人、被保险人或者受益人的，人民法院应予认可。

第十八条 行政管理部门依据法律规定制作的交通事故认定书、火灾事故认定书等，人民法院应当依法审查并确认其相应的证明力，但有相反证据能够推翻的除外。

第十九条 保险事故发生后，被保险人或者受益人起诉保险人，保险人以被保险人或者受益人未要求第三者承担责任为由抗辩不承担保险责任的，人民法院不予支持。

财产保险事故发生后，被保险人就其所受损失从第三者取得赔偿后的不足部分提起诉讼，请求保险人赔偿的，人民法院应予依法受理。

第二十条 保险公司依法设立并取得营业执照的分支机构属于《中华人民共和国民事诉讼法》第四十八条规定的其他组织，可以作为保险合同纠纷案件的当事人参加诉讼。

第二十一条 本解释施行后尚未终审的保险合同纠纷案件，适用本解释；本解释施行前已经终审，当事人申请再审或者按照审判监督程序决定再审的案件，不适用本解释。

最高人民法院关于适用《中华人民共和国保险法》若干问题的解释（三）

（2015年9月21日最高人民法院审判委员会第1661次会议通过 2015年11月25日最高人民法院公告公布 自2015年12月1日起施行 法释〔2015〕21号）

为正确审理保险合同纠纷案件，切实维护当事人的合法权益，根据《中华人民共和国保险法》《中华人民共和国合同法》《中华人民共和国民事诉讼法》等法律规定，结合审判实践，就保险法中关于保险合同章人身保险部分有关法律适用问题解释如下：

第一条 当事人订立以死亡为给付保险金条件的合同，根据保险法第三十四条的规定，“被保险人同意并认可保险金额”可以采取书面形式、口头形式或者其他形式；可以在合同订立时作出，也可以在合同订立后追认。

有下列情形之一的，应认定为被保险人同意投保人为其订立保险合同并认可保险金额：

（一）被保险人明知他人代其签名同意而未表示异议的；

（二）被保险人同意投保人指定的受益人的；

（三）有证据足以认定被保险人同意投保人为其投保的其他情形。

第二条　被保险人以书面形式通知保险人和投保人撤销其依据保险法第三十四条第一款规定所作出的同意意思表示的，可认定为保险合同解除。

第三条　人民法院审理人身保险合同纠纷案件时，应主动审查投保人订立保险合同时是否具有保险利益，以及以死亡为给付保险金条件的合同是否经过被保险人同意并认可保险金额。

第四条　保险合同订立后，因投保人丧失对被保险人的保险利益，当事人主张保险合同无效的，人民法院不予支持。

第五条　保险合同订立时，被保险人根据保险人的要求在指定医疗服务机构进行体检，当事人主张投保人如实告知义务免除的，人民法院不予支持。

保险人知道被保险人的体检结果，仍以投保人未就相关情况履行如实告知义务为由要求解除合同的，人民法院不予支持。

第六条　未成年人父母之外的其他履行监护职责的人为未成年人订立以死亡为给付保险金条件的合同，当事人主张参照保险法第三十三条第二款、第三十四条第三款的规定认定该合同有效的，人民法院不予支持，但经未成年人父母同意的除外。

第七条　当事人以被保险人、受益人或者他人已经代为支付保险费为由，主张投保人对应的交费义务已经履行的，人民法院应予支持。

第八条　保险合同效力依照保险法第三十六条规定中止，投保人提出恢复效力申请并同意补交保险费的，除被保险人的危险程度在中止期间显著增加外，保险人拒绝恢复效力的，人民法院不予支持。

保险人在收到恢复效力申请后，三十日内未明确拒绝的，应认定为同意恢复效力。

保险合同自投保人补交保险费之日恢复效力。保险人要求投保人补交相应利息的，人民法院应予支持。

第九条　投保人指定受益人未经被保险人同意的，人民法院应认定指定行为无效。

当事人对保险合同约定的受益人存在争议，除投保人、被保险人在保险合同之外另有约定外，按照以下情形分别处理：

（一）受益人约定为“法定”或者“法定继承人”的，以继承法规定的法定继承人为受益人；

（二）受益人仅约定为身份关系，投保人与被保险人为同一主体的，根据保险事故发生时与被保险人的身份关系确定受益人；投保人与被保险人为不同主体的，根据保险合同成立时与被保险人的身份关系确定受益人；

（三）受益人的约定包括姓名和身份关系，保险事故发生时身份关系发生变化的，认定为未指定受益人。

第十条　投保人或者被保险人变更受益人，当事人主张变更行为自变更意思表示发出时生效的，人民法院应予支持。

投保人或者被保险人变更受益人未通知保险人，保险人主张变更对其不发生效力的，人民法院应予支持。

投保人变更受益人未经被保险人同意的，人民法院应认定变更行为无效。

第十一条　投保人或者被保险人在保险事故发生后变更受益人，变更后的受益人请求保险人给付保险金的，人民法院不予支持。

第十二条　投保人或者被保险人指定数人为受益人，部分受益人在保险事故发生前死亡、放弃受益权或者依法丧失受益权的，该受益人应得的受益份额按照保险合同的约定处理；保险合同没有约定或者约定不明的，该受益人应得的受益份额按照以下情形分别处理：

（一）未约定受益顺序和受益份额的，由其他受益人平均享有；

（二）未约定受益顺序但约定受益份额的，由其他受益人按照相应比例享有；

（三）约定受益顺序但未约定受益份额的，由同顺序的其他受益人平均享有；同一顺序没有其他受益人的，由后一顺序的受益人平均享有；

（四）约定受益顺序和受益份额的，由同顺序的其他受益人按照相应比例享有；同一顺序没有其他受益人的，由后一顺序的受益人按照相应比例享有。

第十三条 保险事故发生后，受益人将与本次保险事故相对应的全部或者部分保险金请求权转让给第三人，当事人主张该转让行为有效的，人民法院应予支持，但根据合同性质、当事人约定或者法律规定不得转让的除外。

第十四条 保险金根据保险法第四十二条规定作为被保险人的遗产，被保险人的继承人要求保险人给付保险金，保险人以其已向持有保险单的被保险人的其他继承人给付保险金为由抗辩的，人民法院应予支持。

第十五条 受益人与被保险人存在继承关系，在同一事件中死亡且不能确定死亡先后顺序的，人民法院应根据保险法第四十二条第二款的规定推定受益人死亡在先，并按照保险法及本解释的相关规定确定保险金归属。

第十六条 保险合同解除时，投保人与被保险人、受益人为不同主体，被保险人或者受益人要求退还保险单的现金价值的，人民法院不予支持，但保险合同另有约定的除外。

投保人故意造成被保险人死亡、伤残或者疾病，保险人依照保险法第四十三条规定退还保险单的现金价值的，其他权利人按照被保险人、被保险人继承人的顺序确定。

第十七条 投保人解除保险合同，当事人以其解除合同未经被保险人或者受益人同意为由主张解除行为无效的，人民法院不予支持，但被保险人或者受益人已向投保人支付相当于保险单现金价值的款项并通知保险人的除外。

第十八条 保险人给付费用补偿型的医疗费用保险金时，主张扣减被保险人从公费医疗或者社会医疗保险取得的赔偿金额的，应当证明该保险产品在厘定医疗费用保险费率时已经将公费医疗或者社会医疗保险部分相应扣除，并按照扣减后的标准收取保险费。

第十九条 保险合同约定按照基本医疗保险的标准核定医疗费用，保险人以被保险人的医疗支出超出基本医疗保险范围为由拒绝给付保险金的，人民法院不予支持；保险人有证据证明被保险人支出的费用超过基本医疗保险同类医疗费用标准，要求对超出部分拒绝给付保险金的，人民法院应予支持。

第二十条 保险人以被保险人未在保险合同约定的医疗服务机构接受治疗为由拒绝给付保险金的，人民法院应予支持，但被保险人因情况紧急必须立即就医的除外。

第二十一条 保险人以被保险人自杀为由拒绝给付保险金的，由保险人承担举证责任。

受益人或者被保险人的继承人以被保险人自杀时无民事行为能力为由抗辩的，由其承担举证责任。

第二十二条 保险法第四十五条规定的“被保险人故意犯罪”的认定，应当以刑事侦查机关、检察机关和审判机关的生效法律文书或者其他结论性意见为依据。

第二十三条 保险人主张根据保险法第四十五条的规定不承担给付保险金责任的，应当证明被保险人的死亡、伤残结果与其实施的故意犯罪或者抗拒依法采取的刑事强制措施的行为之间存在因果关系。

被保险人在羁押、服刑期间因意外或者疾病造成伤残或者死亡，保险人主张根据保险法第四十五条的规定不承担给付保险金责任的，人民法院不予支持。

第二十四条 投保人为被保险人订立以死亡为给付保险金条件的保险合同，被保险人被宣告死亡后，当事人要求保险人按照保险合同约定给付保险金的，人民法院应予支持。

被保险人被宣告死亡之日在保险责任期间之外，但有证据证明下落不明之日在保险责任期间之内，当事人要求保险人按照保险合同约定给付保险金的，人民法院应予支持。

第二十五条 被保险人的损失系由承保事故

或者非承保事故、免责事由造成难以确定，当事人请求保险人给付保险金的，人民法院可以按照相应比例予以支持。

第二十六条　本解释自 2015 年 12 月 1 日起施行。本解释施行后尚未终审的保险合同纠纷案件，适用本解释；本解释施行前已经终审，当事人申请再审或者按照审判监督程序决定再审的案件，不适用本解释。

图书在版编目（CIP）数据

合同纠纷裁判规则与法律适用 / 李张平编著．—北京：中国法制出版社，2018.2

ISBN 978 -7 -5093 -9236 -2

Ⅰ.①合… Ⅱ.①李… Ⅲ.①合同纠纷 - 审判 - 中国 ②合同法 - 法律适用 - 中国 Ⅳ.①D923.6

中国版本图书馆 CIP 数据核字（2018）第 026930 号

策划编辑 李小草（lixiaocao2008@ sina. cn）
责任编辑 王 熹（wx2015hi@ sina. com）
封面设计 周黎明

合同纠纷裁判规则与法律适用

HETONG JIUFEN CAIPAN GUIZE YU FALÜ SHIYONG

编著/李张平

经销/新华书店

印刷/三河市国英印务有限公司

开本/730 毫米×1030 毫米 16 开　　印张 / 18.75 字数 / 310 千

版次/2018 年 3 月第 1 版　　2018 年 3 月第 1 次印刷

中国法制出版社出版

书号 ISBN 978 -7 -5093 -9236 -2　　定价：68.00 元

北京西单横二条 2 号

邮政编码 100031　　传真：66031119

网址：http：//www. zgfzs. com　　**编辑部电话：66010493**

市场营销部电话：66033393　　**邮购部电话：66033288**

（如有印装质量问题，请与本社编务印务管理部联系调换。电话：010 -66032926）